Sammlung Metzler
Band 188

Bernhard Asmuth

Einführung in die Dramenanalyse

8., aktualisierte und erweiterte Auflage

J.B. Metzler Verlag

Der Autor:

Bernhard Asmuth war Professor für Neugermanistik an der Universität Bochum.

Gedruckt auf chlorfrei gebleichtem, säurefreiem und alterungsbeständigem Papier

Bibliografische Information der Deutschen Nationalbibliothek
Die Deutsche Nationalibliothek verzeichnet diese Publikation in der Deutschen Nationalbibliografie; detaillierte bibliografische Daten sind im Internet über <http://dnb.d-nb.de> abrufbar.

ISBN 978-3-476-18188-6

© 2016 J.B. Metzler Verlag GmbH, Stuttgart
und Carl Ernst Poeschel Verlag GmbH in Stuttgart
www.metzlerverlag.de
info@metzlerverlag.de

Einbandgestaltung: Willy Löffelhardt
Satz: Johanna Boy, Brennberg
Druck und Bindung: C.H.Beck, Nördlingen
Printed in Germany

INHALT

Vorwort

Daß man Theater für Teufelswerk hielt, ist lange her. (Vgl. S. 11.) Heute, wo selbst der Papst Schauspieler gewesen sein darf, verlangt die Beschäftigung mit dem Drama nach keiner Rechtfertigung. Nicht *warum*, sondern *wie* es hier behandelt wird, dürfte vorab interessieren.

Das Buch ist nach folgenden Gesichtspunkten angelegt:

1. Es will an die Dramenanalyse heranführen. Deshalb vermittelt es besonders Kenntnisse und Gesichtspunkte, die sich in konkrete Arbeitsaufgaben umsetzen lassen. Dabei wird größtenteils gängiges Gedankengut klärend aufgearbeitet, gelegentlich weniger bekanntes zugänglich gemacht, in einigen Punkten (Vorausdeutung, Intrige, Konflikt, Illusion) auch neues angeboten.

2. Im Vordergrund stehen Erkenntnisse, die für das Drama im allgemeinen bzw. für Dramen verschiedener Arten und Zeiten gelten. Die historischen Formen und Theoreme sind allerdings mitberücksichtigt, insoweit sie für die Folgezeit Modellcharakter gewannen und für heutige Auffassungen und Mißverständnisse verantwortlich erscheinen. In diesem Zusammenhang wird besonders auf die grundlegende »Poetik« des Aristoteles ständig verwiesen.

3. Lessings »Emilia Galotti« (1772) dient durchgängig als Hauptbeispiel, um die Aufmerksamkeit zu bündeln und die vorgetragenen Ergebnisse besser überprüfbar zu machen. Dieses bürgerliche Trauerspiel ermöglicht Verknüpfungen mit dem älteren wie dem modernen Drama und überdies auch mit der Dramentheorie, zu der sich Lessing so umfassend wie kaum ein anderer deutscher Dramatiker geäußert hat. Eine erschöpfende Analyse der »Emilia Galotti« ist allerdings nicht angestrebt.

4. Mit Rücksicht auf die Analysepraxis wird nicht von der – veränderlichen – Aufführung ausgegangen, in der sich das Drama erst vollendet, sondern von dem feststehenden, leichter zugänglichen und intersubjektiv besser vergleichbaren gedruckten Text. Die zwölf Kapitel sind so weit wie möglich in der Reihenfolge angeordnet, in der sie für den lesenden Analytiker eines Dramas bedeutsam werden. Der Aufführung ist das Schlußkapitel vorbehalten. Die Kapitel VII und IX bis XI sind auch für die Analyse von Erzählliteratur verwendbar.

5. Die graphische Anordnung mag das Buch auch dem eiligen Leser erschließen. Engzeilige Passagen können, soweit es sich nicht um Zitate handelt, bei erstem Lesen übergangen werden. Dann halbiert sich das Lesepensum.

Die Anregung zu diesem Buch gab 1973 Uwe Schweikert als Lektor des Verlags. Mein Kollege Horst Belke hat das Manuskript gelesen und durch seine Anmerkungen viele Verbesserungen bewirkt. 1986 erschien eine koreanische Übersetzung. Eine italienische erstellte 1996 Alessia Bartolini als Teil ihrer Dissertation an der Universität Pisa.

Bochum, Mai 1979/März 1997   B. A.

»Wozu die sauere Arbeit der dramatischen Form? wozu ein Theater er-
bauet, Männer und Weiber verkleidet, Gedächtnisse gemartert, die
ganze Stadt auf einen Platz geladen? wenn ich mit meinem Werke, und
mit der Aufführung desselben, weiter nichts hervorbringen will, als
einige von den Regungen, die eine gute Erzählung, von jedem zu Hause
in seinem Winkel gelesen, ungefähr auch hervorbringen würde.« (Lessing, Hamburgische Dramaturgie, 80. Stück)

»Was nun das Maaß betrifft, in welchem der dramatische Dichter als
Individuum gegen sein Publikum heraustreten darf, so läßt sich hier-
über wenig Bestimmtes feststellen. Ich will deshalb im Allgemeinen nur
daran erinnern, daß in manchen Epochen besonders auch die dramatische Poesie dazu gebraucht wird, um neuen Zeitvorstellungen in
Betreff auf Politik, Sittlichkeit, Poesie, Religion u. s. f. einen lebendigen Eingang zu verschaffen.« (Hegel, Vorlesungen über die Aesthetik
III, in: Sämtliche Werke, hrsg. H. Glockner, Bd. 14, 1964, S. 508 f.)

»der Despotismus befördert keine Wechselreden«. (Goethe angesichts des
Fehlens von Dramen in der persischen Literatur in: Noten und Abhand-
lungen zu besserem Verständniß des West-östlichen Divans, Weimarer
Ausgabe, Bd. 7, S. 121)

»Und wenn sich das deutsche Theater erholen will, so muß es auf den
jungen Schiller, den jungen Goethe des *Götz* und immer wieder auf Gotthold Ephraim Lessing zurückgreifen: dort stehen Sätze, die der Fülle der
Kunst und dem Reichtum des Lebens angepaßt, die der Natur gewachsen
sind.« (G. Hauptmann, Die Ratten, Akt III, Äußerung des jungen Spitta)

I. Wesentliche Elemente des Dramas

Eine Einführung in die Dramenanalyse läßt in erster Linie Vorschläge für die textanalytische Praxis erwarten. An dieser Erwartung gemessen, mag die Frage, was ein Drama überhaupt ist oder, wie Goethes Wilhelm Meister sie stellt, »was zum Wesen des Schauspieles gehört und was nur zufällig dran ist« (Theatralische Sendung II 2; nach Grimm, Dramentheorien I, S. 180), allzu theoretisch oder gar überflüssig erscheinen. Andererseits bewegt sich jede Analysepraxis ohne hinlängliche Klarheit über ihren Gegenstandsbereich auf schwankendem Boden. Die wesentlichen, d. h. notwendigen, Elemente des Dramas sind aber durchaus nicht jedermann klar. Selbst die Äußerungen, die man dazu in der Forschungsliteratur findet, sind weitgehend einseitig oder gänzlich fragwürdig.

Fragwürdige Bestimmungen

Hauptursache der Verwirrung sind Grenzverwischungen zwischen dem Drama im Sinne des poetologischen Allgemeinbegriffs und dem historisch konkreten Einzeldrama. Im folgenden wird davon ausgegangen, daß das Drama zwar immer geschichtlich in Erscheinung tritt, daß es im Sinne des Allgemeinbegriffs als Summe seiner wesentlichen Merkmale dagegen zeitlos ist, sich in den rund zweieinhalb Jahrtausenden seiner nachweisbaren Geschichte jedenfalls kaum verändert hat. Ähnlich wie die Erzählliteratur (Epik) ist es in seiner grundlegenden Eigenart an keine bestimmte Epoche gebunden. Als ahistorische oder besser überhistorische Gattung unterscheidet es sich von seinen historisch gebundenen Arten (Untergattungen), wie etwa der Tragödie, grundsätzlich und nicht nur als Oberbegriff. Diese Prämisse erscheint der terminologischen Klarheit halber notwendig. Sie ist kein Freibrief für unhistorische Dramenanalysen. Das terminologisch bzw. gattungstheoretisch Wesentliche kann sich als für den Sinngehalt eines Einzeldramas durchaus nebensächlich herausstellen.

Wer die genannte Prämisse akzeptiert, dem muß jede geschichtlich geprägte Wesens- bzw. Begriffsbestimmung des Dramas vom Ansatz her unzureichend erscheinen. Verständlicherweise richtet jeder seine allgemeine Vorstellung vom Drama an den Stücken aus, die er kennt; aber wenn er das ihnen Gemeinsame abstrahierend herausgreift, erreicht er die allgemeine Eigenart immer nur annäherungsweise.

Besonders fragwürdig gerät ein geschichtlich beschränktes Verständnis der Gattung Drama, wenn eine historische Sonderform zur Norm erhoben wird. So gehorchten Dramatik und Dramentheorie des 16. bis 19. Jh.s weitgehend antiken Mustern. Daß weder die formalen Merkmale (fünf Akte, drei Einheiten; Näheres dazu später) noch die Handlungsschemata der klassischen Tragödie und Komödie das Drama schlechthin ausmachen, hat die Dramenproduktion des 20. Jh.s zur Genüge erwiesen.

Fragwürdig ist auch der gelegentlich zu beobachtende Versuch, das Wesen des Dramas aus seiner sprachlichen Bezeichnung abzulesen, speziell aus den Bedeutungsschwerpunkten der Wörter »Drama« und »dramatisch«, wie sie bei metaphorischer Verwendung zutage treten. Als dramatisch oder gar als Drama im übertragenen Sinn gelten etwa die Endphase eines sportlichen Wettkampfs, eine Verbrecherjagd im Kriminalroman, die schnelle und verwickelte Ereignisfolge einer Novelle, überhaupt ein »leidenschaftlich-bewegtes, aufregendes Geschehen« bzw. »die Bewegtheit, Spannung eines Geschehens« (Brockhaus Enzyklopädie). Eben diese Bewegtheit oder Spannung würde dann auch das Wesen des eigentlichen Dramas ausmachen. Dieser Ansatz zeigt indes nur, daß der normalsprachliche Begriff »Drama«, in den spezielle historische Erfahrungen und ästhetische Qualitätserwartungen einfließen, mit dem literaturwissenschaftlichen Begriff »Drama«, dem Inbegriff der transhistorischen Gattungsmerkmale, nicht gleichgesetzt werden darf. Normalsprachliche Begriffe offenbaren gerade bei metaphorischer Verwendung weniger das Wesen der jeweiligen Sache an sich als deren affektive Seite, das, was sie für den Menschen bedeutsam macht.

Auch der Züricher Germanist Emil Staiger, der mit seinem Buch »Grundbegriffe der Poetik« (zuerst 1946) den Anspruch einer überzeitlichen Gattungstypologie erhob, hat – mit ähnlichem Ergebnis – im Grunde nur die heutige Sprach- bzw. Begriffskonvention festgeschrieben. Er argumentiert auf der Grundlage der phänomenologischen »Wesensschau« des Philosophen Husserl und letztlich in der Tradition Platons, dem die konkreten Erscheinungen weniger galten als die hinter ihnen vermuteten Ideen oder Urbilder. Staiger hebt von den Gattungen Lyrik, Epik und Drama die ihm wichtigeren »Ideen« des Lyrischen, Epischen und Dramatischen ab. Diese begreift er als stilistische und anthropologische Kategorien. Das Wesen des lyrischen Stils nennt er »Erinnerung«, das des epischen »Vorstellung« und das des dramatischen »Spannung«. Die sonst übliche Betrachtungsweise stellt er bewußt auf den Kopf, indem er verlangt, »daß das Dramatische nicht vom Wesen der Bühne her verstanden wird, sondern umgekehrt die historische Einrichtung der Bühne aus dem Wesen des dramatischen Stils« (S. 143 f.).

Die bisher besprochenen Ansätze erwiesen sich als fragwürdig, weil sie offen oder versteckt von historisch begrenztem Material ausgingen. Nicht minder problematisch sind etliche Vorschläge, die Eigenart des Dramas durch seinen Stellenwert im Rahmen der (so erst seit dem 18. Jh. fest etablierten) drei poetischen Gattungen zu gewinnen. Zumindest diejenigen Bestimmungen, die sich am Systemzwang außerliterarischer Bezugsgrößen ausrichten, führen in der Regel zu Gewaltsamkeiten und Widersprüchen. So haben Jean Paul und andere nach ihm die Epik mit der Vergangenheit, die Lyrik mit der Gegenwart und das Drama mit der Zukunft in Verbindung gebracht, während Goethe und Schiller in ihrem Beitrag »Über epische und dramatische Dichtung« dem vergangenheitsorientierten Epos das Drama richtiger als gegenwartsbezogen gegenüberstellten. (Das schließt die Zukunftsausrichtung nicht aus. Aber die hat, aus der Sicht der handelnden Personen ebenso wie aus der des gespannten Lesers, auch die epische Handlung.) Wenig überzeugend wirkt auch die von Hegel und Vischer vorgenommene Zuordnung. Sie erklärten die Lyrik für subjektiv, die Epik für objektiv, das Drama für subjektiv-objektiv. Zu diesen und weiteren, z. T. noch willkürlicheren Spekulationen vgl. Kayser (S. 334 f.), Wellek/Warren (S. 247 f.) und W. V. Ruttkowski (Die literarischen Gattungen, 1968, S. 34–37).

Die Komplexität des Dramas und die sechs Elemente des Aristoteles

Alle bisher besprochenen Bestimmungen kranken daran, daß sie von sekundären Merkmalen ausgehen, die das Drama nicht begründen, sondern sich erst aus ihm ergeben oder sich eher zufällig mit ihm verbinden. Aber auch die Erklärungen, die sich auf die wirklich grundlegenden Elemente stützen, stellen nicht ohne weiteres zufrieden. Sie sind vielfach einseitig, insofern sie nur ein oder zwei Elemente erfassen oder die nicht unbedingt wichtigsten in den Vordergrund rücken. Das Drama ist auch in seiner allgemeinsten Eigenart ein komplexer Gegenstand, der jede unvollständige oder falsch gewichtete Definition Lügen straft.

Das hat schon der griechische Philosoph Aristoteles (384–322 v. Chr.) erkannt. In seiner kleinen »Poetik«, der bis heute bedeutendsten Dichtungs- und besonders Dramentheorie, nennt er in Kapitel 6 sechs Elemente. Zwar beansprucht er sie für die Tragödie seiner Zeit, doch können sie, wenn man das letzte Element nicht als notwendig, sondern als möglich einstuft, auch für das Drama im allgemeinen gelten. Die sechs Bestandteile, die laut Aristoteles jede Tragödie haben muß, sind *mythos* (Handlung), *ethe* (Charaktere; Einzahl: *ethos*), *lexis* (Rede, Sprache), *diánoia* (Gedanke, Absicht), *opsis* (Schau, Szenerie) und *melopoiía* (Gesang, Musik). Julius Caesar Scali-

ger übersetzte sie in seiner Renaissancepoetik von 1561
(S. 18 b) als »fabulam, mores, dictionem, sententiam, appara-
tum, melodiam«. Nach Aristoteles beziehen sich die ersten beiden Elemente sowie die *dianoia* auf das, was dargestellt wird,
die restlichen auf Art (Szenerie) und Mittel (Sprache, Gesang)
der Darstellung. A. Ch. Rotth nannte 1688 die drei inhaltlichen
Elemente »wesendlich«, die drei formalen »zufällig« (Poetik
des Barock, hrsg. v. M. Szyrocki, 1977, S. 184 und 191).

Im folgenden sei auf der Basis der drei tatsächlich wichtigsten, größerenteils formalen Elemente (mythos, lexis, opsis) und
unter Berücksichtigung ihres theoriegeschichtlichen Stellenwer-
tes die komplexe Eigenart des Dramas genauer bestimmt. *Ethe*
und *dianoia*, als Bestandteile des *mythos* begreifbar (Aristoteles, Kap. 6, übers. Gigon: »in den Handlungen sind auch die
Charaktere eingeschlossen«) und im übrigen, wie die Übersetzungen andeuten, mit den meisten Verständnisschwierigkeiten
belastet (zu ihrem Wortsinn vgl. Fuhrmann, S. 18), dürfen hier
zurücktreten, ebenso das musikalische Element, das, wie gesagt,
außerhalb der antiken Tragödie ja ganz fehlen kann.

Handlung

Das Wichtigste im Drama ist nach Aristoteles der *mythos*. Vor allem den Charakteren ordnet er ihn – in Kap. 6 – ausdrücklich
über. *Mythos* ist heute Inbegriff eines vorhistorischen, religiös-archai-
schen Weltbildes oder auch entsprechender neuerer Denkweisen. (Vgl.
H. Koopmann [Hrsg.], Mythos und Mythologie in der Literatur des
19. Jh.s, 1979.) Aristoteles, dem bescheideneren Ursprungssinn des
Wortes (›Erzählung, Geschichte‹) verpflichtet, meint damit kaum
mehr als den Ereigniszusammenhang, der den Inhalt des Dramas ausmacht und den wir im Anschluß an die lateinische Entsprechung *fabula* als Fabel zu bezeichnen gewohnt sind (nicht zu verwechseln mit
der Gattung der äsopischen Tierfabel). Der Blick auf die »mythologische« Sagenwelt, aus der die Tragiker seiner Zeit ihre Themen
schöpften, mag mitspielen, ist aber, zumindest bei Bezug auf das
Drama im allgemeinen, unwesentlich. Im übrigen betrachtete man in
der Antike die Personen und Ereignisse der Mythologie nicht als erfunden, sondern als Zeugen einer geschichtlichen Frühzeit. Daß der
mythos des Dramas erfunden sein müsse, wie es spätere Theoretiker
(z. B. Harsdörffer und Gottsched) im Zusammenhang des sonstigen
Wortsinns von *Fabel* verstanden, ist jedenfalls von Aristoteles nicht
erkennbar mitgemeint.

Das seit dem 18. Jh. gebräuchliche Übersetzungswort ›Handlung‹
erscheint auf den ersten Blick gut gewählt, zumal Handlung als We-

senselement des Dramas sich auch noch von anderer Seite her nahelegt. Denn auch ›Drama‹, von dem griechischen – genauer gesagt,
dorischen – Verb ›dran‹ (tun, handeln) abgeleitet, bedeutet Handlung. (Aristoteles, Kap. 3, übers. Gigon: »Einige leiten denn auch den
Namen ›Drama‹ daher ab, daß in dieser Kunstart die Menschen handelnd nachgeahmt werden.«) Bei genauerer Prüfung zeigt sich indes,
daß ›Handlung‹ als Synonym für *mythos* bzw. als Kennzeichnung
des Drameninhalts Probleme aufwirft, weil diese spezifische Bedeutung von dem sonstigen Sinn des Wortes abweicht.

›Handeln‹ hatte ursprünglich die Bedeutung ›mit Händen fassen,
bearbeiten‹. »Maurer *handeln,* indem sie sich Backsteine zuwerfen.«
(F. Kluge, Etymolog. Wörterbuch der dt. Sprache, [18]1960) Kaufmän-
nisches Handeln zeigt eine schon abstraktere Spezialbedeutung. Heute bezeichnet Handeln oder Handlung *»im allgemeinen Sinne* jedes
tätige Verhalten; im engeren Sinne jedoch nur das bewußte, zielgerichtete, willentliche menschl. Tun, das auf Gestaltung der Wirklichkeit gerichtet ist« (Brockhaus Enzyklopädie). Beide Sinnvarianten
umfassen nicht nur die Bearbeitung von Dingen, wie sie die Ur-
sprungsbedeutung nahelegt, sondern auch das sozial-kommunikative
Verhalten.

Das Drama ist voller Handlung oder, besser gesagt, Handlungen. Im Vordergrund stehen dabei die sozial-kommunikativen
Verhaltensäußerungen. ›Handlung‹ als Übersetzung von *mythos* bzw. *fabula* meint jedoch etwas anderes: nicht die kurz-
fristige Aktion einer Person, sondern eine ganze Kette von Begebenheiten, an denen meist mehrere Personen beteiligt sind.
Aristoteles (Kap. 6) definiert diese Gesamthandlung (mythos)
als eine »sýnthesis [auch: sýstasis] ton pragmáton«, d. h. als
»eine Verknüpfung von Begebenheiten« (Lessing, Hamburg.
Dramaturgie, 38. Stück) oder, wie Gigon übersetzt, eine »Zu-
sammensetzung der Handlungen«.

Interessanter als der quantitative Unterschied zwischen einer
normalen, punktuellen Handlung und der summativ verstandenen Handlung des Dramas ist jedoch die qualitative Abweichung. Die Handlung im Sinne des zusammenhängenden Ge-
schehensablaufs (mythos) erschöpft sich nicht in einer Vielzahl
punktueller Handlungen, sie umfaßt auch Begebenheiten, die
sich 1. nicht im engeren Sinne, 2. nur mit einiger Mühe oder 3.
überhaupt nicht als Handlungen bezeichnen lassen.

Zu 1. Zunächst zu jenen Handlungen, die den engeren Sinn des
Wortes überschreiten, die man aber ohne größere Schwierigkeit noch
so nennen kann. »»Eine Handlung, sagt Batteux, ist eine Unternehmung, die mit Wahl und Absicht geschiehet. – Die Handlung setzet,
außer dem Leben und der Wirksamkeit, auch Wahl und Endzweck

voraus, und kömmt nur vernünftigen Wesen zu.‹« So berichtet Lessing in seinen »Abhandlungen über die Fabel« (Werke, Hanser-Ausgabe, Bd. 5, 1973, S. 372). Die von ihm wiedergegebene Auffassung des französischen Literaturtheoretikers, die dem oben zitierten engeren Sinn der Brockhaus-Definition entspricht, war Lessing zu eng. Er läßt auch Vorgänge, die ohne Wahl und Absicht zustande kommen, z. B. die Erkenntnis eines Irrtums, als Handlungen gelten. Eine ähnliche Ausweitung erfordert – unter anderen Voraussetzungen – das moderne Drama. Das seit dem 18. Jh. erwachte Interesse für Psychologie führte zur Darstellung auch unter- bzw. unbewußten Tuns (Traumszenen). Sozialkritische Dramatiker, z. B. des Naturalismus, brachten auch ziel- und willenloses Handeln auf die Bühne.

Zu 2. Mit einiger Mühe als Handlungen zu bezeichnen sind die Gedanken und Affekte (letztere früher verdeutscht als ›Leidenschaften‹ oder ›Empfindungen‹, heute als ›Gefühle‹) der Personen. Daß sie – mit Rücksicht auf das Publikum – im Drama laut geäußert werden, ändert daran wenig. Hebbel kann sich zwar ein Handeln ohne sie nicht vorstellen, trennt sie aber begrifflich davon. Im Vorwort zu »Maria Magdalene« schreibt er: »Darstellbar ist nun nur das *Handeln*, nicht das *Denken* und *Empfinden*; Gedanken und Empfindungen gehören also nicht *an* sich, sondern immer nur so weit, als sie sich unmittelbar zur Handlung umbilden, ins Drama hinein; dagegen sind aber auch Handlungen keine Handlungen, wenigstens keine dramatische, wenn sie sich ohne die sie vorbereitenden Gedanken und die sie begleitenden Empfindungen, in nackter Abgerissenheit, wie Natur-Vorfälle, hinstellen, sonst wäre ein stillschweigend gezogener Degen der Höhepunkt aller Aktion.«

Lessing hingegen plädierte für eine auch terminologische Einbeziehung. In seinen »Abhandlungen über die Fabel« notierte er: »Gibt es aber doch wohl Kunstrichter, welche einen [. . .] so materiellen Begriff mit dem Worte *Handlung* verbinden, daß sie nirgends Handlung sehen, als wo die Körper so tätig sind, daß sie eine gewisse Veränderung des Raumes erfordern. Sie finden in keinem Trauerspiele Handlung, als wo der Liebhaber zu Füßen fällt, die Prinzessin ohnmächtig wird, die Helden sich balgen; in keiner Fabel, als wo der Fuchs *springt*, der Wolf *zerreißet*, und der Frosch die Maus sich an das Bein *bindet*. Es hat ihnen nie beifallen wollen, daß auch jeder innere Kampf von Leidenschaften, jede Folge von verschiedenen Gedanken, wo eine die andere aufhebt, eine Handlung sei; vielleicht weil sie viel zu mechanisch denken und fühlen, als daß sie sich irgend einer Tätigkeit dabei bewußt wären.« (Werke, Hanser-Ausgabe, Bd. 5, 1973, S. 373)

Im Sinne Lessings bezeichnet man die Gedanken und Gefühle seit dem 18. Jh. gern als innere Handlung. Damit ist allerdings weniger ein einzelner psychischer Vorgang gemeint als die zusammenhängende Entwicklung aller derartigen Vorgänge in einem Drama. Der summative Begriff ›Handlung‹ (mythos), oft auf die ›äußere Handlung‹ beschränkt, wird so ergänzt bzw. differenziert. Auf psychische Vorkommnisse ausgeweitet, findet sich das Wort ›Handlung‹ gelegentlich auch außerhalb der Dichtungstheorie. Sigmund Freud etwa verstand Denken als Probehandeln.

Zu 3. Überhaupt nicht mehr als Handlungen begreifbar, aber doch wesentliche Bestandteile des *mythos* sind Unwetter, Krankheit und dergleichen, also Vorgänge, die keinerlei körperliche oder geistige Tätigkeit der agierenden oder anderer Personen beinhalten oder voraussetzen, sich vielmehr mit Naturgewalt einstellen und den Akteuren nur ein Reagieren übriglassen oder gar nur ein Leiden, »ein nach innen gekehrtes Handeln«, wie Hebbel in seinem erwähnten Vorwort dies nennt. Nicht eigentlich handlungsspezifisch ist auch das zufällige Zusammentreffen mehrerer Handlungen bzw. Personen. (Von der Möglichkeit, in solchen Naturvorgängen und Zufällen ein zielgerichtetes »Handeln« anonymer Mächte, z. B. des Schicksals oder der Gerechtigkeit, zu erkennen, sei hier abgesehen. Sie ist an ein bestimmtes Weltbild gebunden und kann keine allgemeine Geltung beanspruchen.)

Im vorliegenden Zusammenhang hat Manfred Pfister (S. 269 f.) eine komplexe Differenzierung vorgeschlagen. Er unterscheidet in punktueller Hinsicht ›Handlung‹ und ›Geschehen‹ und in summativer Hinsicht ›Handlungssequenz‹ und ›Geschichte‹. Das Wort ›Handlung‹ möchte er auf die einzelne Aktion beschränkt wissen. Im Gegensatz dazu ist ihm ›Geschehen‹ die nichtaktionale Begebenheit. Eine klare Trennung wird allerdings dadurch erschwert, daß a) jedes ›Geschehen‹ im Drama Reaktionen nach sich zieht, b) Ereignisse wie Mord oder Folter sowohl als Handlungen wie auch – aus der Sicht der Betroffenen – als Geschehen verstanden werden können, c) ›Geschehen‹ sonst auch als Oberbegriff dient, der Handlung einschließt und d) ›Geschehen‹ sonst auch summative Bedeutung hat. Bei Pfisters summativer Gegenüberstellung entfallen diese Einwände. Die ›Handlungssequenz‹ faßt er nicht als Gegenteil, sondern – zusammen mit Geschehenselementen – als Bestandteil der ›Geschichte‹ auf. Allerdings ergeben sich hier andere Bedenken: ›Geschichte‹ ist als primär historiographischer und epischer Begriff Mißverständnissen ausgesetzt, und Pfister behält dieses Wort (und indirekt damit auch seine drei anderen) im Sinne der oben genannten werkgenetischen Unterscheidung dem Rohstoff vor, während er im Bereich des gestalteten Stoffes (vgl. S. 158 f.) keine Unterscheidungen anbietet. Zu anderen, bekannteren Handlungsabstufungen vgl. Kap. X (S. 156 ff.).

Da die referierte Differenzierung alles in allem mehr Probleme aufwirft als löst, sei hier an dem eingebürgerten Wort ›Handlung‹ als summativer Bezeichnung des Drameninhalts, und zwar des fertig gestalteten, als geringerem Übel festgehalten. Dieses Übel ist auch geringer, als es zunächst erscheinen mochte. Das Wort ›Handlung‹ kennzeichnet nämlich durchaus treffend, daß sich das Drama wesentlich als zusammenhängende Folge menschlichen Handelns darstellt.

Es läßt zwar die nichtaktionalen Faktoren außer acht, doch sind diese nur insoweit von Belang, als sie ihrerseits Handeln auslösen. Was im Drama geschieht, ohne selber Handlung zu sein, ist also zumindest auf Handeln ausgerichtet. Anders gesagt: Das Wort ›Handlung‹ erfaßt den Drameninhalt in seiner eigentlichen Substanz. Was es übergeht, ist etwas schon eher Sekundäres, Akzidentielles, nämlich die zugrunde liegenden Ursachen. Als Ursache, nicht als zentrale Sache kommt auch nichtaktionales Geschehen in Frage. Bezieht man die Ursachen mit ein, so ergibt sich eine Staffelung zwischen engerem und weiterem Gegenstand. Ihr entspricht Pfisters Gegenüberstellung von ›Handlungssequenz‹ und ›Geschichte‹, wenn man von deren Beschränkung auf den ungestalteten Stoff absieht.

Figurenrede

Als zusammenhängende Handlungsfolge unterscheidet sich das Drama von beschreibenden Texten, die ein räumliches Nebeneinander darstellen, ebenso wie von gedanklich-assoziativen (Essay, Lyrik), aber nicht von der Erzählliteratur. Aristoteles (Kap. 23) schrieb dem Epos eine »dramatische Struktur« zu. Auf die Zusammengehörigkeit von Drama und Epik unter dem Gesichtspunkt des gleichartigen Gegenstandes und der wechselseitigen Transformierbarkeit ist seit dem 18. Jh. von Johann Jakob Engel und anderen hingewiesen worden. (Vgl. Scherpe, S. 148, Anm. 53.) Käte Hamburger (Die Logik der Dichtung, [2]1968, S. 227 ff.) faßt Drama und Epik zu einer dichterischen Grundgattung zusammen, der sie als zweite die Lyrik gegenüberstellt.

Zur Abgrenzung von der Epik bedarf das Drama also einer zusätzlichen Bestimmung. Diese findet sich im Bereich jenes Elements, das Aristoteles ›lexis‹ (Sprache, Rede) nannte.

Umgangssprachlich wird Reden gern als Gegenteil des Handelns verstanden (»Jetzt wird nicht geredet, sondern gehandelt!«). Dabei ist ›Handeln‹ auf außersprachliches Tun oder auf Tätigkeiten eingeengt, die eine Situation einschneidend verändern. Handeln im weiteren Sinne schließt dagegen das Reden ein. Die neuere Sprachwissenschaft, speziell die von Austin und Searle begründete Sprechakttheorie, versteht das Reden jedenfalls ausdrücklich als Handeln. Im Drama ist es die beherrschende Art des Handelns und zugleich Medium außersprachlicher, z. B. innerer Vorgänge. Das normale Drama ist Sprechdrama.

Zur Unterscheidung von der Epik reicht die sprachliche

Form als solche indes nicht aus, auch nicht die mündliche
Form, denn auch das Erzählen erfolgte ja ursprünglich münd-
lich. Das sogenannte »Redekriterium«, das zur Unterscheidung
der dichterischen Gattungen seit der Antike vorrangig bemüht
wird (vgl. Scherpe, S. 7 ff.; Pfister, S. 19 ff.), bezieht das re-
dende *Subjekt* mit ein. Maßgebend wurde die Äußerung Platons, »daß von der gesamten Dichtung und Fabel einiges ganz
in Darstellung besteht, [. . .] die Tragödie und Komödie, anderes aber in dem Bericht des Dichters selbst, [. . .] vorzüglich in
den Dithyramben [. . .], noch anderes aus beiden verbunden,
wie in der epischen Dichtkunst« (Politeia 394 c, Sämtl. Werke,
hrsg. W. F. Otto u. a., 1958, Bd. 3, S. 127). Dies hat man später
so verstanden, daß im Drama nur die handelnden Personen,
d. h. die vom Autor gestalteten Figuren, zu Wort kommen, in
der Lyrik sowie in didaktischen Texten nur der Autor selber
und in der Epik die Figuren (in Form der wörtlichen Rede)
und der Autor gleichermaßen. (Das Redekriterium wurde allerdings auch zur Binnendifferenzierung innerhalb der Epik
und innerhalb der Lyrik verwendet. Vgl. dazu Lausberg,
§ 1172; J. P. Titz in: Poetik des Barock, hrsg. v. M. Szyrocki,
1977, S. 83.)

Unter dem Gesichtspunkt des Redekriteriums erscheint als
wichtigstes Element des Dramas der Dialog der Figuren oder
allgemeiner – bei Einbeziehung von Monolog und Monodrama (Einpersonenstück) – die Figurenrede.

Diese Einschätzung paßt besonders zum älteren Drama aus der
Zeit vor dem 18. Jh. Damals waren schulische Ausbildung und Literatur in Fortsetzung antiker Tradition in erster Linie am Ideal des
Redners orientiert. Demgemäß sah man im Drama ein Übungsfeld
rhetorischer Deklamation. Den Dialog verdeutschte man als »Wech-
sel-Rede[n]«. In der Renaissance- und Barockzeit waren es nicht zuletzt Schulen, die für Dramenaufführungen sorgten. Daneben gab es
Vereinigungen wie die niederländischen Rederijker (nach frz. rhétori-
queur), die sich dem Drama verschrieben. Das damalige Drama war
stark auf Laienschauspieler abgestimmt, die durch ihre Bühnenauf-
tritte lernen wollten, noch nicht ausschließlich auf ein zahlendes pas-
sives Publikum, das einigen wenigen Berufsschauspielern zuschaut.
Seit dem 18. Jh. geriet die Rhetorik mehr und mehr in Mißkredit.
Die Auffassung, der Dialog bzw. die Figurenrede sei das Wichtigste
im Drama, wirkt jedoch bis heute nach. Goethes vielzitierte Äußerung, daß in der Ballade lyrische, epische und dramatische »Elemente
noch nicht getrennt, sondern wie in einem lebendigen Ur-Ei zusammen sind« (Weimarer Ausgabe, Bd. 41, Abt. 1, S. 224), scheint jedenfalls vorauszusetzen, daß die – in Balladen ja recht häufige –

wörtliche Rede für das Drama am wesentlichsten sei. »Abgebrochene
Wechselreden« waren für ihn zumindest »die schönste Zierde des
Dramas« (Goethe in: Deutsche Dramaturgie vom Barock bis zur
Klassik, hrsg. B. v. Wiese, 1956, S. 87). Noch Wellek/Warren (Kap.
17, S. 249) halten den Dialog für das Hauptmerkmal des Dramas.

Aber auch diese Bestimmung erfaßt das Wesen des Dramas
nicht hinreichend. Platons philosophische Dialoge sind keine
Dramen. Auch die Kombination von Handlung und Dialog
macht noch kein Drama. Sie findet sich in jedem Alltagsstreit.
Hinzukommen muß die szenische Einrichtung, die Aristoteles
mit dem Wort ›opsis‹ anspricht.

Sinnliche Darbietung

Gewöhnlich heißt schon der schriftliche Text Drama, doch
seine wahre Bestimmung findet er erst auf der Bühne. Als blo-
ßes »Lesedrama« bleibt jedes Stück unvollendet. Durch die szenische Darbietung wird das Drama für das Publikum sinnlich
wahrnehmbar, und zwar vor allem optisch, wie es die Bezeichnung des Aristoteles zum Ausdruck bringt, aber auch akustisch.

Die Bedeutsamkeit der szenischen Form spiegelt sich im Wortschatz des Dramas. Er rekrutiert sich vorwiegend aus diesem Bereich.
Hierher gehören Bezeichnungen aufgrund der Bühnenform (Bühne =
erhöhte Fläche; griech. skéne/lat. scaena war ursprünglich das Büh-
nenhaus; vgl. auch engl. stage, ital. palco), solche, die von der Wahrnehmung des Publikums ausgehen (Theater von griech. theasthai =
schauen; lat. spectaculum; Schauspiel), und schließlich auch die, die
an die Tätigkeit der Darsteller anknüpfen (Aufführung, Vorführung,
Vorstellung). Die Wörter des Handelns meinen oft weniger das Tun
der dargestellten als das »Agieren« der darstellenden Personen (Ak-
teur; vgl. auch Akt). H. Schreckenberg (Drama, 1960) hat für das schon
erwähnte griechische Handlungsverb dran, das dem Wort Drama zugrunde liegt, als ursprüngliche Bedeutung somatisch-tänzerisches Agieren
nachgewiesen (nach Brockhaus Enzyklopädie).

Laut Aristoteles (Kap. 3) kann man ein Geschehen darstellen
»entweder so, daß man berichtet [...] oder so, daß man die
nachgeahmten Gestalten selbst als handelnd tätig auftreten
läßt«. Diese Äußerung ist oft im Sinne des Redekriteriums verstanden worden. Eher unterscheidet sie jedoch nach der vermittelnden Instanz (Erzählerrede/szenische Darbietung). Dieser
Gesichtspunkt klang auch in der oben zitierten Platon-Stelle
an. Vollends verselbständigt erscheint er in einem Hexameter

des Horaz, der, allerdings im Bereich des Dramas selbst, szenische und narrative Handlungsdarbietung auseinanderhält: »Aut agitur res in scaenis aut acta refertur.« (Ars poetica 179. E. Schäfer übersetzt: »Etwas wird auf der Bühne entweder vollbracht oder wird als Vollbrachtes berichtet.«) Dieses Medienkriterium, wie man es nennen kann, erfaßt den Unterschied von Drama und Epik treffender als das Redekriterium, obwohl oder gerade weil die sprachliche Form auf seiten des Dramas nicht berücksichtigt ist.

Wenn die szenische Darbietung in der älteren Dramentheorie weniger und nur im Schatten des Redekriteriums Beachtung fand, dann wohl deshalb, weil man das sichtbare Bühnengeschehen (opsis) als vulgär, nebensächlich oder gar als verzichtbar einstufte. Diese abschätzige Auffassung bringt Aristoteles in mehreren Kapiteln seiner Poetik zum Ausdruck (6 Ende, 14 und 26). Wenn er dennoch das Drama, speziell die Tragödie, dem Epos vorzog, dann nicht wegen der szenischen Form, sondern aufgrund der konzentrierteren Handlung (Kap. 26). Horaz meint im Anschluß an seinen oben zitierten Hexameter, grausame Ereignisse, wie Medeas Mord an ihren Kindern, gehörten nicht vor das Auge des Zuschauers, sondern in die schwächere Form des Berichts, die nur sein Ohr erreiche. Das christliche Mittelalter hielt das Theater gern für Teufelswerk (vgl. George, S. 22). Dem Namen der Tragödie entnahm man damals weniger den Bocksgesang als den Bocksgestank (George, S. 29 f.). In Spanien belegte 1520 die Inquisition alle Schauspiele mit einem Verbot, das erst 1572 aufgehoben wurde. Der englische Puritaner William Prynne sammelte in seinem Werk »Histrio-Mastix« (1633) aus der Bibel, den Schriften der Kirchenväter und denen heidnischer Philosophen Beweise dafür, daß das Drama vom Satan erfunden sei und als eine Form der Teufelsverehrung begonnen habe. Auf Drängen der Puritaner blieben die öffentlichen Bühnen in England von 1642 bis 1656 geschlossen. »In Preußen wurde 1718 das Theaterspielen an Schulen verboten« (Barner u. a., S. 78). Noch Lessing registriert – in der Vorrede seiner Zeitschrift »Beiträge zur Historie und Aufnahme des Theaters« – »das Vorurteil wider das Theater« (Werke, Bd. 3, S. 362).

Grundsätzlich positiver wurde die Einstellung zur szenischen Darbietung im Zuge einer allgemeinen Aufwertung der Sinne und Affekte gegenüber der bis dahin dominant gesetzten Vernunft, wie sie sich im 18. Jh. vollzog. Der holländische Grausamkeitsdramatiker Jan Vos formulierte schon im 17. Jh. in deutlicher Frontstellung gegen Horaz: »Het zien gaat voor het zeggen« (Das Sehen geht dem Sagen vor). In Deutschland sorgte damals Harsdörffer für eine stärkere »Beachtung visueller und emotionaler Effekte« (George, S. 118), indem er das Drama als »ein lebendiges Gemähl« begriff (vgl. Schöne, S. 201). Die Verbindung von Anschauung und Gefühl wurde dann

aber vor allem zum zentralen Theorem der im 18. Jh. begründeten
Ästhetik. Aus dem bisher vorwiegend rhetorischen, als »moralische
Anstalt« (so noch von Schiller) begriffenen Drama wurde nun zunehmend ein bewußt sinnliches Theater. Der Franzose Dubos vertrat
1719 die Meinung, die durch die Tragödie auszulösenden Affekte sei-
en nur bei unmittelbarer Anschauung möglich (vgl. Martino,
S. 45 ff.). In Deutschland avancierte diese Ansicht bald zum Gemein-
platz. Schiller äußert sie etwa in seinem Aufsatz »Über die tragische
Kunst«. Auf der Grundlage dieser Meinung geriet die dramatische
Anschauung nun sogar zum Maßstab für die Epik. Die Gegenüberstellung von szenisch-»darstellenden« und berichtend-erzählenden
Dichtungsformen, die Johann Jakob Engel um 1780 für die Unterscheidung von Drama und Epik vorschlug (J. J. E., Über Handlung,
Gespräch und Erzählung, 1964, S. 146—149), wurde später auch zur
Differenzierung innerhalb der Epik verwendet und hat sich unter
diesen Bezeichnungen hier bis heute gehalten (vgl. E. Lämmert, Bauformen des Erzählens, ²1967, S. 87; F. K. Stanzel, Typische Formen
des Romans, ⁵1970, S. 11 f.). Allerdings darf die Orientierung des
»anschaulichen«, mitunter auch »dramatisch« genannten Erzählens
(Wellek/Warren, Kap. 16, S. 242) an der wirklichen Anschauung des
Theaterbesuchers nicht darüber hinwegtäuschen, daß es noch maßgeblicher
in dem alten rhetorischen Streben nach Vergegenwärtigung (evidentia) verwurzelt ist. (Vgl. dazu Lausberg, §§ 810—819.)

Kombiniert man das szenische Moment bzw. das Medienkriterium mit dem Redekriterium, so lassen sich die formalen Elemente der beiden handlungsbezogenen Gattungen folgendermaßen skizzieren:

Epik

Erzählerrede

Figurenrede   szenische Darbietung

Drama

Im Zeichen des Redekriteriums erschien die Epik als misch-
formige Gattung. Bei Mitberücksichtigung der szenischen Darbietung wirkt eher das Drama gemischt. Diese Einschätzung
hat mehr für sich, und zwar weil die Figurenrede im Drama
größere Direktheit und einen höheren Anteil aufweist als in
der Epik. Die Figurenrede mag im Homerischen Versepos und
auch bei manchen neueren Erzählern (z. B. Fontane) stark ausgeprägt sein; grundsätzlich kann der Epiker, besonders der eigene Erlebnisse wiedergebende Ich-Erzähler, aber ohne sie auskommen, zumindest dann, wenn man sie nur in der wörtlichen
Rede vertreten sieht. Vgl. auch S. 54.

Rollenspiel

Das Drama stellt Handlung dar. Es bedient sich der dialogischen und szenischen Form. Dies sind wichtige Bestimmungen. Die wesentlichste bleibt jedoch noch zu ergänzen: Es ist Spiel. Die Wörter *Schauspiel* und engl. *play* bringen diese Seite zum Ausdruck. Aber es ist nicht irgendein Spiel, kein Bewegungs- oder Wettspiel etwa, sondern Rollenspiel. Der Schauspieler verstellt sich. Er stellt eine fremde Person dar. Er leiht ihr seinen Körper, seine Stimme und vielfach sogar sein Bewußtsein. Er übernimmt ihren Namen, ihr Kostüm, ihr Verhalten und vor allem ihre Worte. Das Theaterwort *Rolle* bezeichnete ursprünglich die Papierrolle, von der der Schauspieler seinen Text ablas und lernte.

Das dramatische Spiel bedarf noch einer weiteren Eingrenzung. Eine Rolle im heutigen Sinn des Wortes spielen nicht nur Schauspieler. Sieht man von der allgemeinen Rollenhaftigkeit sozialer Verhaltensweisen und vom hochstaplerischen Vortäuschen falscher Rollen einmal ab, so ist die Neigung zum Rollenspiel vor allem eine Eigenart des Kleinkindes, das sich so die Verhaltensmuster der Erwachsenen aneignet. Das Rollenspiel des Kindes erfolgt wie seine sonstigen Spiele aus freiem Antrieb. Es wird improvisiert. Sein Ausgang ist offen. Diese Freiheit, die das Wort *Spiel* als Gegenbegriff zu *Arbeit* mitbedeutet, fehlt dem Schauspiel. Es ist normalerweise streng organisiert. Die Akteure folgen dem Text des Autors und den Anweisungen des Regisseurs. Selbst Improvisationen, wie sie die italienische Commedia dell'arte erlaubte, ordnen sich einem festen Handlungsplan ein. Das dürfte auch schon für jene Improvisationen gelten, aus denen sich laut Aristoteles (Kap. 4) das Drama entwickelt haben soll. Die strenge Form des dramatischen Rollenspiels erklärt sich aus seiner Ausrichtung auf das Publikum, aus seinem Darbietungscharakter also. Im »Schau-Spiel« dient das Spiel der Akteure der Schau des Publikums. Rollen-spielende Kinder dagegen, ob allein oder zu mehreren, sind sich selber genug. Sie dulden gewöhnlich keine Zuschauer.

Der Rollenspielcharakter wird in der traditionellen Dramentheorie gar nicht, wie bei Aristoteles, oder doch zu wenig berücksichtigt. Das liegt wohl weniger an seiner Selbstverständlichkeit als daran, daß er durch die Bezeichnungen des Handelns (*agieren, Drama*) und mehr noch durch die der optisch-akustischen Darbietung (z. B. *Theater*) mit erfaßt erscheint. Daß dieser Anschein eine eigene Hervorhebung nicht überflüssig macht, zeigen jedoch die vielerlei artistischen Dar-

bietungen ohne Rollenspielcharakter, z. B. Zirkus, Revue oder auch
Fußball. Ein weiterer Grund für die geringe Gewichtung des Rollenspiels ist wohl die Komplexität des Begriffs *Spiel*. Zu berücksichtigen
ist schließlich auch der Umstand, daß das Täuschungsmoment, welches dem Rollenspiel anhaftet, für die Dichtung überhaupt und darüber hinaus auch für die bildende Kunst von Bedeutung ist. Bei Aristoteles deutet sich das Spielerische weniger in dem Begriff der *opsis*
an als in dem der *mimesis* (Nachahmung, Darstellung), den er jeder
Kunst zugrunde legt (vgl. sein Kap. 4).

Die vier besprochenen Elemente, die das Drama begründen,
werden später als Gesichtspunkte der Dramenanalyse erneut
anzusprechen sein, die Handlung in Kap. X, die Figurenrede in Kap.
VI, sinnliche Darbietung und Rollenspiel in Kap. XII.

Sieht man von der Handlung als dem für Drama und Epik
gleichartigen Gegenstand ab und faßt man nur die drei für die
Darbietungsform wichtigen Elemente zusammen, so läßt sich
das Drama als *Sprechschauspiel* definieren. Nimmt man den
Gegenstand und das wichtigste Darbietungselement zusammen,
so erweist es sich, wie schon Albrecht Christian Rotth 1688
feststellte, als »Handelungs-Spiel« (Poetik des Barock, hrsg. M.
Szyrocki, 1977, S. 181 und 204). Die letztgenannte Bezeichnung ist nicht mit dem metaphorisierenden Wortgebrauch von
S. J. Schmidt (Texttheorie, ²1976, S. 43 f.) zu verwechseln, der
den Begriff »kommunikatives Handlungsspiel« zur Fundamental-
kategorie einer kommunikationsorientierten Linguistik machen
möchte. Verbindet man alle vier Elemente, so ist das Drama als
Handlungs-sprech-schau-spiel definierbar. Vergleichbar ist A.W. Schlegels Definition des Dramas als »Vorstellung einer Handlung durch
Gespräche ohne alle Erzählung« (Ueber dramatische Kunst und Litteratur. Erster Theil. Heidelberg 1809, S. 34).

Neben den herausgestellten vier Elementen werden von alters
her weitere Merkmale als dramentypisch diskutiert. Sie dienen
vor allem dazu, die Grenze zur Epik noch deutlicher zu markieren. Allerdings sind sie nicht grundlegend, sondern Folgeer-
scheinungen. Sie ergeben sich aus der szenischen Form. Auch
besitzen sie weniger obligatorische als tendenzielle Geltung. Im
übrigen haben sie hauptsächlich beschränkenden Charakter.
Das ist der Preis, den das Drama für seine sinnliche Intensität
zahlen muß. Näheres dazu in Kap. XII (S. 192 ff.).

Nach den Überlegungen zum Drama im allgemeinen müssen wir uns den Gesichtspunkten zuwenden, die für die Analyse eines Stückes maßgeblich erscheinen. Dieser Blickwechsel bietet Gelegenheit, einige Bemerkungen über wichtige Arbeitsmittel einzuschieben. Die folgenden Hinweise sind bewußt knapp und bruchstückhaft gehalten. Es soll nicht versucht werden, eine lange Reihe von Titeln vorzustellen. Sie veralten schnell und gehören besser in aktuelle Veröffentlichungen zur Bücherkunde. Zu behandeln ist vielmehr die Art des Vorgehens, die sich auch bei wechselnder Literatur nicht grundsätzlich ändert. Im übrigen beziehen sich die Hinweise zwar auf die Analyse von Dramen, gelten aber weitgehend auch für andersartige Texte.

Die verschiedenartigen Textausgaben

Wer ein Drama analysieren will, kann meist zwischen verschiedenen Textausgaben wählen, sofern ihm nicht ein Lehrer oder Seminarleiter die Entscheidung abnimmt. Als Arbeitsexemplar empfiehlt sich ein möglichst billiger Druck, in der Regel eine Einzelausgabe, die nur das jeweilige Stück enthält. Die preisgünstigste, vollständigste, im großen und ganzen immer wieder nachgedruckte, in Schule und Hochschule gleichermaßen geschätzte Sammlung solcher Ausgaben ist Reclams *Universal-Bibliothek* (seit 1867). Sie umfaßt neben zahlreichen Übersetzungen fremdsprachiger Dramen weit über hundert deutsche Dramen, besonders aus dem 18. und 19. Jh. Aus jüngerer Zeit bietet sie vorwiegend Hörspiele. Die Schauspiele jüngerer Autoren sucht man bei Reclam meist vergebens. Sie unterliegen noch dem Schutz des Urheberrechtsgesetzes und dürfen nur von den Stammverlagen oder mit deren Lizenz gedruckt werden. Die Schutzfrist endet – seit 1965 – erst siebzig Jahre nach dem Tod des Schriftstellers. (Vorher betrug sie fünfzig Jahre, von 1867 bis 1934 nur dreißig Jahre.) Ausgaben moderner Dramen sind deshalb meist etwas teurer als die Reclam-Hefte.

Wenn zu den Werken des Dramenautors eine historisch-kritische Gesamtausgabe vorliegt, so ziehe man diese zum Vergleich heran, um die Zuverlässigkeit des eigenen Textes zu überprüfen. Eine solche Ausgabe enthält nicht nur die maßgebende Textfassung, sondern gegebenenfalls auch – in einem sogenannten textkritischen Apparat – abweichende Lesarten oder Fassungen. Ein Verzeichnis kritischer Ausgaben zur deutschen Literatur bieten Paul Raabes »Quellenrepertorium zur neueren deutschen Literaturgeschichte« (²1966, S. 49 ff.) und das »Handbuch der Editionen. Deutschsprachige Schriftsteller. Ausgang des 15. Jh.s bis zur Gegenwart« (1979). Sehr nützlich sind daneben kommentierte Sammelausgaben, z. B. die 14bändige Hamburger Goethe-Ausgabe (1948–60) und die achtbändige, von H. G. Göpfert betreute Hanser-Ausgabe zu Lessing (1970–79). Dies gilt besonders dann, wenn sie einem jüngeren Erkenntnisstand entsprechen als die kritische Ausgabe.

Kritische, kommentierte und andere Sammelausgaben der Werke eines Autors sind gewöhnlich in den Bibliotheken der philologischen Hochschulinstitute/-seminare vorrätig. Die billigen Einzelausgaben in Heft- oder Taschenbuchformat dagegen sucht man dort meist vergeblich. Die Dramen fremdsprachiger Autoren finden sich in den entsprechenden Instituten (klassische Philologie, Romanistik, Anglistik), allerdings üblicherweise nur im Originaltext, nicht in den – oft mehrfach existierenden – deutschen Übersetzungen.

Wege zur Sekundärliteratur

Wer ein Drama analysieren will, sollte nicht mit der Lektüre einer Interpretation oder sonstiger Sekundärliteratur beginnen, sondern zuerst das Stück selber lesen und die eigenen Beobachtungen und Erkenntnisse dazu notieren. Wer so verfährt, lernt das Drama unbefangener kennen und findet leichter einen eigenen Standpunkt dazu. Von diesem aus wird er dann das, was andere zu dem Stück geschrieben haben, von vornherein sachkundiger und kritischer beurteilen.

Andererseits kann es hilfreich sein, schon vor der Lektüre des Dramas einen ungefähren Überblick über die später auszuwertende Sekundärliteratur zu gewinnen. Dann läßt sich schneller darüber verfügen, sobald – nach oder auch schon während der Dramenlektüre – eigene Beobachtungen und Vermutungen der Absicherung oder Ergänzung bedürfen. Zumindest empfiehlt es sich zu wissen, wie man solche Literatur findet. Dafür gibt es drei Wege.

Einen ersten Einblick bieten Nachschlagewerke verschiedener Art, die in den Institutsbibliotheken der Hochschulen meist an zentraler Stelle vereinigt sind. Hierzu gehören allgemeine Konversationslexika (Brockhaus, Meyer), Autorenlexika (für die deutsche Literatur besonders das von Killy), Werklexika (Kindlers Literatur Lexikon) und Literaturgeschichten. Näheres hierzu bei Paul Raabe, »Einführung in die Bücherkunde zur deutschen Literaturwissenschaft«, [11]1994, ebenso bei Burkhard Moennighoff/Eckhardt Meyer-Krentler, »Arbeitstechniken Literaturwissenschaft«, [13]2008. Die Nachschlagewerke enthalten neben Angaben über die Werke des Dramenautors, die sogenannte Primärliteratur, meist auch ein Verzeichnis ausgewählter Sekundärliteratur.

Ein zweiter Weg führt zu den Büchern, die sich speziell mit dem betreffenden Autor und seinen Werken befassen. Die autorenspezifischen Buchveröffentlichungen haben ihren Standort gewöhnlich in unmittelbarer Nachbarschaft der entsprechenden Primärliteratur. Im

Germanistischen Institut der Ruhr-Universität Bochum, in dem die Autoren nach Geburtsjahren geordnet sind, ist z. B. unter dem Strich das erste halbe Tausend der Primärliteratur vorbehalten, das zweite der Sekundärliteratur. Die Literatur *von* Lessing beginnt mit der Signatur 1729/1, die *über* ihn mit der Signatur 1729/500. Wer die zuletzt erschienenen Bücher über den jeweiligen Dramatiker einsieht, gewinnt mit Hilfe der dort verzeichneten und verarbeiteten Literatur recht schnell ein Bild von der Forschungsdiskussion der zurückliegenden Jahre. Besonders zuverlässig sind in dieser Beziehung meist Dissertationen (Doktorarbeiten) und Habilitationsschriften, schon wegen des Qualifikationsdrucks, unter dem sie entstanden sind. Noch informativer sind, falls vorhanden, autorspezifische Forschungsberichte (z. B. zu Lessing der von Guthke, 1965) und Bibliographien (z. B. zu Lessing von Seifert, 1973). Zum Einlesen eignen sich sogenannte Reader, d. h. Sammlungen forschungsgeschichtlich wichtiger Aufsätze, wie sie die Reihe »Wege der Forschung« der Wissenschaftlichen Buchgesellschaft Darmstadt enthält (zu Lessing von G. und S. Bauer, 1968). Einigen Autoren sind auch eigene Zeitschriften bzw. Jahrbücher gewidmet (z. B. Lessing Yearbook, 1969 ff.).

Am kompliziertesten ist der dritte Weg zur Sekundärliteratur. Hierbei geht es um Aufsatzveröffentlichungen, vor allem um solche, die später als die letzten autorspezifischen Bücher erschienen und deshalb dort nicht mehr berücksichtigt sind. Im Gegensatz zu Buchpublikationen sind Aufsätze vielfach nicht oder nicht vollständig genug in der Kartei der jeweiligen Bibliothek verzeichnet. Vor allem aber findet man sie nicht neben der Primärliteratur und den autorbezogenen Sekundärtiteln aufgestellt. Vielmehr sind sie, mit Aufsätzen ganz anderer Thematik zusammengebunden, in Zeitschriften und Sammelbänden (z. B. Festschriften) verstreut. Wer diese versteckte, keineswegs unwichtigere Sekundärliteratur nicht außer acht lassen will, muß sich einer Bibliographie als Zwischenstation bedienen. In Frage kommen vor allem periodisch erscheinende Fachbibliographien. Für die Germanistik ist dies die »Bibliographie der deutschen Sprach- und Literaturwissenschaft« von Eppelsheimer/Köttelwesch. Wer etwa wissen möchte, was über Lessing 1978 an Aufsätzen geschrieben wurde, schlage in dem entsprechenden Jahresband im Register unter »Lessing« nach. Die Signaturen, unter denen die in Frage kommenden Zeitschriften oder Sammelbände zu finden sind, kann er danach mit Hilfe der Bibliothekskartei ermitteln. Im übrigen erfaßt der Eppelsheimer/Köttelwesch nicht nur Aufsätze, sondern auch Buchliteratur über den betreffenden Dramatiker. Nicht alle Bücher über den Autor werden ja von den Bibliotheken angeschafft, und nicht alle gekauften Bücher sind am Standort anzutreffen.

Arten der Sekundärliteratur nach Sachbereichen

Die in Frage kommende Sekundärliteratur läßt sich in folgende Sachbereiche gliedern: 1. Literatur über Leben und Werke des Autors, 2. Materialien, Kommentare und Interpretationen zu dem betreffenden Drama, 3. allgemeine Literatur zu Theorie und Geschichte der Gattung Drama und ihrer Untergattungen, 4. Literatur zur Epoche.

Kompakte Informationen über den Autor und sein Gesamtwerk, welche die Nachschlagewerke an Ausführlichkeit übertreffen, bieten vor allem Monographien, die den Namen des Autors zum Titel haben. Kurzgefaßte Monographien erscheinen vorwiegend in Buchreihen. Jeweils mehrere Monographien über Dramatiker findet man in den Reihen »Sammlung Metzler«, »Rowohlts Monographien. Große Persönlichkeiten dargestellt in Selbstzeugnissen und Bilddokumenten« und »Friedrichs Dramatiker des Welttheaters«. Jede dieser Reihen enthält z. B. einen Band über Lessing.

Materialien zu einzelnen Dramen enthalten die Buchreihen »Reclams Universal-Bibliothek. Erläuterungen und Dokumente«, »Dichtung und Wirklichkeit« (Ullstein), »edition suhrkamp« und die für die Schule bestimmte Reihe »Grundlagen und Gedanken zum Verständnis des Dramas« (Diesterweg). Abgesehen von der »edition suhrkamp«, die sich auf moderne Autoren, besonders auf Brecht, konzentriert, ist Lessing auch hier überall vertreten. Ausführliche Kommentarbände zu einzelnen Dramen (wie K. Eibls Buch über Lessings »Miß Sara Sampson«, 1971) liegen bisher nur selten vor. Verbreiteter sind Interpretationen in Aufsatzform, wie sie vor allem die Interpretationsgermanistik der fünfziger Jahre hervorbrachte. Sie sind zum Teil in Sammelbänden vereinigt. Mehrere solche Bände betreut der Düsseldorfer Verlag Bagel (Das deutsche Drama I/II, hrsg. B. v. Wiese; Die deutsche Komödie, hrsg. W. Hinck; Das englische Drama I/II, hrsg. D. Mehl; Das amerikanische Drama, hrsg. P. Goetsch; Das französische Theater I/II, hrsg. J. v. Stackelberg). Jeweils mehrere Interpretationen zu verschiedenen Dramen wurden von A. und W. van Rinsum (Interpretationen Dramen, [3]1991) zusammengestellt, um Vergleiche zu ermöglichen. Zum Auffinden von Interpretationen eignet sich ein Buch von Reinhard Schlepper (Was ist wo interpretiert? Eine bibliographische Handreichung für den Deutschunterricht, [8]1991).

Gattungs- und epochenbezogene Literatur ermittelt man am besten mit Hilfe jüngerer Nachschlagewerke. Weitgehend ist sie auch in den autorspezifischen Veröffentlichungen mitberücksichtigt. Zur gattungsbezogenen Literatur zählen auch gattungsgeschichtliche Darstellungen. In diesem Zusammenhang sei auch auf einige Anthologien zur Dramenpoetik hingewiesen. Der Verlag Reclam hat zwei historisch weit ausholende Titel in seinem Programm, einen für den Schulunterricht entworfenen (The-

orie des Dramas, hrsg. U. Staehle, 1973 und öfter) und einen umfang-
reicheren, für das Hochschulstudium geeigneten (Dramentheorie, hrsg.
P. Langemeyer, 2011). Mehrere zeitlich begrenzte Anthologien sind in
der Reihe »Deutsche Texte« bei Niemeyer erschienen, herausgegeben von
B. v. Wiese (Dt. Dramaturgie vom Barock bis zur Klassik, 1956, [4]1979;
Dt. Dramaturgie des 19. Jahrhunderts, 1969; Dt. Dramaturgie vom Naturalismus bis zur Gegenwart, 1970) und J. Mathes (Die Entwicklung des
bürgerlichen Dramas im 18. Jahrhundert, 1974).

Epochendarstellungen bzw. die entsprechenden Kapitel in Literaturgeschichten behandeln das Werk des Dramatikers vorwiegend im Zusammenhang der Literatur seiner Zeit. Der sozialgeschichtliche Hintergrund
wird erst von neueren Darstellungen mehr und mehr mit einbezogen.

Nachtrag: Die Liste der Interpretationssammlungen (auf S. 18) ist
um folgende Titel zu ergänzen: Deutsche Dramen I/II, hrsg. H. Mül-
ler-Michaels, 1981, [3]1994/96; Englisches Drama von Beckett bis Bond,
hrsg. H. F. Plett, 1982; Deutsche Komödien, hrsg. W. Freund, 1988, [2]1995.

Titel

Das erste, was Leser und Zuschauer von einem Drama zu Gesicht bekommen, ist sein Titel. Häufig titelgebend sind, z. T. in Verbindung miteinander: Handlungsschemata, Teilereignisse, Personennamen, soziale Rollenbezeichnungen, Charaktereigenschaften, Ortsangaben, Dinge, Tiere, Sentenzen, Redensarten. Das sei anhand von Beispielen erläutert.

Das Schema des Handlungsablaufs fixieren einige Komödientitel (Shakespeare: »Der Widerspenstigen Zähmung«, Marivaux: »Doppelte Untreue«). Andere Dramen rücken das Hauptereignis in den Vordergrund (Beaumarchais: »Figaros Hochzeit«, Brecht: »Der kaukasische Kreidekreis«). Neuere Stücke verstecken gern ein schlimmes Geschehen hinter einer scheinbar angenehmen Situationsbezeichnung (Dürrenmatt: »Der Besuch der alten Dame«, Pinter: »Die Geburtstagsfeier«).

Viele Autoren geben ihrem Stück den Namen einer Hauptperson (Lessing: »Emilia Galotti«). Aus ihm läßt sich ihr Geschlecht ablesen, oft auch der soziale Stand und der Schauplatz (hier: weiblich, bürgerlich, italienisch). Hausnamen, speziell bürgerliche, sind im Dramentitel gewöhnlich erst seit dem 18. Jh. anzutreffen. (Vgl. aber schon Gryphius' »Absurda Comica oder Herr Peter Squentz«.) Shakespeare verbindet manchmal zwei Namen, einen männlichen und einen weiblichen (»Romeo und Julia«, »Antonius und Cleopatra«). Selten wird der Name der Titelgestalt durch den einer analogen Person ersetzt (Hebbel: »Maria Magdalene«). Mit den Namen der Titelfiguren knüpften die Dichter bis ins 18. Jh. meist an Bekanntes an. Sie waren aus Geschichte, Mythologie oder Literatur geläufig. Daß sich die Namentitel besonders bei Tragödien häufen, erklärt sich aus der Bemerkung des Aristoteles (Kap. 9), daß sich die Tragiker an die mit dem Geschehen überlieferten Namen halten, während den Komödienpersonen beliebige Namen zugeordnet seien. Im ernsten Schauspiel fehlen Personennamen im Titel hauptsächlich dann, wenn eine soziale Gruppe den Einzelhelden ersetzt (Aischylos: »Die Perser«, Schiller: »Die Räuber«, Hauptmann: »Die Weber«). Wenn komische Personen im Titel erscheinen, dann eher namenlos in ihrer sozialen Rolle und meist noch mit einem näher charakterisierenden, oft zugleich wertenden Attribut (Plautus: »Miles gloriosus«, Molière: »Die lächerlichen Preziösen«, »Arzt wider Willen«, »Der eingebildete Kranke«), das dann zugleich die Handlungsrichtung andeutet. Auch Doppelrollen bzw. Rollentausch kommen vor (Molière: »Der Bürger als Edelmann«). Manchmal sind komische Personen auch auf eine typische Eigenschaft beschränkt (Molière: »Der Geizige«). Ortsangaben finden sich selten allein (Lasker-Schüler: »Die Wupper«), sondern meist als

Attribut zu sozialen Rollenbezeichnungen (Shakespeare: »Der Kaufmann von Venedig«, Fleißer: »Pioniere in Ingolstadt«, Zuckmayer:
»Der Hauptmann von Köpenick«).

Dinge, um die es im Titel geht, sind oft von materiellem Wert
(Kleist: »Der zerbrochne Krug«, Hebbel: »Gyges und sein Ring«,
Hauptmann: »Der Biberpelz«) oder auch von satirischem Wertinter-
esse (Sternheim: »Die Hose«). Selten haben sie metaphorische Bedeutung (Nestroy: »Der Talisman«). Dagegen sind Tiere seit Aristophanes (»Die Frösche« u. a.) vornehmlich Symbolträger (Ibsen: »Die
Wildente«, Tschechow: »Die Möwe«, Sartre: »Die Fliegen«) und nur
in märchenhaften Stücken vorrangig Subjekt oder Objekt der Handlung (Tieck: »Der gestiefelte Kater«).

Manche Dramatiker sehen von Handlung, Personen und anderen
inhaltlichen Elementen ab und rücken die gedankliche Quintessenz in
den Titel (Calderón: »Das Leben [ist] ein Traum«), manchmal in
Form eines Appells an die Zuschauer (Calderón: »Hüte dich vor stil-
lem Wasser«, Grillparzer: »Weh dem, der lügt!«). Statt ganzer Sentenzen etikettieren Komödiendichter ihre Stücke eher mit fragmenta-
rischen Redensarten (Shakespeare: »Viel Lärm um nichts«, »Wie es
euch gefällt«, »Was ihr wollt«, Shaw: »Man kann nie wissen«).

Der Titel stellt das Stück vor. Aber er soll nicht zuletzt auch
darauf neugierig machen. Seine werbende Funktion kam schon
in mehreren der zitierten Titel zum Ausdruck, besonders in den
verrätselnden Redensarten, aber auch in der Anknüpfung an
bekannte Namen, in der Herausstellung interessanter Details.
Am deutlichsten wird sie jedoch, wo das Drama sich mit seinem vollen Titel selber anpreist, wie vielfach bei Shakespeare
(»Eine höchst ergötzliche und vortrefflich erfundene Komödie
über Sir John Falstaff und die lustigen Weiber von Windsor.«).

Phonetische Mittel, wie Alliteration (»Weiber von Windsor«, engl.
»Wives of Windsor«) oder Rhythmisierung, besonders in Form der
Alternation betonter und unbetonter Silben oder auch in Form des
Hexameterschlusses (Lessing: »Nathan der Weise«), erhöhen oft die
Einprägsamkeit. Längenmäßig halten sich die meisten Titel in den
Grenzen eines zwei- bis dreihebigen Verses. Überlange Titel, wie der
von Shakespeares »Falstaff« oder gar der noch längere von Peter
Weiss' Drama »Die Verfolgung und Ermordung Jean Paul Ma-
rats...«, schrumpfen schnell auf eine zitierfähige Kurzform zusam-
men.

Daß die Art des Titels möglicherweise Rückschlüsse auf die
Art des Dramas zuläßt, kam in dem Übergewicht der Personennamen im Bereich der Tragödie zum Ausdruck. Aber nicht
nur die Art des Dramas, auch die Entstehungszeit kann den Titel beeinflussen. Ausladende Doppeltitel etwa lassen am ehesten

auf barocke Autoren schließen (Gryphius: »Leo Armenius oder
Fürstenmord«, »Catharina von Georgien oder Bewehrete Be-
ständigkeit«). Auch Lessing allerdings benutzt (»Minna von
Barnhelm oder das Soldatenglück«) und rechtfertigt noch Doppeltitel (Hamburg. Dramaturgie, 21. Stück). Die Doppeltitel-
dichter verbinden meist die beiden von Harsdörffer (Poetischer
Trichter, 1648–53, Nachdruck 1969, Teil 2, S. 80) herausgestellten Alternativen: »Den Namen deß Trauerspiels sol man
hernemen von der Haubtperson, oder auch von der Lehre auf
welche alles gericht seyn sol.«

Darbietungsarten

Viele Dramen haben neben ihrem Titel auch einen Untertitel. Er ist der bevorzugte Ort, um die Art des Dramas näher zu
bezeichnen. Lessings »Emilia Galotti« trägt den Untertitel »Ein
Trauerspiel in fünf Aufzügen«. Hier wird die Handlungsart
bestimmt. In anderen Fällen ist es die Darbietungsart (z. B.
Hörspiel), gelegentlich auch beides. So nannte Hubert Fichte
1977 seine Funkbearbeitung von Lohensteins Trauerspiel
»Agrippina« ein »Trauerhörspiel«. Zunächst soll es um die
Darbietungsarten gehen.
Die drei wesentlichsten Merkmale des Dramas (Handlung,
sinnliche Darbietung, Rollenspiel) treffen auch auf szenische
Werke zu, die nicht oder jedenfalls nicht ohne weiteres als
Dramen bezeichnet werden. Sie gelten für folgende Darbietungsarten:
1. das Drama im engeren Sinne des Sprechschauspiels, dessen
   Schauspieler unmittelbar zu sehen sind,
2. Figurentheater (Puppenspiel) und Schattenspiel,
3. das »Musikdrama« (Oper, Operette, Singspiel, Musical),
4. szenische Formen ohne Sprache (Pantomime, Taubstum-
   menschauspiel, in Verbindung mit 3 auch Ballett [= 4 a]),
5. das vor Blinden unmittelbar, d. h. ohne Funkvermittlung,
   aufgeführte »Hör-Spiel« (meines Wissens nicht ausgeprägt),
6. die mediendramatischen Formen des 20. Jh.s (Hörspiel, Tonfilm, Fernsehspiel, in Verbindung mit 4 auch Stummfilm [=
   6 a]).
Mit diesen szenisch-theatralischen Formen sind vier Produk-
tionsbereiche bzw. die ihnen zugeordneten wissenschaftlichen
Disziplinen beschäftigt. Diese Bereiche überschneiden sich alle
mehr oder weniger. Die folgende Skizze verdeutlicht die Über-

schneidungen, die für die genannten Darbietungsarten wichtig sind. Die Pfeile weisen jeweils auf den Bereich, der für das künstlerische Werk das größte Gewicht hat bzw. der seine Erhaltung und wissenschaftliche Betreuung in erster Linie bestimmt. »Theater« steht, seinen optischen Ursprungssinn überschreitend, für die Summe aller szenisch-theatralischen Formen, also auch für das Hörspiel.

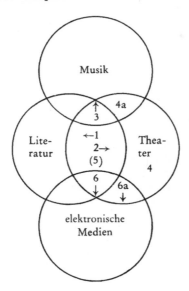

Setzt man außer den drei zugrunde gelegten Merkmalen (Handlung, Darbietung, Rollenspiel) auch die Figurenrede als konstitutives Element voraus – erst sie garantiert die Zugehörigkeit zum Gegenstandsbereich der Literaturwissenschaft –, so reicht der Kreis der Darbietungsarten (jetzt ohne 4, 4 a und 6 a) immer noch über das Drama im engeren Sinne hinaus. Wenn sich das vorliegende Buch dennoch auf das normale Bühnendrama beschränkt, dann deshalb, weil es die Ursprungs- und Vollform der theatralischen Gattungen ist. Die hierfür geltenden Gesichtspunkte lassen sich weitgehend auf die anderen Formen übertragen.

Erschöpfend analysieren lassen sich diese Sonderformen auf solche Weise allerdings nicht. Sie sind nicht bloße Schwundformen, denen der sichtbare Schauspieler (2) oder die Anschauung überhaupt (5),

die Sprache (4) oder das normale Sprechen (3), der unmittelbare
Kontakt der Darsteller mit dem Publikum fehlt (6). Sie wiegen vielmehr diese Mängel durch um so größere Perfektion ihrer übrigen
Mittel oder durch zusätzliche Mittel auf. Das gilt besonders für die
heute bedeutendste Sonderform, den Film. Wie die anderen mediendramatischen Gattungen ist er von den Beschränkungen der Bühne
entbunden, erlaubt er höhere Qualität infolge stückweiser Herstellung und bequeme Reproduktion und Überprüfung aufgrund seiner
Konservierbarkeit. Vor allem aber – und dies kann nur er – ersetzt
er die starre Sicht des Theaterbesuchers durch eine häufig wechselnde
Kameraperspektive, wofür dann allerdings – wegen der begrenzten
Aufnahmefähigkeit des Zuschauers – die Akteure nicht so.viel reden
dürfen (vgl. B. Balázs, Der Film, [4]1972, S. 212; S. Kracauer, Theorie
des Films, 1973, S. 152). Alles in allem erfordert der Film andere
Untersuchungsgesichtspunkte, als sie das Bühnendrama hergibt.

Sechs Unterscheidungen zwischen Tragödie und Komödie

Die Bezeichnungen der Darbietungsart bringen kaum Verständnisschwierigkeiten mit sich. Anders ist das bei denen der
Handlungsart. Besonders Tragödie und Komödie, die beiden
berühmtesten Arten (Untergattungen) des Dramas, werfen Probleme auf. Sie wurden seit der Antike als gegensätzlich begriffen, aber im einzelnen zu verschiedenen Zeiten unterschiedlich
verstanden. Es sind hauptsächlich sechs Unterscheidungskriteri-
en, die miteinander konkurrieren: Historizität, moralische
Qualität, sozialer Stand und Redestil der Personen, Stoff und
Dramenausgang. Sie alle gründen sich auf Bestimmungen aus
der Antike. Durch das System des feudalen Ständestaates er-
hielten sie eine zusätzliche Prägung. Mit dessen beginnender
Auflösung seit dem 18. Jh. gerieten sie größtenteils ins Wanken.

Die dramengeschichtlich bedeutsamste Unterscheidung ist die
nach dem Stand der Personen. Ähnlich wie schon der Renaissancepoetiker Scaliger (S. 144 b) schreibt Martin Opitz in seinem »Buch von der Deutschen Poeterey« (Kap. 5): »Die Tra-
gedie ist an der maiestet dem Heroischen getichte gemeße, ohne
das sie selten leidet, das man geringen standes personen vnd
schlechte [= schlichte] sachen einführe [...] Die Comedie beste-
het in schlechtem wesen vnnd personen« (Tübingen 1966,
S. 20). Nach der von Albertino Mussato schon um 1300 formu-
lierten (George, S. 34–38), im 16. und 17. Jh. allgemein gültigen Ansicht garantiert nur der hohe Stand die für die tragische
Katastrophe gewünschte *Fallhöhe*.

Neben der sogenannten Ständeklausel erläutert Karl S. Guthke (Die moderne Tragikomödie, 1968, S. 16 f.) Stil, Stoff und Ausgang als weitere Kriterien:

»Der Stand der *dramatis personae* [...] war lediglich *eins* von mehreren Elementen, durch die sich die Komödie und Tragödie unterschieden. Ein anderes war die konsequent einzuhaltende Stilebene; im Einklang mit den Klassifizierungen der antiken Rhetorik wurde der erhabene, würdevolle Stil der Tragödie, die Sprache des täglichen Umgangs der Komödie zugewiesen. Drittens das Stoffkriterium: mit den Worten von Martin Opitz (*Buch von der deutschen Poeterey*, 1624, Kap. V) handelte die Tragödie ausschließlich ›von Königlichem willen, Todtschlägen, verzweiffelungen, Kinder- und Vätermörden, brande, blutschanden, kriege und auffruhr, klagen, heulen, seuffzen und dergleichen‹, die Komödie hingegen ›von hochzeiten, gastgeboten, spielen, betrug und schalckheit der knechte, ruhmrätigen Landtsknechten, buhlersachen, leichtfertigkeit der jugend, geitze des alters, kupplerey und solchen sachen, die täglich unter gemeinen Leuten vorlauffen‹ (Tübingen 1966, S. 20). Schließlich das Kriterium des Dramenausgangs: Die Tragödie endete traurig, die Komödie glücklich; oder wie George Bernard Shaw es 1921 in seinem Essay ›Tolstoy: Tragedian or Comedian?‹ formuliert hat: ›Nach der populären Definition ist ein Trauerspiel ein schweres Drama, in dem im letzten Akt alle den Tod finden, die Komödie ein leichtes Stück, in dem im letzten Akt alle heiraten.‹« Ähnliches wie Shaw schreibt Goethe in seiner »Nachlese zu Aristoteles' Poetik«.

Abgesehen von dem Stilkriterium, das sich auf die rhetorische Unterscheidung von Pathos und Ethos gründet (vgl. Quintilian, Institutio oratoria 6, 2, 20; dazu K. Dockhorn, Macht und Wirkung der Rhetorik, 1967, S. 64 f.; vgl. auch S. 138) und sich im übrigen als sprachliche Konsequenz der Ständeklausel begreifen läßt, sind diese Unterscheidungen, übrigens auch in ihrer Reihenfolge, auf eine Definition des lateinischen Grammatikers Diomedes aus dem 4. Jh. n. Chr. zurückzuführen: »comoedia a tragoedia differt, quod in tragoedia introducuntur heroes duces reges, in comoedia humiles atque privatae personae; in illa luctus exilia caedes, in hac amores, virginum raptus: deinde quod in illa frequenter et paene semper laetis rebus exitus tristes [...].« (»Die Komödie unterscheidet sich von der Tragödie dadurch, daß in der Tragödie Heroen, Feldherren und Könige vorgeführt werden, in der Komödie niedriggestellte und private Personen, in jener Trauerfälle, Verbannungen, Morde, in dieser Liebschaften und Entführungen junger Mädchen, außerdem dadurch, daß in jener häufig, ja beinahe immer erfreulichen Dingen betrübliche Ausgänge folgen.«) (Lateinisch zitiert nach Martino, S. 366)

Diomedes seinerseits bezieht sich ausdrücklich auf eine Bemerkung des Aristoteles-Schülers Theophrast, wonach die Tragödie heroische Schicksale, die Komödie ungefährliche private Handlungen darstelle

(Martino, S. 365). Diese Bemerkung schließlich erklärt sich aus den Theaterverhältnissen im Athen des 4. Jh.s v. Chr. Die ältere Komödie hatte sich nicht gescheut, Personen des öffentlichen Lebens namentlich anzugreifen. Aristophanes verspottete in seinen »Rittern« den Politiker Kleon, in den »Wolken« den Philosophen Sokrates, in den »Fröschen« die Dichter Aischylos und Euripides. A. W. Schlegel hält in seinen »Vorlesungen über dramatische Kunst und Litteratur« von 1808 deshalb die alte Komödie für »demokratische Poesie«, für »durchgehends politisch«. (Vgl. Schrimpf, Komödie und Lustspiel, S. 172 f.) Nach dem Ende der attischen Demokratie (404 v. Chr.) wandten sich die sog. mittlere und neue Komödie (Menander) dann zunehmend privaten, alltäglichen Begebenheiten zu. In Athen wurde das Verbot eingeführt, lebende Bürger in der Komödie namentlich anzugreifen. (Vgl. Horaz, Ars poet. 281–284; Gottsched, S. 633; Lessing, Hamburg. Dramaturgie, 90./91. Stück.)

Die zitierten Auffassungen zu Stoff und Ausgang sind z. T., d. h. soweit sie die Tragödie betreffen, in der »Poetik« des Aristoteles vorgeprägt. Nach seinen Worten geht es in der Tragödie um Helden, die Furchtbares erleiden oder tun (Kap. 13). »Wenn aber Freunde solches erleiden, daß etwa der Bruder den Bruder oder der Sohn den Vater oder die Mutter den Sohn oder der Sohn die Mutter erschlägt oder es zu tun im Begriffe ist oder anderes dergleichen tut, dann haben wir das, was zu erstreben ist.« (Kap. 14) Dies betrifft den Stoff. Zum Ausgang, genauer gesagt, zum Verlauf der Tragödie bemerkt Aristoteles in Kap. 13, eine gut gebaute Handlung solle von Glück in Unglück umschlagen. Spätere, wie Diomedes und andere lateinische Grammatiker des 4. Jh.s n. Chr., haben diese Empfehlungen zur Definition verwendet und für die Komödie jeweils das Gegenteil ergänzt. Was das Ausgangskriterium betrifft, so betonte man wie schon Aristoteles übrigens weniger das Ende an sich als seine Andersartigkeit gegenüber dem Anfang. Den Dramenanfang dachte man sich bei der Tragödie glücklich, bei der Komödie eher schlimm. Zu den Grußformeln mittelalterlicher Briefsteller gehört es, einen tragischen Anfang und ein komisches Ende zu wünschen (George, S. 30).

Nachzutragen bleibt die Erläuterung der beiden bisher übergangenen, von Guthke nicht angesprochenen Kriterien der Historizität und Moralität. Beide, vor allem das der Moralität, hatten es schwer, sich gegenüber dem Übergewicht des Standeskriteriums zu behaupten. Andererseits handelt es sich hier um die beiden einzigen diesbezüglichen Unterscheidungen, die Aristoteles in seiner »Poetik« anbietet. Stoff und Ausgang hat er, wie gesagt, ja nur für die Tragödie bestimmt.

In Kap. 9 bemerkt er, wie schon früher erwähnt (S. 20), die Stoffe und besonders die Personennamen der Komödie seien erfunden, während die Tragödiendichter sich an die durch Geschichte bzw. Mythos überlieferten Namen hielten. Er begründet das mit dem Glaubwürdigkeitsanspruch der Tragödie (vgl. Lausberg, § 1218). Eigentlich maßgebend waren für seine Unterscheidung indes ähnlich wie für die seines Schülers Theophrast die Theaterverhältnisse der Zeit. Die Aristotelische Unterscheidung klingt in der Bemerkung Dürrenmatts nach, die Komödie bedürfe des Einfalls, während die Tragödie ohne diesen auskomme (Theater-Schriften und Reden, 1966, S. 121).

Eine weniger bekannte, gegenteilige Erklärung liefern die früher Cicero zugeschriebene Rhetorik des Auctor ad Herennium (1, 8) und Quintilian (Inst. or. 2, 4, 2): Der Inhalt von Tragödien sei erfunden und wirklichkeitsfern, der von Komödien sei zwar auch erfunden, aber wirklichkeitsnah (wahrscheinlich).

Seine zweite, bedeutsamere, aber auch verwirrendere Gegenüberstellung von Tragödie und Komödie liefert Aristoteles in Kap. 2: »Die eine ahmt edlere, die andere gemeinere Menschen nach, als sie in Wirklichkeit sind.« Das ist, wie die neuere Forschung betont (Martino, S. 365), moralisch gemeint. Andererseits schließt es ständische Assoziationen nicht ganz aus, zumal Aristoteles in Kap. 4 die genannte Personenunterscheidung auch auf die Dichter ausdehnt. Kommerell (S. 120) bemerkt, daß »›schlecht‹ [›gemein‹] aus dem rein sittlichen Begriff etwa in ›erbärmlich, gewöhnlich, beschränkt‹, gut [›edel‹] in ›vornehm, groß, bedeutend‹ übergeht«.

Aristoteles-Kommentatoren und Dramentheoretiker der Renaissance und des Barock haben die zitierte Äußerung jedenfalls hauptsächlich als Beleg für die Ständeklausel herangezogen (Martino, S. 365). Wenn dann im Zeichen der barocken Märtyrertragödie doch nach einem moralisch positiven Helden verlangt wurde, z. B. von Harsdörffer (Poetischer Trichter, 1648–53, Nachdruck 1969, Teil 2, S. 84: »Der Held, welchen der Poet in dem Trauerspiel aufführet, soll ein Exempel seyn aller vollkommenen Tugenden«) und dem Jesuiten Masen (vgl. George, S. 123 u. 129 f.), und wenn Corneille (in dem seinem »Nicomède« vorangestellten »Examen«) und Saint-Évremond die Bewunderung eines solchen Helden zum spezifisch tragischen Zuschaueraffekt erhoben (Martino, S. 242 ff.; Lessing/Schulte-Sasse, S. 155 f.), dann geschah das unter Abweichung von Aristoteles. Vgl. dazu Schings, S. 4 und 32–35.

Bezüglich der Komödie ließ sich der moralische Sinn des Aristoteles-Zitats weniger unterbinden, zumal er ihn in dieser Beziehung in Kap. 5 kräftig unterstreicht. Unter Berufung auf Aristoteles wies Gottsched (S. 643) der Komödie die Aufgabe zu, »Laster« lächerlich zu machen. Er definierte sie als eine Verbindung von Lasterhaftem und Lächerlichem.

Reibungen zwischen Standes- und Ausgangskriterium

Zwischen den sechs vorgestellten Kriterien, nach denen man
Tragödie und Komödie unterschieden hat, ist es im Laufe ihrer
Geschichte zu mancherlei Reibungen gekommen. Diese ergaben
sich besonders aus dem Verhältnis der ständischen sowie aus
dem der moralischen Personenqualität zum Dramenausgang.
Zunächst zur Beziehung von Stand und Ausgang.

Die mittelalterliche und frühneuzeitliche Gesellschaft achte-
te, z. B. durch Kleiderordnungen, auf strikte Einhaltung der
Standesunterschiede. Die dramatischen Gattungen bezog man
mit der Ständeklausel gern in dieses Denken ein. Die Kombination von Standes- und Ausgangskriterium erlaubt es vertrackterweise aber nur, das Unglück hoher und das Glück einfacher
Personen darzustellen. Sie schließt das Glück von Königen wie
auch das Unglück von Bürgern aus dem Bereich der klassischen
Dramenformen aus. Schon an den Hoftheatern des 16. und 17.
Jh.s empfand man dies teilweise als beengend und behalf sich
mit tragikomischen »Mischspielen«. (Tragikomisch nannte man
allerdings auch Mischungen aufgrund andersartiger Kriterien-
überschneidung. Vgl. Guthke, Tragikomödie, S. 20 f.) Guarinis
schäferliche Tragikomödie »Il pastor fido« (1595) und die komischen Einlagen in Shakespeares Tragödien gelangten zu einiger Berühmtheit. Bei den Regelpoetikern, z. B. bei Opitz und
noch im 18. Jh. bei Gottsched, überwog jedoch das Unbehagen.
Mit dem Wort *Tragikomödie,* das zuerst der lateinische Komödiendichter Plautus im Prolog seines »Amphitryon« scherzhaft
gebraucht hatte, verband sich die Vorstellung des Monströsen.
Das Bedürfnis der Fürsten und Höflinge, Personen ihres Ran-
ges auf der Bühne nicht nur sterben zu sehen, brachte die überlieferten Regeln ins Wanken, setzte sie aber noch nicht außer
Kraft.

Die Entkoppelung von Standes- und Ausgangskriterium besorgte erst die bürgerliche Literatur des 18. Jh.s. Johann Elias
Schlegel klassifizierte in seinen »Gedanken zur Aufnahme des
dänischen Theaters« (1747, gedruckt 1764):

»Erstlich, Handlungen hoher Personen, welche die Leidenschaften
erregen; zweitens, Handlungen hoher Personen, welche das Lachen
erregen; drittens, Handlungen niedriger Personen, welche die Leidenschaften erwecken; viertens, Handlungen niedriger Personen, welche
das Lachen erwecken; fünftens, Handlungen hoher oder niedriger
oder vermischter Personen, welche teils die Leidenschaften, teils das

Lachen erregen. Die erste Art von diesen Handlungen ist der Grund zu denjenigen Schauspielen, die man Tragödien nennt, und aus den andern insgesamt entstehen Komödien.«

Sieht man davon ab, daß hier weniger vom Glück und Unglück der Figuren als von den dadurch ausgelösten Gefühlen der Zuschauer die Rede ist, so hält Schlegel an der alten Doppelverpflichtung auf Standes- und Ausgangskriterium für die Tragödie fest, während er der Komödie alle Abweichungen zuschlägt. Wichtig ist vor allem, daß er von den beiden bisherigen Regelwidrigkeiten nicht nur das Glück hoher Personen, sondern auch das Unglück niedriger der Komödie zuweist.

Die letztgenannte Zuordnung vertraten auch die Programmatiker des um 1750 beliebten sog. weinerlichen Lustspiels (comédie larmoyante). Sie richteten sich hinsichtlich des Wortes Komödie mehr nach dem Stand als nach dem Glück der Figuren. Die erstrebte Rührung des Zuschauers erreichten die bürgerlichen Helden solcher Stücke nicht zuletzt dadurch, daß sie litten. Dieser Denktradition war – bei allem sonstigen Gegensatz zum rührenden Lustspiel (vgl. Schrimpf, Komödie und Lustspiel, S. 168 f.) – auch J. M. R. Lenz verpflichtet, als er seine Sturm-und-Drang-Stücke »Der Hofmeister« (1774) und »Die Soldaten« (1776), deren Inhalt uns eher tragisch anmutet, als Komödien untertitelte. In seiner »Rezension des neuen Menoza« (1775) nannte er die Komödie ein »für das Volk« bestimmtes »Gemälde der menschlichen Gesellschaft« und stellte den Unterschied von Lachen und Weinen als zweitrangig hin. (»Ich nenne durchaus Komödie nicht eine Vorstellung die bloß Lachen erregt, sondern eine Vorstellung die für jedermann ist.«) Vgl. Hinck, S. 326–328.

Die im weinerlichen Lustspiel und bei Lenz erkennbaren Versuche, das Themeninventar des Dramas um das Leiden einfacher Leute zu erweitern, wirkten später im Volksstück weiter. Begriffsgeschichtlich aber, d. h. was die Zuordnung dieser Thematik zur Komödie betrifft, markieren sie eher eine Sackgasse. Die früher mit der Komödie verbundene Minderbewertung hat sich zwar ins Gegenteil gewandelt, aber im übrigen bleibt die alte Ständeklausel durchaus am Leben. Nicht sie, sondern das Ausgangskriterium ist geopfert worden.

Radikaler und erfolgreicher war der umgekehrte Versuch, das Standeskriterium ganz aufzugeben und die Unterscheidung von Tragödie und Komödie nur nach dem Ausgangskriterium vorzunehmen. Allerdings ist auch das Ergebnis dieses Ansatzes, das sog. bürgerliche Trauerspiel nämlich, von ständischem Ehr-

geiz geprägt. Mit dieser – in Deutschland von Lessing eingebürgerten – Dramenform versuchte das Bürgertum des
18. Jh.s, an dem makabren Adelsprivileg des tragischen Unglücks teilzuhaben. Man wünschte sich einen tragischen Helden, der, wie Lessing es formulierte, »mit uns von gleichem
Schrot und Korne« sein sollte (Hamburg. Dramaturgie,
75. Stück).

Der Umpolung der Tragödie von adligen zu auch oder vorzugsweise bürgerlichen Helden entspricht die Theorie des Zuschauergefühls.
In Opposition zu .Corneille und in Übereinstimmung mit der Sympa-
thielehre der empfindsamen Epoche (vgl. Martino, S. 469, Stichwort
»Sympathie«) forderten Lessing und andere, der Zuschauer solle nicht
Bewunderung verspüren, sondern Mitleid. In diesem Sinne verstand
man auch die berühmte Tragödiendefinition des Aristoteles (Kap. 6).
Die beiden Affekte *éleos* und *phóbos* (nach Schadewaldt 1955: Jammer
und Schaudern), die der griechische Philosoph der Tragödie zuordnet,
übersetzte man als *Mitleid* und *Furcht* und ordnete zugleich die
Furcht dem Mitleid unter. Lessing deutete die Furcht als »das auf
uns selbst bezogene Mitleid« (Hamburg. Dramaturgie, 75. Stück). Anders Schiller; vgl. Borchmeyer, S. 238 f.

Rührendes Lustspiel wie bürgerliches Trauerspiel haben, beide auf verschiedene Weise, die früher so starre Grenze zwischen Tragödie und Komödie verwischt und dafür gesorgt, daß
man von der zweipoligen Betrachtung abkam. Im 18. Jh. wi-
dersprechen sich die Abstufungsvorschläge noch gegenseitig.
J. E. Schlegels oben zitiertem Versuch, alle strittigen Mischfor-
men der Komödie zuzuschlagen, steht etwa Diderots Vierer-
staffelung von heiterer und ernster Komödie, von bürgerlich-
privater und heroisch-politischer Tragödie entgegen (Œuvres
complètes, hrsg. Assézat, Paris 1875, Bd. 7, S. 308f.):

»Voici donc le système dramatique dans toute son étendue. La
comédie gaie, qui a pour objet le ridicule et le vice, la comédie sérieu-
se, qui a pour objet la vertu et les devoirs de l'homme. La tragédie,
qui aurait pour objet nos malheurs domestiques; la tragédie, qui a
pour objet les catastrophes publiques et les malheurs des grands.«
(»Hier also das dramatische System in seiner ganzen Ausdehnung:
Da gibt es die heitere Komödie, die das Lächerliche und das Laster
zum Gegenstand hat; die ernste Komödie, die die Tugend und die
Pflichten des Menschen zum Gegenstand hat; die Tragödie, die unsere häuslichen Unglücksfälle zum Gegenstand hätte; die Tragödie, die
die öffentlichen Katastrophen und die Unglücksfälle der Großen
zum Gegenstand hat.«)

Als sich dann im ausgehenden 18. Jh. für das rührende Lustspiel und überhaupt für das untragische ernste Drama die neu-

trale Bezeichnung *Schauspiel,* vom Ober- zum Zwischenbegriff verengt, durchsetzte (vgl. Schrimpf, S. 167), kam es auf breiter Front zu jener Dreiteilung von Lustspiel, Schauspiel (oder auch Drama) und Trauerspiel, wie sie etwa Hegel in seiner »Ästhetik« festhält, verbunden mit der Erkenntnis, daß »die Grenzen dieser Mittelgattung schwankender als die der Tragödie und Komödie« seien (Sämtliche Werke, hrsg. H. Glockner, Bd. 14, 1964, S. 539). Das so im engeren Sinn verstandene Schauspiel wird eher am Trauer- als am Lustspiel gemessen. Für Freytag (S. 98 f.) sind Trauerspiel und Schauspiel die »zwei Arten des ernsten Dramas«. Ihm zufolge ist ihre strenge Unterscheidung »bei uns nicht alt, sie ist auf den Repertoiren erst seit Iffland durchgeführt« (S. 99). In der genannten Dreiteilung sind die Spuren des Standeskriteriums endgültig getilgt.

Reibungen zwischen Moralitäts- und Ausgangskriterium

Das Verhältnis von Standes- und Ausgangskriterium hat sich als Quelle gattungstheoretischer Verwirrung erwiesen. Kaum weniger verwirrend ist die Beziehung zwischen der moralischen Qualität der Charaktere und dem Dramenausgang. Die Probleme dieser Beziehung ergeben sich allerdings nicht primär aus gesellschaftlichen Bedingungen, sondern daraus, daß die beiden beteiligten Kriterien voneinander abhängen und ihr Verhältnis verschiedenartige Widersprüche aufweist.

Der Gesichtspunkt der moralischen Qualität ist, sieht man genau zu, im Ausgangskriterium mit enthalten. Unglücklich ist, jedenfalls nach Auffassung der älteren Theoretiker, ein schlimmes Ende nämlich nur dann, wenn es unverdient ist. Das Unglück eines Schurken macht, wie schon Aristoteles (Kap. 13) bemerkt, keine Tragödie. Ebensowenig kann sein Glück eine Komödie begründen. Unglückliches Tragödien- wie glückliches Komödienende setzen also einen sympathischen Helden voraus.

Das aber steht im Widerspruch zu der moralischen Minderwertigkeit, die Aristoteles den Komödienfiguren zugewiesen hat. Dem Aristoteles selber läßt sich das allerdings nicht anlasten, da er das glückliche Komödienende nicht gefordert hat. Die literaturgeschichtliche Entwicklung hat den Widerspruch überdeckt, indem sie mit der satirischen Laster- oder Verlachkomödie und der heiteren Glückskomödie zwei gegensätzliche Spielarten ausprägte. (Diese hat man in Deutschland durch die Opposition von Fremdwort – Komödie – und heimischem

Wort – Lustspiel – auseinanderzuhalten versucht. Vgl.
Schrimpf, Komödie und Lustspiel, S. 155.) Das bekannteste
Handlungsschema der Komödie, die glückliche Vereinigung eines Liebespaars nach Ausschaltung eines bösen Widersachers,
vereint sogar beide Varianten. Solche Komödien scheint schon
Aristoteles gekannt zu haben. Er schreibt, eine Handlung, in
der Gute und Böse ein entgegengesetztes Ende finden, passe
weniger zur Tragödie als zur Komödie (Kap. 13 Ende). Nach
Lessings Meinung soll die Komödie durch Lachen bessern,
nicht, wie Gottsched gefordert hatte (vgl. S. 27), durch Verla-
chen (Hamburg. Dramaturgie, 28./29. Stück).

Ob nun die Guten belohnt oder die Bösen bestraft werden,
so oder so harmonieren in der Komödie Charakter und Ausgang. Diese dem Gerechtigkeitsbedürfnis entgegenkommende
Übereinstimmung läßt den Widerspruch, der sich zwischen den
Forderungen nach glücklichem Ausgang und nach schlimmen
Helden ergab, als zweitrangig erscheinen. Das Grundproblem
der Tragödie dagegen, der Widerspruch zwischen edlem Charakter und Katastrophe, läßt sich weniger leicht überspielen.
Dieser Widerspruch ist nicht logischer, sondern moralischer
Art. Er hat die Tragödiendichter und -theoretiker zu sehr un-
terschiedlichen Lösungen bzw. Erklärungen provoziert.

Der altgriechischen Tragödie merkt man gerade in dieser
Hinsicht ihren religiösen Ursprung an. Lenz schreibt in seinen
»Anmerkungen übers Theater« (1774):

> »Da ein eisernes Schicksal die Handlungen der Alten bestimmte
> und regierte, so konnten sie als solche interessieren, ohne davon den
> Grund in der menschlichen Seele aufzusuchen und sichtbar zu ma-
> chen. [...] Die Hauptempfindung, welche erregt werden sollte, war
> nicht Hochachtung für den Helden, sondern blinde und knechtische
> Furcht vor den Göttern.« (In: Werke und Schriften I, hrsg. B. Ti-
> tel/H. Haug, 1966, S. 341 und 358.)

Die Willkür des tragischen Unglücks ist das Maß ihrer
Macht. Vielfach bestrafen sie mit der Katastrophe auch die
Überheblichkeit (Hybris) des verblendeten Helden. »Das Fa-
tum weist die Individualität in ihre Schranken zurück, und
zertrümmert sie, wenn sie sich überhoben hat« (Hegel, Ästhetik
III, Sämtl. Werke, hrsg. v. H. Glockner, Bd. 14, 1964, S. 554).
Die Erkenntnis, daß der Mensch Spielball der Götter sei, kehrt
sich nur selten und zaghaft gegen diese selbst.

Der Theoretiker Aristoteles gab sich mit solch außermensch-
licher Begründung nicht zufrieden. Er überbrückte den Wider-

spruch zwischen Charakter und Katastrophe durch die Denk-konstruktion eines mittleren Helden, der weder allzu tugend-haft und gerecht sein noch durch Schlechtigkeit und Gewöhn-lichkeit ins Unglück geraten solle, sondern dies erleiden solle durch irgendeinen großen Fehler (Kap. 13). Lessing bemerkte hierzu, daß »ohne den Fehler, der das Unglück über ihn zieht, sein Charakter und sein Unglück kein *Ganzes* ausmachen wür-den« (Lessing/Schulte-Sasse, S. 83). An der Äußerung des Ari-stoteles haben Spätere viel herumgerätselt. Mit dem Fehler (ha-martía) ist nicht, wie oft angenommen wird, ein moralisches, sondern ein intellektuelles Versagen gemeint, nicht Schuld im Sinne eines bewußten sittlichen Fehlverhaltens, sondern Irrtum (Martino, S. 333; Fuhrmann, S. 34 f.; Kommerell, S. 124 ff.). In der Barockzeit ist das Wort auch so übersetzt worden, z. B. von A. Ch. Rotth (in: Poetik des Barock, hrsg. v. M. Szyrocki, 1977, S. 199). Für Kommerell (S. 127) ist der Held »ein tra-gisch Linkischer im großen Stil«. Ebenso offensichtlich aber soll der Irrtum den Helden nicht von der Verantwortung für die schlimmen Folgen entbinden. Daher die gern gebrauchte paradoxe Formulierung, er sei »ebenso schuldig als unschuldig« (Hegel, Ästhetik III, Sämtliche Werke, hrsg. v. H. Glockner, Bd. 14, 1964, S. 552) oder – noch zugespitzter – er sei schuldlos schuldig. Neuzeitliche Theoretiker haben dem Helden übrigens statt eines großen manchmal mehrere kleine Fehler gewünscht (Boileau, Art poétique 3, 107: »ces petits defauts«). Boileau meint, er wirke dadurch, z. B. Achill durch Zorn und Tränen, besonders echt.

Das 18. Jh. gewann dem »Mittelcharakter« (Lessing) ständi-sche Bedeutung ab. Man sah in ihm ein Argument gegen die heroische und für eine bürgerliche Tragödie (Martino, S. 326 ff.; Lessing/Schulte-Sasse, S. 221 u. 225). Die Konzeptio-nen des moralisch außerordentlichen und des gemischten Cha-rakters, die bei Aristoteles unausdrücklich miteinander konkur-rieren, haben sich in der neuzeitlichen Theoriegeschichte also, beide in ständischer Umdeutung, nacheinander entfaltet. Wie der »edle« Charakter die hohe Standestragödie, so half der ge-mischte Charakter das bürgerliche Trauerspiel begründen.

Als Paradebeispiel für einen Fehler im Sinne des Aristoteles wird gern das von Sophokles dramatisierte Schicksal des Kö-nigs Ödipus bemüht, der unwissend seinen Vater erschlagen und seine Mutter geheiratet hat und sich nach Entdeckung die-ser Taten seines Augenlichts beraubt. Gottsched (S. 607) sah den Fehler in seiner Heftigkeit, die ihn überhaupt einen Men-

schen erschlagen ließ, Nicolai in der Neugier, die ihn zur Entdeckung treibt (Lessing/Schulte-Sasse, S. 36, 49, 125). Ob die
Fehlertheorie des Aristoteles das Unglück des Ödipus hinreichend erklären kann, bleibt indes fraglich. Mythologische Gestalten wie Ödipus haben nicht nur ihre eigenen Taten, sondern
auch die ihrer Väter zu verantworten. In einer Gesellschaft mit
Sippenhaft und Blutrache greifen die Maßstäbe einer individuellen Gesinnungsmoral allemal zu kurz.

An Versuchen, die tragische Katastrophe zu erklären, hat es
auch in nachantiker Zeit nicht gefehlt. Im tragödienlosen Mittelalter wurde sie als Strafe für begangene Verbrechen begriffen, in der barocken Märtyrertragödie umgekehrt als letzte Tugendprobe, speziell zum Nachweis stoischer Standhaftigkeit
(constantia) und Empfindungslosigkeit (Apathie). Seit der Säkularisierung im 18. Jh. sieht man in ihr eine Folge komplizier-
ter, moralisch ambivalenter Charaktere oder noch eher gesellschaftlicher Bedingungen. Die Konfrontation von Held und
Schicksal ist der von Individuum und Gesellschaft gewichen.

Soweit das Unglück einen Unschuldigen trifft, haben viele
Dichter versucht, den moralischen Skandal durch »poetische
Gerechtigkeit«, etwa durch Bestrafung oder Bekehrung des bösen Urhebers, zu mildern oder gar auszugleichen (vgl. Martino,
S. 441–451). Lessing meinte, das könne »mit dem Schicksale
versöhnen, und Murren in Mitleid kehren« (Hamburg. Dramaturgie, 99. Stück). Demgegenüber äußerte Goethe am 6. 6.
1824 zu dem Kanzler Friedrich von Müller: »Alles Tragische
beruht auf einem unausgleichbaren Gegensatz. Sowie Ausglei-
chung eintritt oder möglich, schwindet das Tragische.«

Die neuere Diskussion hat weniger den Ausgleich auf Erden
im Rahmen der Handlung im Auge als den im Jenseits bzw. in
der Ideologie. Hier herrscht der Gedanke vor, daß vor allem
die christliche Heilsordnung das Tragische grundsätzlich aus-
schließe. (Vgl. Fuhrmann, S. 229; auch B. v. Wiese, Die deutsche Tragödie von Lessing bis Hebbel, ³1955, S. 13 f. u. 665;
Lessing, Hamburg. Dramaturgie, 1./2. Stück.) In diesem Sinne
hat man das christliche *Trauerspiel* der Barockzeit als Gegenteil, als mindere Form oder auch als »Parodie der Tragödie«
(Benjamin, S. 117; vgl. dort auch S. 124 f.) begreifen wollen.
Die Anwendung dieser Unterscheidung auf Stücke des 17. und
18. Jh.s führt allerdings leicht zu ahistorischen Verzerrungen.
Damals waren *Tragödie* und *Trauerspiel* (1625 von Martin
Opitz nach niederländ. *treurspel* gebildet), ebenso wie *Ko-
mödie* und *Lustspiel*, durchaus synonym. Im übrigen setzt die

antike Tragödie keineswegs jenes pessimistisch-nihilistische Weltbild voraus, zu dem sich der Gedanke des fehlenden Ausgleichs leicht verengt.

Andererseits dürfte die Meinung, daß ein Ausgleich der Tragödie widerspreche, zu deren Rückgang im 19. Jh. kräftig beigetragen haben. Gesellschaftskritische Dramen in der Nachfolge des bürgerlichen Trauerspiels enden oft nur deshalb unglücklich, weil sie eine Veränderung der gesellschaftlichen Verhältnisse provozieren wollen. Den Ausgleich, der ihnen im Bereich der individuellen Handlung fehlt, lassen sie auf der Ebene der kollektiven Ideologie bzw. für die Zukunft durchaus möglich erscheinen. (Vgl. S. 181.) Hegel schreibt gegen Ende seiner »Ästhetik«, die Handlung der Tragödie, in der Antike vom Schicksal bestimmt, werde in der Moderne von den Menschen selber getragen. Das führt ihn fast zu der Meinung, daß ein tragischer Ausgang nicht mehr zeitgemäß sei. Jedenfalls hält er ihn für nicht mehr so notwendig wie in der Antike. Diese geringere Notwendigkeit zur Tragik erscheint ihm als »der natürliche Grund für die *Schauspiele* und *Dramen,* diesen Mitteldingen zwischen Tragödien und Komödien« (Sämtliche Werke, hrsg. H. Glockner, Bd. 14, 1964, S. 575; vgl. auch oben, S. 31). Er selber zieht ernste Stücke mit glücklichem Ausgang den tragischen Katastrophen ausdrücklich vor (ebenda). Auch Freytag sieht auf der modernen Bühne eine gesteigerte Berechtigung des »Schauspiels« gegenüber der Tragödie: »In einer Zeit, in welcher man sogar über Abschaffung der Todesstrafe verhandelt hat, sind die Toten am Ende eines Stückes, so scheint es, leichter zu entbehren« (S. 99). Alles in allem haben die Einengung des Tragischen auf Unglückshandlungen, die einen Ausgleich, auch einen auf höherer Ebene, nicht zulassen, und die gleichzeitige Infragestellung der Schicksalhaftigkeit des Geschehens der Tragödie den Boden entzogen. »Das Tragische widersprach der Ideologie der bürgerlichen Welt« (F. Martini, Dt. Lit. im bürgerlichen Realismus, ³1974, S. 126). Anderer Ansicht ist Christoph Menke, wie sein Buchtitel »Die Gegenwart der Tragödie« andeutet.

Hinzu kommt, daß nach dem Abbau der Ständeklausel auch die übrigen Kriterien, die bisher die Abgrenzung der Tragödie gegenüber der Komödie gewährleisteten, nicht mehr recht greifen wollen. Ambivalenz der Charaktere, häufiges Im-Dunkel-lassen der Handlungsursachen und Verzicht auf klare Sinnhorizonte haben die Grenzen zwischen Tragik und Komik im grotesken und absurden Drama des 20. Jh.s endgültig verwischt. Dürrenmatt, der sein Stück »Der Besuch der alten Dame« als »tragische Komödie« untertitelte, äußerte die Mei-

nung, nur die Komödie, eben die tragische Komödie, könne der
Absurdität des modernen Daseins beikommen (Theater-Schriften und Reden, 1966, S. 122). Ionesco gesteht gar, er habe den
Unterschied zwischen Komischem und Tragischem nie begriffen; ihm erscheint das Komische tragisch und die Tragödie
zum Lachen (Notes et contre-notes, Paris 1962, S. 13 f.).

Mit den Tragikomödien des 16. und 17. Jh.s hat die neuere Tragikomödie allerdings wenig gemeinsam. Die Stücke der frühen Neuzeit
brachten Tragisches und Komisches nacheinander bzw. unter verschiedenen Gesichtspunkten auf die Bühne, indem sie etwa hochste-
henden Personen ein glückliches Ende gestatteten. Das moderne Verständnis des Tragikomischen setzt dagegen die gleichzeitig tragische
und komische Wirkung ein in und derselben Sache, also ein gemischtes
Gefühl, voraus. (Vgl. Guthke, Tragikomödie, S. 49–52.)

Soviel zu den Dramenarten, die üblicherweise der Untertitel nennt.
Andere Arten bzw. Unterscheidungen werden in den späteren Kapi-
teln behandelt. Zur geschlossenen und offenen Form im Drama vgl.
S. 48 f., zum epischen Drama S. 54 ff., zum analytischen Drama
S. 131 ff., zur Unterscheidung von Charakter- und Handlungsdrama
S. 137 ff.

IV. Die Gliederung des Dramas

Die Problematik von Akt und Szene

Lessings »Emilia Galotti« ist, wie der Untertitel sagt, »in fünf Aufzügen« angelegt. Derartige Hinweise und der Umstand, daß sich die Teile des Dramas im Druckbild meist deutlich abzeichnen, laden dazu ein, sich mit seiner Gliederung schon vor der eigentlichen Lektüre zu befassen. Die gebräuchlichen Maßeinheiten sind allerdings aus verschiedenen Gründen fragwürdig.

Aufzug ist eine Verdeutschung von *Akt* (lat. *actus*), kam im 17. Jh. auf, konkurrierte bis ins frühe 18. Jh. mit anderen Übersetzungen (Handlung, Abhandlung) und setzte sich dann, vielleicht durch Gottscheds Empfehlung (S. 609 f.), ihnen gegenüber durch. Wenn Gryphius die Teile seines Schimpfspiels »Peter Squentz« als Aufzüge überschrieb, dann meinte er nicht wie wir heute das Öffnen des Vorhangs, sondern den Einzug der Mitwirkenden. A. Ch. Rotth nannte 1688 die Akte »Handlungen«, die Szenen »Auffzüge« (Poetik des Barock, hrsg. v. M. Szyrocki, 1977, S. 188).

Lessings Einteilung in fünf Akte bezeugt Respekt vor klassischer Tradition. Menanders griechische Komödien und Senecas lateinische Tragödien haben fünf Akte, und Horaz verkündete als Regel, das Drama solle nicht weniger und nicht mehr haben (Ars poet. 189 f.: »neve minor neu sit quinto productior actu / fabula«).

Aristoteles, gut eine Generation älter als Menander, geht noch von den archaischeren Verhältnissen aus, wie wir sie in der griechischen Tragödie ausgeprägt finden. Er nennt in Kap. 12 als Bauteile der Tragödie: Prolog, Epeisodion (Episode), Exodos und Chorteil. Prolog ist für ihn der Beginn vor Einzug des Chors, Epeisodion (= dazugekommen, eingeschoben) die Handlung zwischen den Chorliedern oder auch je ein Teil dieser Handlung (vgl. Fuhrmann, S. 44), Exodos – ursprünglich das Auszugslied des Chors – der Dramenschluß nach dem letzten Chorlied. Diese Teile, die Aristoteles nach den in Kapitel I vorgestellten sechs Elementen behandelt – Corneille (»Discours de l'utilité et des parties du poème dramatique«) unterscheidet sie von diesen »parties intégrantes« als »parties de quantité« –, sind ganz am Auf- und Abtreten des Chors orientiert und bezeugen auf ihre Weise die Entwicklung des griechischen Dramas aus dem Chorlied. Die Tragödien des Aischylos haben zwischen Prolog und Exodos meist drei Epeisodien, die von Sophokles und Euripides vier, gelegentlich sogar fünf. Mit dem Zurücktreten des Chors setzte sich in hellenistischer Zeit die fortlaufende Zählung der Teile durch, für die dann das lateinische Wort *actus* kanonisch wurde (vgl. K. Aichele, Das Epeisodion, in: Jens, bes. S. 49–52).

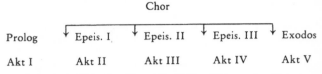

Zu den Versuchen, die Akte inhaltlich näher zu bestimmen, vgl. S. 130.

Neben der Einteilung in fünf wurde besonders die in drei Akte bedeutsam. Auch sie beruht auf alter Tradition (vgl. S. 130). Sie findet sich im italienischen und insbesondere – als vorherrschende Form – im spanischen und portugiesischen Drama. Ibsen und Hauptmann bevorzugten Drei- und Vierakter. Neuere Stücke bestehen manchmal aus ein (z. B. Sartres »Geschlossene Gesellschaft«) oder zwei Akten (z. B. Becketts »Warten auf Godot«). Selten sind mehr als fünf Akte. Wagners »Die Kindermörderin« hat z. B. sechs.

Die Akteinteilung – dies zeigt ihre Herkunft aus dem Chordrama – erwächst nicht aus der eigentlichen Handlung, sondern erscheint von außen an diese herangetragen. In chorlosen Dramen hat sie keine bühnenspezifische Funktion, sondern ist meist nur klassizistische Anspielung oder spielübergreifender Kompositionsraster. Der Zuschauer nimmt die Aktgrenzen als solche bloß dann wahr, wenn einzig durch sie die raumzeitliche Handlungskontinuität unterbrochen wird. In den vielen Dramen, die auch innerhalb der Akte den Schauplatz wechseln, z. B. in allen Fünfaktern mit mehr als vier Schauplatzwechseln, sind die Aktgrenzen von den übrigen Schauplatzwechseln grundsätzlich nicht zu unterscheiden. Die Abstufung von Akt- und Zwischenaktvorhang und »Verwandlung« auf offener Bühne ist nicht handlungsspezifisch, sondern darstellerische Zutat.

So unwesentlich der Akt als dramaturgische Einheit ist, so doppeldeutig ist sein kleineres Pendant, die Szene.

Szene bedeutet erstens und ursprünglich Schauplatz und auf dieser Grundlage das Geschehen zwischen zwei Schauplatzwechseln, zweitens Auftritt, d. h. das Geschehen zwischen zwei Personenwechseln. Die erste Bedeutung liegt der Szenenzählung Shakespeares zugrunde und findet sich unter seinem Einfluß auch im deutschen Drama. Die zweite Bedeutung wurde von dem Renaissancepoetiker Scaliger (S. 15 b; vgl. Lausberg, § 1198) und von der französischen Klassik vertreten. Sie erscheint trotz ihres geringen etymologischen Gewichts im heutigen deutschen Sprachbewußtsein stärker wirksam. (Zum Vergleich der beiden Szenen-Begriffe vgl. auch Pfister, S. 316 f.)

Im allgemeinen ist zu beobachten, daß Dramatiker mit sehr häufigem Schauplatzwechsel, z. B. Lenz, zu dem Szenenverständnis und der Szenenzählung Shakespeares neigen, während bei seltenerem Schauplatzwechsel die französische Art vorherrscht. Noch häufiger war im 18. Jh. ein gemischtes Verfahren. Man verstand das Wort *Szene* wie Shakespeare, numerierte aber nach Art der Franzosen die »Auftritte«. So verfuhr auch Lessing. Er zählt in seinen Dramen jeweils die »Aufzüge« und »Auftritte«. Das Wort *Szene* verwendet er nur zur Bühnenanweisung. So heißt es am Anfang der »Emilia Galotti«: »Die Szene, ein Kabinett des Prinzen.« *Szene* ist hier gleichbedeutend mit *Schauplatz*. In seinen frühen Stücken verwendete Lessing an entsprechender Stelle dieses deutsche Wort. In der »Emilia Galotti« ist übrigens die Zahl der Schauplätze geringer als die der Akte. In den Akten III bis V bleibt die »Szene« unverändert. Die Handlungskontinuität wird hier nur durch totalen Personenwechsel bzw. Vorhang unterbrochen. In anderen Stücken wechselt Lessing öfter. Sein »Nathan« etwa hat zwei mal zwei plus drei mal drei Schauplatzeinheiten. »Minna von Barnhelm« wechselt zwischen Saalakten (I, III, V) und Zimmerakten (II, IV).

So erklärlich die unterschiedliche Verwendung des Wortes *Szene* ist, so wenig kann sie befriedigen, da sie einer vergleichenden Erfassung von Strukturunterschieden den Boden entzieht. Das zeigt sich etwa bei Schillers Dramen. In zwei Stücken mit häufigem Schauplatzwechsel (»Die Räuber«, »Wilhelm Tell«) benennt und zählt er die Szenen wie Shakespeare, während er sonst die »Szenen« (»Kabale und Liebe«) bzw. »Auftritte« in der Art der Franzosen anlegt. Wer »Die Räuber« (15 Szenen) und »Kabale und Liebe« (37 Szenen) vergleicht, könnte das zweite Stück für wechselvoller halten. Dieser Eindruck stellt jedoch die Wahrheit auf den Kopf. Die Schauplatzeinheiten der »Räuber« enthalten rund 60 – nicht eigens ausgewiesene – Auftritte. Umgekehrt liegen den Personeneinheiten von »Kabale und Liebe« nur 9 Schauplatzeinheiten zugrunde. Wirklich vergleichbar sind also nur die doppelten Zahlen (»Räuber«: 15/ca. 60, »Kabale und Liebe«: 9/37).

Wer zuverlässige Ergebnisse über die Gliederung eines Dramas und deren Vergleichbarkeit mit Resultaten aus anderen Dramen anstrebt, sollte sich von dem dramaturgisch zweitrangigen Begriff *Akt* und dem unklaren Wort *Szene* lösen. Auch das Netz der Zahlen, das die Autoren ihren Texten überwerfen, reicht für eine plausible Bestandsaufnahme oft nicht aus. So wenig Lessing und andere Dramatiker des 18. Jh.s ihre Schauplatzeinheiten numerieren, so oft verzichten neuere Dramatiker auf die Markierung und Zählung der Auftritte. Der Analytiker muß dies dann ähnlich wie der Theaterpraktiker nachholen. Zu erfassen bzw. verstärkend hervorzuheben sind dabei 1. jede Unterbrechung der raumzeitlichen Handlungskontinuität, d. h. hauptsächlich Schauplatzwechsel, aber auch Vorhänge und evtl. die leere Bühne, soweit sie Zeitsprünge symbolisiert, 2. jeder Personenwechsel, verstanden als Auftreten oder Abgehen mindestens einer Person.

Die durch Personenwechsel begründeten kleineren Einheiten sind als Auftritte eindeutig bezeichnet. Für die größeren Einheiten, die durch Unterbrechung der Handlungskontinuität zustande kommen, fehlt eine allgemein anerkannte, knappe Bezeichnung. Pfister nennt eine solche Einheit »Handlungskontinuum«. Häufiger ist von einem »Bild« die Rede. Das schließt aber leicht jene Einheiten aus, die ohne ein neues Bühnenbild beginnen. Am treffendsten spräche man wohl von einem (Handlungs-)Abschnitt oder in Anlehnung an die Filmsprache noch kürzer von einem Schnitt. Am Ende eines solchen Abschnitts wird gewissermaßen der Handlungsfilm abgeschnitten. Eine Verwechslung mit dem kleinerformatigen graphischen Abschnitt ist nicht ganz auszuschließen, doch greifen die beiden Bedeutungen keineswegs so ineinander wie die von *Szene*.

Der Unterschied der zu untersuchenden Einheiten gegenüber Akt und Szene läßt sich so skizzieren:

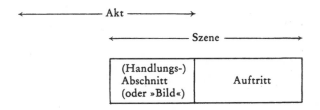

Die klassizistische Regelung von Personenzahl und Auftrittsfolge

Bei der Untersuchung der Dramenteile gilt es zu bedenken, daß ihre Gestaltung durch historische Konventionen geprägt ist. Besonders wirksam waren die klassizistischen Beschränkungen des 16. und 17. Jh.s, die zum Teil auf das antike Drama zurückgehen.

Das antike Drama, speziell die Tragödie, entwickelte sich, wie schon erwähnt, aus dem religiösen Chorlied, genauer gesagt, aus den Gesängen, mit denen die Athener das Fest des Weingottes Dionysos alias Bacchus begingen. Thespis stellte um 534 v. Chr. dem Chor einen Schauspieler gegenüber, Aischylos fügte einen zweiten hinzu, Sophokles einen dritten. Die Endstufe dieser Erweiterung wurde in der Folgezeit zum Maß der Beschränkung. Mehr als drei gleichzeitig agierende Personen galten nun als verpönt (Horaz, Ars poetica 192: »Nec quarta loqui persona laboret«). Eine vierte Person galt allenfalls im Notfall als erlaubt. Gottsched (S. 32) notiert: »Der lateinische Ausdruck läßt sich auch so erklären, daß die vierte Person, sich nicht ohne Noth zum Reden dringen solle.«

Die Regel des Horaz bezieht sich auf den einzelnen Auftritt. Wer sich danach richtet, hat nur die Wahl zwischen Ein-, Zwei- und Dreipersonenauftritten. Im ganzen Stück durften mehr Personen agieren, aber auch ihre Gesamtzahl blieb angesichts der punktuellen Einschränkung verhältnismäßig gering.

Die Dramatiker der Neuzeit haben die Dreipersonenregel teils streng befolgt, teils nur in Ausnahmefällen durchbrochen (z. B. Lessing im Schlußauftritt der »Emilia Galotti«), teils bewußt außer Kraft gesetzt. Letzteres geschah z. B. im Schuldrama, weil möglichst viele Schüler mitspielen sollten. Daneben gab es Kompromißversuche. Die Barockdramatiker bringen oft eine Reihe von Personen in einem Auftritt auf die Bühne, lassen aber jeweils nur wenige zu Wort kommen. Die übrigen reden in einer Nachbarszene oder bleiben im ganzen Drama stumm. Oft, z. B. in den Trauerspielen von Gryphius, wird schon im Personenregister zwischen redenden und stummen Personen unterschieden. Im übrigen hat Gryphius in seinen Trauerspielen bis zu vier gleichzeitige Akteure (mehr nur bei anonymen Gruppen). A. Chr. Rotth bemerkte 1688, der Komödiendichter führe »über 4. Personen redend nicht ein / damit sie den Zuschauer nicht verwirren; Stumme Personen aber mögen seyn so viel ihr wollen« (Poetik des Barock, hrsg. v. M. Szyrocki, 1977, S. 189).

Auftritte mit mehr als drei Personen nennt Gustav Freytag (S. 201 ff.) »Ensembleszenen«. Er hält sie besonders bei geschichtlichen Stoffen und in der zweiten Dramenhälfte für angebracht und meint, sie verlangten ein erhöhtes Geschick des Regisseurs. Noch größeren Aufwand erfordern sogenannte Massenszenen, wie die Rütliverschwörung in Schillers »Wilhelm Tell«.

Der französische Klassizismus des 17. Jh.s beließ es nicht bei der Dreipersonenregel. Das damals zusätzlich verhängte Verbot der leeren Bühne (vgl. S. 196) engte den dramaturgischen Spielraum noch weiter ein. Das Zusammenwirken beider Regeln hatte einschneidende Konsequenzen für die Auftrittsfolge.

Der Wechsel von einem Gespräch zweier Personen (AB) zu dem zweier anderer (CD) erfordert Übergangsauftritte, bei vorübergehendem Verstummen einer Person mindestens einen (z. B. AB – AB*CD* – CD; Kursivdruck bedeutet Schweigen), bei Nichtverstummen sogar mehr (z. B. AB – A – AC – ACD – CD). Selbst die Auswechslung eines Akteurs verlangt einen Zwischenauftritt (AB – A – AC oder AB – ABC – AC), falls sich die Partner nicht die Tür in die Hand geben sollen. Bloße Übergangsauftritte geraten meist recht kurz (z. B. der Monolog Claudias in »Emilia Galotti« II 5). Vielfach machen die Dichter aber auch aus der Not eine Tugend und reichern die nun einmal vorhandenen Auftritte mit weiteren Funktionen an. Am strengsten hat Racine diese dramaturgische Algebra gehandhabt. Bekannt sind vor allem seine Übergangsmonologe. Aber auch viele deutsche Dramatiker richteten sich danach, auch solche wie Lessing, die sonst gegen die Franzosen, speziell gegen die von ihnen diktierte Norm der drei Einheiten, protestierten.

Weitgehend befolgt wurde auch Corneilles Forderung, keine Person nach dem ersten Akt auftreten zu lassen, die nicht bereits dort gezeigt oder zumindest genannt worden sei.

Konventionen der Redelänge

Für eine quantitative Untersuchung eignen sich nicht nur Handlungsabschnitte und Auftritte, also Teile, deren Grenzen bei der Aufführung optisch in Erscheinung treten, sondern auch die Äußerungen der Personen, die akustisch wahrgenommen werden. Auch in diesem Bereich gilt es klassische Konventionen zu beachten. Der Umfang der Äußerungen ist weniger für die dargestellten Personen und Situationen als für den Autor und seine Zeit charakteristisch.

Antikes und klassizistisches Drama neigten unter dem Einfluß von Rhetorik und Dialektik zu extrem langen und kurzen Äußerungen. In der griechischen Tragödie finden sich Reden bis zu 110 Versen (B. Mannsperger, Die Rhesis, in: Jens; S. 143–181, hier S. 146 f.), in Senecas Tragödien (»Agamemnon« 421 ff.: 158 Verse) und im Barockdrama noch längere. Gryphius' »Papinianus« beginnt mit einem Monolog von 156 Versen, in Lohensteins »Agrippina« redet der Zauberer ununterbrochen 161 Verse.

Neben der langen Rede war als Gegenpol die sogenannte Stichomythie (Zeilenrede) ausgeprägt. (Vgl. B. Seidensticker, Die Stichomythie, in: Jens, S. 183–220.) Hierbei wechseln sich meist zwei, seltener mehr Personen regelmäßig von Vers zu Vers ab. Bei Euripides und im Barockdrama zieht sich die Stichomythie oft über einen ganzen Auftritt hin. Schiller verwendet sie gelegentlich in kürzeren Passagen.

Als Beispiel diene der Anfang eines rein stichomythischen, 108 Alexandrinerverse umfassenden Auftritts aus dem dritten Akt von Gryphius' »Papinianus«. Der Jurist Papinian weigert sich hier gegenüber dem kaiserlichen Gesandten Cleander, die durch Kaiser Bassianus Caracalla angeordnete Ermordung von dessen Bruder Geta zu rechtfertigen.

»*Cleander.* So schlägt Papinian deß Käysers bitten auß?
Papinian. Papinian betraurt deß Käysers Ruhm und Haus!
Cleander. Was kan man weiter thun bey schon verübten Sachen?
Papinian. Verübte Greuel nicht zu Recht und Tugend machen.«
Die Stichomythie findet sich besonders wie hier in Streitgesprächen. Bei affektiven Höhepunkten erfolgt der Wortwechsel auch wohl von Halbvers zu Halbvers (Hemistichomythie) oder gar noch öfter. Gryphius bringt in einem Alexandriner oft sechs Äußerungen unter, Lohenstein vereinzelt sogar sieben (»Sophonisbe« III 345).

Seit dem 18. Jh. meidet man den Extremismus übermäßig langer wie kurzer Äußerungen. Vorherrschend wurde nun der aufgelockerte, quantitativ eher unregelmäßige Dialog mit kurzen bis mittellangen Äußerungen. Reden mit mehr als 20 Zeilen kommen bei Lessing nur noch selten vor. Kennzeichnend für ihn ist »der Versuch, die rhetorische Diktion dem Gesetz der Natürlichkeit unterzuordnen« (W. Jens, Von deutscher Rede, 1969, S. 58). Näheres dazu auf S. 76 ff.

Mehr als die Länge der einzelnen Äußerungen, die schon bei flüchtigem Durchblättern des Textes ins Auge fällt, interessiert im Gesamtzusammenhang des Dramas die Verteilung des ganzen Redevolumens auf die einzelnen Personen. Die Gesprächsanteile erlauben Rückschlüsse auf die Aktivität einer Person, gegebenenfalls auch auf Verschiebungen der Aktivität.

In Lohensteins »Agrippina« haben die Titelfigur und ihr kaiserlicher Sohn Nero ein insgesamt nahezu gleiches Redepensum von jeweils gut 580 Versen. Agrippina spricht etwa zwei Drittel ihres Pensums (390 Verse) in der ersten Dramenhälfte, während Nero in der zweiten (mit 313 Versen) stärker zur Geltung kommt. Als alleiniges Maß der Aktivität reichen die Sprechanteile allerdings nicht aus. Wer andere zum Reden bringt, z. B. in einem Verhör, ist trotz weniger eigener Worte womöglich aktiver als eine bloß redselige Person.

Zur Anlage der quantitativen Untersuchung

Nach Berücksichtigung der begrifflichen Hindernisse und der vorauszusetzenden quantitativen Regeln bzw. Konventionen zeichnet sich ab, wie die Untersuchung der Quantitätsverhältnisse anzulegen ist. Es geht hauptsächlich um die Teile, deren Grenzen durch Unterbrechung der raumzeitlichen Kontinuität (bes. Schauplatzwechsel), Personenwechsel und Redewechsel fixiert sind, also 1. Handlungsabschnitte (»Bilder«), 2. Auftritte, 3. Äußerungen. Eine vollständige Analyse berücksichtigt sowohl die Anzahl wie den Umfang der Teile. Die drei genannten Teileinheiten gelten für jedes normale Drama. Falls der Autor mit weiteren Teileinheiten arbeitet (z. B. mit Akten, soweit diese sich nicht mit den Handlungsabschnitten decken), sollte man auch diese einbeziehen. Zur Abrundung kann man auch Platz für Angaben lassen, die sich, wie etwa oft solche über die Zeitgestaltung, erst bei genauerer Lektüre einstellen.

Eine solche Untersuchung ist immer dem Verdacht ausgesetzt, sie sei formalistisch und mechanisch. Aber wer sie nicht als Selbstzweck betrachtet, braucht diesen Einwand nicht zu fürchten. Ihre Aufgabe ist es, einer schnelleren und differenzierteren Erfassung des Textzusammenhangs zu dienen. Längere Handlungsabschnitte, Auftritte und Redeäußerungen sind oft zugleich die wichtigeren. In Lessings »Minna von Barnhelm« ist z. B. der längste Auftritt (IV 6) zugleich die Schlüsselszene. Wer schon vor der Lektüre über die Umfangsverhältnisse Bescheid weiß, wird die herausragenden Teile mit erhöhter Aufmerksamkeit lesen. Die Erhebungen zur raumzeitlichen und personellen Verteilung sorgen auch dafür, daß die Beziehung einer gerade gelesenen Passage zu früheren und späteren Teilen besser bewußt wird. Ein Zahlenraster kann später überdies helfen, den einen oder anderen Deutungsansatz auf seine Stichhaltigkeit zu überprüfen. Im übrigen erfordert eine derartige Untersuchung keinen übermäßigen Aufwand. Dramen lassen sich wegen ihrer exakt ausgeprägten Binnengliederung jedenfalls wesentlich leichter »vermessen« als Erzähltexte. Je verwickelter das Drama gebaut ist, um so mehr vermag die quantitative Analyse zu nützen.

Die Ergebnisse der quantitativen Untersuchung lassen sich in einer Tabelle erfassen, die Personenliste und Auftrittsfolge miteinander kreuzt. Die Personenliste entnehme man dem Personenverzeichnis, das den meisten Stücken vorangeht. Für Lessings »Emilia Galotti« ergäbe sich folgendes Bild:

Akt Abschnitt	I:								Summe I	II: Saal im Hause Galotti
Ort	Kabinett des Prinzen									
Zeit	Früher Morgen									Morgen
Auftritt	1	2	3	4	5	6	7	8		1 2 ...
Emilia										
Odoardo										/
Claudia										/ /
Prinz	/	/	/	/	/	/	/	/		
Marinelli					/					
...	/	/		/			/	/		/ (/)
Personenzahl	2	2	1	2	1	2	2	2		2 2/3
Umfang	2	1	1	4	1	6	1	1		1 1
längste Rede (Zeilen/ Redner)										

Als Umfang der Auftritte ist die Anzahl angefangener Seiten der Reclam-Ausgabe von 1974 verzeichnet. Bei Versdramen wäre die Anzahl der Verse anzugeben. Die Anwesenheit einer Person ist durch / gekennzeichnet. Bei stummer Anwesenheit steht (/). Wer genauere Angaben wünscht, kann die Anwesenheitszeichen jeweils durch Anzahl und Gesamtumfang der Äußerungen (etwa nach angefangenen Zeilen) vervollständigen. Die Auftrittsanteile jeder Person lassen sich dann zu Aktanteilen und diese zum Gesamtanteil summieren. (Nach meiner Auszählung entfallen auf Emilia 8,3 %, Odoardo 13,1 %, Claudia 8,4 %, den Prinzen 21,3 %, Marinelli 23,8 %, Appiani 4,7 %, Orsina 10,9 %, die übrigen Rollen 9,5 % Gesprächsanteile). Aber schon in der skizzierten bruchstückhaften Form kann die Tabelle wichtige Einsichten eröffnen oder bestätigen, etwa die, daß der erste Akt ganz im Zeichen des Prinzen steht, während dieser im zweiten – und nur hier – gar nicht auftritt. Bis zum fünften Akt fortgesetzt, gibt die Tabelle wenn nicht die Gesprächsanteile, so doch die Anzahl der Auftritte pro Person zu erkennen. (Emilia hat 6 Auftritte, Odoardo 12, Claudia 12, der Prinz 17, Marinelli 21, Appiani 5, Orsina 6.) Der auffallend geringe Anteil der Titelfigur Emilia an Auftritten und Redevolumen läßt schon vermuten, daß sie mehr Objekt als Subjekt von Aktionen ist.

Die vorgeschlagene Tabelle erfaßt die Personenrollen jeweils

für sich. Wer in welchem Auftritt wem begegnet, kann besser
eine zweite Tabelle verdeutlichen. Sie verzeichnet die auftretenden Personen nicht nur von oben nach unten, sondern auch
noch von rechts nach links. Für »Emilia Galotti« ergibt sich,
wenn man die Nebenpersonen außer acht läßt, folgendes Bild:
(siehe Tabelle S. 47)

Diese Tabelle zeigt vor allem die Häufigkeit der Begegnungen. Mit Abstand am meisten sind der Prinz und Marinelli zusammen (in 10 von 43 Auftritten). Auch bei den Zwiegesprä-
chen führen sie. Zwiegespräche ohne sichtbaren Zuhörer sind
durch Kursivdruck hervorgehoben. (Dies gilt auch für das Gespräch Marinellis mit Orsina in IV 3, das der Prinz, unsichtbar
in einem Kabinett versteckt, belauscht. Es gilt aber nicht für
das Gespräch zwischen Odoardo und Claudia in II 2, bei dem
ein Bedienter stumm anwesend ist.) Marinelli trifft als einziger
mit allen Hauptpersonen zusammen.

Die Tabelle zeigt aber auch, welche Personen überhaupt
nicht und welche nicht unter vier Augen zusammentreffen. Er-
steres ist nicht nur für das Verständnis der Handlung, sondern
auch für die Rollenbesetzung bedeutsam. Personen, die sich
nicht sehen, können nämlich von einem einzigen Schauspieler
verkörpert werden.

Eine möglichst geringe Schauspielerzahl war aus ökonomischen
Gründen besonders bei den im 18. Jh. noch häufigen Wanderbühnen
oft erwünscht. Die Übernahme mehrerer Rollen erlaubt es dem
Schauspieler überdies, sein Wandlungsvermögen unter Beweis zu stel-
len. Dieses Verfahren bietet sich besonders dann an, wenn die in Frage
kommenden Rollen in der Handlung kontrastieren, aber dem gleichen
Charakterfach angehören. Von je einem Schauspieler darstellbar sind
Emilia (nicht in Akt I und IV auftretend) und Orsina (nur in IV)
sowie der Prinz (nicht in II) und Appiani (nur in II). Diese Figuren
sind konkurrierende Liebhaberinnen bzw. Liebhaber. (Zu den in der
»Emilia Galotti« zu besetzenden Rollenfächern vgl. Barner, S. 80.)
Appianis Rolle ließe sich auch mit der seines ihm geistesverwandten
Schwiegervaters Odoardo zusammenfassen.

Nicht unter vier Augen trifft Emilia mit ihren Liebhabern und
überhaupt mit Fremden zusammen. Zwiegespräche führt die behütete
Tochter nur mit ihrer Mutter und ihrem Vater. Ihre Begegnung mit
dem Prinzen in der Kirche wird nicht gezeigt, sondern nur erzählt.

	Emilia	Odoardo	Claudia	Prinz	Marinelli	Appiani	Orsina
Emilia							
Odoardo	V 7, 8						
Claudia	II 6, 7	II 2, 4 IV 8					
Prinz	III 5 V 8	V 5, 8					
Marinelli	III 4, 5 V 8	IV 6 V 2, 5, 8	II 9 III 7, 8	I 6 III *1, 3, 5* IV *1, 2, 4* V *1, 5, 8*			
Appiani	II 7		II 7, 8, 9, *11*		II 9, *10*		
Orsina		IV 6, 7, 8	IV 8	IV 4	IV *3, 4, 5, 6*		

Geschlossene und offene Form

Aus der Verteilung der Schauplätze und Personen, gegebenenfalls auch der Zeitabschnitte, läßt sich schon vor genauerer Kenntnis des untersuchten Dramas ersehen, welchem Formtyp es angehört oder zuneigt.
Wegweisend für die Bauform des neuzeitlichen Dramas waren zwei sehr unterschiedliche und deshalb als gegensätzlich begriffene historische Typen: einmal das in Frankreich im 17. Jh. geforderte und vor allem durch Racine verwirklichte klassizistische Regeldrama, dem noch das 1863 von Gustav Freytag vorgeschlagene Pyramidenschema der Akte (vgl. S. 130)

verpflichtet erscheint, zum anderen das lockerere, von bunter Vielfalt bestimmte Drama Shakespeares. In Deutschland richtete man sich bis zur Mitte des 18. Jh.s nach den Franzosen. Erst dann begann man sich im Zuge aufkommenden Regelprotests für die englische Art und speziell für die Dramen Shakespeares zu begeistern, der schon ein knappes Jahrhundert vor Racine gelebt hatte. Deutsche Literaturwissenschaftler des 20. Jh.s (Walzel, Petsch, Ziegler) entwickelten auf dieser Grundlage die Gegenüberstellung von tektonischem und atektonischem Drama oder, wie man unter Rückgriff auf Wölfflins »Kunstgeschichtliche Grundbegriffe« (1915) auch sagt, von geschlossener und offener Form. Am deutlichsten hat Volker Klotz 1960 die beiden Formtypen beschrieben.
Daß Klotz die aus historischem Material (Racine, Goethe, Schiller; Lenz, Büchner, Grabbe, Wedekind, Brecht) abstrahierten idealtypischen Formen als überhistorische Stiltendenzen versteht, ist allerdings nicht unproblematisch. Es sind durchaus verschiedene Formkonventionen, die im Drama der französischen Klassik zusammenkamen: 1. die Einheiten von Handlung (vgl. S. 149), Ort und Zeit (vgl. S. 192 ff.), 2. die Regeln der Personenverteilung, d. h. Dreipersonenregel, Gesetz der Personenkette (liaison des scènes), Verbot neuer Personen nach dem ersten Akt, 3. Ständeklausel und Einheitlichkeit des Redestils, 4. symmetrische oder sonstwie »geometrische« Komposition. Läßt sich

schon bezweifeln, daß alle diese Konventionen einer einzigen Grundtendenz gehorchen, so ist erst recht zu fragen, ob nicht diese Tendenz selber historisch bedingt und unwiederholbar ist und ob ihre genannten Komponenten nicht eher zufällig als aufgrund gegenseitiger Affinität zusammenkamen. Diese Frage stellt sich besonders für die Beziehung zwischen den verschiedenen Beschränkungen (Punkte 1–3) und den gar nicht spezifisch literarischen, vielmehr aus der Architektur übernommenen Kompositionsschemata (Punkt 4).

Die genannten Beschränkungen mögen es begünstigt haben, daß die Renaissance- und Barockdramatiker die sukzessive Handlung zu jener monumentalen Starre trieben, die sie in der bildenden Kunst und nicht zuletzt in den Theatergebäuden ihrer Zeit vorfanden. Naturnotwendig erscheint diese Verbindung keineswegs. Selbst in Dramen jener Zeit, in der die geschlossene Form vorherrschte, gewährleisten die verschiedenen Beschränkungen nicht ohne weiteres eine geometrische Komposition. Andererseits ist diese bei Dramen mit öfterem Schauplatzwechsel und mit Personen verschiedenen Standes nicht ausgeschlossen. In Shakespeares die Einheiten von Ort und Zeit sprengendem »Sommernachtstraum« werden zum Beispiel die drei Geschehensbereiche Palast, Hütte und Wald in symmetrischer Folge vorgeführt (1 2 3 2 1). Hinsichtlich der offenen Form verstärken sich die Probleme noch, insofern sie hauptsächlich eine Negation der geschlossenen Form ist und die ganze Bandbreite der Abweichungen umfaßt. Den verschiedenen Einheiten und der Wenigkeit der Personen im geschlossenen Drama stehen hier Vielheiten von Handlungen, Orten, Zeitpunkten, Personen, Ständen und Redestilen gegenüber, ohne daß jeweils Anfang und Ende einer Vielheit festlägen. Die zugehörigen Dramen unterscheiden sich teilweise mehr voneinander als von denen der geschlossenen Form.

Trotz solcher Bedenken stellen geschlossene und offene Form als summarische Bezeichnungen formaler Komponentenbündel einen brauchbaren Orientierungsrahmen dar. Allerdings genügt es nicht, das zu analysierende Drama einem der beiden Bereiche pauschal zuzuordnen. Vielmehr gilt es, den in Frage kommenden Gesamtbegriff in seine Komponenten aufzulösen.

Um Mißverständnissen vorzubeugen, bleibt noch zu sagen, daß *geschlossen* und *offen* im vorliegenden Zusammenhang nur die tektonische und atektonische Bauform bedeuten. Der »offene Schluß«, von dem die Forschung in bezug auf die Dramen Hauptmanns und Brechts spricht, setzt ein völlig anderes Wortverständnis voraus. *Offen* bedeutet hier ›unentschieden, ungelöst‹, und zwar vor allem in dem Sinne, daß der Autor dem Publikum eine erwartete Lösung ver-

weigert. Der an die Zuschauer gerichtete Epilog von Brechts Stück
»Der gute Mensch von Sezuan« läßt ausdrücklich »alle Fragen offen«.
Wenn Pfister (S. 138 ff., 101 ff., 246 f.) auf dieser Grundlage geschlossenes und offenes Dramenende und darüber hinaus auch geschlossene und offene Perspektivenstruktur sowie geschlossene und
offene Figurenkonzeption unterscheidet, dann hat sich die Bedeutung
von der Bauform endgültig auf den Sinn des Dramas, genauer gesagt,
auf den für das Publikum vollständig bzw. unvollständig erkennbaren Sinnzusammenhang, verschoben. Eine Affinität zwischen ge-
schlossener/offener Bauform und »geschlossenem«/»offenem« Sinn ist
nicht auszuschließen, ebensowenig eine Verwandtschaft zur »Geschlossenheit«/»Offenheit« von Weltbild und Gesellschaft, doch sollten solche Beziehungen kein Anlaß sein, das ohnehin problematische
tektonische Fachbegriffspaar in diese Richtungen zu erweitern. Wer
es dennoch tut, muß sich zumindest bewußt sein, daß er dann mit einem und demselben Wort zwei verschiedene Sachverhalte bezeichnet.
Eine wiederum andere Bedeutung hat die »offene«, d. h. auf der
Bühne sichtbare Handlung als Gegensatz zur verdeckten Handlung
(Pfister, S. 276; vgl. dazu Kap. VIII).

Lessings »Emilia Galotti« steht zwischen den Fronten. Der
Dichter »braucht ohne Bedenken alle Freyheiten der englischen
Bühne«, wie er 1758 anläßlich der Erstbearbeitung schreibt
(Müller, S. 45). Aber die Handlung spielt an einem einzigen
Tag, wechselt nur zweimal den Schauplatz und zeigt auch in
anderer Hinsicht Züge von Geschlossenheit.

V. Nebentext, Episches und die Kommunikation mit dem Publikum

Bühnenanweisungen und anderer Nebentext

Der Text, mit dem ein Theaterbesucher konfrontiert wird, erschöpft sich, wenn man von Vorankündigungen (Plakate usw.) und erläuterndem Programmheft absieht, meist in dem, was die Schauspieler sagen. Der Leser eines Dramentextes dagegen sieht weder Schauspieler noch Bühne. Er braucht und findet zusätzliche Informationen. Diese Angaben hat Roman Ingarden (Das literarische Kunstwerk, [2]1960, S. 220) zum Unterschied vom gesprochenen »Haupttext« als »Nebentext« bezeichnet. Graphisch meist auf verschiedene Weise gegenüber der Figurenrede hervorgehoben (durch Fettdruck, Majuskeln, Sperrung, Kursivdruck, Einklammerung), tritt dieser Nebentext besonders zu Beginn der Lektüre deutlich in Erscheinung. Zu ihm gehören der Titel, gegebenenfalls Motto, Widmung und Vorwort, im 17. Jh. oft auch ein Abriß des Drameninhalts, sodann einigermaßen regelmäßig das Personenverzeichnis (oft schon mit Orts- und Zeitfixierung, besonders in klassizistischen Dramen), die Kennzeichnung bzw. Numerierung der Handlungsteile (Akte, Handlungsabschnitte, Auftritte), Bühnenanweisungen zur Schauplatzgestaltung (Szenarium) und oft auch zur erforderlichen Anwesenheit oder zum Aussehen der jeweils auftretenden Figuren, Nennung der Figuren jeweils bei Beginn einer Äußerung und schließlich, in die Redepassagen eingelassen, Bühnenanweisungen zum gestischen Verhalten der Figuren. Besonderes Gewicht haben die Bühnen- oder Regieanweisungen, die länger geltenden ebenso wie die augenblicksbezogenen.

Bühnenanweisungen, für mittelalterliche Osterspiele überliefert (Steiner, S. 14–22), sind für weltliche Dramen aus der Zeit vor 1750 nur spärlich vorhanden. Einige mögen verlorengegangen sein, für die meisten Dramen hat es sie aber wohl gar nicht gegeben. Im antikisierenden Renaissance- und Barockdrama, teilweise schon in der Antike selbst (Seneca), war die Bühne eine Stätte rhetorischer Deklamation, auf der alles Wort wurde. Dinge, außersprachliche Tätigkeiten und Gefühle spielten nur eine Rolle, soweit die Akteure redend darauf hinwiesen (»dies Schwert«, »ich trinke« usw.). Hier, wo die eigentlichen Bühnenanweisungen fehlen, stecken die Dialoge voller indirekter Regiebemerkungen, mögen auch die damit verbundenen Qualitätsbezeichnungen (z. B. unvergleichliche Schönheit) angesichts begrenzter schauspielerischer und szenischer Möglichkeiten manchmal bloße »Wortkulisse« bleiben (Pfister, S. 38). Selbst das eigene Sterben wurde rhetorisch vorgeführt. Das wirkt noch bei Lessing nach, wenn die Titelheldin seines ersten bürgerlichen Trauerspiels, Miß Sara Sampson, sagt: »Mein Auge bricht – Dies war der letzte Seufzer!« (V 10) Die wenigen ausdrücklichen Bühnenhinweise im barocken Drama beschränken sich gewöhnlich auf die Angabe des Schauplatzes (z. B. bei Lohenstein: »Der Schau-Platz [= die Bühne] bildet ab der Cleopatra Zimmer«).

Hinter der totalen Rhetorik verbirgt sich der Glaube, es gebe nichts, was sich nicht auch sagen ließe. Solcher Panlogismus fand eine Stütze in der aus dem Mittelalter überkommenen allegorischen Weltauffassung, für die der ganze Kosmos ein Buch Gottes war, also eine höhere Art von sprachlichem Zeichensystem. Daß etwas unsagbar sei, war zu jener Zeit eher Ausdruck formelhafter Bewunderung als wirklicher Sprachskepsis.

Umgekehrt erklärt sich die rapide Zunahme der Bühnenanweisungen im 18. Jh. aus dem Bewußtsein, daß das damals neu entdeckte und von der Vorherrschaft der Vernunft befreite Gefühlsleben mit Worten letztlich nicht zu fassen sei. Hinzu kommt das Bemühen, die bisherige Festlegung auf jeweils eine Affektstufe bzw. Stillage aufzugeben und wechselnde Stimmungen oder gar »vermischte Empfindungen« zu gestalten. Die den Dialog unterbrechenden »Einschiebsel« Lessings, »in welchen sich der beschreibende Dichter gewissermaßen mit unter die handelnden Personen zu mischen scheinet« (Hamburg. Dramaturgie, 71. Stück), skizzieren neben außersprachlichem Tun der Personen vor allem ihre augenblicklichen Gemütsregungen, oft auch beides zugleich. In der Eingangsszene der »Emilia Galotti« heißt es z. B. zu einer Äußerung des Prinzen: »bitter, indem er den Brief in die Hand nimmt«. Der Darsteller des Prinzen muß das weniger durch den Inhalt seiner Worte als durch deren Artikulation zum Ausdruck bringen.

Derartige affektive Bestimmungen und Abstufungen versuchten übrigens nicht nur die Dichter. In der Musik des 18. Jh.s läßt sich Ähnliches beobachten. Die damals aufkommende Technik wechselnder Lautstärken (Dynamik) und Tempi ermöglichte dem Komponisten über Melodie und Rhythmus hinaus eine nahezu völlige Festlegung der Aufführungsweise. Manche Dichter haben die Musiker darum beneidet. Goethe etwa bedauerte einmal, daß der Dramatiker nicht die »unglaublichen Vorteile« des Komponisten habe, alle Wünsche und Absichten mit tausend Worten und Zeichen »in die Partitur einzuschließen« (Über das deutsche Theater, 1815; nach C. Nießen, Handbuch der Theater-Wissenschaft I, 1949, S. 348). Lessing geht noch von der (barocken) »Einförmigkeit« der Musik aus und stellt ihr die schauspielerische Deklamation als abwechslungsreicher gegenüber (Hamburg. Dramaturgie, 8. Stück).

Größere Ausdehnung erlebten die Bühnenanweisungen im naturalistischen Drama um 1890. Bei Gerhart Hauptmann erreichen sie teilweise, etwa zu Beginn der »Weber«, den Umfang breiter Erzählpassagen. Hier geht es nicht mehr darum, den punktuellen Gefühlen einzelner Personen zum Ausdruck zu verhelfen. Im Vordergrund stehen vielmehr breite Orts-, Personen- und Verhaltensbeschreibungen, die ein gleichbleibend bedrückendes, die Handlung determinierendes Milieu möglichst exakt umreißen wollen. Diese Milieuskizzen erscheinen um so notwendiger, je mehr den dargestellten armen Leuten die Worte versagen. Vgl. S. 67.

Im 20. Jahrhundert hat sich die Ausweitung der Bühnenanweisungen noch fortgesetzt. In manchen Stücken, z. B. bei Shaw, Beckett und Handke, übertrifft ihr Umfang den der Figurenrede (vgl. Pfister, S. 35 f.), wird der Nebentext zur Hauptsache.

Drei Arten des Epischen im Drama

Je umfangreicher die Bühnenanweisungen geraten, um so mehr nähern sie sich der Erzählliteratur. Das gibt Anlaß, über die Formen des Epischen im Drama allgemeiner nachzudenken.

Bei epischen Texten lassen sich drei Bereiche auseinanderhalten, mögen sie sich auch im einzelnen überschneiden:

1. steuernde und urteilende Äußerungen des Erzählers (bei syntaktischer Eigenständigkeit meist im Präsens),
2. das eigentliche Erzählen, d. h. die Wiedergabe der Handlung und ihrer Begleitumstände (meist im Präteritum),
3. die wörtliche Rede der Personen.

Anhand dieser Bereiche lassen sich drei Formen des Epischen im Drama unterscheiden. Die wörtliche Rede der Personen findet in der Figurenrede des Dramas ihre natürliche Entsprechung. In der Figurenrede kommt Episches in Form der sogenannten verdeckten Handlung zur Geltung (vgl. dazu Kap. VIII). Dem zweiten Bereich entsprechen die Bühnenanweisungen, die als Text nur den Leser erreichen. Für den Zuschauer

werden sie in szenische Darbietung übersetzt. Was dem normalen Drama fehlt, sind unmittelbare Meinungsäußerungen des
Autors bzw. eines von ihm vorgeschobenen Erzählers. Insoweit
bestätigt sich die Skizze von S. 12.

Andererseits ist es verständlich, wenn manche Dramatiker
diesen gattungsspezifischen Mangel nicht auf sich beruhen las-
sen. Schiller schrieb am 26. 12. 1797 an Goethe über Epos und
Tragödie, daß jede der beiden Gattungen, einseitig ausgebil-
det, ein wichtiges Element der Poesie einbüße, die Epopöe die
»Sinnlichkeit« und die Tragödie die »Freiheit« des über dem
Stoffe stehenden Dichters. Wie die Epik das Anschauungsmanko,
so muß das Drama die Abwesenheit des Autors kompensieren.
Die bekannteste Kompensationsform ist das sogenannte epische
Theater. Wenn Brecht und andere Dramatiker des 20. Jh.s ihre
Stücke als episch begriffen, dann dachten sie speziell an die
Möglichkeit des Erzählers, sich auktorial zu verhalten, d. h. ge-
genüber seinem Stoff Distanz zu beziehen und diese Distanz
auch den Leser spüren zu lassen. Episches Theater in diesem
Sinne durchbricht die dramatische Illusion.

Die »epischen« Bühnenanweisungen der Naturalisten, die sich bei
der Aufführung verlieren bzw. in ihr aufgehen, hatten eher das Gegenteil zum Ziel. Sie sollten das Publikum unmittelbar am Geschehen
teilnehmen, es dessen Fiktionalität vergessen lassen. Die gleiche Absicht verfolgten auch naturalistische Romanciers, wie Zola. Nach ihrer Meinung sollte sich der Autor möglichst wenig in die Handlung
einmischen.

*Begriffliche Schwierigkeiten im Zusammenhang des epischen
Theaters*

Wird ein Drama episch genannt, so bezeichnet das allerdings
nicht nur
1. steuernde und urteilende Äußerungen eines »Erzählers«. Es
   kann auch anderes bedeuten, nämlich
2. spezifisch theatralische, im wesentlichen außersprachliche
   Verfahren von ähnlich distanzschaffender, illusionsdurchbre-
   chender Wirkung,
3. die durch 1 und 2 beim Publikum zu erzielende Distanz
   selbst, speziell im Sinne eines Mittels zur Kritik und Belehrung, noch spezieller im Sinne der marxistischen Tendenz,
   die gesellschaftlichen Verhältnisse zu verändern,

4. eine atektonische Handlungsstruktur, also die offene Form
(vgl. S. 48 f.), vor allem im Sinne eines räumlich und zeitlich
breit gestreuten Stationendramas.

Einige Stücke Brechts, in denen alle diese Merkmale zusammentreffen (»Mutter Courage«, »Der kaukasische Kreidekreis«), lassen sich ohne jedes Bedenken als epische Dramen bezeichnen. Sobald aber eines oder mehrere der genannten Merkmale entfallen oder gar nur eines allein vorkommt, ergibt sich
die Schwierigkeit und Notwendigkeit, sie nach dem Grad ihrer
Wichtigkeit zu ordnen.

Brecht kam es vor allem auf das unter 3 Angesprochene an.
Das epische Theater war für ihn nicht Selbstzweck, sondern
Mittel zum Zweck gesellschaftlicher Veränderungen. Doch läßt
sich das Gattungswort *episch* auf die Dauer kaum auf eine bestimmte Ideologie oder auch nur auf kritisches Theater im allgemeinen einschränken. Brecht selber mag das gespürt haben,
wenn er in seinen späteren Jahren die Bezeichnung *episches
Theater* »unzureichend« nannte und lieber von dialektischem
Theater sprach.

Problematisch ist es auch, in der unter 4 angesprochenen raumzeitlichen Streuung der Handlung das eigentlich Epische zu sehen. Sicherlich ist sie für viele epische Dramen charakteristisch, und schon
Goethe und Schiller nannten in ihrem Aufsatz »Über epische und
dramatische Dichtung« als Gegenstände des epischen Gedichtes »den
außer sich wirkenden Menschen: Schlachten, Reisen, jede Art von
Unternehmung, die eine gewisse sinnliche Breite fordert«. Diese Vorstellung geht jedoch vom großen Versepos in der Art Homers aus.
Sie entspricht nicht dem heutigen Verständnis, nach dem zur epischen
Literatur auch die kleineren Erzählformen (Fabel, Novelle, Kurzgeschichte usw.) zählen.

Auch die unter 2 gemeinten theatralischen »Verfremdungseffekte«,
wie sie Brecht im einzelnen beschrieben hat (Sichtbarkeit der Beleuchtungskörper, verfremdende Musik, Distanzbezeigungen des
Schauspielers gegenüber seiner Rolle u. a.), sind nicht im eigentlichen,
sondern nur in metaphorischem Sinne episch.

Im eigentlichen Sinne episch sind nur die ausdrücklichen Äu
ßerungen eines über dem Geschehen oder abseits von ihm stehenden »Erzählers«. Sie spielen auch für das Selbstverständnis
der epischen Dramatiker bzw. Regisseure von Anfang an eine
herausragende Rolle. Als der für das epische Theater bahnbrechende Regisseur Erwin Piscator für sein »Proletarisches Theater« nicht genügend passende Dramen fand und auf Romaninszenierungen auswich – Alfons Paquets »Fahnen« (1922) z. B.

will er 1924 als »episches Drama« aufgeführt haben (laut Knopf [S. 394] eine falsche Behauptung) –, bediente er sich von vornherein – seit 1920 – auch der Erzählerfigur. Daß Brecht die »Erzähler«-Worte zu den Verfremdungseffekten zählt, sie also mit den unter 2 genannten spezifisch theatralischen Mitteln zusammensieht, sagt nichts gegen ihre sachliche Eigenständigkeit. Marianne Kesting (S. 48 f.) schreibt hierzu:

»Das moderne epische Theater ist, wie Walter Benjamin es ausgedrückt hat, ein Theater, das den Betrachter zum eigentlichen Helden macht. Zwischen Bühne und Zuschauer drängt sich das ›epische Ich‹ (Szondi), der ›Darüberstehende‹, der ›Sänger‹, der ›Erzähler‹, der ›Spielleiter‹ – oder wie er in den verschiedenen epischen Dramen genannt werden mag. Er ist der Überschauer der Ereignisse, nicht nur der der Bühne, sondern der Ereignisse überhaupt; er ist es, der den epischen Gang der Handlung bestimmt, indem er, um zu seiner ›Lehre‹ ein Beispiel zu finden, sich Räume und Zeiten verfügbar macht, Gestalten und Geschehnisse, die zur Illustration des Beispiels dienen, nach ihrer Wichtigkeit zur Demonstration der ›Lehre‹ aussucht, er ist es, der den Mittler zwischen Bühne und Zuschauerraum bildet, die Bühnenhandlung ›von oben her‹ betrachtet und kommentiert; er ist es, der sich mit der Reflexion an die Zuschauer wendet und sie in seine Betrachtung einbezieht. Um seine ›epische‹ Funktion zu verdeutlichen, kann man den ›Erzähler‹ des modernen epischen Theaters durch Goethes Beschreibung des ›Rhapsoden‹ (›Über epische und dramatische Dichtung‹) charakterisieren: ›Die Behandlung des Ganzen betreffend‹, schreibt Goethe, ›wird der Rhapsode, der das vollkommen Vergangene vorträgt, als ein weiser Mann erscheinen, der in ruhiger Besonnenheit das Geschehene übersieht; sein Vortrag wird dahin zwecken, die Zuhörer zu beruhigen, damit sie ihm gern und lange zuhören, er wird das Interesse egal verteilen ... er wird nach Belieben vorwärts und rückwärts greifen und wandeln...‹ In dem Maße, wie der ›Erzähler‹ den Zuschauer in seine Betrachtung verflicht, distanziert er ihn vom Bühnengeschehen selbst.«

Von epischem Theater im eigentlichen, nicht nur metaphorischen Sinn sollte man nur dann sprechen, wenn solchermaßen außerhalb der Handlung ein »Erzähler« zu Wort kommt. Im markantesten Fall ist er für den Zuschauer sichtbar. Aber auch – aus dem Stummfilm übernommene – Spruchbänder oder, wie häufig in Tonfilm und Fernsehen, die Stimme eines unsichtbaren Erzählers können diese Aufgabe erfüllen. Episch in diesem Sinne ist jedes während der Aufführung kommentierte Drama, ob es sich nun über verschiedene Räume und Zeiten erstreckt oder ob es, wie Brechts Parabelstück »Der gute Mensch von Sezuan«, in einer Ortschaft verharrt. Episch in diesem Sinne sind nicht nur die marxistischen Stücke Brechts, sondern auch Dramen von Claudel, Wilder (vgl. Szondi und Kesting) und Anouilh. Episch in diesem Sinne waren die mittelalterlichen Weihnachts- und Osterspiele, welche die Geburts- und Leidenserzählungen der biblischen Evangelisten szenisch illustrierten (vgl. Kesting, S. 22–24), war auch das christliche Welttheater von Calderóns Autos sacramentales. Episch in diesem Sinne sind heute am ehesten alle Filme mit begleitender Erzählerstimme.

Problematisieren läßt sich indes nicht nur das Attribut *episch*. Zu fragen ist auch, wieweit das epische Drama überhaupt noch Drama ist. Drama im Sinne von Rollenspiel ist es nur, insoweit es gespielt wird. Spruchbandtexte und Erzählerstimme gehören also eigentlich nicht dazu. Sie begründen zusammen mit den Spielpartien eine episch-dramatische Mischgattung, die alle drei Bereiche der Skizze von S. 12 umgreift. Schwierig ist die Einstufung von Ansager, Spielleiter oder ähnlichen sichtbaren »Erzähler«figuren. Episch erscheinen sie nur im Verhältnis zu der von ihnen auf den Plan gerufenen und besprochenen Spielhandlung. Tatsächlich sind aber auch sie Figuren, werden auch sie von Schauspielern dargestellt. Das Drama im engeren Sinne ist in ihr kurzes Rollenspiel eingebettet, ist also Spiel im Spiel. Ein besonders deutliches Beispiel dafür liefert Brechts Drama »Der kaukasische Kreidekreis«. Hier kommentiert ein Sänger nicht nur die Kreidekreis-Handlung. Er ist seinerseits Figur in einem längeren Vorspiel. In diesem Vorspiel wirken auch noch andere Figuren mit, die sich dann in die Schauspieler- und Publikumsrollen des eigentlichen Kreidekreisspiels teilen.

Alles in allem gesehen, sind die epischen Elemente also entweder nicht Bestandteil des eigentlichen Dramas, und das ganze Stück ist dann eine gleichermaßen epische wie dramatische Mischform, oder aber sie begründen ein eigenes Rahmenspiel und damit ein doppeltes Drama.

Der spezifisch epische, d. h. auktoriale Text ist vom normalen dramatischen Haupttext (Figurenrede) ebenso zu unterscheiden wie vom normalen Nebentext, der dem Zuschauer ja nicht als Text dargeboten wird. Als Bezeichnung empfehle ich *Übertext*. In bezug auf das epische Drama gilt es also nicht zwei, sondern drei Textarten auseinanderzuhalten. Übergänge sind möglich. So werden gelegentlich Teile des Nebentextes, z. B. Aktangaben, auch dem Theaterpublikum mitgeteilt.

Arten der Kommunikation im Drama

Das epische Drama zeigt, daß die Kommunikation im Drama nicht unbedingt auf das Gespräch der handelnden Personen beschränkt ist, und bietet Anlaß, über die verwickelten kommunikativen Beziehungen im Bereich des Bühnenspiels allgemein nachzudenken. Im Vordergrund des Interesses steht dabei die Kommunikation mit dem Publikum.

Szondi (S. 13) hat das Drama »absolut« genannt, weil der Autor abwesend sei und auch der Zuschauer nicht in die Handlung eingreifen könne. Auch Pfister (S. 21) geht davon aus, daß das Drama auf das von ihm so genannte »innere Kommunikationssystem«, also den Dialog der Figuren, beschränkt sei und daß im Gegensatz zur Erzählliteratur das »vermittelnde Kommunikationssystem« ausfalle. Später schränkt er dies allerdings durch ausführliche Bemerkungen über »epische Kommunikationsstrukturen im Drama« ein (S. 103–122). Die scharfe Gegenüberstellung von Figurendialog und Autor-Publikum-Kommunikation wird dem Drama jedenfalls nur teilweise gerecht. Das vermittelnde System läßt sich, wie Pfisters zuletzt erwähnte Ausführungen erkennen lassen, nicht auf die Kommunikation von Autor und Publikum beschränken. Auch die Akteure haben daran Anteil. Durch ihre sinnliche Gegenwart ist er sogar stärker oder zumindest unmittelbarer als der des abwesenden Autors. Dementsprechend lassen sich die an der Kommunikation beteiligten Partner nicht strikt nur dem inneren oder nur dem vermittelnden System zuordnen. Die Akteure und darüber hinaus auch das Publikum können an beiden Systemen teilhaben.

Kommunizieren können im Zusammenhang des Dramas 1. der Autor mit dem Publikum, 2. die Darsteller bzw. die aus ihrer eigentlichen Rolle heraustretenden Figuren mit dem Publikum, 3. die Figuren innerhalb ihrer Rolle mit dem Publikum, 4. die Figuren miteinander.

Die erste Möglichkeit bleibt, streng genommen, auf die Spruchbänder des epischen Theaters beschränkt. Soweit die Worte eines nicht mitspielenden »Erzählers« als Aussagen des Autors empfunden werden, kann man auch sie einbeziehen. Das gilt besonders dann, wenn der Erzähler nur zu hören, nicht aber zu sehen ist.

Auch die zweite Möglichkeit, das Heraustreten der Darsteller aus ihren Rollen, ist, sieht man von der allgemeinen Rückkoppelung zwischen Aufführung und Zuschauerreaktionen einmal ab, vor allem im epischen Theater realisiert.

Ähnliche Wirkung erzielte aber auch schon das barocke Trauerspiel, wenn eine dramatische Figur »in der Doppelrolle des Darstellenden und zugleich die eigene Darstellung Deutenden« auftrat (Schöne, S. 152). Das kam besonders im Augenblick der Katastrophe öfters vor. So wendet sich die Titelheldin von Lohensteins »Agrippina« angesichts ihrer bevorstehenden Ermordung an die Zuschauer: »Lernt nun: Wie schwanckend sitzen / Die, derer Armen sich auf frembden Achseln stützen« (V 113 f.). Diese Lehre entspricht genau dem Motto, das dem Stück vorausgeht.

Das Heraustreten aus der Rolle bedeutet und bewirkt Distanz gegenüber der Handlung. Die dritte Kommunikationsmöglichkeit hat das Gegenteil zur Folge. Das Publikum wird in das Geschehen einbezogen, vielleicht sogar zum Komplizen gemacht, so etwa, wenn es im Kasperletheater nach dem Versteck des Teufels gefragt wird und entsprechend Auskunft erteilt. Auch das – im geschlossenen Drama recht häufige – Beiseitesprechen macht die Zuschauer oft zu Mitwissern und Mitspielern. (Vgl. Pfister, S. 192–195.)

Den Löwenanteil an der Kommunikation im Drama und auch im epischen Drama behält indes die vierte Möglichkeit, also das Gespräch der handelnden Personen. Anders als bei den besprochenen drei Möglichkeiten richten sich hier die Worte nicht an das Publikum. Andererseits erschöpft sich die kommunikative Energie des Figurendialogs nicht in dem, was die Akteure zueinander sagen. Ihr Reden und Handeln vermittelt zugleich Botschaften des Autors an das Publikum, allerdings in indirekter Form.

Diese indirekten Aussagen des Autors können sich aus der Art ergeben, in der die Personen reden und handeln, beispielsweise, wie oft im modernen Drama, die Absurdität ihrer Kommunikation zum Ausdruck bringen. Sie können einen Teil der Figurenrede zum Inhalt haben, etwa die darin erwähnten Fakten, ohne daß der Autor die damit verbundenen Ansichten seiner Figuren teilt. Eine Figur kann aber auch in all ihren Meinungsäußerungen zum Sprachrohr des Autors werden. Dazu muß sie allerdings besonders glaubwürdig erscheinen. Meist hebt der Autor sie dann gegenüber ihren Mitakteuren hervor. Das kann auf verschiedene Weise geschehen.

Bekanntester Stellvertreter des Autors ist der *Chor* des antiken Dramas. Aristoteles (Kap. 18) wünschte ihn in die Handlung eingebunden. Er wandte sich gegen die Praxis, die Chorgesänge als austauschbare Intermezzi anzulegen, die zu jedem beliebigen Drama passen. Er forderte: »Den Chor muß man behandeln wie einen Schauspieler. Er soll ein Teil des Ganzen sein und mithandeln.« Daß er dennoch von den übrigen Akteuren absticht, zeigt sich außer in seiner Kollektivität in den Aufgaben, die ihm Horaz zuweist:

> »Er sei den Guten gewogen, sei Freund und Berater, lenke die Zornigen, besänftige gern die Erregten, lobe die Mahlzeit auf knappem Tisch, die heilbringende Gerechtigkeit und die Gesetze, den Frieden bei offenen Türen, bewahre, was man ihm anvertraut hat, bete zu den Göttern und bitte, daß das Glück den Unglücklichen wiederkehre, die Stolzen verlasse.« (Ars poetica 196–201, übers. E. Schäfer.)

Ähnliche Autorität wie der Chor hatten im alten Drama prophetische Seher, so z. B. Teiresias bei Sophokles.

Seit dem 18. Jh. fehlen dem Drama, von Ausnahmen abgesehen, sowohl prophetische Seher (vgl. S. 117 f.) wie kollektive Chöre. Lieder und Songs neuerer Dramen erreichen eine vergleichbare Autorität nur dann, wenn der Sänger mit ihnen aus seiner sonstigen Rolle heraustritt. Will der Dramatiker seine Meinung durch die rollengebundenen Worte einer handelnden Person zum Ausdruck bringen, so muß er diese Person mit besonderer Glaubwürdigkeit ausstatten.

Sofern sie nicht durch ein Amt von vornherein legitimiert erscheint, muß er ihre Glaubwürdigkeit durch ihr Tun und Reden erst unter Beweis stellen, etwa durch sympathisches Verhalten, überzeugende Argumentation, kluge Einsichten, Bezugnahme auf allgemein anerkannte Wertvorstellungen oder Respektbezeugungen der Mitakteure. Eine wichtige Voraussetzung ist auch hier oft – ähnlich wie bei Chor und Sehern – das Fehlen eigener Interessen. Deshalb sind es nicht selten gerade Nebenpersonen, denen die Dramatiker ihre eigenen Ansichten anvertrauen.

Ob die Äußerungen einer dramatischen Figur die Meinung des Autors wiedergeben, läßt sich dennoch mit letzter Sicherheit aus dem Drama selber nicht entnehmen. Das Drama, besonders das unkommentierte, von keinem »Erzähler« begleitete, ist grundsätzlich schwerer zu deuten als etwa Erzähltexte. Stärker als die Epik ist es auf das Interpretationsvermögen des Publikums angewiesen, mehr als sie erscheint es der Gefahr von Fehldeutungen ausgesetzt. Nur wenn sich der Autor außerhalb des Dramas im gleichen Sinne geäußert hat wie die ihn vertretenden Figuren, darf der Interpret sicher sein, daß sie tatsächlich in seinem Auftrag sprechen. Für viele Dramen gibt es derartige Zusatzerklärungen aber nicht. Manche Dichter lehnen sie bewußt ab. Dürrenmatt zufolge »schleichen sich Mißverständnisse ein, indem man verzweifelt im Hühnerstall meiner Dra-

men nach dem Ei der Erklärung sucht, das zu legen ich beharr-
lich mich weigere« (Theater-Schriften und Reden, 1966,
S. 108).

VI. Die Gestaltung der Figurenrede

Die bisherigen Kapitel bewegten sich im Vorfeld der eigentlichen Dramenanalyse. Mit dem Übergang vom Neben- zum Haupttext begeben wir uns ins Zentrum. Die Bedeutung der Figurenrede wurde schon in Kapitel I angesprochen, die Zahl der Gesprächspartner und der Umfang ihrer Äußerungen in Kapitel IV. Im folgenden geht es um die – vor allem sprachliche – Gestaltung der Figurenrede und die dafür maßgebenden Bedingungen.

Was und wie Personen reden, ist durch sehr verschiedene, vielfältig ineinandergreifende Faktoren bedingt. Dazu gehören 1. die Ziele der Redenden, 2. die umgebende Situation, 3. die Umstände der Verständigung (Kommunikation), 4. das persönliche Verhältnis der Gesprächspartner, 5. der individuelle Denk- und Äußerungsstil jedes Redenden und seine augenblickliche seelische Verfassung. Diese Faktoren gelten für Bühne und Alltag gleichermaßen. Sie seien im Hinblick auf ihre formalen Auswirkungen bzw. Besonderheiten der Reihe nach erläutert. Danach werden einige andere Faktoren zu ergänzen sein, die sich aus dem literarischen Charakter des Dramas erklären.

Die Strukturierung durch Redeziele und Gesprächsthemen

Den größten Einfluß auf Inhalt und Form des Gesagten haben die Redeziele und die hinter ihnen stehenden Beweggründe bzw. Interessen. Das Drama steuert normalerweise nicht geradlinig auf ein einziges Ziel zu. Seine Personen bringen verschiedene Interessen ins Spiel und verleihen ihnen in unterschiedlicher Weise Nachdruck. Dramen und überhaupt Gespräche, als die sich Dramen ja hauptsächlich darstellen, wirken deshalb lebendiger, abwechslungsreicher als sonstige, vorwiegend monologische Literatur- und Redegattungen. Auch der einzelne Held verfolgt selten ein einziges Ziel. Unterschiedliche Begegnungen und Erfahrungen rufen mehrere Beweggründe und Zielvorstellungen in ihm wach, die sich dann nach- oder auch nebeneinander entfalten. Das zu einem bestimmten Zeitpunkt ins Auge gefaßte Ziel ist nur der gerade gespannte Pfeil aus einem Köcher latenter Interessen. Noch verwickelter gerät die Konstellation der Ziele dadurch, daß sich den Hauptabsichten Zwischenziele und Methoden, nicht zuletzt auch solche der Zielverheimlichung, zuordnen lassen. Genau genommen, verkörpert beinahe jede Äußerung ein neues Teilziel. Dem Zusammenspiel und der Rangordnung der Ziele nachzugehen, ist eine wichtige analytische Aufgabe. Das betrifft den einzelnen Auftritt ebenso wie das jeweilige Drama insgesamt.

Im Gespräch treffen sich die unterschiedlichen Interessen und Perspektiven mehrerer Personen vorübergehend in einem gemeinsamen Thema. Das Gespräch bzw. der Auftritt als entsprechende Drameneinheit kann sich auf ein Thema beschränken. Viele Gespräche und Auftritte behandeln indes mehrere Themen nacheinander. Themenwechsel sind die wichtigsten Anhaltspunkte für die Binnengliederung der Auftritte und für die möglicherweise dahinter verborgenen kompositorischen Prinzipien (z. B. Steigerung, Rahmenform, Symmetrie).

Die Liste möglicher Redeziele und Gesprächsthemen ist breit gestaffelt. Da sie von Drama zu Drama anders ausfällt, sei auf eine Detaillierung verzichtet. Das Thema kann einen oder mehrere Gesprächspartner oder Dritte betreffen. Es kann sich auf Vergangenes, Gegenwärtiges und Zukünftiges beziehen. Thematisieren läßt sich im übrigen alles, was der Mensch tut und erleidet, was er wahrnimmt und sich vorstellt, was er fühlt und denkt, was er weiß und kann, was er will und soll.

Die Situationsgebundenheit

Ausgelöst werden Redeziele und Themen unter anderem durch die Situation, die die Gesprächspartner umgibt. Gemeint ist damit das gemeinsame augenblickliche Wahrnehmungs- bzw. sinnliche Orientierungsfeld der miteinander Redenden. Im Drama entspricht ihm, wenn man von der selten genutzten Möglichkeit der ›Mauerschau‹ absieht (vgl. dazu S. 110), in etwa auch das der Zuschauer.

Zu dieser wahrnehmbaren Situation gehören auch Tun und Reden der Personen, nicht aber ihre geheimen Gedanken und Empfindungen. Das Wort Situation wird also nicht im Sinne des bloßen Verständigungsvorgangs aufgefaßt, auf den der verbreitete Begriff der Sprech- oder Kommunikationssituation sich leicht verengt. Andererseits wird ihm auch nicht jener heute vorherrschende weite Sinn zugeschrieben, der auch und vor allem die – für jeden Beteiligten etwas andersartige – psychisch-soziale Lage der Gesprächspartner einbegreift. Die Gleichsetzung der Situation mit der wahrnehmbaren Umgebung ist der ursprünglichen räumlichen, in der Geographie noch weiterlebenden Bedeutung (von lat. *situs* = Lage) durchaus näher als

das heute dominierende, von der Bindung an die Sinne weitgehend
befreite übertragene Verständnis des Wortes.

Texte, im Rahmen einer konkreten Situation gesprochen, können
sich durchgängig auf diese Situation beziehen (1). Sie können auch
eine räumlich oder zeitlich oder in beiderlei Hinsicht entfernte Situation bzw. ein damit verbundenes Geschehen vermitteln (2). Sie können sogar – bei meist allgemeiner Beschaffenheit des Gegenstandes
– jeder Art von konkreter Situation enthoben sein (3). Die entsprechenden Texte oder Textabschnitte lassen sich als situationsintern (1),
als wiedergebend oder narrativ (2) und als gedanklich oder diskursiv
oder theoretisch (3) bezeichnen. (Vgl. Asmuth/Berg-Ehlers, Stilistik,
³1978, S. 71 ff.) Im Drama kommen gewöhnlich alle drei Arten vor.
Seine Eigenart gegenüber anderen Literaturformen beruht indes wie
die Eigenart aller gesprochenen Sprache hauptsächlich auf seiner
Verankerung in der wahrnehmbaren Situation. Die Dramensprache
ist vorrangig situationsinterner Art.

Die Situation liefert Gesprächsstoff. Sie trägt zumindest
dazu bei. Ihre Wirkung erschöpft sich aber nicht im Inhaltlichen. Die Situationsgebundenheit des Dramas spiegelt sich auch
in der sprachlichen Form. Während sich die Situationen selber
und damit die Gesprächsinhalte von Stück zu Stück oder gar
von Auftritt zu Auftritt verschieden ausnehmen, erlauben die
formalen Auswirkungen der Situationsgebundenheit eine allgemeine Bestimmung.

Am augenfälligsten äußert sich die Situationsgebundenheit in
den verschiedenen Formen sprachlicher Deixis. Deiktisch sind
Wörter, die auf etwas zeigen (nach griech. deiknymi = ich zei-
ge). Ihre genaue Bedeutung erhalten sie erst in Verbindung mit
der Situation oder den Situationsbestandteilen, auf die sie sich
beziehen. Am deutlichsten situationsgebunden sind die lokalen
Deiktika, also Demonstrativpronomina und -adverbien, besonders dann, wenn sie von zeigenden Gesten begleitet werden.
Letzteres gilt für die Pronomina, die Requisiten oder anderes
auf der Bühne Sichtbare auch sprachlich ins Rampenlicht rük-
ken (»dieser Dolch«), seltener auch für die Adverbien (»hier«).

Demonstrativa sind allerdings nicht immer auf die vorhandene Situation bezogen. Oft knüpfen sie nur rückbezüglich an vorher im
Text Gesagtes an (z. B. »Auf der Straße stand ein Mann; dieser war
von hagerer Gestalt«). Dann beziehen sie sich nicht auf die gegenwärtige Situation, sondern auf eine erzählerisch »vergegenwärtigte«,
früher oder andernorts zu denkende, hier und jetzt bloß geistig vor
Augen stehende Zweitsituation.

Neben den lokalen, den Zeigewörtern im engeren Sinn kennt die
neuere Linguistik auch temporale und personale Deiktika. Die tem-

porale Deixis (»jetzt«, Präsens) gibt ihren Situationsbezug weniger
auffällig zu erkennen als die lokale, weil sie ohne Gesten auskommen
muß. Man rechnet hierzu sogar Formulierungen, die aus der vorhandenen Situation hinausweisen, sie nur als Bemessungsgrundlage benut-
zen (»gestern«, »morgen«). Ebenso unaufdringlich, dafür allerdings
häufiger als die temporalen und auch als die lokalen Zeigewörter ist
die personale Deixis. Hierher gehören die Personalpronomina der ersten und zweiten Person (»ich, du, wir, ihr, mein, dein, unser, euer«),
in Ausnahmefällen auch die der dritten Person (z. B. »er«), nämlich
dann, wenn sie nicht text-, sondern situationsbezogen sind.

Die Häufigkeit sprachlicher, speziell lokaler Deixis, in der
Fachliteratur gern als charakteristisches Kunstmittel eines Dramatikers (z. B. Seneca, Shakespeare, Shaw, Hauptmann,
Brecht) oder des Dramas einer Epoche (Barock) oder Art
(Lehrstück) beansprucht, offenbart zunächst nichts weiter als
Rücksicht auf die allgemeine Situationsgebundenheit des Dramas. Dies schließt Häufigkeitsschwankungen allerdings nicht
aus. Die Anzahl der Zeigewörter in einem Auftritt ist ein Indiz
für dessen Handlungs- und Wirkungsintensität.

Da die Situation auf der Bühne für Akteure und Zuschauer
wahrnehmbar ist, braucht sie sprachlich nur verdeutlicht, nicht
voll vermittelt zu werden. Außer in den Zeigewörtern, die auf
die Situation ausdrücklich Bezug nehmen, äußert sich die Situationsgebundenheit dramatischen Sprechens deshalb auch
darin, daß es die Situation nur bruchstückhaft erfaßt. Daher
die vielen elliptischen, also unvollständigen Sätze des Dramas,
von den Einwortsätzen und der allgemeinen Tendenz zum kurzen Satz ganz zu schweigen. Daher auch die Seltenheit von
Adjektiven im Drama. Das Wahrnehmbare bedarf keiner Beschreibung, wie sie Adjektive bieten. Bei Stichproben wurde
für Dramentexte der niedrigste Adjektiv-Verb-Quotient (=
Zahl der Adjektive bei 100 Verben) schriftlich gefaßter Texte
ermittelt, nämlich 11,2. Juristische Texte erreichten 20,0, Ro-
mantexte 35,2, wissenschaftliche Texte sogar 75,5 (nach H. Fischer in: H. Kreuzer/R. Gunzenhäuser, Mathematik und Dichtung, 1965, S. 172).

Die Merkmale der Situationsgebundenheit rücken die Dramensprache teilweise geradezu in die Nähe jenes restringierten (d. h. beschränkten) Code, den Basil Bernstein als unterschichtspezifisch beschrieben hat (z. B. in seinen »Studien zur sprachlichen Sozialisation«,
1972, S. 88). Damit zeigt sich allerdings auch, daß etliche Merkmale
dieses Code bei situationsinternem Sprechen ganz natürlich sind. Als
wirklich beschränkt erweist er sich erst, wenn es darum geht, fremde

Situationen wiederzugeben oder völlig situationsabstrakt zu formulieren.

Mündlichkeit, Spontaneität und Störanfälligkeit gesprochener Sprache

Die Situationsgebundenheit hat man als Teilaspekt dem Stil der gesprochenen Sprache (W. Sanders, Linguistische Stiltheorie, 1973, S. 38–49) bzw. dem »mündlichen Stil« (S. Krahl/J. Kurz, Kleines Wörterbuch der Stilkunde, 1970, S. 73 f.), also der vorherrschenden Art von Kommunikation, zugeordnet. Umgekehrt läßt sich die Kommunikation der Gesprächspartner auch als Teil oder gar als Kern ihrer gemeinsamen Situation begreifen. So und so hängen Situation und Kommunikation eng zusammen. Die Besonderheiten der Kommunikation, speziell der mündlichen, verdienen indes eine eigene Betrachtung.

Daß gesprochene Sprache situationsgebundener ist als schriftliche Texte, erscheint inhaltlich begründet. Kommunikationsspezifischer, für das Drama aber zugleich nur noch begrenzt charakteristisch sind einige andere Eigentümlichkeiten: Die gesprochene Sprache verleugnet nicht ihre Mündlichkeit, und sie ist spontaner und störungsanfälliger.

Die *Mündlichkeit* eines Textes äußert sich in den Spuren, die der Sprechvorgang selber hinterläßt. Rederoutine und Tendenz zu geringem Artikulationsaufwand verursachen phonetische Verkürzungen, z. B. die Weglassung des unbetonten e (»ich hab«), und Verschleifungen (»siehste?« statt »siehst du?«). Den Weg auf die Bühne finden derartige Besonderheiten allerdings verhältnismäßig selten und programmatisch erst in neuerer Zeit. Einer völligen Unterwerfung der Bühnensprache unter die Merkmale der Mündlichkeit steht der schreibende Autor ebenso entgegen wie das Interesse der Bühnenpraktiker an deutlicher Artikulation.

Auch Dialekteigentümlichkeiten, vielfach, wenn auch nicht notwendigerweise, mit der Mündlichkeit in Zusammenhang gebracht, verlieren sich auf der Bühne weitgehend. Landschaftliche Originalität büßt ihren Reiz schnell ein, wenn das Publikum den Dialekt nicht wenigstens in etwa versteht. Gerhart Hauptmanns schlesisches Dialektdrama »De Waber« konnte nur in einer dem Hochdeutschen angenäherten Fassung (»Die Weber«) überregionale Anerkennung erreichen.

Die *Spontaneität* gesprochener Sprache, das Unvorbereitete der Formulierungen, geht dem Drama eigentlich schon von seiner Definition her ab. Die »Spontaneität« der Figurenrede ist gespielt, sie verdankt sich dem Kalkül des Autors. Die Orientierung an den Ausdrucksmitteln spontanen Sprechens ist damit allerdings nicht ausgeschlossen. Ein an sich nicht spontaner Text wie das Drama kann so zumindest spontan erscheinen. Wirkliche Spontaneität, übrigens auch in schriftlichen Texten, in Briefen etwa, nicht ausgeschlossen, äußert sich in oft sprunghafter Gedankenfolge und manchmal unfertigen Sätzen sowie in phonetischen, lexikalischen und syntaktischen Versprechern und Selbstkorrekturen. Neuere Dramatiker haben sie bewußt nachgeahmt, so die Naturalisten durch das für sie typische Abbrechen angefangener Sätze, die sogenannte Aposiopése, so Brecht durch das – in volkstümlicher Literatur (Luther, Hebel) schon vorher verbreitete – Anakolúth (= Satzbruch). Beim Anakoluth wird die begonnene Verwirklichung eines Satzbauplans nicht richtig zu Ende geführt. Meist hält der Sprecher das logisch erforderliche Nebensatzbewußtsein nicht durch und springt vorzeitig auf die Hauptsatzebene zurück. So sagt Brechts Mutter Courage von sich: »Courage heiß ich, weil ich den Ruin gefürchtet hab, Feldwebel, und bin durch das Geschützfeuer von Riga gefahrn mit fünfzig Brotlaib im Wagen.« Vgl. »Anakoluth« im Histor. Wörterbuch der Rhetorik.

Die im Vergleich zu schriftlichen Texten hohe *Störanfälligkeit* gesprochener Sprache beruht teils auf äußeren Hindernissen, einem »Rauschen« im »Kanal«, wie die Informationstheoretiker das nennen, teils auf Aufmerksamkeitsschwankungen der Gesprächspartner. Schon der Gedanke an die Möglichkeit solcher Störungen veranlaßt normalerweise, dagegen anzugehen. Dazu dienen einschärfende Wiederholungen, die zu einem – sachlich eigentlich nicht nötigen – Überfluß an Information führen. Diese sogenannte Redundanz findet sich weitgehend auch im Drama. Sie erlaubt es dem Zuschauer, sich auch dann wieder zurechtzufinden, wenn er kurze Zeit abgelenkt war. Gegen Störungen gerichtet ist auch das in Alltagsgesprächen ständig zu beobachtende, landschaftlich stark variierende Nachfragen (»nicht wahr?«, »gell?«, »woll?«) mit – meist bestätigender – Antwort (»ja«). Diese ausdrückliche Form der Verständnissicherung kommt im Drama nur selten vor.

Die Verständigungsschwierigkeiten von Gesprächspartnern wirken auf Außenstehende anders als auf die Beteiligten selber. Dramatiker begnügen sich vielfach nicht damit, das Bemühen ihrer Figuren um störungssichere Verständigung auf das Publikum auszudehnen. Sie führen ihm die Verständigungsstörungen als ästhetischen Gegenstand vor. Von alters her haben Komödiendichter doppelsinnige und akustisch falsch verstandene Formulierungen (Schwerhörigkeitskomik) zu heiteren Wirkungen genutzt.

Seit dem 19. Jh. wird das Mißlingen der Kommunikation nicht mehr nur als komische, vorübergehende Erscheinung dar-

gestellt, sondern auch als ernst zu nehmende, dauernde Gefährdung. Der kritisch vorgeführte kommunikationsgestörte Dialog
ist ein Hauptkennzeichen moderner Dramatik. Sprünge und
Widersprüche in den Äußerungen der Figuren und die Erstar-
rung der Rede in jargonhaften Sprachklischees deuten auf eine
»Inkongruenz zwischen deformierter Sprache und der von ihr
bezeichneten Realität« (H. Kurzenberger, Horváths Volksstük-
ke, 1974, S. 86). Die seit der Mitte des 19. Jh.s zunehmende
Thematisierung der Sprache, das Reden über das Reden also,
signalisiert Sprachskepsis. Dahinter verbirgt sich oft eine kritische oder vollends pessimistische Einstellung gegenüber jegli-
cher Form menschlicher Kommunikation. Schon bei Büchner,
Tschechow und Strindberg, dann wieder bei Horváth und vor
allem im absurden Theater des 20. Jh.s reden die Gesprächspartner oft aneinander vorbei, haben sich im Grunde nichts
mehr zu sagen (vgl. Kurzenberger, wie oben, bes. S. 70–88;
Pfister, S. 206–208), sprechen beinahe wie Irre. (Zum Zusammenhang von verfehlter Kommunikation und Schizophrenie
vgl. I. Bock, Kommunikation und Erziehung, 1978, S. 257 ff.)
Hier gilt, was Tucholsky (»Man sollte mal ...«) für die Alltagssprache behauptete: »Ein Dialog des Alltags kennt nur
Sprechende – keine Zuhörenden. Die beiden Reden laufen
also aneinander vorbei, berühren sich manchmal mit den Ellen-
bogen, das ist wahr – aber im großen und ganzen redet doch
jeder seins.« Manchmal ist die Skepsis der Autoren bzw. ihrer
Interpreten aber auch begrenzt, gilt bloß »der Sprache als ver-
nünftigem Zusammenhang« (G. Bauer, Zur Poetik des Dialogs,
1969, ²1977, S. 112) und verbindet sich mit Vertrauen in irrationale Formen der Kommunikation. In diesem Sinne spricht
Bauer im Hinblick auf Dramen des Sturm und Drang, des Naturalismus und Expressionismus geradezu optimistisch von einem konventionssprengenden oder ungebundenen Dialog (bes.
S. 94–96, 107–114, 191 f., 253 f.), dem er eine »Tendenz zur
Selbstbefreiung aus den Fesseln der Sprache« zuschreibt.
(S. 111).

Die Beziehung der Gesprächspartner

Das zuletzt Gesagte trägt einer Auffassung Rechnung, der-
zufolge Kommunikation in erster Linie nicht Medium zum
Austausch von Informationen, sondern Ausdruck mitmenschli-
cher Beziehungen ist. Der gedankliche Schwerpunkt hat sich

damit vom jeweils aktuellen Verständigungsvorgang auf das längerfristig konstante Partnerverhältnis verlagert.

Partnerbeziehung und Sprache korrespondieren allerdings nicht nur in den angesprochenen Fehlformen, sondern auch bei geglückter Kommunikation. Die Sprache von Dramenfiguren spiegelt nicht nur die allgemeine Auffassung des Autors zu mitmenschlichen Beziehungen, sondern auch die Einstellung der jeweils redenden Person zu ihrem Gegenüber. Ob die Gesprächspartner aufgeschlossen und gelockert oder zurückhaltend miteinander reden, richtet sich nach dem Grad ihrer Vertrautheit, ihrer Sympathie füreinander und ihrer Achtung vor den Fähigkeiten des anderen. So gesehen, erscheint die Sprechhaltung (der Begriff stammt aus der Sprechkunde) hauptsächlich durch die private, im wesentlichen affektive Beziehung der Partner geprägt.

Wichtig ist aber auch der soziale Status. Zum Ausdruck der Statusrelation bedienen sich die Sprecher standardisierter Sprachmittel, insbesondere bei der Anrede. In welcher grammatischen Form (singularisch: du, Er/Sie; pluralisch: Ihr, Sie) und mit welchen Namen, Rollenbezeichnungen oder Titeln jemand angesprochen wird, wirft eher ein Licht auf die zu seiner Zeit gültigen Höflichkeitsregeln und das dahinterstehende gesellschaftliche System als auf die ihm persönlich entgegengebrachte Wertschätzung. Die Anredeformen sind zwischen gleichrangigen Personen gleich, zwischen Personen verschiedenen sozialen oder familiären Standes oft unterschiedlich. Kinder mußten früher ihre Eltern, Diener mußten ihre Herren mit »Ihr« oder »Sie« anreden, wurden aber selber geduzt. Eine Untersuchung der Anredeformen kann auch Souveränitäts- und Devotionsformeln einbeziehen und sich auf den ganzen sozialen Formenkodex ausdehnen. Interessanter als die Anredekonventionen selber sind für die Dramenanalyse allerdings die in diesem Rahmen anzutreffenden Veränderungen. Der Übergang vom Siezen zum Duzen ist – auf der Bühne ebenso wie im Alltag – ein Signal für zunehmende Intimität.

Der Redestil der Personen

Die bisher behandelten Redefaktoren (Redeziele, Wahrnehmungssituation, Verständigungsumstände, Partnerbeziehung) umreißen die konkrete Lage, in der sich die redenden Personen befinden. Dem Einfluß dieser Faktoren entspricht die im Grunde schon von den antiken Theoretikern (z. B. Aristoteles, Rhetorik 3,7; Horaz, Ars poetica 89–119; Quintilian, Inst. or. 11,1) erhobene Forderung, die Sprechweise solle der jeweiligen Situation (hier im weiteren Sinne verstanden) angemessen sein.

Davon abgesehen, ist die Art, sich sprachlich zu äußern, aber auch für den Sprecher oder Schreiber selber kennzeichnend. Das Wort »Stil« (von lat. stilus = Schreibgriffel) läßt weniger an die situativen Umstände als an den sich äußernden Menschen denken.

Der Wichtigkeit des Personalstils entsprach schon Quintilians Forderung (Inst. or. 6, 2, 13), der Charakter eines Redners solle durch seine Sprache hindurchleuchten und gewissermaßen erkannt werden (»mores dicentis ex oratione perluceant et quodam modo agnoscantur«). Der Franzose Buffon bemerkte 1753, der Stil verrate den Menschen selbst (»Le style, c'est de l'homme même«). Seit das 18. Jh. im Zuge des damals aufkommenden Subjektivismus und Irrationalismus die alten Mittel rhetorischer Überredung zu einer Sprache der Affekte und die Stilistik insgesamt von einer Eindrucks- zu einer Ausdrucksdisziplin umdeutete, wurde die Gleichsetzung von Stil und Charakter geradezu zum Gemeinplatz, besonders im Hinblick auf Schriftsteller. Goethe notierte: »Im ganzen ist der Stil eines Schriftstellers ein treuer Abdruck seines Innern: Will jemand einen klaren Stil schreiben, so sei es ihm zuvor klar in seiner Seele; und will jemand einen großartigen Stil schreiben, so habe er einen großartigen Charakter.« (Zitiert nach L. Reiners, Stilkunst, 1961, S. 54.) Und Schopenhauer (»Über Schriftstellerei und Stil«) definierte lakonisch: »Der *Stil* ist die Physiognomie des Geistes.«

Im Drama gibt die Sprache nicht nur und nicht zuerst den Autor zu erkennen. Wie er die handelnden Personen reden läßt, ist zunächst für diese selber charakteristisch, genauer gesagt, für die Vorstellung, die der Autor von ihnen hat. Mit den Personen treffen im Drama potenziell unterschiedliche Redestile aufeinander. Je verschiedener die Akteure sprechen, um so leichter kann der Zuschauer sie auseinanderhalten. Ob und wieweit der Dramatiker von dieser Möglichkeit Gebrauch macht, ist allerdings eine andere Frage.

Vor allem Komödiendichter, allemal auf Kontraste bedacht, stufen ihre Personen gern stilistisch ab. Schon der Grieche Menander verfuhr so. Ein Beispiel aus jüngerer Zeit bietet der mit komischen Passagen durchsetzte »Kaukasische Kreidekreis« Brechts. Jede Hauptperson (Grusche, Azdak, Simon Chachawa, Fürst Kazbeki, Großfürst) hat hier ihr eigenes, unverwechselbares Redeprofil. Auf eine oder wenige Personen beschränkt sind derartige Sprechweisen allerdings meist nur innerhalb des

Stückes. Als Stil einer sozialen Gruppe (Soziolekt) oder aus literarischer Überlieferung sind sie dem Publikum oft mehr oder weniger gut bekannt. Aus ihrem Anspielungs- oder gar Zitatcharakter beziehen sie einen Großteil ihrer Wirkung. Das kann bis zur Parodie gehen. So macht Brechts volkstümlich derber Richter Azdak sich vorübergehend die »geklippte, zackige Sprechweise« der Herrschenden zu eigen, die den Zuschauer an den preußischen Offizierston erinnert.

Aber auch das ernste Schauspiel kennt stilistische Abtönungen. In Lessings »Emilia Galotti« reden die Bediensteten (in II 3) anders als die Galottis, und diese ihrerseits verabscheuen die »unbedeutende [d. h. nichts bedeutende] Sprache der Galanterie«, wie sie am Hof ihres Prinzen herrscht (II 6).

Selbst die voraufklärerische, von der Ständeklausel geprägte Tragödie (vgl. S. 24 f.) war nicht so monoton, wie man meinen könnte. Allerdings unterscheiden sich ihre Stilstufen deutlich von den bislang besprochenen. Erstens halten sie sich im Rahmen des hohen Stils, machen nur von der – auf den antiken Stiltheoretiker Demetrios zurückgehenden – Unterscheidung zwischen großartig-erhabenem und leidenschaftlich-heftigem Pathos Gebrauch (vgl. Lausberg, § 1079, 3 f). Zum anderen – und dies erscheint wichtiger – ordnen die Tragödiendichter den beiden Pathosvarianten nicht Personen oder Personengruppen zu, sondern seelische Zustände, die jeden erfassen können.

Höhepunkte der Tragödien Senecas wie auch – in seiner Nachfolge – der Renaissance- und Barocktragödien sind die Stellen, an denen die Helden vor affektiver Erregung (lat. ira) bis zum Wahnsinn außer sich geraten. Mit der Kontrolle über ihren Verstand verlieren sie auch die über ihr normales Sprechen. Ihren sprachlichen, beinahe schon sprachlosen Ausdruck finden solche Affektekstasen in der erwähnten heftigen, auch »vehement« genannten Pathosart. Kennzeichnend dafür sind kurzatmige, abgehackte Sätze und eine Vielzahl von Interjektionen (o, ach). Hier »ist oft die Wolredenheit übel reden« (Harsdörffer, Poet. Trichter, Nachdruck 1969, Teil 2, S. 85). Ausbrechender Schweiß, zu Berge stehende Haare und andere außersprachliche, im Drama allerdings zur Sprache gebrachte Attribute, wie man sie im Gefolge von Senecas philosophischer Schrift »De ira« 1, 1, 3 f. verstand, runden das Erscheinungsbild ab. Teilweise wies man den einzelnen Affekten auch unterschiedliche Ausdrucksmittel zu. Boileau meinte, jede Leidenschaft spreche ihre eigene Sprache (Art poétique III 132: »Chaque passion parle un different langage«).

Kennzeichnend für das 17. Jh. war vor allem die Lust an der Angst. Angstanfälle, besonders nach Geistererscheinungen, gehörten damals zum festen Bühnenrepertoire. Der Weh- und Racheruf eines

als Geist erscheinenden Toten, der anschließende Angstausbruch seines aus schwerem Traum erwachenden Mörders, die Hilferufe des
Erschrockenen nach bewaffneten Wächtern und das prompte Herbei-
eilen dieser oder anderer Personen finden sich in vielen Tragödien
der Zeit in nahezu gleichbleibender Abfolge, z. B. in Lohensteins
»Agrippina« (IV 63 ff.: »Hilf Himmel! ich erstarr! ich zitter! ich
vergeh! [...]«). Das Zeitalter der Empfindsamkeit, dem Lessing angehört, liebte weniger den starken, rein ausgeprägten Affekt als die
sanften und die gemischten Gefühle. »Rasende Weiber in der deutschen Tragödie des 18. Jahrhunderts«, so der Titel eines Aufsatzes
von Emil Staiger (1961), hielten die Tradition der Affektgipfel aber
noch einige Zeit aufrecht. Als Muster diente die zauberkundige Medea der antiken Sage, die aus wahnsinniger Eifersucht die eigenen
Kinder tötet. Eine ihrer Nachfolgerinnen ist auch Lessings »betrogene, verlassene Orsina«. Sie gerät zwar nicht mehr so außer sich wie
noch seine Marwood in »Miß Sara Sampson«, sagt aber »wie in der
Entzückung« immerhin, daß sie sich gern in eine grausame Bacchan-
tin und Furie verwandeln würde (IV 7 Ende).

Für die Ermittlung und Beschreibung der in einem Drama
wirksamen personen-, gruppen- oder emotionsspezifischen
Sprechweisen gibt es keine festen Regeln. Man notiere alles,
was im jeweiligen Zusammenhang durch Ungewöhnlichkeit
oder Häufigkeit auffällt, sei dies nun lexikalischer, syntaktischer oder auch phonetischer Art, und prüfe dann, ob es auch
weiterhin für die Person, Gruppe oder Emotion typisch bleibt.
Für die Beschreibung der zu einem bestimmten Stil gehörenden
Elemente eignen sich die – hier nicht näher zu erläuternden
– Begriffssysteme der Grammatik und der Rhetorik bzw. der
aus letzterer entwickelten Stilistik. (Zu den grammatischen Begriffen vgl. etwa die Duden-Grammatik. Zu den rhetorischen
»Figuren« vgl. abrißhaft Asmuth/Berg-Ehlers, Stilistik, [3]1978,
S. 121–135; ausführlicher Plett, Einführung in die rhetorische
Textanalyse, [7]1989; umfassend Lausberg.)

Probleme der Dialoganalyse

Im Drama reden die Personen normalerweise nicht allein,
sondern abwechselnd. Das rhetorisch-stilistische Beschreibungssystem, das für die Einzelrede entworfen wurde und das Publikum nur als zu beeindruckendes stummes Kollektiv berücksichtigt, eignet sich zur Analyse des Dialogs nur bedingt. Ein umfassendes dialogspezifisches Beschreibungssystem fehlt trotz
mancher Ansätze bis heute. Die alte Dialektik, die im mittelal-

terlichen Trivium neben Grammatik und Rhetorik als dritte Disziplin ihren festen Platz hatte, bietet keine ausreichende Grundlage. Man verstand darunter nämlich nicht die Gesprächstheorie bzw. -kunst im allgemeinen (die verstreuten Ansätze hierzu dokumentiert und kommentiert C. Schmölders, Die Kunst des Gesprächs. Texte zur Geschichte der europäischen Konversationstheorie, 1979), sondern nur einen Teilbereich davon, die ars disputandi, die Kunst des beweisenden und widerlegenden parteiischen Argumentierens also, wie sie die Sophisten gelehrt hatten und wie sie in Platons philosophischen Dialogen von Sokrates vorgeführt wird. Diese »Dialogführung mit dem Ziele schlußfolgernder Erkenntnis« (Lausberg, § 1247) entspricht eher dem, was wir heute Logik nennen, als dem lockeren, von zwanglosen Assoziationen bestimmten Gespräch, wie es im Leben und im Drama vorherrscht. Die Disziplin der Dialektik und die Literaturgattung des philosophischen Dialogs haben, so scheint es fast, eine umfassende Gesprächstheorie eher behindert als gefördert. Neuere Geistesrichtungen machen den unbefangenen Zugang noch schwerer. Hegel und seine marxistischen Schüler erhoben die – nun anders verstandene – Dialektik mit ihrem Dreischritt von These, Antithese und Synthese zum Modell für weltgeschichtliche Prozesse. Im 20. Jahrhundert haben – durchaus gegensätzlich zu Hegel – Martin Buber, Ferdinand Ebner und die christlichen Kirchen den Dialog als Inbegriff konfliktlösender Verständigung aufgefaßt und religiös-pädagogisch überhöht.

Von philologischer Seite gibt es Untersuchungen zur Dialoggestaltung verschiedener Autoren, z. B. für Racine durch H. G. Coenen (Elemente der Racineschen Dialogtechnik, 1961). Im Zusammenhang der Textlinguistik kam es in jüngerer Zeit auch zu allgemeinen Vorschlägen für die Klassifikation von Dialogen oder Dialogteilen, z. B. in R. Posners »Theorie des Kommentierens« (1972). Aber diese verstreuten Ansätze ersetzen kein umfassendes, allgemein anerkanntes Beschreibungssystem. Noch weniger ertragreich erscheinen die gelegentlichen Versuche, vorgefundene Bezeichnungen (z. B. Plauderei, Unterhaltung, Konversation, Gespräch, Unterredung, Diskussion) abzuklären, etwa nach Inhalt oder Partnerbezug zu unterscheiden und darauf eine Typologie von Gesprächsarten zu gründen (vgl. z. B. I. Bock, Kommunikation und Erziehung, 1978, S. 109–127). Die umgangssprachliche Vagheit derartiger Bezeichnungen wird durch die unterschiedlichen Definitionen der Erklärer insgesamt eher bestätigt als ausgeräumt.

Auch die folgenden Überlegungen können den Mangel an

dialogspezifischen Beschreibungskategorien nicht beheben. Sie
deuten lediglich einige Untersuchungsrichtungen an, die bei der
Ermittlung von Redestilen nicht unbeachtet bleiben sollten.

Der Dialog ist »ein Sich-Durchdringen und Sich-Lösen von
mehrerlei, wenigstens zweierlei Kontexten« (J. Mukařovsky,
Dialog und Monolog, in: J. M., Kapitel aus der Poetik, 1967,
S. 116) bzw. Denk- und Redeprogrammen. Vorrangiger Gegenstand einer Dialogik, wie man die nötige allgemeine Gesprächstheorie nennen könnte, sind die Redewechsel und dabei
besonders die Rede- oder, besser gesagt, Antwortanfänge. Die
Untersuchung der Redestile ist um die Frage nach den – normalerweise in diesem Zusammenhang kaum berücksichtigten –
Antwortgewohnheiten zu ergänzen.

Für die Einordnung der dialogischen Replik nennt Pfister (S. 204)
»drei Analyseperspektiven: (1) die Relationierung der einzelnen Teile
der Replik selbst, (2) die Relationierung der Replik mit den vorausgehenden Repliken derselben Figur und (3) die Relationierung der
Replik mit den vorausgehenden Repliken der anderen Figuren«.
Während die erstgenannte Perspektive den inneren Zusammenhang
einer Äußerung betrifft, wie er auch für die monologische Rede gilt,
verkörpern die zweite und dritte Perspektive die speziell für die
Dialogreplik kennzeichnende doppelte Rück-Sicht. Inhaltlich entspricht ihr eine mehr oder weniger große Kompromißbereitschaft des
Redenden. Nur eine Untersuchung, die außer der betreffenden Replik selber und der vorhergehenden Partneräußerung auch die voran-
gegangenen Worte des Antwortenden einbezieht, also mindestens jeweils drei Äußerungen erfaßt, wird dem komplizierten Hin und Her
des Gesprächsverlaufs vom Ansatz her gerecht.

Innerhalb dieses Rahmens verdient die Untersuchung der
nächstliegenden Beziehung, nämlich der zur jeweiligen Vorrede, allerdings Vorrang. Läßt der Antwortende seinen Partner
ausreden, oder fällt er ihm ins Wort? Geht er auf den eigentlichen Sinn von dessen Äußerung – bestätigend oder zurecht-
weisend – ein, oder greift er einen Nebeninhalt heraus? Läßt
er vielleicht, etwa in Fortsetzung seiner eigenen letzten Worte,
die des Partners ganz außer acht? Das sind einige Fragen, die
sich bei der Analyse einer Antwort oder auch eines ganzen
Antwortstils stellen.

Inhaltlich gesehen, ist auf die bevorzugte Art des Assoziierens
bzw. der semantischen Kohärenz zu achten (vgl. W. Dressler, Einführung in die Textlinguistik, 1972, S. 16–19, 36 f., 41 f., 56 f.,
66–71). Gegenüber den Worten eines andern sind der Assoziations-

spielraum und der Anreiz, ihn zu nutzen, allemal größer als in der
eingeschlagenen Bahn eigenen Redens.

    Die Psychologie unterscheidet realitätsverhaftete, auf räumlichem
oder zeitlichem Zusammenhang (Kontiguität) beruhende Assoziationen und spezifisch gedankliche, eher sprunghafte, die durch Ähnlichkeit oder Kontrast zustande kommen. Das war schon im 18. Jh. bekannt und spielte damals eine Rolle bei literarischen Gattungsüberle-
gungen (vgl. K. R. Scherpe, Gattungspoetik im 18. Jh., 1968,
S. 137–142). In unserer Zeit nahm Roman Jakobson die Polarität
von Kontiguitäts- und Similaritätsbeziehungen, prägnanter gefaßt,
von Metonymie und Metapher, zum Anlaß für seine These vom
»Doppelcharakter der Sprache«.

    Aus dem bisher Gesagten ergibt sich als Aufgabenbereich der
redestilorientierten Dialoganalyse eine zurückblickende, auf
Re-aktionen konzentrierte Betrachtung. Sie allein bliebe indes
einseitig. Neben dem reagierenden Charakter dialogischer Äußerungen interessiert auch ihre »provozierende«, die Antworten erst hervorrufende, stärker initiative Qualität.

    Die dafür in Frage kommenden Mittel waren schon Bestandteil der
klassischen Rhetorik, in deren Rahmen aber nicht für eine so schnelle
Wirkung bestimmt, wie sie sie im Dialog auslösen. Gemeint sind die
sogenannten Gedankenfiguren (figurae sententiae), darunter speziell
die »Figuren der Publikumszugewandtheit«, wie Lausberg
(§§ 758–779) sie nennt (z. B. interrogatio, obsecratio), bzw. »Appell-
figuren«, wie Plett (wie S. 72, S. 63–69) sie, weiter gefaßt, bezeichnet.
Mit ihnen berühren sich die in der linguistischen Pragmatik seit den
sechziger Jahren erörterten »Sprechakte« (Fragen, Befehlen, Grüßen,
Versprechen usw.). Gedankenfiguren bzw. Sprechakte können als
Grundlage für eine »sekundäre Kommunikationsgrammatik« (Plett,
Rhetorik, 1977, S. 139) dienen. Diese bleibt allerdings noch zu erstel-
len. Auch die Anwendung der Sprechakttheorie auf Sprechaktsequen-
zen und damit auf Dialoge steht noch aus (S. J. Schmidt, Texttheorie, ²1976, S. V f.) bzw. beginnt erst allmählich. Vgl. Henne/Rehbock.

Die Dramensprache zwischen rhetorischer Kunst und Natür-
lichkeit

    Die fünf Faktoren, die bisher als für die Figurenrede maßge-
bend behandelt wurden (Redeziele, Wahrnehmungssituation,
Verständigungsumstände, Partnerbeziehung, Personalstile), gelten für Bühne und Alltag gleichermaßen. Zu ergänzen bleiben
einige, die den literarischen Charakter des Dramas begründen.
    Die Natürlichkeit gesprochener Sprache findet ihre Grenze

am Kunstwillen des gestaltenden Autors und an der Ausrichtung auf das Publikum. Einen ersten, eher negativen Hinweis auf den Kunstcharakter des Dramas bot schon die Erkenntnis, daß es die alltagssprachlichen Ausdrucksformen von Mündlichkeit, Spontaneität und Störanfälligkeit nie ganz erreicht. Entscheidender als diese Abstriche sind jedoch die Zutaten, die eigentlichen literarischen Kunstmittel.

Hierzu zählen zunächst und vor allem die Mittel, die sich mit dem Begriff Rhetorik verbinden. Auf diese sogenannten rhetorischen Figuren wurde schon gelegentlich hingewiesen (S. 72), ebenso auf den Zusammenhang von Drama und Rhetorik (S. 9).

Die von der klassischen Rhetorik überlieferten Tropen und Schemata kommen an sich auch in spontaner Alltagssprache vor. Sie sind nicht einmal an ein bestimmtes Bildungsniveau gebunden. Friedrich Hebbel bemerkte 1844 im Vorwort zu seinem bürgerlichen Trauerspiel »Maria Magdalene«:

> »jeder weiß, daß Bürger und Bauern ihre Tropen, deren sie sich ebensogut bedienen, wie die Helden des Salons und der Promenaden, nicht am Sternenhimmel pflücken und nicht aus dem Meer fischen, sondern daß der Handwerker sie sich in seiner Werkstatt, der Pflüger sie hinter seinem Pflug zusammen liest, und mancher macht wohl auch die Erfahrung, daß diese simplen Leute sich, wenn auch nicht aufs Konversieren, so doch recht gut aufs lebendige Reden, auf das Mischen und Veranschaulichen ihrer Gedanken, verstehen.«

Aber erst der konzentrierte und systematische Einsatz in der »literarischen Rhetorik« (Lausberg), speziell auch im Drama, macht die »Blumen« (flores), als die man diesen Redeschmuck (ornatus) auch bezeichnet hat, zu regelrechten Kunstmitteln. Als solche treten sie am deutlichsten dann in Erscheinung, wenn sie sich, wie in der Tragödie, mit der höchsten der drei traditionellen Stilebenen verbinden. Vielfach wurden die rhetorischen Mittel mit ihrer pathetischen Höchststufe geradezu gleichgesetzt.

Eben diese Gleichsetzung ließ die rhetorischen Mittel in den Strudel des Protests geraten, mit dem die bürgerlichen Aufklärer gegen eine nur dem Adel vorbehaltene Tragödie Sturm liefen. Die deutschen Kunstrichter des 18. Jh.s (Bodmer, Breitinger, Gottsched) tadelten vor allem die hochbarocke, manieristische »Lohensteinische Schreibart«, nannten sie »Unnatur« und »Schwulst« und forderten, wie vor ihnen schon Christian Weise, eine »natürliche« Ausdrucksweise. Ähnlich äußert sich Lessing im 59. Stück seiner »Hamburgischen Dramaturgie«. Der

Ausdruck der antiken Tragödie, so schreibt er hier, könne nicht mehr als Muster dienen.

»Alle Personen sprechen und unterhalten sich da auf einem freien, öffentlichen Platze, in Gegenwart einer neugierigen Menge Volks. Sie müssen also fast immer mit Zurückhaltung, und Rücksicht auf ihre Würde, sprechen; sie können sich ihrer Gedanken und Empfindungen nicht in den ersten den besten Worten entladen; sie müssen sie abmessen und wählen. Aber wir Neuern, die wir den Chor abgeschafft, die wir unsere Personen größtenteils zwischen ihren vier Wänden lassen: was können wir für Ursache haben, sie dem ohngeachtet immer eine so geziemende, so ausgesuchte, so rhetorische Sprache führen zu lassen?« (Werke, Bd. 4, 1973, S. 503 f.)

Lessing meint auch, »daß der Hof der Ort eben nicht ist, wo ein Dichter die Natur studieren kann«. Wie viele seiner Zeitgenossen empfand er das Hofleben als moralisch fragwürdig, das dort herrschende Pathos als falsch. Er wünschte, daß auch Königinnen, wenigstens auf der Bühne, »natürlich sprechen«. Er selber hat sich laut eigener Bekundung immer »mehr vor dem Schwülstigen gehütet, als vor dem Platten« (S. 505 und 503).

Die Diktion seiner Stücke gerät allerdings keineswegs so platt, wie man nach dieser Äußerung meinen könnte. Was er an der »rhetorischen Sprache« abkanzelt, ist nicht das Rhetorische im weiteren, klassischen Sinne, sondern nur dessen einseitiges höfisch-pathetisches Verständnis. Die Kritik der Aufklärer an Rhetorik und Barock richtet sich im wesentlichen sogar genau gegen das, was einst dem römischen Redelehrer Quintilian (1. Jh. n. Chr.) als der guten Rede abträglich, als »der schlimmste aller Fehler in der Beredsamkeit (omnium in eloquentia vitiorum pessimum)« erschienen war. Das ist die »mala affectatio«, auch Kakozelon genannt, der Hang zum Gesuchten also. Wurzel dieses »Übels« war für Quintilian ein Rückstand der Urteilsfähigkeit (iudicium) gegenüber dem »Genie« (ingenium) (Inst. or. 8, 3, 56). Mit eben diesem Fehler, den Quintilian seinem Zeitgenossen Seneca vorwarf (Inst. or. 10, 1, 130), begründeten die Kritiker des 18. Jh.s ihre Abneigung gegen die von rhetorischem Pathos geprägten Trauerspiele Lohensteins. So gesehen, erweist sich der Widerspruch zwischen Lessings Absage an die »rhetorische Sprache« und der von Walter Jens für Lessing behaupteten »Übereinstimmung von Natürlichkeit und Rhetorik« (Von deutscher Rede, 1969, S. 64) als bloß scheinbar. Lessings Sprache ist zwar auf den Kammerton gestimmt, verzichtet aber keineswegs auf Wirkung, bleibt dem »Formprinzip des Witzes« (Paul Böckmann) erkennbar verpflichtet. Vor allem Metaphern hielt Lessing für durchaus natürlich. (Vgl. Jens, wie oben, S. 58.) In seinem Bemühen um Natürlichkeit ging er jedenfalls längst nicht so weit wie später die Naturalisten, die den unterprivilegierten kleinen Mann mit Dialekt und defekter Sprache auf die Bühne brachten. Er begnügte sich damit, die langen, pathetischen, auf Öffentlichkeit bedachten »Reden« früherer Dramen durch kurzgliedrige, wendige und eher private Gespräche zu ersetzen. (Vgl. S. 43.) Seine Dramen gehorchen nicht mehr der Rhetorik der Einzelrede. Um so mehr verkörpern sie, in dieser Hinsicht in der deutschen Literatur bisher kaum übertroffen, die Möglichkeiten einer Dialogik, einer Rhetorik des Dialogs. Alles in allem hält seine Dramendiktion jene Mitte zwischen sachlicher Klarheit und maßvoller sprachlicher Verfremdung, die schon Aristoteles (Poetik, Kap. 22) den Dichtern empfahl.

Der Vers im Drama

Die Grenze zwischen der Natürlichkeit gesprochener Sprache und der Kunst des gestaltenden Autors hat sich in bezug auf die rhetorischen Mittel als sachlich und begrifflich fließend erwiesen. Demgegenüber markiert der Vers, das bekannteste aller poetischen Kunstmittel, von vornherein einen klaren Abstand. Die Wortverkürzungen, die der Verszwang mit sich bringt, mögen den phonetischen Merkmalen der Mündlichkeit gelegentlich gleichkommen; insgesamt gesehen, erscheint die »gebundene«, quantitativen Regeln unterworfene Sprache des Verses aber keineswegs natürlich.

Heutzutage sind Verse fast nur noch im Rahmen der Lyrik üblich. Bis ins 19. Jh. gossen aber auch Dramatiker und Epiker ihre Werke vielfach in Verse und nannten sie Gedichte. Lessings letztes Schauspiel »Nathan der Weise«, mit dem er sich zum Versdrama bekehrte, heißt im Untertitel »ein dramatisches Gedicht«, ebenso Schillers »Don Carlos« und »Wallenstein«.

Dem abendländischen Drama war der Vers gewissermaßen in die Wiege gelegt, und so blieb es ihm auch in neuerer Zeit lange treu. Die drei für das Drama wichtigsten Versmaße seien im folgenden anhand je eines Textbeispiels kurz vorgestellt.

Das der altgriechischen Tragödie und Komödie zugrunde liegende Versmaß wird als *jambischer Trimeter* bezeichnet. Goethe greift es im dritten Akt, dem Helena-Akt, seines »Faust II« auf. In den Versen 9578–9581 wendet sich die häßliche alte Phorkyas an die Männer des schlafenden Chors:

>Ihr Bärtigen auch, die ihr da drunten sitzend harrt,
Glaubhafter Wunder Lösung endlich anzuschaun.
Hervor! hervor! Und schüttelt eure Locken rasch!
Schlaf aus den Augen! Blinzt nicht so und hört mich an!<

Der jambische Trimeter hat sechs Hebungen, die mit je einer
einsilbigen Senkung alternieren. Ausnahmsweise finden sich
auch zweisilbige Senkungen (»Bärtigen«). Der Vers beginnt mit
einer Senkung und endet stets männlich. Er ist nicht gereimt.

Das zweite bedeutsame Versmaß ist der *Alexandriner*. Er
war im 17. und frühen 18. Jh. in Frankreich und Deutschland
in Lyrik, Epik und Drama gleichermaßen verbreitet. Noch
Goethe benutzt ihn in seinen frühen Lustspielen. In seinem
Schäferspiel »Die Laune des Verliebten« (331–334) sagt Ami-
ne zu Eridon:

>Der Liebe leichtes Band machst du zum schweren Joch,
Du quälst mich als Tyrann, und ich? ich lieb dich noch!
Mit aller Zärtlichkeit antwort ich auf dein Wüten,
In allem geb ich nach; doch bist du nicht zufrieden.<

Der Alexandriner hat bei männlicher Endung zwölf, bei
weiblicher dreizehn Silben. Besonders kennzeichnend für ihn
ist ein regelmäßiger Sinneinschnitt, eine sogenannte Zäsur, nach
der sechsten Silbe. Im Deutschen verteilen sich die Silben ähnlich wie beim jambischen Trimeter alternierend, also mit sechs
Hebungen und Senkungseinsatz. Im Unterschied zum Trimeter
ist der Alexandriner gereimt. In Drama und Epik findet sich
meist der sogenannte heroische Alexandriner mit abwechselnd
männlichem und weiblichem Paarreim. Vgl. auch S. 43.

Das dritte, für die neuere Dramatik wichtigste Versmaß ist
der *Blankvers*. In ihm dichteten Shakespeare und in seiner
Nachfolge die deutschen Dramatiker von Lessings »Nathan«
bis Hebbel. Im »Nathan« (IV 4) sagt der Tempelherr:

>Der Aberglaub', in dem wir aufgewachsen,
Verliert, auch wenn wir ihn erkennen, darum
Doch seine Macht nicht über uns. – Es sind
Nicht alle frei, die ihrer Ketten spotten.<

Der Blankvers verdankt seinen Namen der Reimlosigkeit. Er
verläuft wie die beiden anderen Versmaße nach Senkungseinsatz alternierend, erreicht aber nur fünf Hebungen. Er endet
männlich oder weiblich, hat also zehn oder elf Silben. Er entwickelte sich aus dem reimlosen Elfsilber (Endecasíllabo sciol-
to). Diesen hatte der Italiener Trissino mit seiner »Sofonisba«

(1515), der ersten volkssprachigen Tragödie nach der Antike, eingeführt, die noch Lessing sehr schätzte.

In den meisten Versdramen gehorcht die gesamte Figurenrede jeweils einem einzigen Versmaß. Nur Gesangpartien (Chöre, Einzellieder) stechen gewöhnlich durch andersartige, meist kürzere Verse hervor. Manchmal sind auch Auftritte oder Redeteile, die inhaltlich aus dem Rahmen fallen, metrisch abgehoben, in barocken Trauerspielen z. B. Zauberbeschwörungen und Geisterszenen. Wenn mehrere Versmaße in einem Stück vorkommen, wie das besonders in Goethes »Faust« geschieht, so erhält jedes einzelne Maß größeren Ausdruckswert.

Bei einheitlichem Versmaß konzentriert sich die Analyse auf die Frage, wie sich die – vom Metrum grundsätzlich nicht festgelegten – Redewechsel zu den feststehenden Versgrenzen verhalten. Meist gehen Äußerungen von unterschiedlichem Umfang jeweils mit einem Vers zu Ende. Bei der aus dem antiken Drama übernommenen Stichomythie (Zeilenrede) reden die Gesprächspartner abwechselnd genau je einen Vers. Nicht selten enden Äußerungen aber auch innerhalb des Verses. Beginnt eine Äußerung in der Mitte eines Verses und endet sie in der Mitte des nächsten oder auch eines späteren, so spricht man von Hakenstil. Bei erregtem Wortwechsel können sich in einem Vers mehrere Äußerungen zusammendrängen. Vgl. S. 43. Wenn die Äußerungsgrenzen sich nicht mit Versgrenzen decken, so wirkt das dem Eindruck metrischer Strenge beträchtlich entgegen, obwohl der Vers dadurch metrisch keineswegs unregelmäßig wird. Auflockernd wirkt in kleinerem Rahmen, nämlich innerhalb der Äußerungen, auch die Inkongruenz von Vers- und Satzgrenzen.

Im modernen Drama sprechen die Personen, ähnlich wie schon in den meisten Stücken Lessings, üblicherweise Prosa (wichtigste Ausnahme des Gegenwartstheaters: Heiner Müller). Verse bleiben hier meist auf Lieder beschränkt. Manchmal findet man auch, wie bei Brecht, Passagen versifiziert, denen der Autor eine herausgehobene Sprechweise wünscht. Verse sind diese Stellen allerdings teilweise nur noch aufgrund ihrer graphischen Anordnung. Auf einen regelmäßigen Rhythmus verzichtet jedenfalls Brecht hier oft bewußt. Der allmähliche Rückgang des Verses – nicht nur im Drama – seit dem 18. Jh. hängt mit dem damals aufkommenden Regelprotest, dem Streben nach Natürlichkeit und letztlich mit der Umschichtung des literarischen Publikums und seinen stärker am Alltag orientierten Interessen zusammen. Laut Brecht »war die Sprechweise das Alltags in so glatten Rhythmen nicht unterzubringen, es sei denn ironisch« (Über Lyrik, ³1968, S. 88).

Zusatzfunktionen der Figurenrede aufgrund ihrer Monopolstellung

Auf die besprochenen rhetorisch-poetischen Kunstmittel können die Dramatiker verzichten, und sie haben es, wie gezeigt, zum Teil bewußt getan. Diese Mittel verleihen ihren Werken zwar literarischen Charakter, ergeben sich aber nicht notwendig aus der Eigenart des Dramas. Sie finden sich auch in Epik und Lyrik.

Die für die dramatische Figurenrede wirklich wesentlichen literarischen Verfahren sind anderer Art. Sie beruhen darauf, daß die Figurenrede das einzige Medium ist, von dem im normalen Drama ausdrückliche Aussagen zu erwarten sind. Aufgrund dieser Monopolstellung muß sie auch Funktionen übernehmen, die einem normalen Gespräch abgehen. Diese Monopolstellung ist die wesentlichste Ursache für die der Dramensprache zugeschriebene »Polyfunktionalität« (Pfister, S. 151 ff., im Anschluß an J. L. Styan).

Daß die Worte der Figuren für den Zuschauer grundsätzlich mehr bedeuten als für die Figuren selber, daß er durch sie auch den Autor hindurchhört, wurde schon gelegentlich erwähnt (S. 59). Dieser auktoriale semantische »Mehrwert« (Stieler 3071: »mehr-verstand«) ist trotz seiner Verstecktheit für ein geübtes Ohr oft gut zu erkennen, am ehesten dann, wenn ausführlich von Personen oder Ereignissen die Rede ist, die den Sprechenden bekannt und nur dem Publikum neu sind, oder wenn eine Äußerung mit für den Sprecher unfreiwilliger Deutlichkeit auf Späteres vorausweist. Auch unausdrückliche Korrespondenz- und Kontrastbeziehungen lassen die Hand des Autors spüren.

Unalltäglich an der dramatischen Figurenrede ist allerdings nicht nur, daß sich hinter ihr der Autor verbirgt. Auch die handelnden Personen selber bedienen sich dieses Mediums in ungewöhnlicher Form. »Der Mensch des Dramas ist ein redender Mensch, dies ist seine Einschränkung«, wie F. Dürrenmatt sagt (Theater-Schriften und Reden, 1966, S. 111). Deshalb wird auf der Bühne manches in Worte gefaßt, was normalerweise ungesagt bliebe. Das außersprachliche Handeln und Wahrnehmen der Personen wird stärker durch Worte verdeutlicht, als dies im Leben üblich ist. Vor allem aber kommen auf der Bühne auch Dinge zur Sprache, über die man sonst gar nicht, nicht so ausführlich oder zumindest nicht so laut spricht, nämlich Gedanken und Gefühle. Das Theater duldet letztlich keine Geheimnisse. Bekannteste Ausdrucksform für die Ver-

lautbarung des Innenlebens und zugleich charakteristischstes
Symptom für den Kunstcharakter des Dramas überhaupt ist
der Monolog.

Der Monolog

Der Monolog wird hier als Selbstgespräch verstanden, als
Einzelrede ohne vom Sprecher intendierte Adressaten. Keine
Monologe in diesem Sinne sind der Vortrag und überhaupt die
an jemanden gerichtete längere Äußerung, also Reden in des
Wortes vorherrschender Bedeutung. Außerhalb des Theaters
wird der Begriff Monolog allerdings oft anders verstanden,
nämlich so, daß er die »Rede« mit einbezieht oder sogar hauptsächlich meint. Diesen Monolog »im linguistischen Sinne«
macht etwa Jan Mukařovský (Dialog und Monolog, in: J. M.,
Kapitel aus der Poetik, 1967, S. 108 ff.) zum Gegenstand seiner
Untersuchung.

Der dramatische Monolog wird verschiedenen Bedürfnissen
gerecht, die sich aus der Eigenart der Gattung Drama ergeben.
In erster Linie und hauptsächlich bietet er, wie schon angedeutet, den Dramenfiguren Gelegenheit, ihr Innenleben zum Ausdruck zu bringen. Für Hebbel waren Monologe »die lauten
Atemzüge der Seele«. Zweitens kann der Monolog aber auch
– als »epischer Monolog« (Wilpert, Sachwörterbuch der Literatur, ⁵1969) – die Abwesenheit eines »Erzählers« aufwiegen.
Drittens schließlich dient er – als Übergangsmonolog – der
Verbindung der Auftritte. Die drei Funktionen bzw. Typen,
die sich im Einzelfall überlagern können, haben jeweils ihre eigene Geschichte. Der Innenleben-Monolog hat in den Monodi-
en der griechischen Tragödie, im wesentlichen Klagegesängen
(vgl. W. Barner in: Jens, S. 277–320), und in den Tragödien
Senecas, »bei dem ein Viertel des Ganzen aus Monologen besteht« (Reallexikon), seine klassischen Stützen. Der epische
Monolog knüpft vor allem an den Prolog des antiken Dramas
an, der in seiner – für die Komödie kennzeichnenden – separaten Form (vgl. S. 102 f.) allerdings weniger Selbstgespräch als
»Vortrag« ans Publikum war. Der Übergangsmonolog schließlich beruht weitgehend auf den klassizistischen Regeln der
Szenenverknüpfung (vgl. S. 41 f.), wie sie besonders Racine ein-
hielt. Den drei genannten Funktionstypen entspricht in etwa
die von Robert Petsch (Wesen und Formen des Dramas, 1945,
S. 361–375) vorgeschlagene Einteilung in Kern-, Rahmen-

und Brückenmonolog. Nur richtet sich Petsch mehr nach der Bauform als nach inhaltlichen Elementen.

Fragt man detaillierter nach der inhaltlichen Seite des Monologs, so ergeben sich weitere Unterscheidungen. Petsch unterschied – im Bereich des »Kernmonologs« – folgende »Aspekte«: den »subjektiven Bekenntnis- oder Selbstoffenbarungsmonolog« bzw. »Selbstcharakterisierungsmonolog«, den »mehr objektiven Reflexionsmonolog«, den »aktiven Entschlußmonolog« und den »mehr passiven Affektmonolog«. Pfister (S. 190f.) unterscheidet aktionale und nichtaktionale Monologe. Letztere unterteilt er in informierende und kommentierende Monologe.

Laute Selbstgespräche kommen im Leben nur ausnahmsweise vor. Da der Monolog »den pathologischen Sonderfall zu einer Normalform kommunikativen Verhaltens stilisiert« (Pfister, S. 186), ist er in der Neuzeit häufig angefochten worden. In dem »Monolog«-Artikel des Reallexikons von Merker/Stammler heißt es:

»Der Widerstand gegen den M. ging von der franz. Poetik des 17. Jh.s (Hédelin) aus, die seine *vraisemblance* [= Wahrscheinlichkeit] durch abgerissene, erregte Sprechweise forderte. [...] Die Rolle des Vertrauten sollte ihn ersetzen. *Gottsched* und seine Anhänger nahmen das auf; *Lessing* setzte sich in der weitläufigen ästhetischen Erörterung über den M. (Nicolai, Mendelssohn, Ramler, v. Sonnenfels, J. J. Engel, Eschenburg) und in seinen Dramen für ein sprachlich möglichst naturnahes, dialogisches Selbstgespräch ein. [...] Im Verlauf des 19. Jh.s wurde der Monolog zurückgedrängt, obwohl Otto *Ludwig* weiter für ihn eintrat. [...] Im Naturalismus ist der M. bis auf kurze, herausgestoßene Worte um der Naturwahrheit willen beseitigt. An die Stelle des gesprochenen trat der [...] Gebärdenmonolog (Iffland, G. Hauptmann).«

Neben der abgerissenen Sprechweise sind es Selbstanreden, Apostrophen (Anrufungen abwesender Personen, Sachen oder Begriffe) und rhetorische Fragen, die die Künstlichkeit des Monologs überspielen helfen und ihn dem Dialog annähern. Vollends zum »inneren Dialog« gerät der – schon in der griechischen Tragödie anzutreffende – Konfliktmonolog. Hier schwankt eine Person zwischen meist zwei Entscheidungsmöglichkeiten hin und her, ehe sie sich zu einem Entschluß durchringt. (Vgl. S. 143 ff.)

Diderot erschienen die Monologe wichtig, »weil sie mir die geheimen Anschläge einer Person vertrauen« (Lessing, Hamburg. Dramaturgie, 48. Stück). In der »Emilia Galotti« haben die Mono-

loge des Prinzen und Odoardos, über den ersten und fünften Akt
verteilt, auch kompositorische Funktion. Monologfolgen, die
»innerhalb der Handlung einen inneren Ring« bilden, »der den
Vorgang spiegelt«, und »sich zu einer Kette zusammenschließen«
(Petsch), gibt es auch in anderen Dramen, z. B. in Shakespeares
»Hamlet«.

Weiteres zum Monolog bei Pfister, S. 180–193. Vgl. auch P. von
Matt, Der Monolog, in: Keller, S. 71–90. Er sieht im Monolog das
»Prinzip von der imaginären Vergegenwärtigung des gesellschaftlichen Ganzen im Medium der exkommunizierten dramatis persona«
wirksam (S. 87) und meint, daß die Monolog-Situation »im Zuschauer das helle Echo seiner eigenen Exkommunikationserfahrungen
wachschlägt« (S. 88).

VII. Die Personen

Verfahren der Personendarstellung

Was durch die Figurenrede erkennbar wird, sind zunächst einmal die Figuren selber. Die Zuschauer wollen wissen, mit wem sie es zu tun haben, und die Autoren richten sich danach. Corneilles Anweisung, alle handelnden Personen im ersten Akt vorzustellen oder wenigstens zu nennen (vgl. S. 42), ist eine verständliche, wenn auch recht strenge Konsequenz dieser Sachlage.

Die Vorstellung der Personen kann auf verschiedene Weise erfolgen. Oft läßt schon der Name auf die Eigenart der Person schließen. Sprechende Namen sind fester Bestandteil der Komödientradition, finden sich aber auch – mit größerer Bedeutungsschwere – in ernsten Stücken.

Im einfachsten Fall deutet der Wortsinn unmittelbar oder metaphorisch-vergleichend auf die Person. So heißt in Nestroys Posse »Der Talisman« eine Gärtnerin Flora Baumscheer, der rothaarige Held Titus Feuerfuchs. Der intrigante Sekretär Wurm in Schillers »Kabale und Liebe« gibt Anlaß für Anspielungen auf das kriechende Tier. Andere Namen passen eher aufgrund ihrer Skurrilität als wegen ihres – teilweise gar nicht recht erkennbaren – Sinns zu den Personen. In einem Scherzspiel von Gryphius heißt z. B. der Titelheld Horribilicribrifax, sein Kumpan Daradiridatumtarides. In Jakob Lenz' »Hofmeister« agieren ein Herr von Seifenblase, eine Frau und eine Jungfer Hamster, eine Jungfer Knicks und der schrullige Schulmeister Wenzeslaus. Gelegentlich wecken die Namen Assoziationen zu früheren Trägern, so Dorfrichter Adam und das von ihm bedrängte Evchen in Kleists Lustspiel »Der zerbrochne Krug«. Andere schaffen literarische Querverbindungen. Die Kurtisanen Marwood in Lessings »Miß Sara Sampson« und Lady Milford in Schillers »Kabale und Liebe« verweisen etwa auf die Marwood in Congreves »The Way of the World« und die Milwood in Lillos »The London Merchant«.

Sieht man von den Namen ab, die der Autor seinen Personen gibt, und von den ebenfalls auktorialen Hinweisen, die das Personenverzeichnis und manchmal auch die Bühnenanweisungen dem Leser vorab bieten, so konzentriert sich die Frage nach der Art der Personendarstellung auf zwei alternative Verfahren. Das Wissen über die Eigenart eines Menschen kann sich daraus ergeben, daß man ihn und sein Verhalten beobachtet. Es läßt sich aber auch dadurch gewinnen, daß jemand über ihn redet, daß er ihn, wie man sagt, beschreibt. Das dem ersten

Erkenntnisweg entsprechende Gestaltungsverfahren wird gewöhnlich als indirekte, das zweite als direkte Charakteristik
bezeichnet. Vgl. Sulzer, Bd. 1, S. 265 (Artikel »Charakter«).

Als direkt gilt dabei die sprachliche Form. Wer nicht sie, sondern
die Anwesenheit der betreffenden Person als direkt auffaßt, könnte
allerdings auch den gegenteiligen Sprachgebrauch rechtfertigen. So
nennt W. Schultheis (S. 186) die Charakterisierung der Gräfin Orsina
anhand ihres Porträts in Lessings »Emilia Galotti« (I 4) indirekt.
Klarer ist deshalb die Unterscheidung von impliziter und expliziter,
d. h. von unausdrücklicher und ausdrücklicher Charakterisierung, wie
sie Pfister (S. 251–261) vorschlägt. Man könnte auch von szenisch
aktualisierter und narrativer Charakterisierung sprechen (vgl. S. 10 f.).

Die »direkte«, explizite, narrative Form findet sich vor allem im älteren, der klassischen Tradition verpflichteten, rhetorisch orientierten Drama. Hauptpersonen werden hier, gewöhnlich in ihrer Abwesenheit und schon vor ihrem ersten
Auftreten, von einer anderen Person beschrieben. Manchmal
weiten sich derartige Charakteristiken zu regelrechten Lob-
oder Tadelreden aus. Gelegentlich stellt sich die betreffende
Person auch selber in dieser Form vor. So beginnen etliche Barockdramen (z. B. Lohensteins »Agrippina«) mit einer Prahlre-
de des regierenden Tyrannen.

Neuere Dramatiker ziehen eher das »indirekte«, implizite,
szenisch aktualisierende Verfahren vor. Sie bauen lieber auf die
Anschauung als auf den Bericht (vgl. S. 11 f.), beziehen sie zumindest stärker mit ein, vielleicht in der Erkenntnis, daß die
»Information aus zweiter Hand dramatisch unwirksam bleibt«
(Esslin, S. 39). Im 9. Stück seiner »Hamburgischen Dramaturgie« bemerkt Lessing:

> »Wir wollen es auf der Bühne sehen, wer die Menschen sind, und
> können es nur aus ihren Taten sehen. Das Gute, das wir ihnen, bloß
> auf anderer Wort, zutrauen sollen, kann uns unmöglich für sie inter-
> essieren; es läßt uns völlig gleichgültig, und wenn wir nie die gering-
> ste eigene Erfahrung davon erhalten, so hat es sogar eine üble Rück-
> wirkung auf diejenigen, auf deren Treu und Glauben wir es einzig
> und allein annehmen sollen.«

Auch die Selbstcharakteristik tritt nun zurück. Andererseits
läßt Lessings Äußerung durchblicken, daß die Gewichtsverla-
gerung keinen völligen Verzicht auf das ältere Verfahren bedeutet. »Beide Arten werden sich meist miteinander verbinden
unter zeitlichem Vorausgang der direkten Charakteristik«
(Kayser, S. 199). Oft sind die Personen gemäß der Reihenfolge

ihres Auftretens auch unterschiedlich behandelt. Lessing charakterisiert in »Emilia Galotti« den Prinzen, in dessen Kabinett das Stück beginnt, durch sein eigenes Handeln, Emilia und die Gräfin Orsina dagegen, die erst im zweiten bzw. vierten Akt auftreten, zunächst durch den Mund des Prinzen. Im übrigen hat die »direkte« Charakteristik nun kaum noch ihre frühere kompakte, herausgehobene Form. Sie ist stärker in den Gesprächszusammenhang eingebunden, verstreut sich vielfach über getrennte Teilinformationen und erscheint so eher versteckt. (Vgl. auch S. 104.)

Theoretische Überlegungen zu den Charakterisierungsverfahren beschränken sich gewöhnlich auf den Dramenanfang bzw. auf die jeweils erste Darstellung einer Person. Das ist verständlich, da Erstinformationen besser haften bleiben und oft auch ausführlicher sind. Bei der Analyse gilt es jedoch auch die Nachcharakterisierungen zu berücksichtigen, die das zu einer Person Gesagte oder Gezeigte unterstreichen, ergänzen oder zurechtrücken.

Durch weitere Gesichtspunkte läßt sich die Analyse der Personendarstellung noch verfeinern. Pfister (S. 252) hat die ihm wichtig erscheinenden Unterscheidungskriterien (explizit/implizit, auktorial/figural mit Eigenkommentar/figural mit Fremdkommentar, außersprachlich/sprachlich, Monolog/Dialog, vor/nach erstem Auftreten, in Anwesenheit/in Abwesenheit der dargestellten Person) zu einem Verzweigungsdiagramm geordnet.

Eigenschaftsarten und ihr Vorkommen im Drama

Wichtiger als die Frage nach dem Wie der Personendarstellung ist die Frage, was die Eigenart der zu untersuchenden Personen ausmacht. Aus der antiken Rhetorik sind verschiedene Eigenschaftenkataloge zur lobenden oder tadelnden Beschreibung von Personen überliefert (vgl. Lausberg, § 245). Sie unterscheiden vor allem 1. geistige oder charakterliche Eigenschaften, mit denen man sich besonders an den von Platon überkommenen vier Kardinaltugenden Klugheit, Tapferkeit, Maßhalten und Gerechtigkeit orientierte, 2. körperliche Eigenschaften (z. B. Schönheit, Stärke, Gesundheit), 3. äußere Umstände (Herkunft, Vermögen, Freunde usw.), die wir heute als soziale Verhältnisse bezeichnen. Diese Dreiteilung geht auf mehrere Äußerungen von Platon und Aristoteles zurück. (Nachweise in der lateinisch-englischen Ausgabe der früher Cicero zugeschriebenen »Rhetorica ad Herennium«, hrsg. Harry Caplan, London 1954, S. 174, Anmerkung zu 3, 6, 10.)

Sie hilft auch, die Besonderheiten der Personendarstellung im Drama zu erfassen. Diese Besonderheiten erklären sich teils aus der Darbietungsform des Dramas, teils aus seinem Gegenstand, der Handlung bzw. dem Anteil der Personen daran.

Zur Darbietungssituation gehört, daß die Akteure für das Publikum sichtbar sind, daß eine Figur von verschiedenen Schaupielern dargestellt werden kann und daß der Zuschauer sich in kurzer Zeit die Eigenart mehrerer Figuren einprägen muß. Diese Umstände begünstigen eine Betonung visueller Eigenschaften, eher noch der Kleidung bzw. Kostümierung als der – bei jedem Schauspieler ja andersartigen – körperlichen Konstitution, und sie legen eine sparsam-markante, stilisierende Merkmalausstattung nahe, wie sie vor allem die Typenkomödie entwickelt hat.

Den Typencharakteren entsprachen im 17. und 18. Jh. schauspielerische Rollenfächer. Maßgebend dafür waren die standardisierten Figuren der italienischen Commedia dell'arte (Arlecchino, Columbina und andere) sowie das vergleichbare Figurenarsenal der französischen Bühne. Die Rollenfächer unterscheiden sich hauptsächlich nach den Oppositionen männlich/weiblich, alt/jung, herrschaftlich/bedienstet und ernst/komisch. Zu einer damaligen Theatertruppe gehörten außer einem »Charakter«-Darsteller, der schwierige, schematisch nicht einstufbare Hauptpersonen verkörperte, vor allem ein erster und zweiter jugendlicher Liebhaber, eine erste und zweite Liebhaberin, ein ernster und ein komischer Alter (Vater), eine ernste und eine komische Mutter sowie zwei männliche und zwei weibliche Bedienstete. (Vgl. Barner u. a., S. 80.) Die Rollenfächer wirkten deutlich auf die Dramenproduktion zurück. Zwar kamen nicht alle diese Rollen in jedem Stück vor, aber jede Truppe hatte gewöhnlich mehrere Stücke im Programm. Lessings »Emilia Galotti« ist »eine gelungene Kombination vorhandener Rollenfächer« genannt worden (Barner u. a., S. 80). Seit dem 19. Jh. verloren die Rollenfächer an Bedeutung.

Verglichen mit dem gerade erläuterten Einfluß der theatralischen Darbietung, zwingt die Handlung die Personendarstellung in eine eher gegenteilige Richtung. Das gilt zumindest für die vielen Dramen, deren Handlung sich aus geistig-seelischen Faktoren entwickelt und in denen die Personen deshalb vor allem als »Charaktere« interessieren. Charaktereigenschaften sind nämlich von Natur aus »unansehnlich«. Sie entsprechen nicht der visuellen Form der Bühne. Das unterscheidet sie von den körperlichen und sozialen Eigenschaften.

Genuin visueller Art sind nur die körperlichen Eigenschaften. Wo Körperteile die Handlung bestimmen, wie der Klumpfuß von Kleists

Dorfrichter Adam oder die – unter wechselnden Perücken versteckten – roten Haare von Nestroys Titus Feuerfuchs, feiert die Bühnensinnlichkeit Triumphe. Vertrackterweise steuern körperliche Merkmale aber mehr das Handeln anderer Personen als das Verhalten ihrer Träger. Das gilt besonders für die ungezählten Mädchen und Frauen in Komödien und Tragödien, deren Schönheit männliches Begehren weckt. Als alleinige Handlungsfaktoren reichen körperliche Eigenschaften jedenfalls nicht aus.

Die sozialen Merkmale der Personen kommen einer sinnlichen Verdeutlichung insofern entgegen, als sie sich – auch außerhalb des Theaters – üblicherweise in Statussymbolen ausprägen. Daß die Ständeklausel (vgl. S. 24 f.) im sinnennahen Drama eine größere Rolle spielte als in anderen Gattungen, ist sicher kein Zufall. Kleidung, Gestik und Sprache der Bühnenfiguren haben seit eh und je vor allem deren sozialen Rang bezeichnet. Seitdem Diderot forderte, die Handlung nicht mehr aus den Charakteren, sondern aus den sozialen Bedingungen, also aus dem Stand bzw. der Situation der Personen, abzuleiten (vgl. Martino, S. 344–346, zu Lessings Ablehnung dessen »Hamburgische Dramaturgie«, 86.–91. Stück), hat sich das Gewicht der sozialen Komponente nur noch verstärkt. Der Naturalismus degradierte die Charaktere zu Produkten des sozialen Verhältnisse, begriff das Milieu als Faktor oder gar als Teil des Charakters. Im neueren sozialen Drama lassen sich charakterliche und soziale Merkmale deshalb kaum noch klar auseinanderhalten. Dem entspricht auch die Betrachtungsweise der Sozialwissenschaft, die das Individuum hauptsächlich als Träger verschiedener sozialer Rollen begreift.

Um so notwendiger ist es, die grundsätzliche Diskrepanz zwischen Charakteren und Bühnensinnlichkeit im Bewußtsein zu behalten. Nur im Bewußtsein dieses Handikaps werden die dagegen unternommenen Schritte deutlich, die Versuche nämlich, dem an sich Unsinnlichen eine sinnliche Form zu geben. Einzelne Verhaltensmerkmale lassen sich durch entsprechende Aktionen verdeutlichen. Manche Dramatiker schaffen dafür eigens einen Auftritt. Wenn etwa Lessings Tellheim, selber verschuldet, der Witwe eines Kriegskameraden dessen Schulden erläßt, so zeigt dies seinen Edelmut (»Minna von Barnhelm« I 6). Der visuellen Form des Theaters noch stärker angepaßt und zeitlich weniger aufwendig ist die Übersetzung des ganzen Charakters in das Erscheinungsbild der Person, ein Verfahren, das viele Regisseure und gelegentlich auch schon die Autoren anwenden. So erklärt sich etwa die Beschreibung der beiden männlichen Hauptpersonen in Gerhart Hauptmanns Erstlingsdrama »Vor Sonnenaufgang«. Über Alfred Loth, den eigentlichen Helden des Stücks, heißt es in der einleitenden Bühnenanweisung:

»Loth ist mittelgroß, breitschultrig, untersetzt, in seinen Bewegungen bestimmt, doch ein wenig ungelenk; er hat blondes Haar, blaue Augen und ein dünnes lichtblondes Schnurrbärtchen, sein ganzes Gesicht ist knochig und hat einen gleichmäßig ernsten Ausdruck. Er ist ordentlich, jedoch nichts weniger als modern gekleidet. Sommerpaletot, Umhängetäschchen, Stock.«

Sein alter Studienkollege Hoffmann stellt ziemlich genau das Gegenteil dar:

»Hoffmann ist etwa dreiunddreißig Jahre alt, schlank, groß, hager. Er kleidet sich nach der neuesten Mode, ist elegant frisiert, trägt kostbare Ringe, Brillantknöpfe im Vorhemd und Berloques an der Uhrkette. Kopfhaar und Schnurrbart schwarz, der letztere sehr üppig, äußerst sorgfältig gepflegt. Gesicht spitz, vogelartig. Ausdruck verschwommen, Augen schwarz, lebhaft, zuweilen unruhig.«

Die vielen optischen Details sind nicht unmittelbar handlungswichtig wie die früher besprochenen körperlichen Eigenschaften. Sie haben keine instrumentale, sondern symbolische Bedeutung. Sie skizzieren, teilweise mit Hilfe konventioneller sozialer Symbole, zwei Charaktere, von deren Gegensätzlichkeit die Handlung lebt. Loth verkörpert den Typus des ärmlichen, engagierten, »blauäugigen« Intellektuellen, Hoffmann den des arrivierten, grundsatzlosen Pragmatikers. Erinnert sei in diesem Zusammenhang auch an die Commedia dell'arte, deren Typencharaktere durch festgelegte Kostüme und Gesten markiert werden.

Die Begriffe Person, Figur, Charakter und Typus

Die von den Schauspielern dargestellten Menschen werden üblicherweise als Personen, Figuren oder Charaktere bezeichnet. Daß diese Wörter nicht gleichbedeutend sind, klang teilweise schon an, bedarf jedoch einer ausdrücklichen Klärung.

Person (nach lat. persona = Maske des Schauspielers) ist jeder »Mensch als geistiges Einzelwesen« (Brockhaus Enzyklopädie). *Figur* (nach lat. figura = Gebilde, Gestalt) ist ein Mensch dagegen nur als Geschöpf eines Autors, als Kunstperson also. Im sogenannten Figurentheater geben sich nicht nur die Rollen, sondern auch deren Träger, die Puppen, als Kunstprodukte zu erkennen. Im »Menschentheater« ist die Lage verwickelter, insofern eine von Autor und Regisseur konzipierte Person den sie realisierenden Schauspieler, speziell dessen Körper und Stimme, nie ganz vergessen läßt. Aber auch hier sind die dargestellten Menschen eindeutig Figuren. Pfisters Vorschlag, sie zur besseren Abgrenzung von realen Menschen nur noch Figuren, nicht mehr Personen und auch nicht mehr Charaktere zu nennen (S. 221 f.), geht indes zu weit und wird von ihm selber bei den Folgebegriffen (Personifikation, Charakterisierung) auch nicht durchgehalten. Die Fiktionalität der Figuren reicht nicht aus, ihnen jegliche Personalität abzuerkennen. Person wird jedenfalls im folgenden nicht als Gegen-, sondern als Oberbegriff zu Figur verwendet. Argumente dafür sind nicht zuletzt die Herkunft des Personenbegriffs aus der Theatersprache und das jahrhundertelange Reden von den »personae dramatis«.

Semantisch und theoriegeschichtlich verwirrender als *Person* und *Figur* ist der Begriff *Charakter* (von griech. charakter = Stempel, Abdruck, Gepräge), in dessen Zusammenhang auch das Wort *Typus* gehört. Für die Übertragung des Wortes *Charakter* auf die menschliche Wesensart war die literarische Tradition von der kleinen Schrift »Charaktere« des Aristoteles-Schülers Theophrast bis zu den französischen Moralisten maßgebend. Im Hinblick auf die genaue Bedeutung gilt es einige Unterscheidungen zu beachten. Das Wort Charakter bezeichnet 1. nicht den ganzen Menschen, sondern nur seine geistige Eigenart, 2. nur deren konstante Merkmale, nicht den augenblicklichen Gemütszustand. Innerhalb dieser Grenzen hat sich der Bedeutungsschwerpunkt in neuerer Zeit verschoben, nämlich 3. vom Moralisch-Normativen zum Deskriptiven, 4. vom Typischen zum Individuellen.

Zu 1. Das Wort Charakter erfaßt nur einen Teil dessen, was die Begriffe Person und Figur abdecken. Nicht zum Charakter gehören, wie schon angedeutet, der soziale Stand sowie die körperliche Beschaffenheit des Menschen einschließlich seiner Kleidung und seiner Gewohnheiten mimisch-gestischer und sprachlicher Art, obwohl diese Gegebenheiten sich – jedenfalls nach neuerer Auffassung (vgl. z. B. E. Kretschmer, Körperbau und Charakter, 1921 u. öfter) – als Bedingung bzw. Ausdruck des Charakters nicht ganz von ihm trennen lassen. Die Analyse der Personendarstellung darf sich auf jeden Fall nicht, wie es oft geschieht, auf die Charaktere beschränken. Wenn Diderot, wie oben (S. 89) erwähnt, statt der Charaktere die sozialen Verhältnisse für den Handlungsverlauf verantwortlich machte, so brachte er damit einen Bereich ins Gespräch, der von alters her nicht neben, sondern innerhalb der Personenbeschreibung eine Rolle gespielt hat.

Zu 2. *Charakter* entspricht dem, was Aristoteles *ethos* nannte (vgl. S. 3). Ethos war im Sprachgebrauch der Antike die dauernde, auch als sanfte Affektstufe begriffene Gemütsverfassung eines Menschen. Seinen augenblicklichen Gemütszustand nannte man dagegen *pathos,*

wobei man besonders an starke, den Menschen gleichsam von außen
überkommende, ihm letztlich wesensfremde, durch Vernunft und
Selbstbeherrschung zu unterdrückende Affektausbrüche dachte (vgl.
Lausberg, § 257, 2 a). Der Beschränkung auf die konstanten Merkmale entsprechen die Forderungen von Aristoteles und Horaz, der Charakter einer Dramenperson solle in sich gleichmäßig sein (Poetik,
Kap. 15), die Person solle sich vom Anfang bis zum Ende ihres Auftretens gleichbleiben (Ars poetica 125–127). Vgl. auch S. 138.

Zu 3. Wie *ethos*, so wurde und wird teilweise noch heute auch
Charakter moralisch verstanden. Schlüsselbegriff stoischer und christ-
licher Ethik, kann sich das Wort, emphatisch verstanden, zum Inbegriff moralischer Standfestigkeit verengen (»ein Mann von Charakter«, »charakterlos«). Der Lob- und Tadelrede kam diese Betrachtung ebenso entgegen wie den didaktischen Absichten von Dramen-
theoretikern im Gefolge des Aristoteles. Die heutige Charakterologie
innerhalb der Psychologie versteht sich dagegen nicht mehr als ratio-
nalistische Tugendlehre, ihr Gegenstand ist »das Insgesamt von seelischen Dispositionen (Eigenschaften)«, die miteinander einen Struktur-
zusammenhang bilden (Ph. Lersch, Aufbau der Person, [7]1956, S. 43;
vgl. auch P. R. Hofstätter, Differentielle Psychologie, 1971). Im
Vordergrund des Interesses und weitgehend auch des Wortverständ-
nisses stehen nun im Gefolge der Psychoanalyse gerade die tieferen
Schichten, die man früher als außerhalb des Charakters wirksam, als
für ihn bedrohlich ansah, nämlich die affektiv-voluntativen Verhal-
tensantriebe.

Zu 4. Bis ins frühe 18. Jh. war man weniger an individuellen Besonderheiten interessiert als an überpersönlichen Faktoren. Demgemäß wurde auch das Wort Charakter bis dahin anders verstanden als
heute. Theophrasts Charaktere (z. B. der Prahlhans, der Taktlose, der
Geizhals) sind allgemeine, häufig vorkommende Verhaltenstypen, die
sich in dem sie verkörpernden Menschen gewissermaßen nur ausprägen. (Typus war ursprünglich das Klischee des Prägestocks, dann
auch der damit erzeugte Abdruck. Vgl. Lausberg, § 901.) Demgemäß
ist der Typus, von allem Individuellen abstrahiert, beinahe unbe-
grenzt wiederholbar (Hinck, S. 16). Paradebeispiel dafür sind die Figuren der Commedia dell'arte. Noch in bezug auf Molière und seine
Nachfolger bedeuten Charakter- und Typenkomödie durchaus dasselbe (Steinmetz, S. 2). Die Vorliebe der Aufklärer für das »Allgemein-
menschliche« verstärkte das typologische Denken vorübergehend
noch (vgl. Martino, S. 338–356). Andererseits weckten Irrationalismus und Subjektivismus ihrer Zeit bald die Lust am Interessanten,
Besonderen. Man entdeckte den Menschen als unverwechselbares Individuum. Damit wandelte sich auch der Begriff Charakter. Kennzeichnend dafür war zunächst die Unterscheidung von moralischen
und persönlichen Charakteren. Karl Holl (Geschichte des deutschen
Lustspiels, 1923, Nachdruck 1964, S. 127) zitiert »die durchaus nicht
originale Definition Bodmers«, wonach moralische Charaktere »uns

den Menschen in einer einzigen absonderlichen Gemütsbeschaffenheit geben, welche ihn zu einer gewissen Tugend oder einem Laster lenket«, während persönliche »viel vermengter und aus mehreren Gemütseigenschaften zusammengesetzt und insgemeine mittelmäßig sind«. Später trat der persönliche, von allem Allgemeinen und Moralischen entbundene Charakter so nach vorn, daß Charakter und Typus heute Gegensätzliches bezeichnen. Friedrich Nicolais »Abhandlung von dem Trauerspiele« von 1757 trägt dem schon Rechnung. Dort heißt es: »Wenn sich nun in einer Person verschiedene Neigungen vereinigen, so daß sie auf eine so besondere Weise handelt, als ein anderer ihres gleichen in gleichen Umständen nicht würde gehandelt haben, so sagt man, diese Person habe einen *Charakter*.« (Lessing/ Schulte-Sasse, S. 32 und 224 f.) Für Herder ist 1768 Charakter endgültig »das Unterscheidende der ganzen Seele« (Sämmtliche Werke, hrsg. Suphan, Bd. 2, S. 316). – Die Opposition von Typus und Individuum, also von Charakter im alten und neuen Sinne, verbindet sich übrigens gelegentlich mit der Unterscheidung zwischen erfundenen Komödien- und historischen Tragödienpersonen (vgl. S. 26 f.). Diderot meinte: »Le genre comique est des espèces, et le genre tragique est des individus.« (Vgl. Diderot, S. 145; Martino, S. 347 f.)

Gottsched (Crit. Dichtkunst, ⁴1751, S. 619) bemerkt zu den Charakteren, »daß nur die Hauptpersonen dergleichen haben müssen. Dieser giebt es in einem Stücke selten mehr, als drey, oder vier: alle andere sind Nebenpersonen.«

Wertmaßstäbe des Aristoteles und neuere Bewertung der Charaktere

Die Theorie der Dramencharaktere ist bis heute von den Vorstellungen beeinflußt, die Aristoteles in seiner »Poetik« entwickelt. Daß er bzw. seine Interpreten die Personen der Tragödie und Komödie nach den Kriterien der Moralität bzw. des Standes (Poetik, Kap. 2) sowie der Historizität (Poetik, Kap. 9) unterschieden, ist schon in Kapitel III erörtert worden. Einen ergänzenden Hinweis verdient jedoch die Liste der Forderungen, die er in seinem Kapitel 15 an Tragödiencharaktere stellt. Die Forderungen sind oder enthalten Wertmaßstäbe. Diese haben den seit dem 18. Jh. zu beobachtenden Bewußtseinsveränderungen ebensowenig standgehalten wie der Begriff Charakter.

Aristoteles stellt vier Forderungen (vgl. Fuhrmann, S. 37). Drei davon können auch außerhalb der Tragödie Geltung beanspruchen. Sie sind formalästhetischer Art. Sie besagen, daß der Charakter einer Dramenperson mit deren sozialer Rolle,

mit der geschichtlichen Überlieferung und mit sich selber übereinstimmen soll. Diese Forderungen, Varianten des klassischen
Prinzips der Angemessenheit, haben – nicht zuletzt dank ihrer
Bekräftigung durch Horaz (Ars poetica 112–127) – die Antike überdauert. (Vgl. Boileau, Art poétique III 112 ff.) Andererseits wirken sie zumindest in ihrer jeweiligen Interpretation
zeit- bzw. gesellschaftsbedingt. Das gilt etwa für die Bemerkung des Aristoteles zur ersten dieser Forderungen: »Es gibt
Tapferkeit als Charakter, aber es ist nicht angemessen, daß
eine Frau tapfer oder schneidig sei« (übers. Gigon).

Von vornherein deutlicher zeitbedingt ist die vierte, tragödienspezifische Forderung. Aristoteles stellt sie, bevor er zu den
drei anderen kommt. Sie betrifft nicht formale Beziehungen,
nach denen ein Charakter zu beurteilen wäre, sondern die Eigenart des Charakters selbst. Aristoteles erhebt hier zum Postulat, was er in Kapitel 2, wie erwähnt, beschreibend feststellte:
Die Charaktere sollen »edel« sein.

Interessanter als die Forderung selber sind in unserem Zusammenhang die moralischen bzw. sozialen Wertmaßstäbe, denen sie Ausdruck verleiht, und die tiefgreifenden Änderungen,
die sich in dieser Hinsicht in neuerer Zeit ergeben haben.

Daß die Forderung des Aristoteles moralische und ständische
Bewertung verbindet oder doch in beide Richtungen ausgelegt
worden ist, paßt zu dem lange Zeit herrschenden allegorischkombinatorischen Weltbild. Dieses reicht in die Antike zurück,
erlangte im Mittelalter allgemeine Geltung und wirkte bis ins
frühe 18. Jh. weiter.

Man verstand die Welt als Buch Gottes und deutete die Dinge als
dessen Seiten, Wörter oder Buchstaben. Darüber hinaus brachte man
geradezu zwanghaft alles Mögliche miteinander in Beziehung, las
z. B. im Glauben an die Analogie von Mikro- und Makrokosmos das
Schicksal der Menschen aus den Sternen. Wie alle Dinge mit Sinn, so
wurden alle Güter und Mängel mit Moral getränkt. Den Philosophen
galt der Intellekt als Bürge der Tugend, das Böse vorzugsweise als
Ergebnis mangelnden Wissens. Platon wünschte sich deshalb Philosophen als Könige. Aber auch körperliche Vorzüge und Gebrechen
wurden moralisch gedeutet. Dem gesunden Geist wünschte man einen
schönen und gesunden Körper. Krankheit, Schmerz und Tod begriff
man als Strafe und, wo dies nicht ging, als Tugendprobe. Die Moralisierung sozialer Werte (Status, Besitz, Macht, Glück) nimmt da
kaum noch wunder. Von den Versuchen, selbst dem tragischen Unglück einen moralischen Sinn abzugewinnen, war schon früher
(S. 32 ff.) die Rede. Das Korrespondenzdenken wirkt bis heute in der

christlichen Theologie nach. Gott wird als Summe aller Werte verstanden, als Inbegriff nicht nur des Wahren und Guten, sondern auch – im Anschluß an Platon (Symposion, Kap. 29) – des Schönen.

Seit dem 18. Jh. ist das alte Ordnungssystem fragwürdig, das Netz der Analogien brüchig geworden. Die Neigung zur Häufung und Gleichschaltung der Werte weicht pluralistischen Tendenzen. Kennzeichnend dafür ist die Umorientierung vom bewunderten zum ständisch und moralisch durchschnittlichen Helden. Lessing sprach von der »Klippe der vollkommenen Charaktere« (Hamburg. Dramaturgie, 86. Stück), die es zu umschiffen gelte. Der von Aristoteles geforderte Fehler des Tragödienhelden (vgl. S. 33) wurde nun nicht mehr als Mangel, sondern geradezu als Gewinn gewertet. Für Aristoteles ein notwendiges Übel, nur dazu da, die tragische Katastrophe dramaturgisch plausibel zu machen, war er den Theoretikern der Aufklärung ein willkommenes Mittel, um das Mitgefühl der Zuschauer auszulösen. Ausführlich dokumentiert ist die gemeineuropäische aufklärerische Polemik gegen vollkommene Charaktere bei Martino, S. 312–325.

Hinter der aufklärerischen Forderung nach gemischten Charakteren wird letztlich eine Mischung verschiedener Bewertungsmaßstäbe erkennbar. Moral und Sympathie entwickeln sich auseinander, besser gesagt, die Sympathie mit menschlichen Schwächen zeugt für die Bereitschaft zu einer neuen Moral, die das alte Wertesystem unterläuft. Die Vorliebe des späten 18. Jh.s für große Kerls, edle Räuber, innerlich unverdorbene gefallene Mädchen und Kurtisanen und überhaupt für ambivalente Charaktere hat diesen Prozeß noch verstärkt. Die Stürmer und Dränger suchten und fanden bei Shakespeare Figuren von »kolossalischer Größe«. Der junge Goethe spricht davon in seiner Rede »Zum Schäkespears Tag« (1771) und bemerkt dazu: »das, was wir bös nennen, ist nur die andre Seite vom Guten«. Rousseau bekannte von sich selber: »Ich bin ein Prinz, aber auch ein Schuft.« Jean Paul (Vorschule der Ästhetik, 1804, hrsg. v. N. Miller, 1963) greift bei seinen Gedanken über »Das Mißlingen und Erkälten durch vollkommene Charaktere« (S. 218) die Bemerkung des Ästhetikers Bouterwek auf, »der größte Verbrecher könne zuweilen in ästhetischer Hinsicht erhabener sein als die größte Tugend«, und liest daraus die Meinung, »der Teufel stehe ästhetisch-reizend über Gott« (S. 217). Nach Jean Pauls eigener, nicht ganz ohne Bedauern geäußerter Erkenntnis »bietet ein Pandämonium dem Dichter mehr Fülle und Wechsel an als ein Pantheon« (S. 217), »gibt es überall ge-

lungnere Halbmenschen und Halbteufel als Halbgötter«
(S. 219). Darstellungen des grandios Bösen und Häßlichen seit
dem 19. Jh. (vgl. M. Praz, Liebe, Tod und Teufel. Die schwarze Romantik, 1970) zeigen, daß teilweise nicht nur auf jede
moralische, daß auch auf eine am klassischen Schönheitsideal
ausgerichtete ästhetische Beurteilung verzichtet wird. Der Reiz
des Interessanten genügt nun. Faszination läuft der Sympathie
den Rang ab. Artauds vielberufenes Theater der Grausamkeit
bezieht seine Wirkung aus jenen Schrecken, die schon in den
Medea- und Thyestes-Tragödien der Antike Gestalt gewannen,
aber von der moralisierenden Theorie seit Aristoteles lange verdrängt oder eingedämmt wurden.

Bei der Analyse der Personenbewertung gilt es also verschiedene Wertarten zu unterscheiden, nämlich 1. nichtmoralische
Besitzwerte (Güter) materieller, körperlicher und geistiger Art,
2. moralische Verhaltenswerte (sogenannte Tugenden), 3. Sympathie weckende Verhaltensweisen und Eigenschaften, 4. Faszination weckende Verhaltensweisen bzw. Eigenschaften. Noch
anderer Art ist die künstlerische Bewertung. Sie betrifft weniger die Personen als den Autor. Auf sie beziehen sich die drei
zuerst erwähnten Forderungen des Aristoteles.

Im übrigen sind die Urteile über eine Person selten einhellig. Die
verschiedenen Gutachter im Stück und auch die im Publikum, jeweils
unterschiedlich interessiert und kompetent, kommen oft zu gegensätzlichen Einschätzungen. Wechselnder Zeitgeist kann älteren Stücken
eine neue Sicht abgewinnen. Modernes Emanzipationsdenken verhilft
z. B. moralisch schillernden Frauengestalten wie Lessings Orsina und
sogar der intriganten Marwood in »Miß Sara Sampson« zur Aufwertung. Forscher und Regisseure profilieren sich, indem sie überlieferte
Einschätzungen solchermaßen in Frage stellen.

Die Personenkonstellation und ihr Einfluß auf die Eigenschaf-
ten

Die Charaktere des Dramas ruhen nicht in sich. Die Eigenart
einer Figur wird durch die Konstellation aller Figuren mitbestimmt. Gemeint ist damit die längerfristige, für das ganze Stück
geltende Beziehung der Personen, nicht das zeitlich begrenzte
Zusammentreffen einzelner Personen in einem Auftritt.

Die Terminologie ist indes nicht einheitlich. Pfister nennt die
dynamische Interaktionsstruktur »Figurenkonstellation«; »die Teil-

menge des Personals, die jeweils an einem bestimmten Punkt des Textverlaufs auf der Bühne präsent ist« (S. 235), bezeichnet er, Solomon Marcus folgend, als »Konfiguration«. K. K. Polheim (Die dramatische Konfiguration, in: Keller, S. 238) liefert eine eher umgekehrte Definition. Konstellation (von lat. stella = Stern) und Konfiguration fügen sich der Opposition gesamt/augenblicklich anscheinend nur mit Mühe und Willkür. Deshalb ist es wohl besser, beide Wörter synonym zu verwenden und zunächst dem gesamten Beziehungsgefüge vorzubehalten. Die konkrete Besetzung eines Auftritts läßt sich besser durch ein zusätzliches Attribut (z. B. »szenenspezifisch«) kennzeichnen.

Die Personenkonstellation bzw. Konfiguration eines Dramas läßt sich meist in einer Skizze festhalten. Die sieben Hauptpersonen von Lessings »Emilia Galotti« könnte man z. B. folgendermaßen gruppieren:

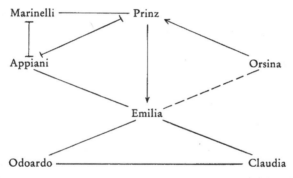

Ein einfacher Strich bedeutet eine nicht oder wenig gestörte Beziehung, ein Pfeil eine einseitig erstrebte, |———| eine gestörte bzw. gegnerische, – – – – eine gänzlich andersartige, nämlich vorwiegend darstellerische (z. B. kontrastive) Beziehung. Eine derartige Skizze kann die maßgebenden Beziehungen überschaubar machen. Sie vergröbert aber auch und bedarf deshalb zusätzlicher Erläuterungen. Art (z. B. Verwandtschaft) und Festigkeit (z. B. durch Verlöbnis) der Beziehungen sind in der obigen Abbildung ebensowenig berücksichtigt wie zurückliegende Beziehungsänderungen (z. B. die abgebrochene Beziehung des Prinzen zu seiner bisherigen Mätresse Orsina).

Erkennbar wird die Personenkonstellation mehr oder weniger meist schon aus dem Personenverzeichnis, etwa dadurch, daß Odoardo und Claudia Galotti darin als »Eltern der Emilia«, Marinelli als »Kammerherr des Prinzen« ausgewiesen

sind. Auch die dortigen Standes- bzw. Berufsangaben, die auf
keine andere Person ausdrücklich Bezug nehmen (Prinz von
Guastalla, Graf Appiani, Gräfin Orsina), lassen manchmal
schon Rückschlüsse auf das Beziehungsgefüge der Personen
und damit auch der Handlung zu. Ein genaueres Bild vermittelt dann gewöhnlich der Anfang des Dramas, die sogenannte
Exposition. (Vgl. dazu Kap. VIII.)

Die Eigenschaften einer Dramenfigur treten angesichts ihrer
Mitakteure nicht nur deutlicher zutage, sie werden durch deren
Konzeption auch mitbestimmt. Es empfiehlt sich deshalb, das
Merkmalprofil einer Person zusammen mit dem der übrigen
Personen zu erfassen.

Alle drei überlieferten Eigenschaftsarten (Charakter, körperliche
Erscheinung, soziale Umstände) sind konstellationsabhängig. Die sozialen Umstände erhalten in diesem Zusammenhang allerdings ein
größeres Gewicht, als sie es bei der isolierten Beschreibung einer Person (z. B. in einer Lobrede) haben. Um dem Rechnung zu tragen, sei
hier zusätzlich zwischen der allgemeinen sozialen Geltung einer Person und ihren konkreten zwischenmenschlichen Beziehungen unterschieden. So ergeben sich vier statt drei Bereiche. Diese lassen sich im
einzelnen noch weiter ausfächern. Die dafür maßgebenden Kriterien
sind von Stück zu Stück, von Epoche zu Epoche verschieden. Für
Lessings »Emilia Galotti« wäre folgende Differenzierung denkbar,
bezogen hier nur auf Gräfin Orsina, die interessanteste Figur:
1. Charakter: a) Intellekt: »Philosophin« (IV 3); b) Gefühl: affekt-
   stark (Wut, Rache); c) moralische Qualität/Sympathie: ?
2. körperliche Erscheinung: a) Geschlecht: weiblich; b) Alter: unbe-
   stimmt, aber eher jung, weil bisher Geliebte des Prinzen; c) eroti-
   sche Attraktivität: Schönheit mit »Medusenaugen« (I 4).
3. soziale Geltung: a) Stand: Adel; b) Beruf/Tätigkeit: ehemalige
   Mätresse; c) Besitz: Villa? (I 1)
4. zwischenmenschliche Beziehungen: a) verwandt mit: –; b) liiert
   bzw. liiert gewesen mit: Prinz.

Geprägt erscheint die Gestalt der Orsina vor allem durch den
Kontrast zur Titelfigur Emilia. Der frommen und gehorsamen Tochter, als die Lessing diese liebt (»Ich kenne an einem unverheiratheten
Mädchen keine höhere Tugenden, als Frömmigkeit und Gehorsam«,
schrieb er am 10. 2. 1772 seinem Bruder Karl), stellt er mit der Orsina eine jener emanzipierten Frauen gegenüber, die den Männern
seiner Zeit unheimlich waren. Diderots Bedenken gegen »kontrastierte
Charaktere« wollte sich Lessing (Hamburg. Dramaturgie, 86. Stück,
Ende) nicht ganz zu eigen machen.

Die Personen als Verkörperungen von Handlungsfunktionen

Außer der Personenkonstellation und mehr noch als diese ist es die Handlung des Dramas, die das Bild der einzelnen Akteure bestimmt. Denn die Eigenschaften einer Person lenken deren Handeln, oder sie lösen, wie etwa Schönheit, das Handeln von Mitakteuren aus.

Vor allem die meist von vornherein erkennbaren Merkmale von Geschlecht, Alter und sozialem Stand programmieren die Handlung bzw. die Handlungserwartung des Publikums vor (vgl. Pfister, S. 229), jedenfalls dann, wenn eine entsprechende Personenkonstellation zusätzlich die Richtung weist. Das Zusammentreffen eines jungen Mannes von Adel mit einem ständisch ebenbürtigen jungen Mädchen läßt z. B. einen anderen Handlungsablauf erwarten als die Begegnung eines vergleichbaren Adligen mit einer Bürgertochter.

Die Personen mit ihren verschiedenen Eigenschaften lassen sich insofern als Verkörperungen von Funktionen begreifen, die im Rahmen des Handlungsablaufs zu besetzen sind. Das gilt zumindest für diejenigen Personen, die der Autor nicht historisch oder literarisch als fest umrissene Gestalten vorfand.

Eine Person kann eine, aber auch mehrere Funktionen verkörpern. Umgekehrt muß eine Funktion nicht in einer Person, sie kann auch in mehreren Personen verkörpert sein. Orientierungshilfe für eine derartige Betrachtung bieten die von E. Souriau vorgeschlagenen sechs Funktionen, die Lausberg (§ 1203) folgendermaßen erläutert:

»1) *la Force orientée* [die zielgerichtete Kraft] = *Fo.* – Es handelt sich um das in einer Person inkorporierte, auf ein Ziel gerichtete leidenschaftliche Streben; also etwa: Liebe, Ehrgeiz, Machtstreben usw. [. . .]

2) *le Bien souhaité* [das gewünschte Gut] = *Bs.* – Es handelt sich um das Gut, nach dem *Fo* strebt. Das Gut braucht nicht unbedingt in einer Person (etwa einer Frau) inkorporiert zu sein, es kann sich um unpersönliche Güter (Herrschaft usw.) handeln, die gegebenenfalls durch bühnentechnische Symbole (Szepter) inkorporierbar sind.

3) *l'Obtenteur souhaité* [der gewünschte Erwerber] = *Os.* – Es handelt sich um die Person, für die *Fo* den Besitz von *Bs* ersehnt. Oft wird *Fo* mit *Os* in einer Person vereint sein (der Liebende, der den geliebten Gegenstand oder Menschen ersehnt, um ihn selbst zu besitzen), nötig ist das aber nicht, da *Fo* das *Bs* auch für einen anderen *Os* wünschen kann. [. . .]

4) *l'Opposant* [der Gegner] = *Op.* – Es handelt sich um den Geg-

ner von *Fo,* der es verhindern will, daß *Os* in den Besitz von *Bs* kommt. – Mit *Op* tritt also die dramatische Dialektik auf den Plan: im Spiel stehen zwei Parteien. Jede der Parteien redet und handelt parteiisch. – Die Funktion *Op* kann (wie alle Funktionen) mit einer anderen Funktion in einer Person zusammenfallen, z. B. sogar mit *Fo:* es handelt sich dann um einen äußerst akuten Normenkonflikt, in dem die Person beide Normen in ihr eigenes Gewissen aufnimmt. [...]

5) *l'Arbitre de la situation* [der »Situationsmächtige«, wie Lausberg an anderer Stelle sagt] = *Ar.* – Es handelt sich um die Person, die über den Ausgang des Konfliktes zwischen *Fo* und *Op* entscheiden kann. Die Funktion kann (wie alle Funktionen) mit einer anderen Funktion in einer Person vereinigt werden, etwa mit *Bs:* dann hat der geliebte Mensch *(Bs)* gleichzeitig die Entscheidungsfreiheit *(Ar)* über den Erfolg von *Fo.* Vereinen sich *Op* und *Ar* in einer Person, so ist der Erfolg von *Fo* ziemlich aussichtslos (wenn sich nicht die Situation ändert). [...]

6) *l'Adjuvant* [der Helfer] = *Ad.* – Es handelt sich um eine Person, die mit einer der anderen Personen (Funktionen) kointeressiert ist: es ist der (meist heimliche) Komplize einer der übrigen Personen (Funktionen). – Nötig ist *Ad* nicht: es gibt also Situationen ohne *Ad.* – Jede der fünf Funktionen kann einen *Ad* erhalten, so daß fünf *Ad* möglich sind [...]. Ein *Ad* kann natürlich auch (wie alle Funktionen) mit einer anderen Funktion in einer Person vereinigt werden. [...] Jede der fünf *Ad*-Funktionen kann vervielfacht werden: dann müssen das Motiv der Kointeressiertheit und der Charakter der Personen differenziert werden.«

Souriaus Versuch, aus diesen sechs Funktionen mit Hilfe von fünf Kombinationsregeln über 200 000 dramatische »Situationen« zu erzeugen, braucht hier nicht zu interessieren. Wichtig ist sein Ansatz, wie Pfister (S. 234) bemerkt, »als mögliches Beschreibungsmodell für die handlungsfunktionale Strukturierung des Personals«.

Allerdings erscheint dieses Modell, an Konflikthandlungen und besonders an der Austragung von Streitfällen vor Gericht ausgerichtet, »auf moderne dramatische Texte ohne Konfliktstruktur nicht anwendbar« (ebenda). Selbst die Funktionen des Konfliktdramas schöpft es nicht ganz aus. Es fehlt die hier und besonders im analytischen Drama (vgl. S. 131 ff.) wichtige Funktion des Informanten (z. B. Boten), dessen Nachricht vielfach als auslösendes Moment dient. Unberücksichtigt bleibt auch die Funktionen, die sich nicht oder jedenfalls nicht in erster Linie aus dem Handlungszusammenhang, sondern aus darstellerischen oder Aussageabsichten des Autors erklären. Hierzu gehören die von Pfister so genannten Kontrast- und Korrespondenzrelationen (z. B. der Gegensatz von Emilia und Orsina bei Lessing oder auch der von Loth und Hoffmann bei Hauptmann) sowie die gelegentliche Benutzung einer Figur als Sprachrohr des Autors.

Andere Vorschläge in bezug auf das Verhältnis von Figuren und Funktionen verdanken wir formalistischen und strukturalistischen Erzählforschern des 20. Jahrhunderts (V. Propp, C. Lévi-Strauss, A. J. Greimas, T. Todorov, R. Barthes). Vgl. dazu den einführenden Bericht von M. Hardt, Poetik und Semiotik, 1976, S. 68–90, ähnlich H.-W. Ludwig, Arbeitsbuch Romananalyse, 1982, S. 130–141.

Daß die dramatischen Personen Figuren des Autors sind und daß er sie zu Trägern oft mehrerer Handlungs- und Darstellungsfunktionen macht, wird in der »Emilia Galotti« besonders an der Gestalt der Gräfin Orsina deutlich. Sie ist die einzige der sieben Hauptpersonen, die in dem von Lessing herangezogenen Quellentext des Livius (vgl. S. 177) keine Entsprechung aufweist. Sie kam in einer früheren, nicht erhaltenen Fassung von Lessings Stück nicht vor. Die wenigen für den engeren Handlungszusammenhang notwendigen Funktionen, die er ihr zuordnet, ließen sich auch durch andere, weniger wichtige Personen abgelten: Sie klärt Odoardo Galotti über das Attentat der Prinzenpartei gegen seinen Schwiegersohn Appiani auf, versucht den Alten zur Ermordung des Prinzen anzustiften und steckt ihm ihren Dolch zu (IV 7), mit dem er dann Emilia ersticht. Schon die Motivierung dieser Aktivitäten ist nicht mehr unbedingt handlungsnotwendig: Die Gräfin ist über den ihr untreu gewordenen Prinzen erbost; als »die betrogene, verlassene Orsina« (IV 7) illustriert sie das Mätressenwesen an den zeitgenössischen Fürstenhöfen und stellt sie sich in die Reihe der rasenden Frauen in der Nachfolge Medeas. Die wohl auffälligste Funktion der Orsina liegt sogar ganz außerhalb der notwendigen Handlungsfolge: Sie ist, wie schon gesagt, Kontrastfigur zu Emilia. Diese Beziehung bleibt im wesentlichen darstellerischer Art, zu handlungsträchtiger Rivalität wächst sie sich jedenfalls nicht aus. Die beiden Frauen begegnen sich nicht, der Zuschauer sieht sie nur in Form der von dem Maler Conti angefertigten Porträts zusammen (I 4). Bei ihrem Abgang erkennt die Orsina dann in Emilia sogar die Leidensgenossin, die bald ebenso verlassen sein werde wie sie. Zusätzliche Konturen gewinnt die Orsina als Muster einer schaurigen Schönheit (über die Schönheit der Medusa vgl. M. Praz, Liebe, Tod und Teufel. Die schwarze Romantik, 1970, Kap. 1), als belesene, redegewandte, auf den Prinzen und Marinelli unweiblich wirkende »Philosophin« (IV 3) und als Interpretin jenes »Zufalls« (IV 3), mit dem ihr Eintreffen auf dem Lustschloß Dosalo kurz nach dem Appiani-Attentat erklärt wird. Alles in allem verkörpert sie mehr Funktionen als jede andere Person des Stücks.

Zur Entwicklung des Begriffs »Charakter« und zur neuzeitlichen Geschichte von Charakterdarstellung und -theorie vgl. ergänzend meinen Aufsatz »Charaktere und Charakteristik« (1993, S. 162–169) und den Artikel »Charakter« im Reallexikon der deutschen Literaturwissenschaft.

Aller Anfang ist bekanntlich schwer. Das gilt, wie jeder Schreibende weiß, gerade auch für das Verfassen von Texten. Für den Dramatiker gestaltet sich das Eröffnen besonders schwierig, jedenfalls dann, wenn er auf auktoriale Eingriffe verzichtet und das Bühnengeschehen – scheinbar – sich selber überläßt.

Angesichts ihres Herstellungsaufwands und ihrer erhöhten Informationsdichte bieten sich Textanfänge, speziell auch die von Dramen, bevorzugt als Gegenstand der Analyse an. Wie der Autor, so hat es allerdings auch der Dramenanalytiker mit ihnen nicht leicht. Seine Schwierigkeiten bewegen sich um den Begriff der *Exposition*. Für dieses Wort, das mehr als alle anderen in der neuzeitlichen Theorie zur Bezeichnung des Dramenanfangs verwendet wird, war lange der »erschreckende Mangel an terminologischer Schärfe« zu beklagen (Bickert, S. 18). Neuere Arbeiten (Bickert, Schultheis, Pütz, Pfister) haben diesen Zustand gemildert, aber nicht beendet.

Separater Prolog und handlungsinterne Exposition

Das Wort *Exposition* wurde im 18. Jh. aus dem Französischen ins Deutsche übernommen. Auch die Theorie des Exponierens stammt im wesentlichen aus dieser Zeit (Bickert, S. 19 f.). »*Exposition* bezeichnete ursprünglich prägnant die den Theaterstücken, besonders den Komödien, voranstehende oder in einem vorgeschalteten Prolog enthaltene Inhaltsangabe [das sogenannte *argumentum*]. Aus lateinisch ›expositio (argumenti)‹ ergab sich französisch ›exposition (du sujet)‹.« (Bickert, S. 39) *Expositio* bedeutet in diesem Zusammenhang zunächst nichts weiter als Darlegung. Das entspricht dem in der Antike vorherrschenden Sinn des Wortes. Allerdings wird *expositio* in der antiken Rhetorik (Auctor ad Herennium 1, 10, 17) auch schon im vorbereitenden Sinne verwendet, nämlich als Bezeichnung für die – sonst (Quintilian, Inst. or. 4, 4) *propositio* genannte – Ankündigung des rednerischen Beweiszieles. Die Dramatiker der Neuzeit haben auf »Inhalt« bzw. »Vorrede« zunehmend verzichtet und deren Funktionen der beginnenden Bühnenhandlung übertragen. An die Stelle der »abgesonderten« (J. G. Sulzer, Allg. Theorie der Schönen Künste I, ²1786, S. 98; vgl. Bickert, S. 10 f.), »handlungsexternen« Exposition

(Prologus separatus) (Bickert, S. 109 f.) trat damit die »verwebte« (Sulzer) oder »handlungsinterne« (Prologus coniunctus) (Bickert). Hier spricht nicht mehr eine der Handlung enthobene auktoriale Figur, die den Ausgang des Geschehens schon kennt, sondern eine handelnde Person (oder mehrere). Möglicher Gegenstand der Exposition ist nun nicht mehr der gesamte Inhalt, sondern nur die zu Beginn des Stücks geltenden Voraussetzungen der Handlung. Die separate Form wird nun als geringwertig angesehen, hauptsächlich mit der Begründung, ein »epischer« Bericht gehöre nicht ins Drama und die Bekanntgabe der Lösung gleich zu Beginn zerstöre die Spannung (Bickert, S. 114). Goethe möchte »das den besten dramatischen Stoff nennen, wo die Exposition schon ein Teil der Entwicklung ist« (Brief an Schiller vom 22. 4. 1797). Gegenstimmen, die sich besonders auf Euripides berufen (z. B. Lessing, Hamburg. Dramaturgie, 48./49. Stück), bleiben eher in der Defensive. Wenn wir heute von Exposition reden, ist fast immer die integrierte Form gemeint, selbst im Bereich des epischen Theaters. Demgegenüber bezeichnet das Wort Prolog vor allem die separate Form der Eröffnung. Der Barockpoetiker Rotth erinnert daran, daß die alten Lateiner bei den Komödien die Protasis (Exposition) allemal dem Drama voranschickten, bei den Tragödien aber in den ersten Akt einbezogen (Poetik des Barock, hrsg. v. M. Szyrocki, 1977, S. 184 f.). Schon Scaliger (S. 14 b) schrieb, die Tragödie habe keinen »prologum separatum«.

Aufgabe und Gegenstände der Exposition

Aufgabe der Exposition ist es, die bevorstehende Bühnenhandlung, genauer gesagt, deren Verständnis seitens des Publikums, vorzubereiten. Der ihr vielfach gleichgesetzte erste Akt soll, so wünscht Corneille in seinem »Discours de l'utilité et des parties du poème dramatique« (1660), die Samenkörner oder, wie er auch sagt, das Fundament der Handlung enthalten (»les semences de tout ce qui doit arriver«, »le fondement de toutes les actions«). Das entspricht der Zielsetzung der rhetorischen *praeparatio* (vgl. Lausberg, § 854). In der Expositionsphase tritt die auktoriale Funktion der Figurenrede (vgl. S. 81) mehr als sonst zutage, allerdings auch hier notwendigerweise kaschiert. Während die handelnden Personen in der handlungsinternen Exposition den futurischen Sinn ihrer Worte höchstens teilweise durchschauen, wird das Publikum »gleichsam absichtslos unterrichtet« (Bickert, S. 109).

Die Gegenstände, die der Exposition hauptsächlich zugeschrieben werden, sind 1. die Vorgeschichte, 2. die Hauptpersonen einschließlich ihrer Interessen und ihrer Beziehungen zueinander.

Die Exposition der Vorgeschichte ist im wesentlichen eine
Eigenart des »geschlossenen« Dramas klassischer Prägung. Sie
ergibt sich aus der Regel von der Einheit der Zeit (vgl. S. 48
und 194). Unter dem Diktat dieser Regel ist der zur Behandlung anstehende, meist doch längerfristige Ereigniszusammenhang nur in seiner Schlußphase auf der Bühne darstellbar. Alles Vorhergehende, eben die Vorgeschichte, wird nur sprachlich
vermittelt.

Die Ereignisse der Vorgeschichte können dem Beginn der gespielten
Handlung kurz vorausgehen, wie in Lessings »Emilia Galotti«. Sie
können aber auch weiter zurückliegen und damit oft umfangreicher
sein. Im ersten Fall ist die Vorgeschichte bzw. deren Exposition eher
knapp bemessen. Im zweiten kann sie bis zu ganzen Romanexzerpten
anschwellen, wie in der Lebensgeschichte der Titelheldin in Lohensteins »Epicharis« (I 103 ff.). Dann geraten die Forderungen nach
Vollständigkeit und nach Kürze der Information, die an die Exposition üblicherweise gestellt werden (vgl. Bickert, S. 88–90), in Konflikt miteinander.

Normalerweise ist die Vorgeschichte – durch monologischen oder
dialogischen Bericht – von der Sprechsituation deutlich geschieden.
Es ist aber auch möglich, sie durch Vorzeigen ihrer Ergebnisse teilweise zu vergegenwärtigen. Dazu bieten sich vor allem Requisiten an,
z. B. die gemalten Porträts in Lessings »Emilia Galotti« oder das
Messer in Zacharias Werners »24. Februar«. (Vgl. Schultheis, S. 226.)

Die Exposition der Personen bzw. Charaktere wird, verglichen mit der der Vorgeschichte, in der Forschung verhältnismäßig stiefmütterlich behandelt. Vor allem die ältere Forschung hat die Personenexposition kaum berührt (Bickert,
S. 12). Andererseits dachte Corneille bei seinen Überlegungen
zur Basisfunktion des ersten Akts vor allem an die Vorstellung
der Personen. (Vgl. S. 42 und 85.)

Personen mit individuellem Profil erfordern mehr Aufwand als
Typencharaktere. Schiller schrieb am 4. 4. 1797 an Goethe über Gestalten mit stetigen Eigenschaften: »sie exponieren sich geschwinder,
und ihre Züge sind permanenter und fester.« (Nach Bickert, S. 106)
Im übrigen sei auf Kapitel VII verwiesen, besonders auf die Ausführungen über Verfahren der Personendarstellung (S. 85–87). Weitere
Einzelheiten zur Personenexposition bei Bickert (S. 103–107, 113).

Insofern die Exposition mit den faktischen und personellen Voraussetzungen der Handlung bekannt macht, entspricht sie der in anderer Weise auch zu Beginn von Erzähltexten vorherrschenden Hintergrunddarstellung. Die Exposition der Vorgeschichte entspricht plusquamperfektischen Erzähleingängen, die der Personen entspricht der epischen Beschreibung (vgl. Asmuth/Berg-Ehlers, Stilistik, [3]1978, S. 80–86). Mit der Beschreibung teilt die Exposition auch den vorwiegend statischen und gemächlichen Charakter (vgl. Klotz, S. 26).

Widersprüchliche Auffassungen zur Exposition beim offenen Drama

Die vorherrschende Orientierung des Expositionsbegriffs am »geschlossenen« Drama und die Neigung dieses Dramentyps zur Ausprägung einer Vorgeschichte bringen es mit sich, daß Exposition und Darbietung der Vorgeschichte oft kurzerhand gleichgesetzt werden, ein Verfahren, das schon Petsch kritisiert hat (vgl. Bickert, S. 5–7). Ein häufiger, aber nicht unbedingt nötiger Teilinhalt beansprucht also die Rechte eines konstitutiven Merkmals. Diese Verwechslung von möglichem und notwendigem Merkmal fällt im Hinblick auf das geschlossene Drama selber kaum ins Gewicht. Bei Dramen ohne zusammenhängend dargebotene Vorgeschichte führt sie dagegen zu Mißverständnissen, ja zu deutlichen Widersprüchen.

In bezug auf das »offene« (atektonische) Drama stehen sich jedenfalls einander widersprechende Auffassungen gegenüber. Während Schiller und andere Shakespeare eine mustergültige Expositionstechnik bescheinigten, sind nach Ansicht neuerer Theoretiker fast alle Dramen Shakespeares expositionslos (Bickert, S. 17 f.), da sie ohne Vorgeschichte auskommen. Klotz zufolge ist das in der Nachfolge Shakespeares zu sehende offene Drama sogar generell durch das Fehlen einer Exposition gekennzeichnet, eine Meinung, die in dieser pauschalen Form allerdings den Einwand hervorgerufen hat, auch das offene Drama bedürfe eines Mindestmaßes von Expositionsfakten (vgl. Bickert, S. 18; Pütz, S. 175 f.).

Ähnlich kontroverse Beurteilungen gibt es im Hinblick auf das sogenannte analytische Drama. Vgl. dazu S. 133.

Die Erstreckung der Exposition

In der Frage, wieweit sich die Exposition erstrecken darf, herrscht bis heute ebensowenig Einigkeit wie in der Begriffsbe-

stimmung der Exposition selbst. Traditionellerweise – im geschlossenen Drama klassischer Prägung – endet die Exposition,
wie bereits angedeutet, mit dem ersten Akt. Schon viele an diesem
Dramentyp orientierte Theoretiker (z. B. Scaliger, S. 14) räumen
jedoch ein, daß sie auf den zweiten Akt übergreifen kann (Bickert,
S. 35). Ursache dafür ist unter anderem das Bedürfnis, die geg-
nerischen Parteien getrennt vorzustellen. Eine in den zweiten Akt
hineinreichende Exposition findet sich mehrfach bei Lessing.
Goethe lobt die beiden ersten Aufzüge der »Minna von Barnhelm« als »ein Meisterstück von Exposition« (zu Eckermann am
27. 3. 1831; vgl. Pütz, S. 169 f.; Bickert, S. 5). Auch in der »Emilia
Galotti« hat der zweite Akt exponierende Funktion, wenn auch
weniger als der erste. Wie der erste den Prinzen in seinem Ar-
beitszimmer zeigt, so stellt der zweite die Galottis in ihrem Haus
vor. Solcher Ausdehnung entspricht die Erlaubnis der Theoretiker, daß die Exposition auch stückweise – z. B. für jede Partei
getrennt – realisiert werden kann (Bickert, S. 35; vgl. dort
S. 107 f.).

Im 20. Jh. empfand man auch die Beschränkung auf die ersten beiden Akte als willkürlich. Gerhart Hauptmann äußerte:
»Ein Drama, das nicht vom ersten bis zum letzten Wort Exposition ist, besitzt nicht die letzte Lebendigkeit« (Bickert, S. 18).
Bickert (S. 18 und 108 f.) findet das zwar unsinnig, schreibt aber
selber, das Expositionsmaterial sei gewöhnlich »über das ganze
Stück ausgebreitet, wenn auch am Anfang in größerer Konzentration vorhanden« (S. 109). Zur »Emilia Galotti« hat man bemerkt, »die ganze Handlung sei mit Elementen der Exposition
durchsetzt« (E. L. Stahl in: B. v. Wiese, Das deutsche Drama I,
1968, S. 103). Hierzu paßt der von Pütz (S. 166) verwendete
Begriff der »Binnenexposition«. Dies Wort gibt den Begriff
Exposition für das ganze Drama frei, ohne auf seine relative
Anfangsposition gegenüber dem noch Folgenden zu verzichten.
Dagegen hält Schultheis (S. 258) daran fest, »daß man den Begriff ›Exposition‹ [...] als Bezeichnung für den Anfang des
Dramas verwenden sollte. [...] Mit dem erregenden Moment
schließt die Exposition«.

*Der Eröffnungsdreischritt von dramatischem Auftakt, eigent-
licher Exposition und »erregendem Moment«*

Der Schluß des letzten Zitats macht darauf aufmerksam,
daß mit der Besprechung der Exposition die Besonderheiten des

Dramenanfangs noch nicht erschöpft sind. Als Vor- bzw. Hintergrundinformation zur eigentlichen Bühnenhandlung verstanden, ist die Exposition nämlich nur Teil dieses Anfangs, ihm also nicht schlechthin gleichzusetzen. Der erste Akt, dem sie vorwiegend zugeordnet wird, enthält außer ihr und meist kurz nach ihr gewöhnlich auch den Anstoß für die kommenden Verwicklungen, also den Beginn der engeren Handlung, das von Gustav Freytag (S. 107) so genannte »erregende Moment«. Während Lessing in seiner »Emilia Galotti« die erste Hälfte von Akt I, nämlich die Szenen 1 bis 5, der Exposition vorbehält, dient Marinellis Nachricht in I 6, »daß die Verbindung des Grafen Appiani [mit Emilia] heute vollzogen wird«, als erregendes Moment.

Daß die Exposition in ihren wesentlichsten Teilen dem erregenden Moment vorausgeht, ist zum Teil auf die Tradition des separaten Prologs zurückzuführen, garantiert aber eine bessere ästhetische Wirkung. »Ein ewiges Fortschreiten«, das Goethe vom Drama verlangt hat (Brief an Schiller vom 22. 4. 1797), wird durch eine nachträgliche breite Entfaltung der Vorgeschichte, wie sie etwa Gryphius' »Catharina von Georgien« in Akt III aufweist, behindert. (Vgl. Schultheis, S. 14 f.)

Während das erregende Moment der Exposition folgt, geht ihr vielfach noch ein eindrucksvoller »dramatischer Auftakt« (E. Th. Sehrt; vgl. Pfister, S. 124) voraus, den Gustav Freytag noch blumiger als »einleitenden Akkord« bezeichnet hat.

Dieser Dramenanfang im engeren Sinne hat in der Theorie bislang weniger Beachtung gefunden als Exposition und erregendes Moment. Begrifflich von der Exposition trennbar, fällt er zeitlich oft mit ihr zusammen. »Beispiele für das Zusammenfallen von Auftakt und Exposition stellen alle Tragödien Racines dar; Beispiele für ihr Nacheinander finden sich häufig im Drama Shakespeares.« (Pfister, S. 124). Aber auch begrifflich findet man den Auftakt oft der Exposition zugeschlagen, wodurch das Nacheinander bei Shakespeare verwischt wird. Freytag selber bezieht die Exposition im weiteren Sinne sogar auf den gesamten Eröffnungsdreischritt: »ihre Aufgabe, vorzubereiten, erfüllt sie am besten, wenn sie so fortläuft, daß dem kurzen einleitenden Akkord eine ausgeführte Szene folgt, welche durch schnellen Übergang mit der folgenden Szene des erregenden Momentes verbunden ist.« (S. 106) Der »ruhigeren Exposition« im engeren Sinn (S. 105) dient allerdings nach Freytag nur das Mittelstück, also die »ausgeführte Szene«.

Im Unterschied zur eigentlichen Exposition hat der »einleitende Akkord« nicht die Aufgabe, Vorkenntnisse zu vermit-

teln. Er zielt weniger auf sprachliche Information als auf szenische Attraktion, ist eine Art Köder, der die Sinne des Zuschauers gefangennimmt und seine ganze Aufmerksamkeit auf
das beginnende Bühnengeschehen lenkt. Der Zuschauer wird
nicht – wie meist der Romanleser – allmählich an die wie-
derzugebenden Ereignisse herangeführt, sondern unmittelbar,
gleichsam mit einem Sprung, dem Geschehen ausgesetzt. Vielfach öffnet sich der Vorhang vor einem bereits laufenden oder
zu Ende gehenden Geschehen, wie rückbezügliche Redeeinsätze
erkennen lassen (Goethe, »Götz von Berlichingen«: »Hänsel,
noch ein Glas Branntwein«). Den ersten Worten der Personen
geht oft eine stumme Betätigung voran, indem sie etwa essen,
trinken, schreiben, handwerklich arbeiten oder auch schlafen.

Derart visuelle Eröffnungen einschließlich der aus ihnen erwach-
senden Dialogpassagen weiten sich oft zu einem »Situationsbilde« aus
(Freytag, S. 103) oder gar, wie bei Schiller mit »Wallensteins Lager«,
zu einer eigenen »Spielhandlung« (Schultheis), woraus sich dann erst
allmählich die eigentliche Exposition entfaltet. Auch bei Lessing ist
solche Erweiterung zu beobachten (Schultheis, S. 234 ff.), z.B. in seiner »Minna von Barnhelm« in dem einleitenden Gespräch zwischen
Tellheims Diener Just und dem Wirt, weniger ausgeprägt auch in der
»Emilia Galotti«, die mit einem Blick in das Kabinett des Prinzen
beginnt und diesen beim Aktenstudium zeigt. »Der größte Meister in
guten Anfängen«, und zwar in solchen mit »einleitendem Akkord«,
war laut Freytag (S. 105) Shakespeare. Die zunehmende Ausprägung
des szenischen Auftakts wie überhaupt der außersprachlichen Mo-
mente wurde durch die Shakespeare-Begeisterung des 18. Jh.s und
letztlich durch die Sinnenfreudigkeit dieser Epoche gefördert. Ausdruck dieser Entwicklung sind die damals sich ausbreitenden Bühnenanweisungen. (Vgl. S. 51 f.) Im 20. Jahrhundert bestechen besonders Shaws Dramen (z. B. »Pygmalion«) durch bildkräftige Eröffnungen.

Der »einleitende Akkord« soll, wie gesagt, die Aufmerksamkeit des Zuschauers wecken. Diese richtet sich in erster Linie
auf das, was er gerade wahrnimmt. Die sinnenhafte Ausstat-
tung macht den Auftakt jedoch zugleich besonders erinne-
rungskräftig. Dies läßt ihn auch für prognostische Signale geeignet erscheinen, die ihm dann schon expositorische Funktion
verleihen. Allerdings sind diese Signale, dem Gesamtcharakter
des szenischen Auftakts entsprechend, im Gegensatz zur eigentlichen Exposition vorwiegend außersprachlicher Art. Der Dramatiker hat hier Gelegenheit, »die eigentümliche Stimmung des
Stückes wie in kurzer Ouvertüre anzudeuten« (Freytag, S. 104).
Die Erkenntnisse, die Freytag hierzu aus der dramatischen

Weltliteratur gewonnen hat, verdichtet er seiner Gewohnheit entsprechend zur Vorschrift: »Als Regel gelte, daß es nützlich ist, den ersten Akkord nach Eröffnung der Bühne so stark und nachdrücklich anzuschlagen, als der Charakter des Stückes erlaubt. Es versteht sich, daß man den Clavigo [Goethes] nicht mit Trommelwirbel und den Tell [Schillers] nicht mit Kindergezänk in häuslichem Stilleben eröffnet.« (S. 105)

Berichtete bzw. verdeckte Handlung

Insofern die Exposition die jeweilige Vorgeschichte aufarbeitet, entlastet sie die Bühnenhandlung. Diese Aufgabe teilt sie mit anderen Verfahren, die hier ergänzend besprochen seien. Das im Drama behandelte Geschehen kommt nämlich auch, soweit es *nach* Beginn der gespielten Handlung anzusetzen ist, nicht unbeschränkt zur Aufführung. Neben den unmittelbar gezeigten Situationen (einschließlich der situationsunmittelbaren Teile der Figurenrede) gibt es auch weiterhin Handlungsteile, die nur »berichtet«, also sprachlich vermittelt, gewissermaßen »aus zweiter Hand« dargestellt werden. (*Bericht,* sonst von anderen narrativen Formen, wie Erzählung und Beschreibung, unterschieden, steht hier für diese Formen insgesamt.) Anders als in Kapitel V geht es nun weniger um »epische« Mittel auktorialer Art als um Berichte seitens der Figuren. Die Staffelung in gespielte und berichtete Handlung erklärt sich aus dem Bühnencharakter des Dramas. Die begrenzte Spielzeit reicht nicht aus, um alles Handlungswichtige in Szene zu setzen. Zum anderen sind die gleichzeitigen Aktivitäten räumlich getrennter Akteure nicht leicht simultan darstellbar.

Die beiden klassischen Formen »narrativer Vermittlung« (Pfister, S. 280) sind Botenbericht und Mauerschau. Der *Botenbericht,* im antiken Drama gewöhnlich der zweiten Stückhälfte zugehörig, macht mit Ereignissen bekannt, die zwischen den Akten oder Szenen andernorts vorgefallen sind. Er schließt also Lücken, stiftet Verbindungen. Gelegentlich hat er auch Vorgeschichte zum Inhalt (z. B. in Sophokles' »König Ödipus«).

Im neuzeitlichen Drama wird die Botschaft vielfach durch einen *Brief* übermittelt, der Bote also auf die Rolle des Überbringers beschränkt oder ganz ausgespart. Seit dem 20. Jahrhundert erlauben die akustischen Medien (Radio, Lautsprecher, Tonband) eine gänzlich unanschauliche Benachrichtigung.

Der Anteil des so auf verschiedene Weise Berichteten an der Gesamthandlung ist von Fall zu Fall unterschiedlich.

»Oft sind bei Hauptmann alle entscheidenden Ereignisse zwischen die Akte und Szenen verlegt und werden erst im nachhinein als determinierende Faktoren gezeigt. Zwischen dem ersten und zweiten Aufzug entdeckt Rose Bernd ihre Schwangerschaft, zwischen dem zweiten und dritten wird sie von Streckmann vergewaltigt, zwischen dem dritten und vierten liegen die gerichtliche Klage des Vaters und Roses Meineid und zwischen dem vierten und fünften der Kindesmord.« (Pütz, S. 216)

Im Unterschied zum Botenbericht, der über Vergangenes informiert, bezieht sich die *Mauerschau* (Teichoskopie), wie sie nach ihrem früher repräsentativsten Beobachterstandort heißt, auf Vorgänge, die sich im Augenblick der jeweiligen Bühnensituation abspielen, ohne daß sie vom Publikum wahrgenommen werden. Eine handelnde Person (oder mehrere) redet, gewöhnlich von erhöhter Warte (Stadtmauer, Turm, Hügel, im neuzeitlichen Haustheater meist Fenster), über das, was sie – anscheinend – sieht.

Varianten der Mauerschau, die sich ebenfalls auf Gleichzeitiges beziehen, sind die Wiedergabe von Visionen bzw. Wahnbildern (z. B. in Lohensteins »Agrippina« V 42 ff.) sowie seit dem Ende des 19. Jh.s das Telefongespräch (z. B. im 3. Akt von Hauptmanns »Vor Sonnenaufgang«). Eine andere, sehr seltene Variante, die man Mauerhören nennen könnte, verwendet Schiller in seiner »Maria Stuart« (V 10): Marias Hinrichtung wird von Leicester durch eine Wand akustisch miterlebt (vgl. Pfister, S. 278 f.).

Im älteren Drama haben Botenbericht und Mauerschau oft die kompakte Form langer Reden. Der dialogischen Auflockerung des neueren Dramas (vgl. S. 43 und 77 f.) mußten auch die berichtenden Passagen Tribut zollen. Vielfach sind die Informationen ans Publikum auf der Handlungsebene nicht einmal als Nachrichten ausgewiesen, sondern erfolgen, für die handelnden Personen selber nicht neu, durch deren argumentierende oder kommentierende Äußerungen eher nebenbei. Die Technik, Zwischenaktgeschehen »unauffällig und zwanglos aus der neueinsetzenden Handlungsphase ersichtlich werden« zu lassen, ist für Klotz (S. 28) ein eigenes, drittes Verfahren nichtszenischer Handlungsdarbietung – neben den deutlich vermittelnden Formen Mauerschau und Botenbericht.

Soweit die Personen sich selber als Berichtende verstehen, brauchen sie einen Anlaß, um ihre Nachricht vorzubringen, besonders wenn sie sich auf Zurückliegendes beziehen. Die klassischen Boten sind Kuriere, die sich eines Auftrags entledigen. Ansonsten entzündet sich, wie schon zur Exposition angedeutet, der Bericht über vergangene Ereignisse vorzugsweise an deren sichtbaren – möglicherweise auch an ihren hörbaren – Folgen (vgl. Pütz, S. 215).

Normalerweise sind die berichteten, eher verkürzt wiedergegebenen Handlungsteile weniger wichtig als die gespielten. Selbst Hauptmanns »Rose Bernd« spricht nicht unbedingt dagegen, insofern es hier nicht so sehr auf die erwähnten Zwischenaktereignisse selber ankommt wie auf ihre im Dialog ausgedrückten Voraussetzungen und Folgen sozialer und seelischer Art.

Wie der Autor abstuft, richtet sich allerdings nicht nur nach Wichtigkeitsüberlegungen. Maßgeblicher erscheint oft die Rücksicht auf handlungsextern vorgefundene Beschränkungen. Manches Berichtete würde, wie schon im Zusammenhang der Exposition angedeutet, die Einheit der Zeit oder des Ortes sprengen, käme es neben dem ohnehin Gespielten szenisch zur Geltung. Anderes läßt sich, ließ sich zumindest früher bühnentechnisch nicht oder nur schwer darstellen (z. B. Schlacht, Schiffbruch). Schließlich können auch moralisch-ästhetische Bedenken gegen eine Vorführung sprechen.

Derartige Bedenken formuliert Horaz in der folgenden, ansatzweise schon auf S. 11 zitierten Passage seiner »Ars poetica«, nämlich in den Versen 179–188:

> »aut agitur res in scaenis aut acta refertur.
> segnius inritant animos demissa per aurem
> quam quae sunt oculis subiecta fidelibus et quae
> ipse sibi tradit spectator: non tamen intus
> digna geri promes in scaenam multaque tolles
> ex oculis, quae mox narret facundia praesens:
> ne pueros coram populo Medea trucidet
> aut humana palam coquat exta nefarius Atreus
> aut in avem Procne vertatur, Cadmus in anguem.
> quodcumque ostendis mihi sic, incredulus odi.«

Eckart Schäfer übersetzt in der zweisprachigen Reclam-Ausgabe:

> »Etwas wird auf der Bühne entweder vollbracht oder wird als Vollbrachtes berichtet. Schwächer erregt die Aufmerksamkeit, was seinen Weg durch das Ohr nimmt, als was vor die verläßlichen Augen gebracht wird und der Zuschauer selbst sich vermittelt; doch wirst du nicht, was besser im Innern [des von außen sichtbaren Bühnenhauses] sich abspielen sollte, auf die Bühne bringen, wirst vieles den Augen entziehen, was dann die Beredsamkeit allen verkündet: damit ihre Kinder vor allem Volke Medea nicht schlachte noch öffentlich menschliche Eingeweide der ruchlose Atreus koche, nicht in einen Vogel sich Prokne verwandle noch Kadmos sich in eine Schlange; was du mir so zeigst, dem kann ich nicht glauben, ich muß es verabscheun.«

Was Horaz hier empfiehlt, entspricht der einige Jahrhunderte älteren Praxis der griechischen Tragödie: »In den hinterszenischen Raum verlegt wird vor allem und in der Regel Geschehen grauenhafter, blutiger, entsetzlicher Natur« (K. Joerden mit Auflistung der hinterszenischen Ereignisse nach Tragödien in: Jens, S. 403). Spätere haben sich nicht immer nach den Griechen und Horaz gerichtet. Senecas »Medea« etwa zeigt den Kindermord auf offener Bühne. In den – Seneca verpflichteten – Barocktragödien finden sich häufig Folter- und Hinrichtungsszenen, die die Grausamkeit dieser kriegerischen Zeit spiegeln und zugleich die stoische Unempfindlichkeit der Helden unter Beweis stellen (vgl. S. 34).

Aber auch wer den angesprochenen moralisch-ästhetischen und technischen Beschränkungen gehorcht, braucht auf die Inszenierung der betroffenen Ereignisse nicht ganz zu verzichten. Ihm bleibt die Möglichkeit, sie halb, nämlich nur akustisch, in Szene zu setzen. Man hört etwa die Schreie oder Rufe von Sterbenden, ohne ihren Tod mitansehen zu müssen.

Der Begriff der *verdeckten Handlung,* der sich in der neueren Literatur (Weltmann, Motylew, Petsch, Klotz, Pütz) zur Bezeichnung von optisch nicht präsentiertem Dramengeschehen eingebürgert hat, läßt zunächst weniger an berichtete als an hinterszenisch hörbare Ereignisse denken (vgl. Pütz, S. 213). Die verdeckte, nicht offen gezeigte Handlung umfaßt jedenfalls nicht nur Handlungteile, die berichtet werden. Andererseits bleibt sie hinter der berichteten Handlung zurück, da sie nach herrschendem Verständnis die Vorgeschichte ausschließt und nur das unsichtbare Geschehen *nach* Beginn der Spielhandlung bezeichnet.

Daß berichtete und verdeckte Handlung sich überschneiden, ohne ganz synonym zu sein, wirkt verwirrend, zumal die Diskrepanz dieser Begriffe in der bisherigen Literatur gewöhnlich verwischt erscheint. Ursache der Verwirrung ist das Zusammenspiel verschiedener Unterscheidungskriterien. Faßt man die im Verlauf dieses Kapitels angesprochenen Kriterien zusammen (sichtbar/unsichtbar, gespielt/berichtet, gleichzeitig/vorzeitig zur gespielten Szene, nach/vor Einsatz der gespielten Handlung liegend), so lassen sich insgesamt folgende Arten der Handlungsdarbietung auseinanderhalten: 1. die optisch-akustische Inszenierung auf offener Bühne, 2. die hinterszenisch hörbare Realisierung in der Art einer Hörspielpassage, 3. der Bericht über Gleichzeitiges (Mauerschau usw.), 4. der Bericht über zwischendurch Geschehenes (Botenbericht usw.), 5. die Exposition der Vorgeschichte. (Nicht berücksichtigt ist hierbei die Unterscheidung von ausdrücklicher und impliziter Nachricht [vgl. S. 110], die innerhalb der Bereiche 3 bis 5 möglich ist.) Berichtete Handlung umfaßt die Bereiche 3 bis 5, verdeckte Handlung die Bereiche 2 bis 4. Pütz (S. 213) unterscheidet räumlich (2/3) und zeitlich verdeckte Handlung (4).

Die genannten Darbietungsarten gehen oft sukzessiv ineinander über. Beispielhaft dafür ist die Art, in der Lessing den Überfall auf Emilia Galotti und ihren Bräutigam Appiani behandelt. Zu Beginn des dritten Aktes berichtet der verantwortliche Intrigant Marinelli dem Prinzen von der Vorbereitung des Anschlags, dann hört man von weitem einen Schuß, und schließlich kommentieren Prinz und Intrigant, aus einem Fenster schauend, die Rückkehr der dann eintreffenden Beteiligten. Die verdeckte Handlung gewinnt so, auf verschiedene Weise vermittelt (4/2/3), Anschluß an das Bühnengeschehen. Die Darbietungsformen 2 und 3 kommen oft auch gleichzeitig vor. Im vierten Akt von Hauptmanns Schauspiel »Die Weber« etwa wird das Herannahen der revoltierenden Menschenmenge ebenso durch die »Fensterschau« des bedrohten Fabrikanten Dreißiger wie durch den von draußen hörbaren Tumult vermittelt.

Alles in allem ist die Aufteilung des dramatischen Stoffes in gespielte und berichtete oder auch in optisch präsentierte und verdeckte Handlung von entscheidender Bedeutung für die Struktur des jeweiligen Stücks. Epoche und Formtyp des Dramas sind dabei von prägendem Einfluß: »in bestimmten historischen Epochen wird ein größerer Anteil der Geschichte in die verdeckte Handlung verlagert als in anderen. So zeichnet etwa das Drama Senecas und seiner Nachfolger in der Renaissance eine starke Asymmetrie zugunsten der verdeckten Handlung aus« (Pfister, S. 277). »Das Drama der geschlossenen Form verdrängt alle gewaltsamen Taten, alle sinnlich dynamische Aktion in die verdeckte Handlung und läßt sie nur durch Abstand und rhetorische Verarbeitung entstofflicht in die Szene ein« (Klotz, S. 30).

Was im Vorstehenden über die verschiedenen Darbietungsformen der *Handlung* gesagt wurde, läßt sich im wesentlichen auch auf zuständliche Gegebenheiten beziehen, die nicht selber Handlung sind, nur zu deren Beiwerk zählen. Dies gilt besonders für das Aussehen von Personen und Orten. Handelnde Personen und Handlungsorte können optisch vorgeführt, aber auch »verdeckt« beschrieben werden. Vielfach ergänzen sich beide Verfahren, geht etwa die Beschreibung einer Person deren Auftreten voraus. (Vgl. S. 85 f.)

Die Nachricht über ein Ereignis ersetzt nicht das Ereignis selbst. Ihr fehlt nicht nur dessen sinnliche Unmittelbarkeit. Die Nachricht erfolgt meist auch zeitlich versetzt, hinkt hinter dem Ereignis her, geht ihm vielleicht auch – als Ankündigung – voraus, und sie gibt es womöglich verzerrt wieder.

Indes, der Dramatiker verstünde nicht sein Handwerk, wenn er nicht aus der Not der zeitlich und perspektivisch »verdeckten« Ereignisse eine Tugend zu machen, ihr Anschauungsmanko durch spannende Ungewißheit aufzuwiegen wüßte. Die Ungleichzeitigkeit von Bericht und Ereignis begünstigt eine durchgängige Verselbständigung der Informationsentwicklung gegenüber der Ereignisfolge. Das betrifft nicht nur das Wissen des Publikums, sondern auch das der handelnden Personen, wirkt sich also auch auf die Handlung aus. Die perspektivische Beschränktheit der Berichte könnte ein Grund dafür sein, daß Dramatiker die zum einzelnen Zeitpunkt vorhandenen Wissensunterschiede zwischen Publikum und handelnden Personen und zwischen den Personen selber gern betont herausstellen. Insgesamt gesehen, ist das Drama nicht nur eine Handlungsfolge, sondern auch ein – mehrperspektivischer – Wissensprozeß.

Daß Publikum und handelnde Personen zeitweilig Täuschungen unterliegen, erinnert an die durch das dramatische Rollenspiel bedingte Illusion (vgl. S. 195 ff.). Allerdings betrifft die dramatische Illusion nur den Zuschauer. Ihre Wirkung wird durch das heimliche Bewußtsein eben dieser Illusion gemildert. Die Täuschungen, um die es jetzt geht, sind anderer Art. Von ihnen sind auch die handelnden Personen betroffen. Sie sind keine halbe Einbildung, sondern ganzer Irrtum, den der Getäuschte erst später, manchmal sogar überhaupt nicht, als solchen erkennt. Die für das Drama zwar nicht wesensnotwendige, aber doch als typisch geltende, oft sogar als grundlegend angesehene Spannung (vgl. S. 2 und Pütz, S. 11–17) beruht hauptsächlich auf der Polarität von Täuschung und späterer Entdeckung. So gesehen, ist das Drama nicht nur Rollenspiel, sondern meist auch eine Art Rätselspiel.

Im folgenden geht es um einige Erscheinungen und Begriffe, die mit den angedeuteten diachronischen und synchronischen Wissensunterschieden zusammenhängen. Sie alle gelten als dramentypisch, werden aber in der dramentheoretischen Literatur gewöhnlich nicht zusammen behandelt. Besprochen seien zuerst die handlungsübergreifenden, das Publikumsverständnis berührenden Besonderheiten (Vorausdeutung, dramatische Ironie), danach die handlungsinternen (Intrige, Anagnorisis, analytisches Drama).

Die Vorausdeutung als Mittel dramatischer Spannung und ihr Zusammmenhang mit mantischem Glauben

Dramatische Spannung im Sinne einer Neugier auf die zukünftige Handlung kommt nur auf, wenn sich die weitere Entwicklung in Umrissen schon abzeichnet. Dazu ist es nötig, die Zukunft teilweise vorwegzunehmen. Diese Antizipation wird als *Vorausdeutung* bezeichnet. Pütz redet von »Vorgriffen«. Früher sprach man, mehr Sinn als Zugriff betonend, von »Vorbedeutung«. Die Vorausdeutung kann als Teilerscheinung der Exposition verstanden, aber auch unabhängig von dieser betrachtet werden. Jedenfalls ist sie nicht auf den Werkanfang beschränkt.

Goethe meinte, daß man von einer guten Dichtung den Ausgang im voraus wissen könne oder gar müsse (am 22.4.1797 an Schiller). Die Vorausdeutung ist, von ihrer spannenden Wirkung abgesehen, ein Mittel, das jeweilige Werk als Totalität zu fassen (Gerlötei, nach Lämmert, S. 140). Sie läßt »die gleichzeitige *Punkt*- und *Strahl*-Natur« des betreffenden Werkteils hervortreten (Lämmert, S. 140)

Um das Phänomen der Vorausdeutung hat sich anfangs weniger die Dramen- als die Erzählforschung gekümmert. Alfred Gerz (Rolle und Funktion der Vorausdeutung im Mhd. Epos, 1930) unterschied Vorausdeutungen des Erzählers, die er »subjektiv« nannte, von »objektiven«, die der Handlung selber angehören. Ersteren darf der Leser mehr Vertrauen schenken; gehört doch das, was den handelnden Personen noch bevorsteht, für den »allwissenden«, schon alles wissenden Erzähler bereits der Vergangenheit an. Ob sich die im Rahmen der Handlung geweckten Erwartungen bewahrheiten, ist dagegen oft fraglich. Lämmert nannte deshalb die Erzählervorgriffe »zukunftsgewiß«, die handlungsinterne Vorausdeutung »zukunftsungewiß« (Lämmert, bes. S. 124f. und 175f.).

Diese Unterscheidung gibt, so scheint es zunächst, für das Drama kaum etwas her. Die auktoriale Vorausdeutung, auf die sich die Erzählforschung vorrangig konzentriert hat, kommt im normalen Drama ja gar nicht vor. (Sie ist nur im epischen Drama möglich. Bei Brecht, der die »Spannung auf den Gang« der »Spannung auf den Ausgang« vorzog, bezieht sie sich indes meist nur auf die jeweils bevorstehende Szene.)

Der Eindruck, daß der Dramatiker normalerweise nicht zukunftsgewiß vorausdeuten könne, trügt jedoch. Während die auktoriale Vorausdeutung als zukunftsgewiß überzeugend bestimmt ist, wirkt die handlungsinterne Vorausdeutung durchaus nicht immer zukunftsungewiß. Lämmert selber räumt ein:

> »Wo Träume, Ahnungen, Prophezeiungen im Laufe des erzählten Geschehens kundgetan werden, da steuern sie merkwürdigerweise trotz ihrer theoretischen Unverbindlichkeit den Leser in einer ähnlichen Weise wie es durch die gewissen Vorausdeutungen des Erzählers geschieht. [...] In gewissen Bereichen erzählender Dichtkunst verbietet sich jeder Zweifel an der Erfüllung einer Voraussage von vorneherein: Dort nämlich, wo das Walten göttlicher, mythischer oder dämonischer Mächte den eigentlichen Erzählgegenstand ausmacht [...] Wo die Stimme Gottes oder seiner Sendboten unmittelbare Zukunftsweisungen gibt, tragen diese ihre Erfüllung in sich – womöglich sicherer noch als die des ›second maker‹, des Dichters selbst.« (S. 178 bis 180).

Das Kriterium der Gewißheit eignet sich also weniger für eine Abgrenzung von auktorialer und handlungsinterner Vorausdeutung als für eine Differenzierung innerhalb des letztgenannten Bereichs. Es bietet zumindest Anlaß für den Hinweis, daß dieser Bereich zwei völlig verschiedene Arten von Vorausdeutung in unbefriedigender Weise zusammenzwingt. Diese Arten seien als handlungslogisch und mantisch bezeichnet.

Die – zukunftsungewisse – handlungslogische Vorausdeutung ergibt sich genetisch-kausal aus der zurückliegenden Handlung, ohne daß eine prognostische Fähigkeit die Voraussetzung dafür abgäbe. Sie umfaßt Absichtsbekundungen, also Pläne, Wünsche, Schwüre und dergleichen, aber auch Taten, die ihre Fortsetzung bereits in sich tragen, wie die Zeugung eines Kindes oder ein Verbrechen, das nach Entdeckung und Bestrafung schreit.

Demgegenüber stützt sich die – ihrem Anspruch nach zukunftsgewisse – mantische Vorausdeutung auf Prophezeiungen und zukunftsträchtige Zeichen. Ihr eigentlicher Garant ist eine übersinnliche Macht oder Kraft. Zur Äußerung kommt diese Art der Vorausdeutung allerdings, mehr oder weniger in die Handlung eingebunden, vorzugsweise durch autorisierte Medien, wie Priester und Seher. *Mantis* ist im Griechischen der Wahrsager oder Prophet. Mantik bedeutet also Seher- oder Wahrsagekunst. Als nicht natürlich, als übernatürlich oder übersinnlich hebt sich die mantische Vorausdeutung von der handlungslogischen wie auch von der auktorialen deutlich genug ab.

Die mantische Vorausdeutung, deren Eigenständigkeit in der bisherigen Vorausdeutungsforschung eher verwischt erscheint, hat für das Drama gattungsspezifische Bedeutung. Da sie eine ähnliche Zukunftsgewißheit und damit eine ebenso gezielte Spannung erlaubt wie die auktoriale Vorausdeutung, läßt sie deren Ausfall verschmerzen. Der Dramenautor kann seine eigene Abwesenheit dadurch kompensieren, daß er das Schicksal als Regiehilfe bemüht.

Die mantische Zukunftsgewißheit hängt allerdings vom Glauben des Publikums ab. Das ist ihr Problem. Das macht sie aber auch geschichtlich interessant.

Allgemeinere Voraussetzung der mantischen Vorausdeutung ist der Glaube, alles Geschehen sei vorherbestimmt. Dieser Glaube ist im Christentum, besonders im Kalvinismus, und in vielen anderen Religionen verbreitet. Die Kenntnis der Zukunft gilt gemeinhin als göttliches Privileg. Auf den Glauben an Gottes Vorherwissen gründet sich das Vertrauen in die göttliche »Vorsehung«, jene aus Vorherwissen und Fürsorge gemischte Kraft, die Schopenhauer (Parerga und Paralipomena) »das christianisierte Schicksal« genannt hat. Die mantische Vorausdeutung setzt zusätzlich den Glauben voraus, das göttliche Vorherwissen sei dem Menschen zum Teil zugänglich, und zwar durch die Fähigkeit einiger Menschen, in übernatürlichem Auftrag oder aus eigener übernatürlicher Kraft einen Blick in die Zukunft zu tun.

Dramatische und auch epische Werke, die in Zeiten starken religiösen und magischen Glaubens entstanden, lassen ihr Publikum vielfach an dem mantischen, letztlich göttlichen Vorherwissen teilhaben. Der Zuschauer bzw. Leser weiß dadurch mehr als die handelnden Personen, ohne doch die Einsicht der Götter oder auch nur die der Seher ganz zu erreichen. Die Prophezeiungen und erst recht die außersprachlichen Zeichen sind häufig ungenau, und wo sie konkreter scheinen, laden sie durch orakelhaften Doppelsinn zum Mißverständnis ein. Dieses halbe Vorherwissen sorgt dafür, daß die Neugier auf die Zukunft nicht erlischt. Die Ungenauigkeit mantischer Prognosen wirkt weniger willkürlich als die vergleichbare Geheimnistuerei eines allwissenden Erzählers. Im übrigen beeinträchtigt sie nicht die Gewißheit, daß sich die Prognose erfüllen werde. Unbestimmtheit und Ungewißheit sind nicht dasselbe.

Bis ins 17. Jh. konnten sich die Dichter auf den Glauben ihres Publikums an übersinnliche Erscheinungen und an die Vorhersehbarkeit der Zukunft durchaus verlassen und ihre Werke entsprechend einrichten. Im 18. Jh. ging der Glaube an Magie und Mantik dann deutlich zurück. Gottsched bemerkt zu den Zauberszenen in den barocken Trauerspielen des Andreas Gryphius: »Sie schicken sich für unsre aufgeklärte Zeiten nicht mehr, weil sie fast niemand mehr glaubt.« (S. 625; vgl. auch ebenda, S. 183.)

Die Säkularisierung des Denkens blieb für die Vorausdeutung im Drama nicht ohne Folgen. Goethe und Schiller schreiben in ihrem Aufsatz »Über epische und dramatische Dichtung«, daß »für die Modernen eine besondere Schwierigkeit entsteht, weil wir für die Wundergeschöpfe, Götter, Wahrsager und Orakel der Alten, so sehr es zu wünschen wäre, nicht leicht Ersatz finden«. Diese Äußerung, auf Drama und Epik gleichermaßen gemünzt, gilt für das Drama in besonderer Weise. Der Erzähler kann ja, wie gesagt, von sich aus den Leser mit Voreginformationen versorgen. Wo Götter und Schicksal als steuernde Kräfte ausfallen, kann er immer noch selber das Heft in die Hand nehmen. Das starke Hervortreten des Erzählers in der Epik des 18. und frühen 19. Jh.s (z. B. bei Fielding und Sterne, in Deutschland bei Wieland, Jean Paul und Hebel) ist vielleicht auch dadurch zu erklären. Der Dramatiker dagegen findet für den Wegfall des Übersinnlichen tatsächlich kaum Ersatz. Will er sich nicht mit den ungewissen Erwartungen begnügen, die sich aus dem natürlichen Fortschreiben der Handlung ergeben, so wird er versuchen, an den mantischen Elementen so lange wie möglich festzuhalten. So gerät er in ein Dilemma zwischen seinem Streben nach spannender Wirkung und seinem aufgeklärten Bewußtsein. Die Dramengeschichte der letzten zwei bis drei Jahrhunderte ist nicht zuletzt eine Geschichte dieses Dilemmas bzw. der verschiedenen Versuche, ihm zu entkommen.

Geister und Zauberer kommen im deutschen Drama nach Gottsched kaum noch vor. Dennoch lebt das Mantische hier kräftig weiter. Gegenüber den Zeiten ungebrochenen Glaubens hat es sich allerdings deutlich verändert. Der Zweifel fordert seinen Tribut.

Waren es früher Orakel, Propheten und Zauberer, also meist nicht zur engeren Handlung gehörende Erscheinungen bzw. Personen, die man bemühte, so tritt im Zuge der aufkommenden Empfindsamkeit mehr und mehr die Psyche der vom Geschehen wirklich Betroffenen an ihre Stelle. Die eigentlichen Prophezeiungen werden durch Träume, genauer gesagt, Traumberichte, verdrängt. So träumt Lessings Emilia Galotti von einem Perlengeschmeide, das Tränen bedeutet und auf den tragischen Ausgang vorausweist (II 7). Die Träume ihrerseits machen im Laufe der Zeit allmählich düsteren Ahnungen und angstvoll-melancholischen Stimmungen Platz, wie sie Emilias Bräutigam

Appiani in demselben Auftritt erkennen läßt. Das Schicksal meldet sich nicht mehr durch Seher, unterweltbeschwörende Zauberer, Astrologen und andere Wahrsager und schon gar nicht mehr in den kultischen Formen des Vogelflugs und der tierischen Eingeweide, sondern durch das fühlende Herz. Das Okkulte gewinnt privaten, beinahe intimen Charakter. Allenfalls treten korrespondierende Naturerscheinungen als bedeutsame Untermalung hinzu, etwa wenn die Heldin von Lenz' »Soldaten« am Ende des ersten Aufzugs ihrem späteren Unglück entgegenseufzt: »Das Herz ist mir so schwer. Ich glaube, es wird gewittern die Nacht.« Ähnliche Belege zur Privatisierung des Mantischen finden sich in den meisten Dramen des 18. und 19. Jh.s. Selbst in denen des Naturalismus häufen sich zukunftsträchtige Empfindungen. »Ahnungen gibts«: Diese Meinung verficht in Schlafs »Meister Oelze« die Stiefschwester des Meisters in einem längeren Disput, und die Ereignisse geben ihr recht.

Die Änderung der mantischen Instanz ist die hervorstechendste Möglichkeit, der modernen Säkularisierung Rechnung zu tragen. Eine zweite, seltener realisierte Möglichkeit besteht darin, die Prophezeiung als solche beizubehalten, sie am Ende auch in Erfüllung gehen zu lassen, sie aber vorher in Zweifel zu ziehen, indem die handelnden Personen ihre Glaubwürdigkeit anfechten, sie vielleicht sogar lächerlich machen. »Was für Ahnungen quälen mich! – Sind es wirklich Ahnungen, Mellefont, oder sind es gewöhnliche Empfindungen [...]?« fragt Miß Sara Sampson, die Titelfigur von Lessings erstem bürgerlichen Trauerspiel, ihren Geliebten, und dieser findet es tadelnswert, »wenn wir des Bluts mechanische Drückungen zu fürchterlichen Propheten machen« (IV 1). Aber am Ende bestätigen sich die Ahnungen doch. Der moderne Zuschauer glaubt der vorübergehend in Frage gestellten und damit seinem eigenen Bewußtseinsstand angepaßten Prognose anscheinend bereitwilliger als der uneingeschränkt autoritativen Weissagung. Der Zweifel ist geradezu die Losung, die dem Denkschema von Prophezeiung und Erfüllung Eingang ins moderne Bewußtsein verschafft. Selbst Brecht, der seinen Galilei programmatisch die Ablösung des Glaubens durch den Zweifel verkünden läßt, mochte auf die dramaturgischen Früchte mantischen Denkens nicht ganz verzichten. Das Manöver mit den schwarzen Losen, die seine Mutter Courage zu Beginn des gleichnamigen Schauspiels ihre drei Kinder ziehen läßt, um den Söhnen die Lust am Soldatenberuf zu vergällen, bewahrheitet sich jedenfalls später in furchtbarer Weise. Das ganze Stück entpuppt sich als eine schrittweise Erfüllung und Beglaubigung der von Courage gar nicht ganz ernst gemeinten Anfangsprognose.

Zur Berücksichtigung von Zweifel und menschlichem Irren paßt auch die falsche Zukunftsdeutung des Astrologen Seni in Schillers »Wallenstein«. Doppelsinnig waren Orakel seit der Antike. Während sich aber die delphische Pythia auf dunkles Reden beschränkte und die falsche Deutung den Betroffenen überließ, ist Seni Medium und

falscher Deuter zugleich. Er erkennt, daß die Sterne Wallenstein von
seinen Freunden Gefahr anzeigen, bezieht dies aber auf die fernen
Schweden, nicht auf die nächsten Kriegskameraden, die Wallenstein
dann umbringen.

Manche Dramatiker machen ihre »Propheten« auch dadurch er-
träglich, daß sie sie als alt, arm, verkrüppelt oder geistig behindert
am Rande der Gesellschaft ansiedeln. Das gilt etwa für die apokalyp-
tisch wirkenden, sich selber als »Todenvögels« bezeichnenden Vaga-
bunden in Else Lasker-Schülers vorexpressionistischem Schauspiel »Die
Wupper«.

Abgesehen von den erwähnten Versuchen, Mantik und Zweifel miteinander zu vereinbaren, bleibt es dem neueren Dramatiker unbenom-
men, die mantischen Praktiken in einer von vornherein nicht realistisch gemeinten Phantasie-, Märchen-, Utopie- oder Symbolwelt un-
verfälscht weiterleben zu lassen. Ein Beispiel ist F. Raimund.

Alles in allem hat sich im Zeichen des Zweifels die alte Erfüllungs-
gewißheit verringert und damit die Spannung verlagert. Entzündete
sie sich früher hauptsächlich an der Ungewißheit, *wie* die – oft ja
doppelsinnige – Prophezeiung sich im einzelnen erfüllen werde, so
hat sich nunmehr die Frage nach vorn geschoben, *ob* das Prophezeite
überhaupt eintreffen werde. Erwuchs die Spannung früher aus der
mangelnden Vollständigkeit bzw. Genauigkeit der Vorhersage, so
dem Publikum ein Rätsel aufgab, so ist nunmehr schwankender
Glaube die Grundlage der Spannung. Am Ende allerdings trifft das
Vorausgesagte dann doch meist ein.

Im übrigen gilt in etwa auch noch heute, was Lessing anläßlich der
Gespenster in Shakespeares Dramen schrieb: »keine Gespenster glauben, kann und darf den dramatischen Dichter im geringsten nicht ab-
halten, Gebrauch davon zu machen. Der Same, sie zu glauben, liegt
in uns allen, und in denen am häufigsten, für die er vornehmlich
dichtet. Es kömmt nur auf seine Kunst an, diesen Samen zum Käu-
men [= Keimen] zu bringen; nur auf gewisse Handgriffe, den Gründen für ihre Wirklichkeit in der Geschwindigkeit den Schwung zu
geben. Hat er diese in seiner Gewalt, so mögen wir in gemeinem
Leben glauben, was wir wollen; im Theater müssen wir glauben, was
er will.« (Hamburg. Dramaturgie, Stück 11)

Selbst außerhalb des Theaters hat der moderne Zweifel den alten
Spuk noch nicht völlig überwunden. Auch aufgeklärte Geister sind
davon selten ganz frei:

> »Der Aberglaub', in dem wir aufgewachsen,
> Verliert, auch wenn wir ihn erkennen, darum
> Doch seine Macht nicht über uns. – Es sind
> Nicht alle frei, die ihrer Ketten spotten.«

Diese schon einmal (S. 79) zitierten Worte des Tempelherrn aus
Lessings Drama »Nathan der Weise« (IV 4) verraten wohl auch das
gemischte Bewußtsein ihres Autors.

Mantischer Glaube ist bis heute ein wesentlicher Garant dramatischer Spannung geblieben. Fünfzig Millionen Mark, so schätzte Hoimar von Ditfurth 1979 im Zweiten Deutschen Fernsehen, geben die Bewohner der Bundesrepublik Deutschland jährlich für Horoskope aus. Weiteres Material zu dem behandelten Gegenstand erschließt der Artikel »Weissagung, Vision, vorausdeutender Traum« in E. Frenzels Lexikon »Motive der Weltliteratur« (1976, S. 765–793).

Zusammenfassendes über Arten der Vorausdeutung

Mit den drei besprochenen Arten (erzählerisch, handlungslogisch, mantisch) sind die Möglichkeiten der Vorausdeutung noch nicht ganz erschöpft. Als vierte Art ist die Vorausdeutung durch Zukunft symbolisierende, meist standardisierte Kunstmittel zu nennen. Diese Art sei als darstellerisch bezeichnet.

Wenn etwa in einem Kriminalfilm die Kamera bei einem Detail auffällig lange oder in Zeitlupe verweilt oder es ohne einen aus der Situation erkennbaren Anlaß wiederholt ins Bild rückt, darf der Zuschauer daraus die Erwartung ableiten, daß es sich in Zukunft als wichtiges Indiz erweisen wird. Ähnlich können im Theater Lichtkegel und andere Regiemittel Signale setzen, die nicht in den Rahmen der Handlung gehören, also ebenfalls rein darstellerischer Natur sind. Allerdings läßt sich ein Zukunftsbezug auf der Bühne weit schwerer suggerieren als mit den Mitteln der Kamera. Neben den erwähnten handlungsexternen Mitteln können auch Elemente der Handlung darstellerisch in die Zukunft weisen, ohne daß dies im Rahmen der Handlung selbst deutlich wird. In diesen Zusammenhang gehören die konventionellen Erwartungshaltungen, die das Publikum mit Gattung, Sujet, Motiven, Requisiten, Charakteren und Sprechweisen verbindet, z. B. die Erwartung, daß Bösewichte in der Komödie am Ende für ihre Laster büßen müssen.

Die vier besprochenen Arten der Vorausdeutung (erzählerisch, handlungslogisch, mantisch, darstellerisch) unterscheiden sich nach der *Geltungsgrundlage* des Vorausdeutungswissens (Kenntnis des später zu Erzählenden seitens des Erzählers; vernünftiges Weiterdenken der jeweiligen Lage; mantischer Glaube; ästhetische Konvention). An diesem Kriterium gemessen, wollen die bisher dominierenden Unterscheidungen (auktorial/handlungsintern; zukunftsgewiß/zukunftsungewiß), die sich oberflächlich damit berühren, eher zweitrangig erscheinen.

Untergeordnete Bedeutung hat auch die Unterscheidung von

sprachlicher und außersprachlicher Vorausdeutung sowie die ihr in etwa entsprechende von Ankündigung und Andeutung, wie sie Pütz vorschlägt: »Die *Ankündigung* wird als direkter Vorgriff ausgesprochen. Die *Andeutung* dagegen bleibt meist unausgesprochen und wird mit anderen Mitteln als denen der absichtsvollen Rede bewirkt.« (S. 62 f.) Dominant gesetzt, trennt diese formale Einteilung das, was geltungsmäßig zusammengehört, auseinander. Das betrifft besonders den Bereich der mantischen Vorausdeutung. Pütz behandelt die Weissagung unter Ankündigungen, dagegen Stimmungen und Träume unter Andeutungen, in beiden Fällen mit nichtmantischen Vorgriffen gemischt. Im übrigen hält er sich nicht streng an ein Kriterium. In die Opposition sprachlich/außersprachlich regieren anscheinend andere (offenkundig/rätselhaft; handlungszugehörig/darstellerisch) hinein. Jedenfalls behandelt Pütz die – an sich außersprachliche – Zeugung, ein Paradebeispiel handlungslogischer Vorausdeutung, unter Ankündigungen, eine Reihe primär darstellerischer Vorgriffe (Bühnenbild, Bildlichkeit, Spiegelung, Gegensatz) unter Andeutungen.

Ein Vorzug der Unterscheidung sprachlich/außersprachlich sei allerdings nicht verschwiegen. Sie läßt die Sonderstellung der darstellerischen Vorausdeutung schärfer zutage treten. Die darstellerische Vorausdeutung bleibt generell unausgesprochen, nicht nur gelegentlich wie die mantische. Sie wird deshalb nicht von jedermann in gleicher Weise verstanden. Mit den drei anderen Arten der Vorausdeutung kann sie insofern nicht recht konkurrieren. Speziell für den Ausfall der auktorialen Vorausdeutung im Drama bietet sie nicht jenen gleichwertigen Ersatz, den die mantische Vorausdeutung garantiert, und auch für diese ist sie kein Äquivalent.

Die dramatische Ironie

Am Anfang des Dramas weiß der Zuschauer über die Handlung weniger als die Personen. Die Exposition beseitigt oder verringert diesen Wissensrückstand und bereitet so das Verständnis des folgenden Geschehens vor. Durch den Wechsel der Auftritte, genau genommen, mit Beginn des zweiten Auftritts, gewinnt das Publikum dann – zunächst in Teilbereichen – einen ständig zunehmenden Wissensvorsprung. Von all den Auftritten, die es sieht, kennen die Akteure ja nur ihre eigenen aus unmittelbarer Anschauung. Die vorausdeutenden Hinweise, von den Figuren oft gar nicht als solche erkannt oder nicht in ihrem vollen Sinn verstanden, vergrößern den Vorsprung noch. Die schon früher (S. 59 und 81) angesprochene Doppeldeutigkeit der dramatischen Figurenrede kann im Einzelfall dazu führen, daß sich der von der Figur beabsichtigte Sinn für den Zuschauer ins Gegenteil verkehrt.

In Tragödien erkennt der Zuschauer oft hinter einer scheinbar unverfänglichen, vielleicht sogar heiter gemeinten Äußerung eine aus der Sicht der Figur unfreiwillige, aus der Sicht von Autor und Publikum aber um so gezieltere Anspielung auf die spätere Katastrophe. Der anglikanische Bischof Connop Thirlwall (On the Irony of Sophocles, The Philological Museum II, 1833, S. 483–536) hat hierfür den Begriff der tragischen Ironie geprägt. (Vgl. Behler, S. 148 ff.) Prägnantes Beispiel ist der »König Ödipus« des Sophokles. Während das Publikum den tragischen Hintergrund früh erkennt, bleibt Ödipus bis zur Katastrophe verblendet. Von tragischer Ironie durchsetzt ist etwa seine Rede an den Chor zu Beginn des ersten Epeisodions. Hier verflucht er als König und Richter den Mörder seines Vorgängers und kündigt ihm, wer immer es sei, Verbannung an, ohne zu wissen, daß er sich damit selber verurteilt.

Ähnlich widersprüchlich geraten Figuren- und Zuschauerwissen oft, ja eher noch häufiger auch in der Komödie, besonders dann, wenn etwas für die Sympathieträger Unangenehmes vom Publikum als nur scheinbar schlimm durchschaut wird. Deshalb spricht man auch allgemein von dramatischer Ironie (z. B. Pfister, S. 87 ff.).

Schon vor der genannten Veröffentlichung Thirlwalls war es für den Ästhetiker Solger ein Grundsatz, »daß es keine dramatische Kunst gibt ohne Ironie« (nach Behler, S. 145). Noch früher, nämlich 1806, »hatte Adam Müller in Dresden Kollegs ›Über die dramatische Kunst‹ vorgetragen und darin wohl zum erstenmal den Begriff der tragischen Ironie in einem literarkritischen Sinne verwandt. In bezug auf Shakespeares ›King Lear‹ hatte Müller darin zwischen der ›komischen Ironie des Narren‹ und der ›tragischen Ironie des Königs‹ unterschieden und ›zwei Gattungen der Ironie, die komische Ironie und die tragische‹ ins Licht rücken wollen. Überhaupt wird der Begriff der ›dramatischen Ironie‹ von diesem Kritiker als Verbindung komischer und tragischer Elemente interpretiert und als Basis für die ›Allgegenwart des Dichters‹ gesehen, die auch den ›Zuschauer in die höhere ironische Sphäre‹ einbeziehe«. (Behler, S. 139) Der theoriegeschichtliche Zusammenhang der dramatischen mit der »romantischen Ironie« ist hier unverkennbar. (Weiteres dazu bei Behler.)

Intrige und Verstellung

Die handelnden Personen unterscheiden sich in dem, was sie wissen, nicht nur vom Publikum, sondern auch untereinander. Sie sehen und hören ja nicht alle dasselbe. Mißverständnisse können den Wissensabstand vergrößern. Handlungswichtiger

als die unabsichtlichen Wissensunterschiede sind aber solche,
die auf Verheimlichung oder gar auf aktiver Täuschung beruhen.

Inbegriff des Täuschens ist die Intrige, ein raffiniert ausge-
dachtes, hinterrücks durchgeführtes Manöver mit dem Ziel, den
Gegner zu übertölpeln, oft verbunden mit dem Versuch, ihm
seine Freunde verleumderisch abspenstig zu machen. Träger
der Intrige ist der Intrigant, der sich im Laufe der Neuzeit zu
einem eigenen Rollenfach entwickelt hat. Oft intrigieren aber
auch mehrere Personen oder Parteien gegeneinander, besonders
in Komödien; »die Intrigen verschlingen sich zum Kampf beinahe ›aller gegen alle‹« (Hinck, S. 37). »Der betrogene Betrü-
ger« und »List wider List« sind nahezu zeitlose Handlungsschemata.

Das Wort *Intrige* (frz. *intrigue* analog zu ital. *intrigo/intrigare*
nach lat. *intricare* = verwickeln, verwirren, in Verwirrung bringen,
zu *tricae* = Ränke) ist im Deutschen seit dem 17. Jh. üblich, in der
Politik ebenso wie auf der Bühne. »Als ›politisches Ränkespiel‹ erscheint *Intrigue* (meist im Plur.) seit Leibniz 1670, *Liebesintrigue* seit
Thomasius 1688« (F. Kluge, Etymolog. Wörterbuch der dt. Sprache,
[18]1960). In Italien gab es schon zu Tassos Zeit, also im 16. Jh., ausdrücklich als »Intrighi« bezeichnete Komödien (H. Knorr, Wesen
und Funktionen des Intriganten im deutschen Drama von Gryphius
bis zum Sturm und Drang, Diss. Erlangen 1951 [Masch.], S. 10). Älter als das Wort ist die damit bezeichnete Sache. »Im ›Philoktet‹ des
Sophokles verteidigt Odysseus in einem Disput mit Neoptolemos die
Intrige als Werk der Klugheit«, und zwar in den Versen 96 ff. (Pütz,
S. 80).

»Die Intrige setzt verschiedene Bewußtseinsgrade voraus. Die Intriganten blicken naturgemäß am weitesten in die Zukunft. Der Zuschauer des Dramas wird mehr oder weniger genau, en bloc oder
nach und nach in die geheimen Pläne eingeweiht. Er weiß in den
meisten Fällen mehr als die Personen, gegen die sich die Intrige richtet. [...] Daher ist der Zuschauer nicht allein auf den Ausgang der
Intrige gespannt, sondern sein Interesse richtet sich ebenso auf die
unwissenden Figuren des Dramas. Wie lange werden sie im dunkeln
tappen? Wie werden sie sich bewegen und verhalten, wenn sie jäh aus
ihrer Ahnungslosigkeit erwachen?« (Pütz, S. 81)

Um den Gegenspieler zu täuschen, reichen Worte oft nicht aus,
müssen Kostüm und Maske nachhelfen. Schon bei Plautus kommt
dies vor. »Der Commedia dell'arte wird die Verkleidung zu einem
unentbehrlichen Mittel der Liebes- und Racheintrigen« (Hinck,
S. 32). Hosenrollen verbergen das Geschlecht weiblicher Figuren, eine
Täuschung, die sich durch männliche Schauspieler noch verdoppeln
läßt. Besonders wenn der Intrigant aus der Position des Schwächeren

handelt, muß er nicht nur seine Absichten, sondern auch seine Identität und möglicherweise die seiner Freunde verleugnen.

Die Erscheinungsformen der Intrige sind im übrigen weit gefächert. Unterscheidungen ergeben sich hauptsächlich aus ihrer moralischen Beurteilung und aus der Frage, ob der Intrigant fremden oder eigenen Interessen dient.

Moralisch ist die Intrige ambivalent. In der Komödie dient sie vorwiegend einem guten Zweck, nämlich dem Liebesglück der Helden. Goethe und Schiller dachten in ihrer »Dramatischen Preisaufgabe« im zweiten Stück des Jahrgangs 1800 der »Propyläen« an das Intrigenlustspiel, wenn sie schrieben, das »schöne Ziel der Komödie«, »geistreiche Heiterkeit und Freiheit des Gemüts« in uns hervorzubringen, lasse sich »nur durch eine absolute moralische Gleichgültigkeit erreichen« (nach Hinck, S. 382). In der Tragödie dagegen verursacht die Intrige meist das schlimme Ende. Hier wirkt sie verwerflich. »Das Publikum entrüstet sich niemals so einhellig wie bei den schlimmen Kabalen kalt berechnender Bösewichter« (Pütz, S. 80). Allerdings schadet der bösartige Intrigant nicht nur anderen, sondern um der poetischen Gerechtigkeit willen schließlich auch sich selber. »In fast jedem Falle verstrickt sich der Intrigant in die von ihm selbst gesponnenen Fäden und findet ein klägliches Ende« (Pütz, S. 80). Selbst wer, wie die von ihrem Mann verlassene Medea, für seine Motive mit Verständnis rechnen darf, kann dies für seine intrigante Rache kaum erwarten.

Ihre positive oder negative Qualität gewinnt die Intrige also in erster Hinsicht durch das Ziel, das sie verfolgt. Doch ist es nicht der Zweck allein, der die Mittel heiligt bzw. unheilig macht. Die Mittel haben auch ihre eigene Qualität. Diese wird durch das Verhältnis der Intrige zur Gewalt bestimmt. Der sympathische Intrigant versteht es meist, einer dem Liebesglück im Weg stehenden autoritären Gewalt (z. B. einem opponierenden Vater) ein Schnippchen zu schlagen, ohne daß er sich selber ernstlich der Gewalt bedient. Der schlimme Intrigant dagegen verzichtet im allgemeinen nicht auf Gewalt. Er meidet, und auch dies oft nur vorübergehend, nur den Anschein der Gewalt. Die sympathische Intrige triumphiert also über ungerechte fremde Gewalt, die bösartige Intrige verschleiert die eigene Gewalt.

Die »guten« Intriganten sind seit Menander großenteils Sklaven oder Diener. Sie verfolgen keine eigenen Interessen, sondern helfen durch taktische Klugheit ihren jungen Herrschaften aus der Not und beeindrucken nebenbei durch schlagfertige Äußerungen. (Diesem Muster verpflichtet sind die Lisetten aus Lessings frühen Lustspielen sowie das »Frauenzimmerchen« Franziska, die muntere Zofe seiner Minna von Barnhelm.) Auf der anderen Seite treiben in der Tragödie die regierenden Affekte (Liebe, Eifersucht, Rachsucht, Neid, Machtstreben) die von ihnen erfaßten Akteure (z. B. Medea) oft zu schlimmen Plänen, ohne daß es hier eines zusätzlichen, eigens zum Planen abgestellten Intriganten bedarf. Man könnte also meinen, der besonders in der Komödie vertretene sympathische Intrigant handele eher uneigennützig, der bösartige dagegen, wie er in der Tragödie vorherrscht, eher zu seinem eigenen Vorteil.

Das trifft jedoch nur bedingt zu. In Komödien gibt es durchaus Personen, die für ihre Wünsche die nötigen Intrigen selber erfinden und durchführen (z. B. Porzia in Shakespeares »Kaufmann von Venedig«). Vor allem aber dienen gerade die schlimmsten Tragödienintriganten, wie Lessings Marinelli, diejenigen also, an die das Wort Intrigant zunächst und vor allem denken läßt, in der Hauptsache nicht eigenen, sondern fremden Interessen. Sie sind »Pflicht-Intriganten« (Knorr, wie S. 124, S. 20) wie die schlauen Diener der Komödie. Nur gehorchen sie fragwürdigeren Herren und sind mit diesen sozial höher eingestuft, als Kammerherr etwa wie der Marchese Marinelli. Der Intrigant im engeren Sinn ist also ein schlimmer Helfer. Er mag als »Abschaum der Menschheit« wirken (Pütz, S. 80), aber er ist ursprünglich ein loyaler Untergebener seines Herrn.

Diese irritierende, das moralische Gleichgewicht störende und deshalb gern übersehene, vom einzelnen Dramatiker wohl auch überspielte Tatsache erklärt sich aus der neuzeitlichen Entwicklung der Intrigantenrolle. Hinter dem starren Typus des Intriganten, wie er uns in Marinelli begegnet, verbirgt sich die – ursprünglich nicht nur negativ bewertete – politische Praxis an den Fürstenhöfen der frühen Neuzeit. Der Intrigant im Sinne des schlimmen Helfers ist ein heruntergekommener Höfling.

Die im 16. und besonders im 17. Jh. verbreitete adelsdidaktische Literatur ist am Ideal des Hofmanns (ital. cortegiano) orientiert, dem auch der französische galant homme entspricht und dem wir noch heute »Höflichkeit« und »Eleganz« verdanken. In Spanien galt eine würdevolle Gelassenheit als vorbildlich, die »katholisches Ethos mit antiker Ataraxie in einem Ideal des kirchlichen und weltlichen Höflings verquickt« (Cysarz, nach Benjamin, S. 97). Für den spanischen Jesuiten Baltasar Gracián war der Hofmann geradezu ein Heiliger (Benjamin, S. 98).

Zentrale Aufgabe des Hofmanns war indes die politische Planung und Analyse. Die wirklich einflußreichen Hofbeamten hatten Jurisprudenz und Politik studiert. Als Schlüssel politischen Handelns wurde damals mehr oder weniger eindeutig die Verstellung empfohlen. *Simulatio* (Vortäuschung) und mehr noch *dissimulatio* (Verheimlichung) waren für den »Geheimen Rat«, wie er im 17. Jh. aufkam, nächst Staatsräson die wichtigsten politischen Begriffe. Von den Theoretikern der Macht im Gefolge Machiavellis dem Staatsmann empfohlen, galt die Verstellung zumindest für Notfälle allgemein als erlaubt. »Die gantze Welt geht itzt vermummt; und Tugend kan / Nicht ohne Larve gehn, sol sie nicht Schifbruch leiden«, heißt es in Lohensteins »Cleopatra« (IV 344 f.; vgl. meine Ausführungen über die Kunst der Verstellung in »Lohenstein und Tacitus«, 1971, S. 141–146). Im »Oraculo manual« (Handorakel) des Baltasar Gracián, einer später von Schopenhauer übersetzten Sentenzensammlung, finden sich auf Schritt und Tritt Anweisungen zu kluger Verstellung. Es ist kein Zufall, daß Schiller etliche seiner Dramen in dieser Zeit spielen läßt, im Mortimer »der Verstellung schwere Kunst« in jesuitischer Umgebung lernen konnte »Maria Stuart« I 6, 545).

Pendant der politischen war die ästhetische Verstellung. Die Neigung zu rhetorischer Uneigentlichkeit, die niemals so stark ausgeprägt war wie in dem damals in ganz Europa herrschenden Manierismus, das Vergnügen an doppelsinnigen Orakeln und Hermetismus, die Liebe zu Schäferdichtung, Schlüsselromanen und überhaupt zur Maskerade, die zum Gemeinplatz gewordene Auffassung der Welt und des menschlichen Lebens als eines schönen oder auch flüchtigen (Schau-) Spiels (zum Letzteren vgl. W. Barner, Barockrhetorik, 1970, S. 86–131), all dies läßt erkennen, daß das Wort Verstellung die barocke Ästhetik, ja das höfische Leben der Zeit in einer Nuß bedeutet. Maßgebend oder doch in seinen Ausläufern spürbar blieb dieses Verstellungsdenken bis in die Rokokozeit.

Andererseits erwachte bereits im 17. Jh. der Wunsch nach Entlarvung. Schon in Shakespeares »Kaufmann von Venedig« (III 2) wird der schöne Schein – durch Bassanio – als trügerisch verdächtigt. Bei Molière ist die Verstellung zwar auch noch Waffe der Guten, mehr aber schon schlimmes Angriffsziel. Mit dem scheinheiligen Tartuffe und anderen Heuchlern, die am Ende alle durchschaut und bestraft werden, hält er der höfischen Gesellschaft seiner Zeit den Spiegel vor. Die Lust an der Verstellung schlägt in die Freude an der Bloßstellung um. Auch in der deutschen Barockliteratur gibt es eine starke antihöfische Strömung, die hier noch durch die Forderung nach deutscher »Treu und Redlichkeit« verstärkt wird.

Stieß schon das höfische Alamodewesen auf Unbehagen, so gilt dies erst recht für die politischen Umgangsformen an den Schalthebeln der Macht. »Was ist der hof nunmehr als eine Mördergruben? / Als ein Verräther platz? ein Wohnhauß schlimmer Buben«, klagt der Verschwörer und spätere Kaiser Michael Balbus in Gryphius' »Leo

Armenius« (I 23 f.). Lohenstein hebt in der Widmung zu seiner »Sophonisbe« an Franz von Nesselrode dessen mit Redlichkeit gepaarte Klugheit besonders hervor, »Da Arglist insgemein itzt Staats-verständig heist,/ Und schlimm zu spielen sich die gantze Welt befleist«.

Der höfische Intrigant, wie er damals als Bühnenfigur aufkam und wie er in Marinelli weiterlebt, ist das personifizierte Angriffsziel gegenhöfischer Kritik. Einem meist tyrannischen Herrscher als Ratgeber und Ränkeschmied beigegeben, erfindet er die nötigen Mittel, um die Wünsche seines Herrn Wirklichkeit werden zu lassen, treibt er den – aus charakterlicher Schwäche schwankenden – Tyrannen wohl auch erst zur Tat, beurteilt und berechnet er die Taten und Affekte der Gegenpartei, ein blendender Taktiker, »ganz Verstand und Wille« (Benjamin, S. 94), aber ohne moralische Skrupel, ein Sohn Luzifers, ein Wissender ohne Gewissen. (»Wer offt das meiste weiß: Gibt wenig auff Gewissen«, sagt der Intrigant Laetus in Gryphius' »Papinianus« II 99.) So »entspricht er einem Ideal, das Machiavelli zum ersten Mal gezeichnet hatte und das in der dichterischen und theoretischen Literatur des siebzehnten Jahrhunderts energisch ausgebildet wurde, ehe es zu der Schablone herabsank, als die der Intrigant der wiener Parodien oder der bürgerlichen Trauerspiele auftritt« (Benjamin, S. 94; vgl. auch H. Heckmann, Elemente des barocken Trauerspiels, 1959, S. 96–116). Benjamin konnte dem Höfling »die unvergleichliche Zweideutigkeit seiner geistigen Souveränität« bescheinigen, die ihn zum Heiligen ebenso wie zum bösen Geist seines Despoten befähige. Der höfische Intrigant repräsentiert die negative Seite dieses Bildes.

Im barocken Drama haben die Tyrannendiener teilweise noch wenig eigenes Profil, sind oft nur der verlängerte Arm ihres Herrn, intellektueller oder praktischer Berater. (In Lohensteins »Agrippina« ist diese Funktion auf den Analytiker Paris und den Praktiker Anicetus verteilt.) Der eigentliche Intrigant dagegen tritt aus dem Schatten seines Herrn heraus. Der zurückhaltende Ratgeber wandelt sich in »einen Ehr-vergessenen Hof-Heuchler und Mord-stifftenden Ohrenbläser« (so Lohenstein über den Rusthan seines »Ibrahim Bassa« in der Widmung an die schlesischen Piastenherzöge), der Handlanger des Tyrannen in einen Verführer auch weniger tyrannischer Fürsten. Je mehr er in diese Rolle hineinwächst, um so mehr zieht er die Kritik am Hofleben auf sich, kann er den Fürsten selber davon abschirmen. Das ermöglicht es den Dichtern schließlich, nicht nur antike und türkische Tyrannei, sondern auch die Willkürherrschaft an neueren europäischen Höfen auf die Bühne zu bringen, »die Piken auf die Fürsten« zu halten (Goethe über »Emilia Galotti« am 7. 2. 1827 zu Eckermann) und das auch noch am Fürstenhof vorzuführen (»Emilia Galotti« wurde am 13. 3. 1772 am herzoglichen Hof in Braunschweig uraufgeführt).

Die moralische Disqualifizierung des höfischen Intriganten, wie sie barocke Dramen erkennen lassen, verstärkte sich im 18. Jh. durch den empfindsamen Zeitgeist. Während das von Neustoizismus und Vernunftphilosophie geprägte 17. und frühe 18. Jh. Gefühle oder Affekte, wie man sie damals lieber nannte, durchweg als gefährlich ansah, ist die Epoche der aufkommenden Empfindsamkeit durch eine deutliche Aufwertung des Gefühls und eine beginnende Abneigung gegen das bloß Rationale gekennzeichnet. Die intellektuelle Schärfe des Intriganten, die bisher durchaus faszinierend gewirkt hatte, die ihn zumindest dem von Affekten geschüttelten Tyrannen überlegen machte, weckt nun dieselbe Antipathie wie die Amoralität seines Handelns. Erst das rückt ihn endgültig in die Nähe des Teufels, dem er durch seine Verwirrung stiftende Tätigkeit schon vorher verwandt erschien (*Teufel* beruht auf griech. diábolos = Verwirrer, Verleumder). Umgekehrt wirkt Lessings Prinz durch seine Gefühlsbetontheit nun eher sympathisch.

Trotz zunehmender Eigenständigkeit gegenüber seinem Herrn und trotz gänzlicher Verteufelung hat der höfische Intrigant des 18. Jh.s seine alte Uneigennützigkeit im Grunde noch nicht verloren. Allerdings beginnt auch sie abzubröckeln. Marinelli handelt noch vorrangig im Interesse seines Fürsten, aber Lessing flicht in seine Intrige auch Rachegedanken gegenüber seinem Beleidiger Appiani. Schiller motiviert in »Kabale und Liebe« das Handeln des intriganten Sekretärs Wurm durch abgewiesene Liebe.

Je mehr der Intrigant seine ursprüngliche Uneigennützigkeit abstreift, um so mehr hört er auf, reiner Intrigant zu sein, wird er zu einem gänzlich eigenständigen Charakter, der sich nur nebenbei intriganter Mittel bedient. Im neueren Drama hat sich das Merkmalbündel des Intriganten (Untergebenenstatus, Helferfunktion, findiges Organisationstalent, Intellektualität, Gefühllosigkeit, Amoralität) mehr und mehr in seine Bestandteile aufgelöst. Seinen markantesten Nachfolger fand der »ins Dämonische gesteigerte Hofbeamte« (Benjamin, S. 97) wohl in Goethes Mephisto.

Gliederungsbegriffe im Zusammenhang von Wissensunterschieden

Die Intrige als absichtliche und damit prägnanteste Form dramatischer Verwicklung besetzt in der neuzeitlichen Theorie weitgehend den Platz, der früher der Verwicklung im allgemeinen zukam. Boileau spricht nebeneinander von Verwicklung (trouble) und Intrige (intrigue) (Art poétique III 55 und 58). In Wilperts »Sachwörterbuch der Literatur« steht die Intrige, ihre heutige Bedeutung überschreitend, für Verwicklung schlechthin, insofern nicht nur absichtlich, sondern auch »zufällig herbeigeführte Komplikationen« dazu gerechnet werden. Die Verwicklung selber ist in der klassischen Theorie nicht nur inhaltlich, sondern mehr noch durch ihren Stellenwert im Baugefüge des Dramas bestimmt.

Aristoteles (Poetik, Kap. 18) stellt sich die Handlung des Dramas, jedenfalls der Tragödie, als Knüpfung (desis) und Lösung (lysis) eines Knotens vor. Denkt man sich die den Zuschauer informierende Eröffnung (Prolog, Exposition) als eigenen Teil vorgeschaltet, so ergeben sich die von dem Terenz-Kommentator Donat (4. Jh. n. Chr.) überlieferten Teile *prótasis* (Einleitung), *epítasis* (Verwicklung oder auch »Verwirrung«) und *katastrophé* (Lösung). »Diese Dreiteilung bestimmt die Dramentheorien bis ins 18. Jahrhundert und die spanisch-portugiesische Theaterpraxis sogar bis in die Gegenwart.« (Pütz, S. 169) Die Begriffe des Donat wurden in Frankreich seit dem 17. Jh. durch *exposition* (nach lat. *expositio*, 1556 bei J. Camerarius), *nœud* und *dénouement* ersetzt, denen im Deutschen Exposition, Verwicklung und (Auf-)Lösung/Katastrophe entsprechen (Bickert, S. 27 und 38 f.). Katastrophe in diesem Sinne ist nicht nur der schlimme Ausgang der Tragödie, auf den sich der Begriff heute verengt hat, sondern auch der heitere der Komödie.

Seit der Renaissance hat man versucht, die drei inhaltsbestimmten Teile mit der überkommenen Fünfzahl der Akte (vgl. S. 37 f.) zu verknüpfen. Der Renaissancepoetiker Scaliger ergänzte die *epitasis*, die er als Herstellung der Verwirrung (turba) verstand, um die *catástasis*, den anhaltenden Zustand dieser Verwirrung. »Die Verteilung der vier Entwicklungsstufen auf die fünf Akte ist nicht einheitlich. Eine mögliche Verteilung ist etwa: Akt I = *protasis*; Akte II–III = *epitasis*; Akt IV = *catastasis*; Akt V = *catastrophe*.« (Lausberg, § 1197) Näheres zu den Dispositionsschemata des Dramas bei Bickert, S. 22–39.

Die Entsprechung von Knüpfung und Lösung und die Fünfzahl der Akte führten dazu, daß in der Neuzeit Symmetrieüberlegungen die inhaltliche Einteilung überlagerten. Der formal im Zentrum stehende dritte Akt wurde vielfach zum Höhepunkt der Handlung und machte so der Katastrophe am Schluß Konkurrenz. Gustav Freytag hielt diese schon im 17. Jh. zu beobachtende Tendenz in seinem Pyramidenschema fest (vgl. S. 48), dessen fünf Teile (Einleitung, Steigerung, Höhepunkt, Fall oder Umkehr, Katastrophe) sich, wie er meint, im wesentlichen mit den fünf Akten decken bzw. decken sollten (Freytag, S. 102 und 170 ff.). Seine Erklärung des Dramas als ei-

ner Folge von Spiel und Gegenspiel entspricht vage der von Knüpfung und Lösung (Freytag, S. 93 f.).

Anagnorisis und Peripetie

Noch deutlicher wissensorientiert als Verwicklung und Auflösung sind die beiden Erscheinungen, die laut Aristoteles den
Übergang zwischen ihnen garantieren: Peripetie (Glückswech-
sel) und Anagnórisis (Entdeckung, Enthüllung).

Mit der Anagnorisis beschäftigt Aristoteles sich genauer. Er unter-
scheidet dabei fünf Formen (Poetik, Kap. 16). Die Anagnorisis setzt
einen länger herrschenden Irrtum voraus, der durch sie beendet wird.
Odoardo, der Vater der Emilia Galotti, wird z. B. im 4. Akt von
Gräfin Orsina über die Hintergründe des Attentats auf seinen
Schwiegersohn aufgeklärt. Dem Irrtum selber, genauer gesagt, dem
Beginn des Irrtums, entspricht in der aristotelischen Tragödientheorie
der Fehler (hamartia) des Helden (vgl. S. 33). Die Dramenpoetik des
Jesuiten Jakob Masen (»Palaestra eloquentiae ligatae«, 1654–57,
Band 3) ist weitgehend eine Theorie des Irrtums (error) (Auszüge mit
Kommentar bei George, S. 119–132).

Die Peripetie, der Wechsel vom Glück ins Unglück oder umgekehrt, erscheint primär nicht als Wissensumschwung wie die Anagnorisis, sondern als Handlungsumschwung (vgl. Fuhrmann, S. 30). Aber
auch sie bringt eine Wissensveränderung mit sich. Nur bezieht sich
diese nicht auf Irrtümer aus der Vergangenheit, sondern auf zu-
kunftsgerichtete Hoffnungen oder Befürchtungen, die plötzlich von
widrigen bzw. günstigen Umständen oder Gegenspielern durchkreuzt
und so als grundlos erkannt werden. Nach Aristoteles (Kap. 11) gerät die Anagnorisis am besten, wenn sie mit der Peripetie zusammen-
fällt. Als Beispiel nennt er den »König Ödipus« des Sophokles.

Manche Dramatiker haben einen solchen doppelten Umschwung in
die Mitte ihrer Stücke verlegt und zum Teil punktuell fixierbar gemacht (z. B. Lohenstein, »Sophonisbe« III 345). Schiller, der seine
Dramen von einer meist im dritten Akt angesiedelten Kernszene her
zu entwerfen liebte, sprach nicht von Peripetie, sondern – im Hinblick auf seinen Schaffensprozeß – von einem »Punctum saliens«,
einem springenden Punkt also. Seine die Dramenproduktion begleitenden Briefe klagen hauptsächlich über die Schwierigkeiten, dieses
organisierende Zentrum zu finden. (Vgl. K. L. Berghahn in: Grimm,
Dramentheorien I, S. 230 f.)

Das analytische Drama

Wie Aristoteles die Anagnorisis erläutert, erscheint sie als
plötzliche Entdeckung, etwa dadurch zustande kommend, daß

zwei vom Schicksal lange getrennte Personen sich als Verwandte wiedererkennen. Eine Enthüllung kann sich aber auch länger hinziehen, und zwar um so mehr, je komplexer der aufzudeckende Sachverhalt ist. Gewissermaßen eine einzige Anagnorisis ist das sogenannte analytische Drama. Hier wird ein vor Stückbeginn liegendes Geschehen im Laufe des Stückes aufgeklärt. Das klassische Beispiel lieferte Sophokles mit seinem schon mehrfach genannten »König Ödipus«.

Ödipus, heute vor allem als Modellfigur Freudscher Tiefenpsychologie bekannt, ist jener sagenhafte König aus dem griechischen Theben, der aufgrund eines unheildrohenden Orakelspruchs nach seiner Geburt ausgesetzt wurde, später, ohne seine Eltern zu kennen, seinen Vater Laïos erschlug und seine Mutter Jokaste heiratete und sich nach Erkenntnis dieser Taten des Augenlichts beraubt. Sophokles behandelt den Prozeß des allmählichen Erkennens bis zur Selbstblendung des unglücklichen Helden, die das Durchschauen der Wahrheit mit paradoxer Symbolik sinnfällig macht.

»Der Oedipus ist gleichsam nur eine tragische Analysis. Alles ist schon da, und es wird nur herausgewickelt«, schrieb Schiller am 2. 10. 1797 an Goethe. Schiller nahm sich Sophokles zum Vorbild und ahmte dessen Verfahren nach. Das zeigt besonders seine »Braut von Messina«, die ihrerseits auf das Schicksalsdrama des frühen 19. Jh.s (z. B. Zacharias Werner) einwirkte. Schiller sah aber auch die Schwierigkeit, die analytische Technik des Sophokles in seine eigene Zeit zu übertragen. Im weiteren Verlauf des zitierten Briefes heißt es: »Das Orakel hat einen Antheil an der Tragödie, der schlechterdings durch nichts andres zu ersetzen ist; und wollte man das Wesentliche der Fabel selbst, bei veränderten Personen und Zeiten beibehalten, so würde lächerlich werden, was jetzt furchtbar ist.«

»Kleist ist die perfekte Anwendung dieser Technik gelungen. Er hat die Gefahr des ›Lächerlichen‹ für die Moderne dadurch gebannt, daß er – eine Komödie daraus gemacht hat.« (H. J. Schrimpf in: Das deutsche Drama I, hrsg. B. v. Wiese, 1968, S. 347.) Die Übereinstimmung von Kleists »Zerbrochnem Krug« mit Sophokles geht über die analytische Form als solche noch hinaus. Wie König Ödipus ist auch Dorfrichter Adam Übeltäter und Untersuchungsrichter in einer Person.

Modern wirkt das analytische Verfahren bei Kleist indes nicht nur durch den Gattungswechsel, sondern auch dadurch, daß die Verantwortung für die bisherige Verschleierung der Wahrheit dem Menschen, nicht mehr dem Schicksal zugeschrieben wird. In dieser säkularisierten Art findet sich die analytische Form auch in Ibsens sozialkritischen Dramen sowie außerhalb des Dramas in der im 19. Jh. aufkommenden Detektivgeschichte.

Zum analytischen Drama gehört durchweg eine Vorgeschichte. Anders als sonst üblich erfährt das Publikum diese nicht gleich zu Be-

ginn, sondern erst allmählich und vollständig meist erst gegen Ende
des Stücks. Das wirft noch einmal die Frage nach der Exposition
und ihrer Erstreckung auf, um die es im vorigen Kapitel ging. Wie
verhalten sich Analysis und Exposition zueinander?

Manche Experten behaupten, im analytischen Drama erstrecke sich
die Exposition über das ganze Drama (Brockhaus Enzyklopädie, Artikel »Exposition«). Es sind diejenigen, die die Exposition mit der
Vermittlung der Vorgeschichte gleichsetzen, also mehr an ihren be-
kanntesten Gegenstand denken als an ihre Aufgabe, das Verständnis
des Folgenden vorzubereiten. Andere meinen dagegen, das analytische Drama habe überhaupt keine Exposition (Bantel, nach Bickert,
S. 17). Pütz (S. 166) empfiehlt in diesem Zusammenhang folgende
Unterscheidung: »Wenn Vorgeschichte während des ganzen Dramas
nachgeholt wird, handelt es sich um *Analysis;* wenn Vergangenheit
am Anfang des Dramas oder eines neuen Handlungsabschnitts inte-
griert wird, ist von *Exposition* bzw. Binnenexposition die Rede.« Die
Exposition informiert hauptsächlich den Zuschauer, oft über Dinge,
die bei den handelnden Personen als bekannt vorauszusetzen sind.
Die Enthüllungen des analytischen Dramas sind hingegen auch und
in erster Hinsicht für die Akteure bestimmt. Sie bilden weniger den
Anfang neuer Aktionen als das Ende längerer Verblendung. Im übrigen schließen sich für denjenigen, der eine Binnenexposition für möglich hält, Exposition und Analysis nicht unbedingt aus. Wird die
Vorgeschichte inmitten eines Werkes nachgetragen (wie im 3. Akt
von Gryphius' »Catharina von Georgien«), so ist das Verfahren in
bezug auf das Vorangehende analytisch, im Hinblick auf das noch
Folgende expositorisch.

Weniger überzeugend erscheint der Vorschlag von Pfister (S. 126),
die notorische Frage nach den Grenzen der Exposition als »Schein-
problem« abzutun und Analyse und Anagnorisis kurzerhand der ex-
positorischen Informationsvergabe zuzurechnen. Das führt zur Dek-
kung von Exposition und narrativer Vermittlung, macht den Exposi-
tionsbegriff im Grunde überflüssig und entspricht überhaupt nicht
mehr seinem theoriegeschichtlichen Stellenwert. Auf den Stückanfang
beschränkt, mag die Exposition zu eng gefaßt sein, auf ihren vorbereitenden Charakter und ihre damit verbundene zumindest relative
Anfangsposition läßt sich dagegen nicht ohne Schaden verzichten.

Aristoteles stellt das analytische Drama nicht als eigenen Formtyp
heraus. Um so mehr wirkt jedoch seine allgemeine Vorstellung vom
Drama durch diesen Typus geprägt. Das zeigt besonders seine starke
Hervorkehrung der Anagnorisis. Auch nennt er kein anderes Drama
so oft als Beispiel wie Sophokles' »König Ödipus«. Insofern erscheint
seine Dramentheorie für nichtanalytische Dramen nur begrenzt gültig.

Über die Wissensunterschiede und Verwicklungen, um die es in
diesem Kapitel ging, haben in erster Linie Dramentheoretiker nachge-
dacht. Grundsätzlich sind sie aber auch für die Erzählliteratur be-

deutsam. Der langjährige Theaterkritiker Fontane mag den Wortschatz des Dramas im Ohr gehabt haben, als er einem seiner Romane den Titel gab: »Irrungen Wirrungen«.

Gegenstand des Dramas ist die Handlung, begriffen als Handlungsfolge, als Kette von Begebenheiten. Welche Kräfte treiben die Handlung an, und wie hängen die Teile dieses komplexen Gegenstandes inhaltlich zusammen? Teilaspekte wurden bereits erläutert: die darstellerische Verteilung auf gespielte und verdeckte Handlung in Kapitel VIII, die Abhängigkeit des Handlungsverlaufs vom Wissen der Personen in Kapitel IX. Wir können uns nunmehr den Faktoren zuwenden, die den Fortgang und Zusammenhalt der Handlung recht eigentlich begründen.

Der Rangstreit zwischen Handlung und Charakteren

Die Handlung des Dramas setzt handelnde Personen voraus. Gebührt der Handlung oder den Charakteren der Vorrang? Diese alte Streitfrage, vergleichbar der nach der Priorität von Huhn oder Ei, ist zu verschiedenen Zeiten unterschiedlich beantwortet worden, hauptsächlich wohl deshalb, weil den Theoretikern jeweils andere Dramen als Leitbild vorschwebten. Einfluß auf die Antwort hat aber auch die – nicht immer gleichartige – Auffassung der Begriffe Handlung und Charakter.

Aristoteles (Poetik, Kap. 6) hielt, jedenfalls im Hinblick auf die Tragödie, die Handlung für wichtiger. In vielen Dramen der Weltliteratur sind die Charaktere tatsächlich vor allem Funktionäre der Handlung. Die in Kapitel VII besprochene handlungsfunktionale Personenanalyse eignet sich besonders für solche Stücke.

Die Dramengeschichte der Neuzeit verdankt ihre maßgeblichen Impulse eher einer gegenteiligen Praxis. Maßgebend für sie wurden in erster Hinsicht Shakespeares Charaktertragödien (z. B. »Hamlet«, »Othello«, »König Lear«) und Molières Charakterkomödien (z. B. »Der Geizige«, »Der eingebildete Kranke«). Der neuzeitlichen Aufwertung des Individuums, die sich hier, zumindest bei Shakespeare, ankündigt, konnten sich auch die Theoretiker nicht entziehen. Schiller bemerkt in seiner Besprechung zu Goethes »Egmont« vom 20. 9. 1788, die Tragödie des »ganzen Menschen« finde sich seit Shakespeares »Richard III.« oder »Macbeth«; in Deutschland sei Goethes »Götz von Berlichingen« das erste Muster dieser Gattung, zu der nun auch »Egmont« gehöre.

Bei genauerem Zusehen zeigt sich allerdings, daß die allmähliche Höherbewertung des Charakters, wie sie sich besonders
im 18. Jh. vollzog, eine differenziertere Bestimmung verlangt.
Lessings Einstellung ist gerade durch ihr Schwanken zeitty-
pisch. »Während er im ›Briefwechsel‹ klar die aristotelische
Anschauung von der Irrelevanz der Charaktere teilt, gibt er in
der ›Hamburgischen Dramaturgie‹ einmal der Handlung, dann
wieder den Charakteren den Vorzug, einmal macht er sich zum
Anwalt der Handlungs-, ein andermal der Charaktertragödie«
(Martino, S. 306 mit Zitat der Lessing-Stellen). Vor allem aber
hält er die Primatfrage dadurch offen, daß er sie für Tragödie
und Komödie unterschiedlich beantwortet. Im 51. Stück seiner
»Hamburgischen Dramaturgie« schreibt er, daß

> »in der Komödie die Charaktere das Hauptwerk, die Situationen
> aber nur die Mittel sind, jene sich äußern zu lassen, und ins Spiel zu
> setzen [...]. Umgekehrt ist es in der Tragödie, wo die Charaktere
> weniger wesentlich sind, und Schrecken und Mitleid vornehmlich aus
> den Situationen entspringt.«

Der Stürmer und Dränger Lenz urteilt später genau umge-
kehrt: »Die Hauptempfindung in der Komödie ist immer die
Begebenheit, die Hauptempfindung in der Tragödie ist die
Person, die Schöpfer ihrer Begebenheiten« (J. M. R. Lenz, Ge-
sammelte Schriften, hrsg. E. Lewy, 1909, Bd. 4, S. 274; nach
Hinck, S. 326). Vgl. auch Huyssen, S. 114.

Die für Tragödie und Komödie anders lautenden Urteile und die
Kehrtwendung von Lessing zu Lenz verraten die Orientierungs-
schwierigkeiten in der Dichtungstheorie des 18. Jh.s. Im Ergebnis
sind diese Urteile im übrigen repräsentativ für den Wechsel von der
Aufklärung zum Sturm und Drang. Das wird durch – scheinbar gegensätzliche – Äußerungen der neueren Forschungsliteratur bestätigt, die im Spiegel jeweils nur einer der beiden dramatischen Hauptgattungen zu notwendigerweise halben Erkenntnissen gelangen. Im
Hinblick auf die Tragödie schreibt Martino (S. 305): »Dieses aristotelische Prinzip der Zweitrangigkeit der Charaktere im Vergleich zur
Fabel wurde von der Aufklärungsdramaturgie als gültig betrachtet,
ausgenommen von einigen, verschieden bedeutsamen Autoren (Bodmer, J. E. Schlegel, Arthur Murphy, Sulzer); der Sturm und Drang
wird es dagegen vollkommen verwerfen und in den individuellen
Charakteren das vorrangige Element der Tragödie erkennen.« Dem
Lustspielforscher Hinck (S. 325) stellt sich die Entwicklung von der
Aufklärung zum Sturm und Drang umgekehrt dar. Für ihn ist »Handlung« das Losungswort des Sturm und Drang. Er zitiert Herders Absage an die Charakterkomödie der Aufklärung: »Gebt uns Handlung!

wir sind im Lustspiel; nicht in der *Charakter-Buchstabirschule*.« Die Stürmer und Dränger identifizieren sich also wohl mit den individuellen Charakteren der Tragödie, nicht aber mit den Typencharakteren der traditionellen Komödie. Noch Goethe und Schiller in ihrer »Dramatischen Preisaufgabe« von 1800 (vgl. S. 125) ziehen die von Handlung strotzende Intrigenkomödie der Charakterkomödie vor.

Der Rangstreit zwischen Handlung und Charakteren blieb auch im 19. und 20. Jh. eine Hauptfrage für das Selbstverständnis der Dramatiker. Ihre Antworten klingen nun allerdings wieder eindeutiger. Hebbel (»Mein Wort über das Drama«) und Hauptmann (vgl. R. Grimm, Dt. Dramentheorien II, 1973, S. 414) hielten die Charaktere für wichtiger. Brecht dagegen, in diesem Punkt entgegen seinen sonstigen Bekundigungen gar nicht antiaristotelisch, leitete die »Charaktere ganz und gar aus ihren Handlungen« ab (Grimm, ebenda, S. 550).

Typologisierungen im Umkreis von Charakter und Handlung

Die Primatfrage wächst sich in der dramentheoretischen Sekundärliteratur des 20. Jahrhunderts vielfach zur Typologie aus. Charakter- und Handlungsdrama oder auch Dramentypen, die sich an Bestandteilen der Handlung orientieren, findet man da einander gegenübergestellt, manchmal in Form vager Behauptungen und fast immer ohne ein genügend ausgeprägtes Bewußtsein der Schwierigkeiten, die diese Typenbegriffe mit sich bringen. Um den damit verbundenen Mißverständnissen vorzubeugen, seien die Schwierigkeiten hier erläutert, zunächst für das Charakterdrama, danach für das »Handlungsdrama« und seine Varianten.

Schauspiele, in denen die Charaktere die Handlung an Wichtigkeit übertreffen, sind deshalb nicht schon in jedem Fall Charakterdramen. Wer von einem Charakterdrama spricht, denkt meist enger. Er sieht von der Möglichkeit mehrerer gleich wichtiger Charaktere ab. Für ihn steht ein einziger Charakter im Mittelpunkt, der alle übrigen in den Schatten stellt. Außerdem ist ihm der Charakter nicht nur die Haupt*sache* des Stücks, sondern auch und sogar in erster Hinsicht Haupt*ursache* der Handlung. Letzteres führt dazu, daß Stücke mit passiven Helden, wie die barocken Märtyrertragödien (z. B. Gryphius' »Catharina von Georgien« und »Papinianus«), in denen das Geschehen in Form tyrannischer Willkür von außen auf die Titelfiguren zukommt, kaum als Charakterdramen gelten.

Der passive, Anfeindungen und Schicksalsschläge standhaft ertragende Held, dessen Leiden nach der im 17. Jh. herrschenden stoischen Auffassung überhaupt erst wahre Charakterstärke an den Tag bringt, verträgt sich also paradoxerweise nicht mit dem gängigen Verständnis von *Charakterdrama*.

Die Eindeutigkeit des Begriffs *Charakterdrama* wird auch dadurch behindert, daß Bereiche, die wir heute als Teile des Charakters auffassen (Affekte, evtl. auch Gesinnungen), früher davon getrennt wurden. Bis ins 18. Jh. orientierte man sich nicht an der binären Opposition von Handlung und Charakter, sondern an dem rhetorischen, den klassischen Stilebenen (niedrig, mittel, hoch) entsprechenden Dreierschema von Pragma (Handlung), Ethos (Charakter) und Pathos (Affekt). So verfährt noch Schiller in seiner Rezension zu Goethes »Egmont«: »Entweder es sind außerordentliche *Handlungen* und *Situationen*, oder es sind *Leidenschaften*, oder es sind *Charaktere*, die dem tragischen Dichter zum Stoff dienen; und wenngleich oft alle diese drei, als Ursach und Wirkung, in *einem* Stücke sich beisammenfinden, so ist doch immer das eine oder das andere vorzugsweise der letzte Zweck der Schilderung gewesen.«
Vielfach ist das Dreierschema auch zu der Viererkette von Handlung, Charakteren (bzw. Sitten), Empfindungen und Gesinnungen erweitert, wohl durch Mitberücksichtigung der von Aristoteles aufgeführten inhaltlichen Dramenelemente Mythos, Ethe und Dianoia (vgl. S. 3). Dies zeigt etwa der von Goethe wiedergegebene »Lieblingsgrundsatz« seines Wilhelm Meister, »daß im Drama die Handlung, insofern sie vorgeht und vorgestellt werden kann, die Hauptsache sei, und daß Gesinnungen und Empfindungen dieser fortschreitenden Handlung völlig untergeordnet werden müssen, ja daß die Charaktere selbst nur in Bewegung und durch Bewegung sich zeigen dürfen« (Theatral. Sendung II 5; nach Grimm, Dt. Dramentheorien I, S. 181). Weitere Belege zur Verwendung des genannten Dreier- bzw. Viererschemas (Aristoteles, Scaliger, Racine, Dryden, Batteux, Hume, Herder, Lessing, Wordsworth) bei K. Dockhorn, Macht und Wirkung der Rhetorik, 1968, S. 19–21 und 81–83.
Eine zusätzliche Differenzierung ergab sich im 18. Jh. aus der Individualisierung des Charakterbegriffs. Wenn J. G. Sulzer (Allgemeine Theorie des Schönen Künste, Teil 1, 1773) »Comödien der Charaktere« von der »Comödie der Sitten« trennte (nach Hinck, S. 423), dann hielt er auseinander, was in dem Wort *ethe* bzw. *mores* ursprünglich vereint war.

Zuordnungs- und Verständnisschwierigkeiten bringt indes, wie angedeutet, nicht nur das Charakterdrama mit sich. Auch die Typologisierung von Werken, in denen die Handlung wichtiger ist, wirft Probleme auf. Als »Handlungsdramen«, wie sie gelegentlich genannt werden, sind diese Stücke nur unzureichend bezeichnet, sind sie jedenfalls dem Charakterdrama nicht voll vergleichbar. Denn während das Charakterdrama, wie gesagt, mit dem Charakter vor allem die Haupt*ursache* der Handlung herausstellt, kann mit der Handlung im Handlungsdrama nur die Haupt*sache* gemeint sein, soll die Handlung nicht als Ursache ihrer selbst gelten. Der ursächliche Aspekt kommt in diesem Bereich eher in einigen anderen, theoriegeschichtlich bedeutsameren Bezeichnungen zum Ausdruck, die zugleich die außercharakterlichen Handlungsfaktoren differenzierter erfassen: Schicksals-, Intrigen- und Situationsdrama.

Für Wolfgang Kayser stellt sich das Handlungsdrama im engeren Sinne als – vornehmlich vom Schicksal gelenktes – »Geschehnisdrama« dar. Er unterstellt »die innere Anlage des Handlungsdramas, [...] zur *Tragödie* zu werden« (S. 371), und meint: »Die Handlungstragödie setzt zur Sinngebung außerhalb des Helden liegende Mächte und Gegenkräfte ein« (S. 372). Tatsächlich wurden die handlungsauslösenden Geschehnisse lange als von Göttern verhängtes Schicksal begriffen. (Vgl. S. 146 f.)

Wird das, was den Helden des Dramas widerfährt, von menschlichen Gegenspielern verursacht, so tritt die Handlung vorwiegend als Intrige in Erscheinung. (Vgl. S. 123 ff.) Die Intrige läßt sich auch als eine Art säkularisiertes Schicksal begreifen. Im Bereich der Komödie erscheinen Handlungs- und Intrigendrama weitgehend gleichbedeutend. Zu der im 18. Jh. üblichen Unterscheidung von Charakter- und Intrigenkomödie vgl. Hinck, S. 186 mit Anm. 48 auf S. 423.

Verwirrender als Schicksals- und Intrigendrama wirkt das Situationsdrama. Dieser Begriff, besonders für die Komödie gebräuchlich, ist nämlich nicht eindeutig. Diderot hatte mit dem Wort *Situation* die sozialen Verhältnisse bzw. den Stand der Personen bezeichnet und damit einen früher zur Person gerechneten Bereich (vgl. S. 91) von der Person abgesondert. Er sprach vom »contraste des caractères avec les situations« (nach Martino, S. 345). Vgl. auch die auf S. 136 zitierte Äußerung von Lessing. Im Lichte des Gegensatzes von Charakteren und Handlung hat das Wort Situation hier anscheinend seine ursprünglich bloß statische Bedeutung aufgegeben und aktionale Qualität gewonnen. Jedenfalls liegt der üblichen Gegenüberstellung von Situations- und Charakterkomödie bzw. -komik eher eine aktionale Auffassung von Situation zugrunde. In diesem Sinne wird *Situation* heute gelegentlich auch als Momentaufnahme bzw. als Teil der Handlung, etwa in der Größenordnung einer Szene oder eines Auftritts, verstanden (vgl. Pfister, S. 271 f.). Dazu paßt auch Šklovskijs Definition der Handlung als einer »Anhäufung verschiedener Situationen« (Theorie der Prosa, 1966, S. 29).

Andererseits kann das Wort Situation aber bis heute weiterhin auch nichtaktional verstanden werden. Wenn Schiller in der erwähnten »Egmont«-Rezension von *»Handlungen* und *Situationen«* spricht,

meint er mit Situation vermutlich zuständliche Gegebenheiten, die
zwar Handlung auslösen, nicht aber selber Handlung sind. Eine ähnliche Koppelung von »action and situation« bei Wordsworth (zitiert
bei Dockhorn, wie oben, S. 20) läßt auf die Formelhaftigkeit dieses
Begriffspaars um 1800 schließen.

Ob die Situation mehr aktional oder nichtaktional verstanden
wird, wirkt sich auch auf die Nachbarbegriffe Handlung und Charakter aus, selbst dann, wenn von Situation nicht ausdrücklich die
Rede ist. Das gilt zumindest für jene Situationen, deren Bedeutung
sich nicht in den wahrnehmbaren Details erschöpft, sondern die die
allgemeine Lage einer gesellschaftlichen Gruppe oder gar der zeitgenössischen Gesellschaft schlechthin repräsentieren. Daß, wie erwähnt,
Gerhart Hauptmann die Charaktere der Handlung überordnete,
Brecht dagegen umgekehrt entschied, dürfte sich jedenfalls nicht zuletzt aus einer unterschiedlichen Auffassung und Zuordnung der Si-
tuationselemente erklären. Hauptmann begreift, so scheint es, das in
seinen naturalistischen Dramen tonangebende erdrückende Milieu als
zuständlich und bringt es mehr mit den Charakteren in Verbindung.
Brecht dagegen faßt die sozialen Verhältnisse, in denen seine Stücke
wurzeln, eher als aktional und veränderbar auf und ordnet sie der
Handlung zu.

Die Sonderstellung, die die wahrnehmbare, letztlich meist gesell-
schaftlich bedingte Situation als eigenständiger Handlungsfaktor in
der Theorie seit dem 18. Jh. beansprucht, spiegelt sich auch in der
von Günther Müller 1944 vorgeschlagenen Dreiteilung in »Roman
der Entwicklungen« (d. h. der Ereignisse bzw. Taten), »Roman der
Seele« und »Roman der Zuständlichkeiten« (jetzt in »Morphologische
Poetik«, 1968, S. 204 f.), die W. Kayser (S. 360 und 368) aufgegriffen
und unter den Bezeichnungen Geschehnis-, Figuren- und Raumroman
bzw. -drama erweitert hat. Zuständlichkeit und Raum entsprechen
der – als nichtaktional verstandenen – Situation.

Die Dramentypen im Umkreis von Charakter und Handlung
werfen, von den behandelten Einzelschwierigkeiten abgesehen,
auch in ihrer Gesamtheit Probleme auf. Sie gruppieren sich
nämlich, wie bereits angedeutet, im wesentlichen um jeweils
eine dominante Handlungsursache. Solch monokausale Betrachtung wird der dialogischen Form des Dramas und dem üblichen
Zusammenspiel mehrerer Kräfte nur bedingt gerecht. Bei genauerem Zusehen verschärfen sich die Bedenken noch. Die meisten der
angesprochenen Dramentypen (Charakter-, Situations-, Schicksalsdrama) gründen sich nämlich auf Wirkursachen. Sie entsprechen eher dem wirkursächlichen Denken moderner Wissenschaft
als der Wirklichkeit intentionalen Handelns. Aristoteles hat zwischen Wirk- und Zweckursache unterschieden. Zweckursächlich
bestimmt ist unter den angesprochenen Dramentypen allenfalls

das Intrigendrama. Die vorwiegend zweckursächliche Ausrichtung der meisten Dramen der Weltliteratur kommt also nur begrenzt zum Ausdruck. Gewöhnlich stößt in diesen Dramen die
Absicht oder Planung einer Person oder Gruppe auf die Interessen bzw. den Widerstand einer – kaum weniger zielbewußten –
Gegenpartei, so auch in Lessings »Emilia Galotti«. Man könnte
also allgemein von einem Parteien- oder auch Zieldrama sprechen.

   Das Wort Zieldrama, sonst für jedes nichtanalytische Drama (vgl.
S. 131 ff.) verwendet, bekäme so einen engeren, angemesseneren Sinn.
Es würde sich nicht mehr auf alle dem Publikum bevorstehenden Er-
eignisse, sondern nur auf die von den Akteuren bewußt verfolgten
Ziele beziehen.

Parteien- und Urteilskonflikt

   Daß die Dramenhandlung meist nicht von einem einzigen
Faktor abhängt, sondern durch die Konkurrenz mehrerer Fak-
toren bestimmt ist, lenkt das Interesse auf den Konflikt als das
Kernstück der meisten Dramenhandlungen. »Das Wesen des
Dramas ist Kampf und Spannung.« Dieser von Gustav Freytag
(S. 96) geäußerten Meinung läßt sich zwar entgegenhalten, daß
Konflikte weder auf das Drama beschränkt noch für das Drama zwingend notwendig, z. B. im absurden Theater Becketts
nicht feststellbar seien (Pfister, S. 31 f.); doch ist dies kein
Grund, die Affinität von Drama und Konflikt zu leugnen und
die Konfliktfrage aus der Dramentheorie auszuklammern. Auf
eine ausgeprägte literarische Konflikttheorie läßt sich allerdings nicht zurückgreifen. Aristoteles, mehr am analytischen
Drama interessiert, hat sich in seiner »Poetik« mit dem Konflikt nicht näher befaßt, und die Dramentheoretiker der Neuzeit (außer Hegel) haben es im wesentlichen dabei bewenden lassen. Ein differenziert durchdachter Fachbegriff ist *Konflikt* eher für
Juristen, Politologen, Soziologen und Psychologen.
   Konflikt im ursprünglichen Sinne des Wortes (lat. conflictus
= ›Zusammenstoß, Kampf‹ zu confligere ›sich schlagen, aneinander geraten‹) ist der Kampf, der *offene, handgreifliche* Zusammenstoß zweier *Parteien* (Einzelpersonen oder Gruppen).
Die heutige Bedeutung des Wortes hat sich von allen drei her-
vorgehobenen Sinnelementen mehr oder weniger gelöst.

   Erstens ist Konflikt heute nicht mehr in erster Linie die offene

Auseinandersetzung, die momentane Tätigkeit des Streitens, sondern eine längerfristig gestörte Beziehung. So erklärt sich die Formulierung vom latenten oder schwelenden Konflikt. Waren ursprünglich die gegenseitigen Tätlichkeiten der Konflikt, so klingt es jetzt angemessener zu sagen, daß der Konflikt sich in ihnen »äußert«.

Zweitens gelten seit langem nicht nur handgreifliche, sondern auch rhetorische Auseinandersetzungen, etwa vor Gericht, als Konflikte bzw. als Äußerung von Konflikten. Dieses Verständnis kommt dem Drama entgegen. Ihm stehen Wortgefechte allemal besser an als Degenduelle. Wer handgreifliche Kämpfe zu sehen liebt, kommt eher in der Sportarena auf seine Kosten.

Wichtiger als die beiden genannten Bedeutungsverschiebungen ist die dritte: die Erweiterung vom Parteien- zum Urteilskonflikt. Den Anlaß dazu lieferte die – schon in der Antike nachweisbare – Verwendung des Verbs *confligere* für die Auseinandersetzung vor Gericht, also für Streitigkeiten, die nicht durch die Überlegenheit einer Partei, sondern durch richterliches Urteil entschieden werden. Als juristischer Fachbegriff bezeichnet Konflikt bis heute weniger den Streit der Parteien als vielmehr die Meinungsverschiedenheiten richterlicher Instanzen sowie die Kollision mehrerer Normen bzw. Gesetze bei der Urteilsfindung.

Die Unterscheidung von Parteien- und Urteilskonflikt ist von grundlegender Bedeutung, auch für das Drama. Die konkurrierenden Kräfte sind im ersten Fall zwei (oder mehr) Parteien P 1 und P 2, die sich um ein Wertobjekt W (z. B. eine Frau, Besitz, Herrschaft) streiten. Umgekehrt konkurrieren beim Urteilskonflikt mehrere Wertvorstellungen W 1 und W 2, zwischen denen eine Person R sich als Richter oder wie ein Richter entscheiden muß.

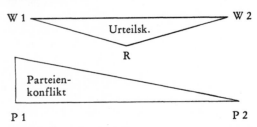

Die Funktionen, die Souriau (vgl. S. 99 f.) für das Parteiendrama vorgeschlagen hat, werden durch die fünf aufgeführten Elemente teils reduziert, teils – durch Mitberücksichtigung des Urteilskonflikts – erweitert. Mit R ist nicht nur der situationsmächtige Richter im Sinne von Souriau/Lausberg gemeint, in dem sich Urteil und Macht verbinden, sondern auch der ohnmächtige Held, der seiner

moralischen Integrität zuliebe Nachteile bis hin zur Gefährdung seines Lebens in Kauf nimmt.

Parteien- und Urteilskonflikt sind im Drama wie im Leben vielfach miteinander verbunden. Oft wird der Streit zweier Parteien
nicht durch die Übermacht einer Partei entschieden, sondern durch
Wettbewerb vor einem neutralen Schiedsrichter bzw. Gremium. Dies
gilt vor Gericht ebenso wie etwa im Wahlkampf. Besonders eng gerät
die Verflechtung von Parteien- und Urteilskonflikt, wenn die Person,
die zu entscheiden hat, z. B. eine begehrenswerte Frau, selber Gegenstand des Wettbewerbs ist (W = R). Am häufigsten ergänzen sich die
beiden Konfliktarten aber wohl dadurch, daß eine Partei den Forderungen oder Erwartungen der Gegenseite entgegenkommen und sie
mit den eigenen, andersartigen Zielvorstellungen in Einklang bringen
muß. Die Wünsche von P 1 haben dann eine Güterabwägung bei P 2
zur Folge (P 2 = R). In Lessings »Emilia Galotti« addieren sich die
beiden erwähnten Gleichsetzungen sogar. Emilia ist Teil der Gegenpartei, vom Prinzen (P 1) begehrtes Wertobjekt und Entscheidungsin-
stanz in einer Person (P 2 = W = R).

Der innere Konflikt

Das juristische Verständnis des Konflikts im Sinne des Urteilskonflikts hat vermutlich den Weg für die psychologische
Verwendung des Wortes gebahnt. Die Psyche des einzelnen
Menschen wird gleichsam als richterliche Instanz begriffen.
Derartige Konflikte sind Ausdruck augenblicklicher Entschei-
dungsschwierigkeiten. Aus der neueren Psychologie wissen wir
aber auch, daß sie die Entwicklung des Charakters langfristig
steuern. Unbewältigte Konflikte werden häufig verdrängt und
können Neurosen auslösen. Der psychische Konflikt wird auch
als innerer Konflikt bezeichnet.

Dieser Wortgebrauch und überhaupt das psychologische Verständnis von Konflikt ist spätestens seit der Goethezeit nachweisbar,
wahrscheinlich aufgrund der allgemeinen Psychologisierungstenden-
zen des 18. Jh.s. Goethe etwa unterscheidet in seinem Aufsatz »Shakespeare und kein Ende« (1813–16) beiläufig zwischen innerem und
äußerem Konflikt.

Durch die bis heute gängige Unterscheidung von äußerem
und innerem Konflikt wird die grundlegendere von Parteien-
und Urteilskonflikt überdeckt. Die beiden Unterscheidungen
berühren sich, sind aber nicht identisch. Der Parteienkampf ist,
ob er nun handgreiflich oder rhetorisch gerät, immer ein äuße-

rer, nach außen in Erscheinung tretender Konflikt. Umgekehrt verlangen aber Urteilskonflikte nicht unbedingt die menschliche Seele als Schauplatz. Sie können auch zwischen mehreren Personen ausgetragen werden, nicht nur, wie angedeutet, vor Gericht, sondern etwa auch durch Berater vor einem um Entscheidungen bemühten Herrscher oder durch Abstimmung innerhalb einer Gruppe. Der innere Konflikt ist also nur eine, allerdings eine besonders herausragende Art des Urteilskonflikts.

Die Entscheidung, auf die der innere Konflikt zusteuert, ist im einfachsten Fall ein Ja oder Nein zu einem ins Auge gefaßten Handeln, meist aber die Wahl zwischen zwei oder mehr qualitativ verschiedenen Alternativen. Konkurrieren können 1. eigene Wünsche (Neigungen, Bedürfnisse), 2. fremde, als eher unangenehm empfundene Forderungen, bei deren Nichterfüllung oft noch unangenehmere Folgen drohen, 3. überindividuelle Verhaltensnormen und Rollenzwänge (Pflichten, Ideale), deren Nichtbeachtung soziale Ächtung oder auch Gewissensbisse zur Folge hätte. Der Konflikt kann sich innerhalb eines Bereichs entzünden (z. B. zwischen zwei eigenen Wünschen), aber auch zwischen den Bereichen (Wunsch/Forderung, Wunsch/Norm, Forderung/Norm). Erläuterungen zum inneren Konflikt beschränken sich oft moralisierend auf den Gegensatz von Pflicht und Neigung. Besondere, hier nicht näher zu erörternde Komplikationen schafft die wechselseitige Abhängigkeit zwischen konkreten Interessen (Wünschen bzw. Forderungen) und allgemeinen oder rollenspezifischen Normen. Normen sind nämlich weitgehend Ausdruck von Gruppeninteressen. Umgekehrt beruhen manche privaten Wünsche auf verinnerlichten Normen.

Szenen, in denen innere Konflikte zutage treten, zählen zu den Höhepunkten vieler Dramen. Mehr als Parteienkonflikte, mehr auch als forensische Urteilskonflikte ermöglicht der innere Konflikt es dem Zuschauer, sich mit den handelnden Personen zu identifizieren. Sein Interesse wächst in dem Maße, in dem die einander widerstreitenden Beweggründe bzw. sozialen Rollen (z. B. Beruf/Mutterrolle) auch für ihn selber gelten. Die größte Resonanz versprechen Konflikte dann, wenn elementaren Bedürfnissen eines Helden, z. B. seiner Liebe zu einem Menschen oder zur Freiheit, fremde Interessen oder problematische Normen im Wege stehen und wenn sich in dieser Auseinandersetzung zugleich aktuelle gesellschaftliche Probleme spiegeln.

In seiner natürlichen Form läßt sich der innere Konflikt auf der Bühne allerdings nicht hinreichend darstellen. Um für den Zuschauer wahrnehmbar zu sein, muß er »geäußert« werden, also sprachlich in Erscheinung treten. Das geschieht am markantesten im Konfliktmonolog. Vgl. dazu S. 83. Manchmal erörtern die Betroffenen ihr Dilemma auch mit vertrauten Personen oder machen erzählend von ihren Problemen Mitteilung.

Der Darstellung innerer Konflikte oder zumindest der Identifikation mit den betroffenen Helden stand früher noch ein anderes Hindernis im Wege. Im Gefolge stoischer Philosophie, die den von Affekten unerschütterten Weisen als Leitbild pries, galten Entscheidungszweifel bis ins 17. Jh. weniger als Sympathiegrundlage denn als Ausweis eines moralisch bedenklichen, nicht genügend standfesten Charakters. Wo wir sympathischen Tragödienhelden der Antike heute gern innere Konflikte unterstellen, sind deren Entscheidungen in Wahrheit von überraschender Bedenkenlosigkeit. Daß etwa Antigone ihren toten Bruder Polyneikes bestattet und so gegen das Gebot des Königs Kreon verstößt, stellt Sophokles auch nicht ansatzweise als inneren Konflikt dar. Das Begräbnis hat zu Beginn des Stücks schon stattgefunden, und nach ihren späteren Reden zu urteilen, war sich Antigone in keinem Augenblick ihres Entschlusses unsicher. Musterbeispiele für Konfliktmonologe findet man dagegen in den Medea-Tragödien von Euripides und Seneca. In beiden Stücken zögert die Titelheldin, bevor sie den Entschluß, ihre Söhne umzubringen, in die Tat umsetzt, hin- und hergerissen zwischen der Absicht, die Untreue ihres Mannes Jason zu rächen, und ihren mütterlichen Bedenken (Verse 364–409 bei Euripides, 893–953 bei Seneca). Wenn in den vom Neustoizismus geprägten Barockdramen jemand schwankt, so sind das gewöhnlich nicht die Märtyrer, sondern die moralisch fragwürdigen Tyrannen oder andere, von verderblicher Leidenschaft geschüttelte Personen. (Vgl. W. Flemming, Andreas Gryphius, 1965, S. 95 f.) »Ein flatternd Hertze gleicht mit Wanckel-muth den Pferden, / Die ein geschwancker Zaum bald recht- bald linckwerts lenckt«, heißt es in der Zweitfassung von Lohensteins »Cleopatra« (II 442 f.) tadelnd über Cleopatras Ehemann Antonius. Anlaß zu einer positiveren Bewertung innerer Konflikte boten die Aufwertung des Zweifels durch Descartes und besonders die der Affekte durch die Empfindsamkeit des 18. Jh.s. Erst das Publikum dieser Epoche, dem das alte Wertesystem fragwürdig wurde (vgl. S. 95 f.), vermochte innere Konflikte und die ihnen eigene Entscheidungsunsicherheit ohne moralische Skrupel nachzufühlen. Andererseits wirkt die alte Denkweise noch lange nach. Noch Hegel (Ästhetik III, Sämtliche Werke, hrsg. H. Glockner, Bd. 14, 1964, S. 569) spricht von der »Schwäche der Unentschiedenheit«. Er dehnt seine Bedenken sogar von den Figuren auf die Dramatiker aus, wenn er bemerkt, daß »das Hineinlegen des Zwiespalts in ein und dasselbe Individuum immer viel Mißliches mit sich führt« (ebenda, S. 570).

Historische Konflikttypen

Welche Parteien über welche Dinge in Streit geraten und welche Personen zwischen welchen Wertvorstellungen schwanken, soll im einzelnen nicht untersucht werden. Über häufig behandelte Konfliktkonstellationen informieren zwei – gerade für das Drama ergiebige – Lexika dichtungsgeschichtlicher Längsschnitte von Elisabeth Frenzel: »Motive der Weltliteratur« (1976) enthält Artikel über allgemeinere Handlungsschemata (z. B. verfeindete Brüder, Frauenraub, verletzte Gattenehre, Inzest, herkunftsbedingter Liebeskonflikt, Mann zwischen zwei Frauen, Vater-Sohn-Konflikt), »Stoffe der Weltliteratur« (zuerst 1962) solche über namentlich fixierte Sujets (z. B. Don Juan, Medea, Ödipus, Virginia). Diese »Motive« bzw. Stoffe erscheinen weitgehend zeitunabhängig. Die Eigenart von Epoche und Autor verrät sich hier weniger im Handlungsrahmen als in dessen konkreter Füllung.

Die gesellschaftlichen und geistigen Probleme einer Zeit färben aber auch auf die Wahl der Handlungen selber ab, speziell auf die Art des behandelten Konflikts. Unter diesem Gesichtspunkt lassen sich in der Geschichte des europäischen Dramas, insbesondere des ernsten Dramas, folgende zeitspezifische Typen ausmachen: 1. die antike Schicksalstragödie (z. B. Sophokles' »König Ödipus«), 2. die im christlichen Mittelalter wurzelnde Psychomachie (z. B. Calderóns Autos sacramentales oder Jakob Bidermanns »Cenodoxus«), 3. das höfische Drama des 17. und 18. Jh.s mit dem hierfür kennzeichnenden Wertekonflikt von Ehre und Liebe (z. B. bei Corneille), 4. das mit dem bürgerlichen Trauerspiel (z. B. Lessings »Emilia Galotti«) im 18. Jh. aufkommende, bis in unsere Zeit reichende soziale Drama, 5. das bewußtseinsanalytische Drama neueren Datums (z. B. in Form des absurden Theaters).

Zu 1. Maßgebender als zwischenmenschliche Auseinandersetzungen ist hier das gespannte Verhältnis zwischen Menschen und Göttern bzw. den privilegierten Personen, die sich auf die Autorität der Götter berufen. Dies äußert sich vor allem darin, daß die Menschen hinsichtlich der Zukunft oder auch der eigenen Vergangenheit im dunkeln tappen. Sie wirken verblendet. Die Götter und die von ihnen autorisierten Medien, wie Seher und Orakel, haben bzw. beanspruchen einen Wissensvorsprung. Dieser demonstriert ihre Macht und weist individuellen Stolz und Kritik als Hybris in die Schranken. Das wird besonders im analytischen Drama deutlich, dessen repräsentativstes Beispiel, wie erwähnt, »König Ödipus« ist. (Vgl. S. 132 f.) Es ist kein Zufall, daß Aristoteles seine Dramentheorie hauptsächlich an

diesem Stück orientiert. Man kann das analytische oder Entdeckungsdrama, jedenfalls das der Antike, als Gegentypus des – meist auf
eine Entscheidung hinauslaufenden – Konfliktdramas, aber auch als
dessen versteckte Variante begreifen. Das analytische Drama der Antike ist zwar in bezug auf den eigentlichen Entdeckungsprozeß kon-
fliktfrei, aber es setzt Konflikte voraus und führt zu Konflikten hin.
Es verleiht dem latenten Konflikt zwischen herrschenden Göttern
und aufbegehrenden Menschen Ausdruck. Die auf der Bühne ausge-
spielten Konflikte zwischen Menschen (z. B. die des Ödipus mit Kreon und Teiresias) leiten sich aus diesem Hintergrundkonflikt ab, sind
also selber sekundär. – Außer durch die Überlegenheit der Götter
ist die antike Tragödie vor allem durch Rachehandlungen (z. B.
Thyestes, Medea) bestimmt, in denen sich Sippenhaft und Blutrache
der damaligen Gesellschaft spiegeln.

Zu 2. »Psychomachia« heißt ein im Mittelalter hochgerühmtes
Epos des christlichen Dichters Prudentius (um 400). Das Wort bedeutet Seelenkampf oder besser Kampf um die Seele. In diesem Kampf
befehden sich christliche Tugenden und heidnische Laster, die in per-
sonifizierter Form als allegorische Figuren auftreten. Wie die christliche Heilsgeschichte insgesamt, so wird auch das Schicksal der Einzel-
seele als dauernder Krieg zwischen den Heerscharen Gottes und Sa-
tans verstanden. In beiden Lagern herrscht die für den mittelalterlichen Feudalismus kennzeichnende Gefolgstreue. Der Mensch selber ist
weniger Handelnder als Schauplatz und Streitobjekt der übersinnlichen Mächte. Die Entscheidung über seine Seele liegt allerdings bei
ihm. Allegorischer Parteien- und individueller Urteilskonflikt sind
also miteinander verflochten (W = R; vgl. S. 143).

Zu 3. Im Gegensatz zu Schicksalsdrama und Psychomachie holt
das höfische Drama des 17. und 18. Jh.s den Konflikt voll auf die
Erde. Die neuzeitliche Säkularisierung bricht sich damit Bahn. Der
Standardkonflikt von Ehre und Liebe, der sich in Tragödie (Corneille) und Komödie (Lessings »Minna von Barnhelm«) primär als Ur-
teils-, aber auch als Parteienkonflikt äußert (z. B. in Form von Duel-
len), spiegelt die Verfilzung politisch-öffentlicher und privater Interessen der Hofleute. Fast noch bezeichnender als die Austragung des
Konflikts sind die Versuche, ihn zu vertuschen, den gegensätzlichen
Interessen getrennt Genüge zu tun und die rechte Hand nicht wissen
zu lassen, was die linke tut. Dem entsprechen das häufige Nebeneinander von politisch opportuner Ehefrau und geliebter Mätresse (Lessings Emilia wird von dem Prinzen als Mätresse, nicht als Ehefrau
begehrt!) und die wie zu keiner Zeit sonst blühende Kunst der Verstellung und Intrige (vgl. S. 123 ff.).

Zu 4. Das soziale Drama gestaltet Probleme menschlicher Gruppen. Sie ergeben sich besonders aus der Abhängigkeit von anderen
Gruppen und von beengenden Verhältnissen. Das bürgerliche Trauerspiel des 18. Jh.s spiegelt das wachsende Selbstbewußtsein des Bür-
gertums gegenüber dem Adel. In Lessings »Emilia Galotti« und in

Schillers »Kabale und Liebe« führt die Liaison von Adelssohn und
Bürgertochter zum Konflikt. Ein Jahrhundert später im Naturalismus wird das Bürgertum seinerseits zum Angriffsziel. In seinem
Schauspiel »Die Weber« ergreift Gerhart Hauptmann die Partei der
Arbeiterschaft. Auch Rassen-, Generations- und Geschlechtergegensatz sind Themen des sozialen Dramas. Meist machen sich die Dichter zum Anwalt der Unterdrückten. Waren dies früher meist Mehrheiten, die der Herrschaft von Minderheiten gehorchen mußten, so
melden sich im 20. Jh. mehr und mehr auch benachteiligte Minderheiten (Juden, Alte usw.) auf der Bühne zu Wort. Handlungsauslösend sind oft Übergriffe der Herrschenden, denen gegenüber die eigentlichen Helden nur re-agieren können. Alles in allem hat das soziale Drama vorwiegend kritische, aufrüttelnde Tendenz. Diagnosen
ohne Veränderungsappelle bieten Strindbergs Dramen über die gegenseitige Abhängigkeit der Geschlechter.

Zu 5. Das bewußtseinsanalytische Drama stellt nicht die Austragung von Konflikten im Sinne von vorübergehenden Vorgängen dar,
sondern die durchgängige, den Betroffenen selber oft nicht bewußte
Widersprüchlichkeit individueller und zugleich oft kollektiver Denk-
und Kommunikationsgewohnheiten. Das bewußtseinsanalytische Drama ist also, in dieser Hinsicht dem antiken Schicksalsdrama vergleichbar, nicht im engeren Sinne konflikthaft, doch läßt es sich als
Darstellung verhärteter, stabilisierter, toter Konflikte bzw. versteckter Gefährdungen begreifen. Hervorstechende Merkmale sind Identitätsverlust bis zur Persönlichkeitsspaltung und Aneinandervorbeireden der Gesprächspartner. (Vgl. S. 67 f.) Nach Ansätzen im 19. Jh.
(Strindberg, Tschechow, Schnitzler) wurde diese – vielfach handlungsarme – Dramenart im 20. Jh. (Pirandello) weitergeführt und
gipfelte schließlich im absurden Theater (Beckett). Auch Handkes
»Kaspar« läßt sich hier einreihen. Oft verbindet sich die Bewußtseinsanalyse mit sozialkritischen Absichten zur Absage an das herrschende Kollektivbewußtsein (z. B. bei Brecht). Manchmal äußert sich die
Bewußtseinsanalyse in Form des analytischen Dramas (Schnitzler,
»Komtesse Mizzi«), das damit einen ganz anderen Stellenwert gewinnt als in der Antike.

Ältere Typologisierungsbemühungen bezüglich des dramatischen Konflikts haben sich oft mit binären Gegenüberstellungen begnügt. Sie entzündeten sich vor allem an dem Unterschied zwischen der antiken und der neuzeitlichen Tragödie,
wie ihn z. B. Hegel herausstellt (vgl. S. 35). Tat sich im Altertum der Gegensatz zwischen Göttern und Menschen auf, so ist,
wie Hegel in seiner »Ästhetik« meint (Sämtliche Werke, hrsg. v.
H. Glockner, Bd. 14, 1964, S. 562 ff.), die neuzeitliche Tragödie durch die Kollision der Charaktere oder den Konflikt in
einem Charakter geprägt. An anderer Stelle notiert Hegel:

»*Napoleon,* als er einst mit *Göthe* über die Natur der Tragödie sprach, meinte, daß sich die neuere von der alten wesentlich dadurch unterscheide, daß wir kein Schicksal mehr hätten, dem die Menschen unterlägen, und daß an die Stelle des alten Fatums die Politik getreten sey.« (Sämtliche Werke, Bd. 11, 1961, S. 361)

Die Kausalität des Handlungsverlaufs, speziell in Lessings »Emilia Galotti«

In den bisherigen Abschnitten dieses Kapitels ging es um Elemente, die die Handlung bestimmen und ausmachen. Zu erörtern bleibt, wie die Teile der Handlung zusammenhängen.

Als Ausgangspunkt hierfür bietet sich das Kapitel 8 der »Poetik« des Aristoteles an. Hier erhebt er die Forderung nach Einheit der Handlung, aus der Castelvetro 1570 die Lehre von den drei Einheiten (Handlung, Ort, Zeit) entwikkelte. Wir erinnern uns, daß Aristoteles die Handlung als »Verknüpfung von Begebenheiten« definiert hat (vgl. S. 5). Die Addition vieler Episoden aus dem Leben eines Helden, z. B. Herakles oder Theseus, ergibt seinen Worten zufolge die gewünschte Einheit nicht. Er verlangt vielmehr: »Die Teile der Handlung müssen so zusammengesetzt sein, daß das Ganze sich verändert und in Bewegung gerät, wenn ein einziger Teil umgestellt oder weggenommen wird.« Die Handlung soll, wie er in Kap. 9 und 10 bemerkt, »wahrscheinlich« (vgl. auch S. 196) bzw. »notwendig« wirken. Wahrscheinlichkeit bedeutet hier nicht vermutete Faktizität, auch nicht Wirklichkeitsgemäßheit oder Möglichkeit, sondern innere Schlüssigkeit. Von dem – bei Euripides öfter vorkommenden – Deux ex machina hält Aristoteles (Kap. 15) ebensowenig wie später Horaz (Ars poetica 191: »nec deus intersit«).

Das Bemühen um eine plausible Verknüpfung der Handlungsteile hat sich im 17. und 18. Jh. im Zuge des nun allgemein platzgreifenden Kausalitätsdenkens zunächst noch verstärkt. Das wirkursächliche Denken neuzeitlicher Naturwissenschaft, speziell Newtons mechanistisches Weltbild, färbte auf die Formulierung des menschlichen Handlungsnexus ab. Von dem Satz des Leibniz, alles habe seinen zureichenden Grund, nahm man auch das menschliche Verhalten nicht aus. Die von Aristoteles eher beiläufig geäußerte Forderung nach Wahrscheinlichkeit der Handlung durchzieht die Poetiken der Zeit, z. B. die von Gottsched, als beherrschende Vorstellung. Die

Dramatiker der Aufklärung bemühten sich um eine möglichst umfassende Motivation ihrer Stoffe durch psychische oder auch äußere »Bewegungs-Gründe«.

Der Einfluß des mechanistischen Weltbildes der Zeit ist auch bei Lessing spürbar, wenngleich er den Materialisten La Mettrie (»L'homme machine«, 1748) verspottete. Berücksichtigt man, daß die auf der Bühne dargestellten Ereignisse, z. B. ungewöhnliche Verbrechen, zunächst oft eher unglaublich anmuten, dann muß der Dramatiker, so meint Lessing, »vor allen Dingen bedacht sein, eine Reihe von Ursachen und Wirkungen zu erfinden, nach welcher jene unwahrscheinliche Verbrechen nicht wohl anders, als geschehen müssen [...]; wird er suchen, die Charaktere seiner Personen so anzulegen [...], die Vorfälle [...] so notwendig einen aus dem andern entspringen zu lassen« (Hamburg. Dramaturgie, 32. Stück).

»Das Genie können nur Gegebenheiten beschäftigen, die in einander gegründet sind, nur Ketten von Ursachen und Wirkungen. Diese auf jene zurück zu führen, jene gegen diese abzuwägen, überall das Ungefähr auszuschließen, alles, was geschieht, so geschehen zu lassen, daß es nicht anders geschehen können: das, das ist seine Sache, wenn es in dem Felde der Geschichte arbeitet, um die unnützen Schätze des Gedächtnisses in Nahrungen des Geistes zu verwandeln« (Hamburg. Dramat., 30. Stück; vgl. auch Scherpe, S. 115 und 145).

Bei vorgeprägten Stoffen ist die Art der Verknüpfung für den Autor oft charakteristischer als der gewählte Stoff selber. Im übrigen sind es gerade unfertige Stoffe, die die Phantasie des Dichters beflügeln, ihm eine erklärende Motivation abverlangen. Hier kann er Lükken füllen, Teile vernähen, fragmentarisch überlieferte Wirklichkeit aus seiner Sicht restaurieren. »Die Entfaltungsmöglichkeit all der Stoffe, die eine wirklich breite Entwicklung nahmen, beruht auf dem Rätsel, das die Fabel stellt« (E. Frenzel, Stoffe der Weltliteratur, 1962, S. X).

Was Lessing in den zitierten Stellen fordert, hat er offensichtlich in seiner »Emilia Galotti« zu verwirklichen versucht. Auch hier war das gräßliche Ende vorgegeben, nämlich durch den von Livius überkommenen historischen Virginia-Stoff. Auch hier galt es vor allem, das Vorfeld überzeugend einzurichten. Dabei möchte Lessing dem Zufall keinen Spielraum gönnen; »das Wort Zufall ist Gotteslästerung. Nichts unter der Sonne ist Zufall«, läßt er seine Gräfin Orsina verkünden (IV 3). Um einen Eindruck von seinem Vorgehen zu vermitteln, sei die Verkettung der Handlungsteile in den Grundzügen skizziert:

Treibende Kraft des ganzen Stücks ist die Absicht des Prinzen, Emilia für sich zu gewinnen. Dieser Absicht steht die geplante Hochzeit Emilias mit Graf Appiani im Wege.

Zu diesen beiden sich ausschließenden Handlungszielen tritt als dritter maßgeblicher Faktor Emilias ständische Unebenbürtigkeit gegenüber dem Prinzen und Appiani. Aus ihr ergibt sich, daß sie für den Prinzen nicht als Frau, sondern nur als Geliebte in Frage kommt. Seine aus Staatsräson geplante Heirat mit der Prinzessin von Massa unterstreicht das. Mit der Unebenbürtigkeit Emilias wird aber auch Appianis Plan begründet, aus der Stadt Guastalla gleich nach der Hochzeit in seine ländlichen Täler bei Piemont zu reisen, da die ersten Häuser ihm nach dem »Mißbündnis« verschlossen seien. Die Verwirklichung dieses Plans wiederum hätte zur Folge, daß der Prinz Emilia nicht wiedersehen könnte. Erst die bevorstehende Abreise, also nicht Emilias Hochzeit allein, begründet das schnelle Handeln des Prinzen (vgl. Szene I 6). Sowohl der Standesgegensatz wie auch der Gegensatz von Stadt und Land sind also keine eigenständigen Elemente. Beide dienen – zumindest auch – der Motivation der eiligen Intrige.

Drei Schritte sind es, die die Hochzeit Emilias vereiteln sollen: zuerst der vergebliche Versuch, den Bräutigam Appiani mit einem Sonderauftrag an den Hof von Massa zu schicken (I 6, II 10), dann die Liebeserklärung des Prinzen gegenüber Emilia in der Kirche (I 7, II 6) und schließlich der von Marinelli angezettelte Raubüberfall, der zum Tod Appianis führt (II 3, III 1–2).

Die Abordnung Appianis nach Massa festigt die Vorstellung von der geplanten Heirat des Prinzen. Der Auftrag bzw. seine Ablehnung bietet jedoch vor allem Anlaß, die gegenseitige Abneigung zwischen Appiani und Marinelli über die Beleidigung (II 10) zum Rachemotiv auszubauen und damit den Tod Appianis zu begründen, der für das weitere Vorgehen gegen Emilia dramaturgisch nötig erscheint. Die Massa-Heirat dient auch als Vorwand für die Abkehr des Prinzen von der Gräfin Orsina (I 6).

Die nicht gezeigte, aber ausführlich erzählte Liebeserklärung des Prinzen in der Kirche arrangiert Lessing, um – aus der Sicht des Prinzen unfreiwillig – Marinellis Intrige zu durchkreuzen. Denn erst die Begegnung in der Kirche macht die Liebe des Prinzen offenkundig. Orsina, durch ihre Kundschafter von dem Ereignis in Kenntnis gesetzt, erkennt den Zusammenhang mit Appianis Tod (IV 5). Sie klärt dann Odoardo auf und steckt ihm ihren Dolch zu (IV 7).

Wie der Prinz Emilia ohne Wissen Marinellis trifft, so organisiert umgekehrt dieser den Überfall und Appianis Tod ohne Wissen des Prinzen. Zwar hat der Prinz alles, was Marinelli zur Vermeidung von Emilias Hochzeit unternehmen würde, vorab pauschal genehmigt (I 6), doch zeigen seine späteren Bedenken (IV 1), daß Marinelli die Vollmacht überzogen hat. Jedenfalls wird der Prinz durch seine Unwissenheit von der vollen Verantwortung für das Attentat freigehalten.

Die fragmentarische Skizze der Handlungsverkettung zeigt, wie bedacht Lessing die einzelnen Fakten verknüpft. Oft hat eine Ursache bei ihm mehrere Wirkungen, oft auch eine Wirkung mehrerer Ursachen. Andererseits sind die Begebenheiten und ihre Beziehungen zueinander nicht so zahlreich, daß die Übersicht verlorenginge. »Je simpler eine Maschine ist, je weniger Federn und Räder und Gewichte sie hat, desto vollkommener ist sie.« Dieser Erkenntnis Lessings (Hamburg. Dramaturgie, 82. Stück, Ende) erscheint auch die »Emilia Galotti« verpflichtet.

Über die Verknüpfung der Ereignisse in diesem Stück schrieb Goethe 1809: »Dies sind Züge einer Meisterhand, welche hinlänglich beurkunden, wie tiefe Blicke Lessing in das Wesen der dramatischen Kunst vergönnt waren« (Müller, Erläuterungen, S. 72). »Es wird dem Leser oder Zuhörer kein Spielraum zum Irren gegeben«: Auch dieser Satz Börnes aus dem 19. Jh., anläßlich einer Aufführung des Dramas notiert (Müller, S. 76), durchaus anerkennend gemeint. Neben Bewunderung hat Lessings Verfahren aber auch Kritik geweckt. 1772, im Veröffentlichungsjahr der »Emilia Galotti« also, schrieb Goethe an Herder über die kurz vorher fertiggestellte Urfassung seines »Götz von Berlichingen«: »Es ist alles nur gedacht. Das ärgert mich genug. Emilia Galotti ist auch nur gedacht, und nicht einmal Zufall oder Caprice spinnen irgend drein« (Müller, Erläuterungen, S. 64). Schärfer urteilten später die Brüder Schlegel und Hebbel.

Für Friedrich Schlegel ist Lessings Stück »ein gutes Exempel der dramatischen Algebra«, dem man »allen Werth absprechen muß« (Müller, S. 73). August Wilhelm Schlegel findet es bedenklich, daß man »mit einiger Überlegung gar leicht den mühsam angelegten Voraussetzungen« der Katastrophe entschlüpfen könne. »Die sichtbare Sorgfalt, alles zu motiviren«, führe bei näherer Prüfung nur dazu, daß der »innere Unzusammenhang in dem mit so ungemeinem Verstande herausgerechneten Drama« hervortrete (Müller, S. 74 f.). Nach Hebbel hat »das ganze Stück die Gestalt einer Maschine, worin lebendige Menschen die für einander bestimmten und nothgedrungen auf den Glockenschlag in einander greifenden Räder vorstellen.« Aus dieser – mit Lessings Selbstverständnis durchaus vereinbaren – Feststellung leitet Hebbel das Urteil ab, »daß ihm die Mittel zur poetischen Darstellung versagten« (Müller, S. 77 f.).

Als Kern der Kritik schält sich der Einwand heraus, daß die von

Lessing gebotenen Handlungsbegründungen nicht wirklich plausibel seien, daß er also seine eigene Absicht nicht bzw. nur oberflächlich erreicht habe. »Gräbt man aber tiefer, so zerreißt und streitet alles, was auf der Oberfläche so vernünftig zusammenzuhängen schien« (F. Schlegel, nach Müller, S. 73). Tatsächlich hängen Lessings Begründungen vielfach an einem seidenen Faden. Sie leiten sich weniger aus konstanten Faktoren (Charaktere, Umstände, Normen) ab, die den Eindruck tragischer Unausweichlichkeit am ehesten verbürgen, sondern aus punktuellen Fakten, die bei geringer zeitlicher Verschiebung auch zu anderen Ergebnissen führen könnten und deren Reiz, beinahe nicht und nur wunderbarerweise doch eingetroffen zu sein, eher zur lockeren Logik der Komödie passen will. A. W. Schlegel über Lessing: »Er übertrug die kalte und lauschende Beobachtung des Komikers in das tragische Gebiet« (Müller, S. 74). Jedenfalls kann die minuziöse Verflechtung der äußeren Fakten nicht über die problematische Art hinwegtäuschen, »wie schließlich der Dolchstoß – psychologisch sehr schwach – motiviert wird« (Barner u. a., S. 174). Dies fällt um so mehr ins Gewicht, als die ganze »Reihe von Ursachen und Wirkungen« nach Lessings eigenen Worten doch hauptsächlich das gräßliche Ende erklären soll. Schon viele Zeitgenossen hielten es für »unnatürlich, daß der Vater seine geliebte Tochter blos aus *Besorgniß der Verführung erstechen* könne«. Friedrich Nicolai berichtet davon am 7. 4. 1772 in einem Brief an Lessing (Müller, S. 60f.).

Die Antinomie von Freiheit und Notwendigkeit nach Kant

Sieht man von der Möglichkeit ab, daß Lessing seinen eigenen Ansprüchen nicht ganz gerecht wird, so beruhen die zitierten Kritiken auf einem antirationalistischen Denken, wie es besonders zur Zeit der Romantik verbreitet war. Die eigentliche Abkehr von der mechanistischen Auffassung menschlichen Handelns besorgte allerdings schon die skeptische Rationalität der späten Aufklärung. Der englische Empirist David Hume (»An enquiry concerning human understanding«, 1748) hatte die Kausalität als Denkzwang kritisiert, der auf der mehr oder weniger häufigen Wiederkehr von Erfahrungen der Vergangenheit beruhe und zwingende Schlüsse für die Zukunft, z. B. die Gewißheit des nächsten Sonnenaufgangs, nicht zulasse. Davon ausgehend, stellte Immanuel Kant in seinen drei »Kritiken« (1781–90) der wirkursächlichen Kausalität aus Naturnotwendigkeit die zweckursächlich bestimmte Kausalität aus Freiheit an die Seite.

»Der Wille ist eine Art von Kausalität lebender Wesen, sofern sie vernünftig sind, und Freiheit würde diejenige Eigenschaft dieser

Kausalität sein, da sie unabhängig von fremden sie bestimmenden Ursachen wirkend sein kann: so wie Naturnotwendigkeit die Eigenschaften der Kausalität aller vernunftlosen Wesen, durch den Einfluß fremder Ursachen zur Tätigkeit bestimmt zu werden« (Die drei Kritiken, hrsg. R. Schmidt, 1952, S. 260).

Selbst für nichtvernünftige Lebewesen reicht eine bloß wirkursächliche Erklärung nach Kant nicht aus. Er meint, »Es könne keinen ›Newton des Grashalmes‹ geben, d. h. selbst ein Newton wäre nicht in der Lage, die Erzeugung auch nur eines Grashalmes nach rein mechan. Gesetzen zu erklären« (Brockhaus Enzyklopädie). Besonderes Interesse verdient das Zusammentreffen von Naturnotwendigkeit und Freiheit im menschlichen Handeln. Kant erklärt »den scheinbaren Widerspruch zwischen Naturmechanismus und Freiheit in ein und derselben Handlung« dadurch, daß letztlich »diese ganze Kette von Erscheinungen [...] von der Spontaneität des Subjekts, als Dinges an sich selbst, abhängt, von deren Bestimmung sich gar keine physische Erklärung geben läßt« (Die drei Kritiken, S. 265 und 267).

Kants Gedanken übten großen Einfluß auf Schillers Kunsttheorie (»Über das Erhabene«) und dramatische Praxis aus. Die Beziehung von Freiheit und Notwendigkeit, von Kant als erkenntnistheoretische Antinomie begriffen, verschärft sich bei Schiller zum tragischen Konflikt. »Der Grundkonflikt Schillers wird seit der Berührung mit Kantischer Philosophie der Widerspruch des ›inneren Prinzips unsrer Vernunft‹, des ›Palladiums unsrer Freiheit‹, mit der Welt der ›Naturkräfte‹, zu denen Empfindungen, Triebe, Affekte, Leidenschaften ebenso wie die physische Notwendigkeit und das Schicksal gehören« (B. v. Wiese, Die dt. Tragödie von Lessing bis Hebbel, [3]1955, S. 211). Nach Schillers Meinung beweist sich im tragischen »Pathos«, das er als Leiden versteht, »die moralische Independenz [= Unabhängigkeit] von Naturgesetzen [...]. Man gelangt also zur Darstellung der moralischen Freiheit nur durch die lebendigste Darstellung der leidenden Natur« (»Über das Pathetische«).

Auch Goethe benutzte öfters das Kantische Gegensatzpaar. In der Vorankündigung zu seinem Roman »Die Wahlverwandtschaften« (1809), der menschliche Liebe und chemische Anziehung parallelisiert, schreibt er, daß »doch überall nur *eine* Natur ist und auch durch das Reich der heitern Vernunftfreiheit die Spuren trüber, leidenschaftlicher Notwendigkeit sich unaufhaltsam hindurchziehen«.

Dramentheoretisch wichtigstes Ergebnis der aufgezeigten, vom politischen Freiheitsenthusiasmus des ausgehenden 18. Jh.s getragenen, erst nach Lessings Tod voll wirksam werdenden Bewußtseinsveränderung ist die Umdeutung des Begriffs »Notwendigkeit«. Bei Aristoteles als Variante der Wahrscheinlichkeit (vgl. Fuhrmann, S. 21) formale Voraussetzung für die dem Dichter abverlangte Einheit bzw. Schlüssigkeit der Handlung, von Lessing noch in diesem Sinne verstanden, erscheint die Notwendigkeit seit Kant und Schiller als eine den Spielraum der handelnden Personen einengende Kraft. Hinter dem handlungslogischen Formprinzip treten die Züge der Göttin Ananke zutage. Die Bedingung der Handlungseinheit wandelt sich zur Bedrohung der Handlungsfreiheit. Das Bewußtsein der dramaturgischen Notwendigkeit tritt hinter dem der physischen Notwendigkeit in dem Maße zurück, in dem letztere als dem Menschen wesensfremd empfunden wird.

Im Gefolge von Kant und Schiller geriet das Zusammenwirken von Notwendigkeit und Freiheit, von Fremd- und Selbstbestimmung, von Schicksal und Charakter oder auch – unter moralischem Gesichtspunkt – von Schicksal und Schuld zum Hauptthema der deutschen Tragödie des 19. Jh.s und der germanistischen Tragödieninterpreten des 20. Jh.s.

Im einzelnen hielten sich die Nachfolger allerdings oft nicht an das durch Kant und Schiller vorgegebene Verständnis. Hebbels Dramen etwa laufen nicht wie die von Schiller auf eine heroisch-optimistische Überwindung der Naturnotwendigkeit durch die menschliche Freiheit und auf die Idealisierung dieser Freiheit hinaus, sondern umgekehrt auf eine Unterwerfung des – als grundsätzlich schuldhaft empfundenen – individuellen Willens unter eine allgemeine, mit dem Gesetz der Notwendigkeit ausgestattete Idee. Hebbel sieht »das Individuum im Kampf zwischen seinem persönlichen und dem allgemeinen Weltwillen, der die Tat, den Ausdruck der Freiheit, immer durch die Begebenheit, den Ausdruck der Notwendigkeit, modifiziert und umgestaltet« (»Mein Wort über das Drama«). Im übrigen lebt bei Hebbel zusätzlich die alte Vorstellung von der Notwendigkeit im Sinne eines dramaturgischen Verknüpfungsprinzips wieder auf, nun aber ganz auf die Tragödie konzentriert und – entsprechend dem Hebbel zugeschriebenen »Pantragismus« (A. Scheunert) – mehr weltanschaulich als darstellungstechnisch begründet. Hebbel hebt das Tragische vom bloß Traurigen ab; »denn das Tragische muß als ein von vornherein mit Notwendigkeit Bedingtes, als ein, wie der Tod, mit dem Leben selbst Gesetztes und gar nicht zu Umgehendes auftreten; sobald man sich mit einem: *Hätte* er (dreißig Taler gehabt [. . .]) oder einem: *Wäre sie* (ein [adliges] Fräulein gewesen usw.) helfen kann, wird der Eindruck, der erschüttern soll, trivial« (Vorwort »Maria Magdalene«). Diese Bestimmung erinnert an Goethes Diktum vom »unausgleichbaren Gegensatz« als Bedingung des Tragischen (vgl. S. 34) sowie an die von A. W. Schlegel unterstellte strengere Logik der Tragödie im Vergleich zur Komödie (vgl. S. 153).

So verbreitet der Gedanke der Polarität von Freiheit und Notwendigkeit ist, so wenig wird er dem Drama, auch dem neuzeitlichen Drama, insgesamt gerecht. Kant ging es um die Erklärung individuellen Handelns. Wer sein im Grunde a-soziales Denkschema auf das Drama überträgt, rechnet eigentlich mit einem Helden, der allein anonymen Mächten gegenübersteht, im Vergleich zu dem die Mitakteure letztlich wie Statisten wirken. Eine derartige Betrachtung erscheint Ideendramen in der Art und im Gefolge Schillers angemessen. Auf die sozialen und psychischen Zwänge, die seit dem 19. Jh., etwa im Naturalismus, das Handeln der dramatischen Personen steuern, läßt sich der Begriff der Notwendigkeit schon nur noch mit Einschränkung übertragen. Ihnen wird nicht jedermann jenen Grad von Unvermeidlichkeit zuerkennen, den Kant mit dem Begriff der Naturnotwendigkeit verband. Erst recht verbietet sich eine Ausweitung, die Freiheit und Notwendigkeit mit Handeln und Erleiden gleichsetzt, beruht das Erleiden doch oft, so auch in der »Emilia Galotti«, auf freien Aktionen von Gegenspielern.

Ähnliche Vorbehalte richten sich gegen eine zu weitgehende Verwendung verwandter Begriffspaare. Wer etwa das neuzeitliche Drama durchgängig mit der Elle von Schicksal und Schuld mißt, tut sowohl diesen Begriffen wie auch vielen damit erfaßten Stücken Gewalt an.

Begriffspaare zur Abstufung der Handlung

Gegenstand des vorliegenden Kapitels waren zunächst Dramentypen aufgrund dominanter Faktoren, sodann Konfliktaspekte und zuletzt Überlegungen im Zusammenhang der Motivation und Verknüpfung der Handlung. Abschließend seien einige traditionelle Abstufungen erörtert, die die Gesamtstruktur der Handlung betreffen. Zu besprechen sind 1. einfache und verflochtene Handlung, 2. Handlungskern bzw. -schema und episodische Zutaten, 3. Haupt- und Nebenhandlung, 4. Handlungskern bzw. -schema und komplette Handlung, 5. Rohstoff und literarisch gestalteter Stoff. Die Anordnung entspricht in etwa der Reihenfolge, in der die Begriffspaare geschichtlich bedeutsam wurden. Die beiden erstgenannten Paare finden sich in der »Poetik« des Aristoteles, die restlichen sind neuere Varianten des zweiten Begriffspaars. Das erste Begriffspaar gilt speziell für das Drama, die übrigen betreffen Drama und Epik gleichermaßen.

Zu 1. Aristoteles unterscheidet in Kap. 10 (vgl. auch Kap. 13 und

18) zwei Komplikationsgrade. Den von ihm bevorzugten Dramen mit Peripetie oder Anagnorisis (vgl. S. 131) schreibt er eine verflochtene (Gigon: »verschlungene«) Handlung zu (mythos peplegménos, praxis peplegméne), anderen eine einfache Handlung.

Die Verflechtung als Attribut der Gesamthandlung darf nicht mit der früher (S. 129 f.) besprochenen Verwicklung oder »Verwirrung« (Epitasis) im Sinne einer bestimmten Handlungsphase verwechselt werden. Wer das übersieht, riskiert solche Widersprüche wie Gottsched (S. 616 f.), der einfache und »verworrene« Fabel unterscheidet (mit jeweils mehreren Dramentiteln als Beispielen), dann aber auch der einfachen Fabel einen »Knoten, oder die sogenannte Verwirrung« zugesteht. Mißverständnisse hinsichtlich des anstehenden Begriffspaars werden allerdings dadurch begünstigt, daß die Ausdrucksweise des Aristoteles hier »einigermaßen dunkel« ist (Fuhrmann, S. 29).

Zu 2. In Kap. 17 seiner »Poetik« äußert sich Aristoteles über die Herstellung des Dramas. Er meint, der Dichter solle die Handlung zunächst in ihren Grundzügen entwerfen und dann mit »Episoden« (Epeisodia, Einzahl: Epeisodion) auffüllen. Er stellt sich den dichterischen Prozeß also als Weg vom Allgemeinen zum Besonderen vor, als umgekehrte Form jener Abstraktion, durch die die Handlung im Gedächtnis des Publikums wieder auf ihren wesentlichen Kern zusammenschrumpft. Diese Gleichsetzung von Produktion und Konkretion ist als allgemeine Prämisse übrigens durchaus anfechtbar, so sehr sie für viele Stücke auch zutrifft.

Das Wort »Episode« hat an der angegebenen Stelle in etwa schon den heutigen Sinn eines sekundären, d. h. werkgeschichtlich späteren und zugleich zweitrangigen Geschehens. Diese Bedeutung unterscheidet sich von dem heute vergessenen Sinn einer notwendigen Handlungsphase in der Art des heutigen Aktes, den Aristoteles dem Wort an anderer Stelle zuerkennt (vgl. S. 37; vgl. auch Fuhrmann, S. 44 f.; Lämmert, S. 260 f., Anm. 24).

Zu 3. Die Gegenüberstellung von Haupt- und Nebenhandlung, von den fünf angesprochenen Abstufungen heute sicherlich die bekannteste, hat sich anscheinend aus dem zuletzt erläuterten Begriffspaar entwickelt. Das klingt etwa in der Art an, in der Gottsched das von Aristoteles Gesagte weitergibt. Nach Gottsched (S. 611) soll der Dichter zunächst die »Hauptfabel« schaffen. »Er erdenket sodann alle Umstände dazu, um die Hauptfabel recht wahrscheinlich zu machen: und das werden die Zwischenfabeln, oder Episodia nach neuer Art, genannt.« Gottsched (S. 158) spricht auch von »Nebenfabeln«.

Die Unterscheidung von Haupt- und Nebenhandlung ist auch mit der von einfacher und verflochtener Handlung in Zusammenhang gebracht worden. Allerdings geschah dies vermutlich nur im Zuge einer Vermischung der beiden von Aristoteles stammenden Begriffspaare. Laut Harsdörffer (Poetischer Trichter, 1648–53, Nachdruck 1969, Teil 2, S. 75), der sich auf des Holländers Heinsius lateinische Schrift »De tragoediae constitutione« (1611) bezieht, »ist deß Poetischen

Schauspiels Inhalt entweder einschichtig oder mehrschichtig (Fabulae argumentum est vel simplex, vel compositum) Einschichtig, wann eine erdichte Geschichte ohne Nebeninnhalt (Episodium) merklicher Veränderung, (Peripetia) oder endlicher Erkantnuß vollzogen, (Agnitio [= Anagnorisis]) oder durch ein Himmelsgeschicke (Machinam [= Deum ex machina]) geendet wird, daß also die Haubtpersonen allein alles zuthun hat. Der Mehrschichtige Inhalt hat viel Nebenhandlungen, miteingemischet, daß man fast zweiffeln muß, welches die Haubtperson zu nennen, und die letztere Art ist so viel gebräuchlicher als die erste, weil das Gemüt durch seltne Verwirrung und unerwarte Begebenheit bestürtzt, deß Ausgangs mit Verlangen erwartet. Besagter Nebeninhalt muß mit der Haubtsache Kunstrichtig verbunden, und nicht bey den Haaren herbey gezogen seyn«. (Die eingeklammerten lateinischen Angaben sind bei Harsdörffer Fußnoten.)

Die Unterscheidung von Haupt- und Nebenhandlung wird besonders für Dramen mit mehreren Handlungssträngen gebraucht, von denen einer eine erhöhte Wichtigkeit beansprucht. Das betrifft vor allem Stücke, die, wie Schillers »Wallenstein« oder »Wilhelm Tell«, neben individuellem auch kollektives Geschehen zum Gegenstand haben. Die entsprechende Mühe mit dem »verwünschten Stoff« des »Tell« hat Schiller in etlichen Briefen bekundet (vgl. den Reclam-Band »Erläuterungen und Dokumente«, hrsg. J. Schmidt, 1969, S. 72–76). Ähnlich äußerte er sich zu »Wallenstein«.

Die Gegenüberstellung von Haupt- und Nebenhandlung und die entsprechende von Haupt- und Nebenpersonen lassen offen, wo der Übergang zwischen Haupt- und Nebensächlichem genau anzusetzen ist. Bei mehr als zwei Wichtigkeitsstufen in einem Drama ist die Unterscheidung nur mit Einschränkung brauchbar. Ob Lessings Gräfin Orsina noch eine Haupt- oder schon eine Nebenperson ist, bleibt letztlich Ansichtssache.

Zu 4. Die unter Nr. 2 vorgestellte Unterscheidung hat sich in neuerer Zeit dahingehend verschoben, daß man oft nicht mehr Handlungskern bzw. -schema (a) und Zutaten (b), sondern Handlungskern bzw. -schema (a) und vollständige Handlung (a + b) gegenüberstellt. Das Fremdwort *Fabel* und das ursprünglich synonyme heimische Wort *Handlung* hat man in diesem Sinne schon im 18. Jh. auseinandergehalten. Der Ästhetiker J. J. Engel meinte damals: »Man nennt die bloße Reihe der Begebenheiten Fabel; und *Handlung*, behauptet man, komme in die Fabel erst dann, wenn die Begebenheiten aus den moralischen Gründen wovon sie abhangen, aus Gesinnungen und Leidenschaften freier Wesen, entwickelt werden.« (Nach Scherpe, S. 145.) Im Gefolge dieser Auffassung wird *Fabel* bis heute oft als »reines Schema« (W. Kayser, Das sprachliche Kunstwerk, [4]1956, S. 77), als bloßer »Grundplan« (Wilpert, Sachwörterbuch der Literatur, [5]1969) des Handlungsverlaufs verstanden.

Zu 5. In der Gegenüberstellung von Rohstoff und literarisch gestaltetem Stoff (bzw. literar. Gestalt des Stoffes) wird die werkgenetische Betrachtung dominant. Letztere spielte schon bei Nr. 2 und 4 mit, doch ging es dort hauptsächlich um eine quantitative Unterscheidung innerhalb des Gegenstandsbereichs, die sich auch unabhängig von der literarischen Gestaltung denken läßt. Umgekehrt steht jetzt die qualitative Veränderung im Vordergrund, die der Gegenstand durch seine literarische Gestaltung erfährt. Eine quantitative Erweiterung ist damit oft, aber nicht notwendigerweise verbunden.

Rohstoff und gestalteter Stoff sind mit verschiedenen Bezeichnungen bedacht worden. Der russische Formalist B. Tomaschevski sprach von *Fabel* und *Sujet*: »Un fait divers que l'auteur n'aura pas inventé peut lui servir de fable. Le sujet est une construction entièrement artistique.« (Théorie de la littérature, hrsg. T. Todorov, Paris 1965, S. 269) Der französische Erzählforscher T. Todorov benutzte die Opposition von *histoire* und *discours,* die schon E. Benveniste – in anderer Weise – eingeführt hatte. (K. Stierle, Text als Handlung, 1975, S. 49: »Benveniste versteht histoire und discours als alternative Möglichkeiten der Textbildung, die zwei verschiedenen Tempussystemen entsprechen.«) Todorov schreibt: »Auf der allgemeinsten Ebene besitzt ein literarisches Werk zwei Aspekte: es ist gleichzeitig eine Geschichte (histoire) und eine Rede (discours). Geschichte ist es in dem Sinne, daß es eine gewisse Realität hervorruft, Ereignisse, die geschehen sein könnten, Personen, die – aus dieser Perspektive – Personen des wirklichen Lebens zu sein scheinen. Diese selbe Geschichte könnte uns auch durch andere Medien vermittelt werden; durch einen Film zum Beispiel; man könnte sie auch durch die mündliche Erzählung eines Zeugen erfahren, ohne daß sie in einem Buch verkörpert sein müßte. Aber das Werk ist gleichzeitig auch Rede (discours): es gibt einen Erzähler, der die Geschichte erzählt; und es gibt ihm gegenüber einen Leser, der sie aufnimmt. Auf dieser Ebene sind es nicht die berichteten Ereignisse, die zählen, sondern die Art und Weise, in der der Erzähler sie uns zu erkennen gibt.« (T. Todorov, Les catégories du récit littéraire, in: Communications 8, 1966, S. 126; deutsch zitiert nach J. Schulte-Sasse/R. Werner, Einführung in die Literaturwissenschaft, 1977, S. 149) In ähnliche Richtung zielt die englische Gegenüberstellung von *story* und *plot,* für die E. Lämmert (Bauformen des Erzählens, S. 25) die Wörter *Geschichte* und *Fabel* vorschlägt.

Es fällt auf, daß das Wort *Fabel* sowohl (von Tomaschevski) für den Rohstoff als auch (von Lämmert) für den literarisch gestalteten Stoff beansprucht wird. Die wiederum andere Verwendung des Wortes im Sinne eines abstrakten Handlungsschemas (vgl. Nr. 4) wirkt zusätzlich verwirrend. Die Widersprüche im Bereich der Bezeichnungen – *Fabel* ist nur das deutlichste Beispiel – und die Bezeichnungsvielfalt verweisen auf zugrunde liegende Sachprobleme.

Hauptproblempunkt ist, daß die literarische Gestaltung kein einheitlicher Vorgang ist, ihr Ergebnis sich also mit einem Begriff allein nicht hinreichend genau erfassen läßt. Die beiden Gestaltungsschritte,

auf die in diesem Zusammenhang üblicherweise verwiesen wird, sind
von durchaus unterschiedlichem Gepräge. Gemeint ist einmal die Anordnung des Stoffes, speziell die Möglichkeit, die Darstellungsfolge
von der natürlichen Chronologie der Ereignisse abweichen zu lassen.
Erzählliteratur und Film (Rückblenden) machen davon häufig Gebrauch. Gemeint ist zum anderen die Detailgestaltung im Sinne der
sprachlichen Ausformulierung und der Perspektivierung. Von den genannten Bezeichnungen für den gestalteten Stoff lassen *Sujet* und besonders *plot* mehr an die darstellerische Bauform denken, während
discours seinem ursprünglichen Wortsinn gemäß sich eher auf die
sprachliche Form bezieht. K. Stierle hat für die beiden Gestaltungsschritte als Bezeichnungen »discours I« (Tiefendiskurs) und »discours
II« (Oberflächendiskurs) vorgeschlagen.

Anordnung und Formulierung entsprechen den aus der klassischen
Rhetorik geläufigen Verfahren der *dispositio* und *elocutio*. Diesen
geht als erster Teil des rhetorischen Dreischritts die *inventio* voraus.
Auch ihr läßt sich ein literarisches Verfahren zuordnen. Ihr entspricht die Begründung des – hinsichtlich seiner Darstellungsfolge
noch nicht festgelegten – literarischen Stoffes, d. h. die Erfindung
bzw. Auswahl des jeweiligen Handlungszusammenhangs. Was üblicherweise als Rohstoff begriffen wird und bis jetzt auch hier so dargestellt wurde, ist also selber schon als Ergebnis literarischer Gestaltung auffaßbar. Das eigentliche, vom literarischen Zugriff überhaupt
noch nicht erfaßte Rohmaterial ist noch früher anzusetzen als der
»Stoff« im Sinne einer geschlossenen, von literarischen Handlungsschemata geprägten »Geschichte«. So gesehen, ergibt sich ein vierpha-
siger Entstehungsprozeß, den die Handlung durchläuft: vom literarisch ungestalteten – aufgrund seiner eigenen Struktur allerdings
nicht formlosen – Material (1) über Auswahl (2) und Anordnung
(3) zur detaillierten Textgestalt (4). In diese Richtung weist der Aufsatz »Geschehen, Geschichte, Text der Geschichte« von K. Stierle (in:
K. S., Text als Handlung, 1975, S. 49–55). Stierle unterscheidet das
noch nicht literarisch erfaßte »Geschehen« und die »Geschichte« als
vom Autor subjektiv angeeignetes, sinnbestimmtes, reduziertes Geschehen. Im Hinblick auf die Vermittlung der Geschichte trennt er
dann, wie erwähnt, »discours I« und – als »Text der Geschichte« –
»discours II«. Er selber gelangt allerdings nur zu jenem Dreischritt,
den sein Aufsatztitel andeutet. Er setzt nämlich »Geschichte« und
»discours I« ineins.

XI. Das Drama als Sinnzusammenhang

Das Drama läßt sich nicht nur als Handlungs-, sondern auch als Sinnzusammenhang begreifen. Gemeint ist weniger der Sinn, den die handelnden Personen in ihre Worte legen, als vielmehr der, den der Autor damit verbindet. Von der Schwierigkeit, diesen Sinn angesichts der Abwesenheit des Autors zu erkennen, und von der Möglichkeit, dieses Hindernis durch erhöhte Glaubwürdigkeit einzelner Personen zu umgehen, war schon die Rede (vgl. S. 59 f. und 81). Im folgenden geht es um diejenigen Elemente der Figurenrede, die den vom Autor intendierten Sinn am ehesten verbürgen. Begonnen sei mit den Einsichten, die der Autor an die Figuren delegiert. Danach werden jene unausdrücklichen Sinnbezüge zu berücksichtigen sein, die sich dem Verständnis der Figuren bzw. des Publikums ganz oder teilweise entziehen.

Sentenzen und Reflexionen

Traditionsreichster Sinnträger ist die sogenannte Sentenz. Aristoteles (Rhetorik 2, 21) zufolge macht sie das Reden »gesinnungstüchtig« (G. Ueding, Einführung in die Rhetorik, 1976, S. 49). (Vergleichbare Bezeichnungen sind Gnome, Apophthegma, Maxime, Sinnspruch, bei Lessing auch – wegen des vorwiegend moralischen Sinns – »Sittenspruch«.) Der Tragödie werden Sentenzen von alters her als festes Attribut zugeschrieben. Nach den Worten des Renaissancepoetikers Scaliger (S. 145 a) soll sich die Tragödie ganz auf sie stützen. Sie sind, wie er sagt, gleichsam die Säulen oder Pfeiler ihres ganzen Bauwerks (»sunt enim quasi columnae, aut pilae quaedam niuersae fabricae illius«). Diese Formulierung kannten auch die Barockdichter. G. Ph. Harsdörffer (Poetischer Trichter, 1648–53, Nachdruck 1969, Teil 2, S. 81) jedenfalls wiederholt: »Die Lehr- und Danksprüche [= Denksprüche] sind gleichsam des Trauerspiels Grundseulen.« Bei dieser Einschätzung mag mitgespielt haben, daß Aristoteles unter den sechs für die Tragödie grundlegenden Elementen die *dianoia* anführt, die Scaliger (S. 18 b) als *sententia* übersetzt (vgl. S. 3 f.).

Wenn dies für Scaliger mitspielte, dann hätte er eine Aufgabe, die er *sententia* in einer umfassenderen, heute vergessenen Bedeutung zukam, auf die *Sentenz* in des Wortes engerer, bis heute erhaltener Bedeutung übertragen. Das Wort *sententia*, abgeleitet von dem Verb

sentire (fühlen, meinen), bedeutete im Lateinischen 1. Meinung, Ansicht, 2. Sinn, Bedeutung (z. B. eines Wortes, Satzes, Textes), 3. Satz
mit denkwürdigem, meist generellem Sinn. Der *dianoia* des Aristoteles entsprechen eher die erste und zweite Bedeutung, die vorwiegend
in der Form des Singulars vorkommen. Sentenz im heutigen Sinn ist
dagegen nur die dritte, häufig mit dem Plural verbundene Bedeutung. Die Bedeutungsentwicklung von der subjektiven Ansicht über
den objektivierbaren Sinn zum Satz als dessen repräsentativster
sprachlicher Form findet ihren Abschluß in dem englischen Wort *sen-
tence* (= Satz), dessen grammatische Bedeutung den generellen Sinn
der Sentenz verdrängt hat.

Die Sentenz berührt und überschneidet sich mit anderen Arten
denkwürdiger Sätze. Die »Merk-würdigkeit« eines Satzes äußert sich
in unterschiedlichen Attributen, die, ohne durchgängig notwendig zu
sein, in den konkurrierenden Artbezeichnungen mehr oder weniger
dominant zutage treten. Derartige Sätze sind generell (Sentenz),
handlungsverbindlich (Maxime), markant formuliert (Aphorismus),
als »Wort« bzw. Ausspruch einer bedeutenden Person historisch be-
glaubigt (Diktum) und/oder allgemein bekannt (Sprichwort). Zur
Sentenz gehört neben ihrer generellen Bedeutung am ehesten noch die
markante Formulierung, weitgehend auch die Handlungsverbindlich-
keit, während Historizität und Bekanntheit für sie eher nebensächlich
erscheinen.

Bei der Sinn- und Formanalyse der Sentenzen bzw. der sentenziös
gefärbten Aussagen eines Dramas oder auch eines anderen Textes
sind im einzelnen folgende Merkmale und Unterscheidungen zu beachten:

1. Sentenzen sind, wie schon angedeutet, Sätze von allgemeiner, den
   Augenblick und den Einzelfall übergreifender Bedeutung. Ihre
   Allgemeinheit zeigt sich im pluralischen Sinn (bei oft grammati-
   schem Singular) des Satzsubjekts und im Tempus des sogenannten
   gnomischen Präsens. In Lessings »Emilia Galotti« (I 6) klagt z. B.
   der Prinz: »O ein Fürst hat keinen Freund!«
2. Im Gegensatz zu anderen generellen Aussagen (z. B. »Alle Fliegen haben sechs Beine«) sind Sentenzen »Lebensweisheiten«, also
   menschlich bedeutsam, auch dann, wenn sie vordergründig Au-
   ßermenschliches ansprechen (»Die Katze läßt das Mausen nicht«).
3. Sie sind meist nicht bloße Behauptungen des jeweiligen Sprechers
   sondern Ausdruck des herrschenden Kollektivbewußtseins und
   damit auch für Gesprächspartner und Publikum akzeptierbar. Zu
   ihrem sachlich allgemeinen Sinn gesellt sich also die menschlich
   allgemeine Gültigkeit. Auf dieser überindividuellen Geltung beruhen die relativ große Bekanntheit der Sentenzen, die sie leicht zu
   Sprichwörtern werden läßt, und ihre argumentative Verwendbarkeit. Geringere Vertretbarkeitsgrade haben für die Sentenz nur
   am Rande Bedeutung. (Vgl. dazu Lausberg, § 1244, sententia.)
4. Nach der anonymen, früher Cicero zugeschriebenen Rhetorik de

Auctor ad Herennium (4, 17, 24) bezeichnen Sentenzen, was ist oder was sein soll im Leben (»quid sit aut quid esse oporteat in vita«). Demgemäß stellt Lausberg (§ 1244) den aussagenden die fordernden Sentenzen gegenüber. Eine fordernde Sentenz ist z. B. der Satz: »Tu recht und scheue niemand!« Sieht man genauer zu, so entdeckt man allerdings auch hinter den aussagenden Sentenzen Verhaltensregeln. Im Unterschied zu den explizit imperativischen Sentenzen enthalten sie indes keine hohen moralischen Forderungen. Sie bezeichnen eher menschliche Schwächen und die amoralisch-nüchterne Wirklichkeit, mit der man rechnen muß, um nicht Schiffbruch zu erleiden. Die aussagenden Sentenzen sind also vorzugsweise Klugheits-, Vorsichts- oder auch Überlebensregeln. Sie haben oft einen kritischen oder spöttischen Ton. Die Möglichkeit verringerter Allgemeingültigkeit kommt nach Lausberg (§ 1244) weniger für die aussagenden als für die fordernden Sentenzen in Frage.

5. Seit dem 18. Jh. werden Sentenzen vorwiegend als moralische Weisheiten verstanden. Für Lessing (Hamburg. Dramaturgie, 3. Stück) ist »jede allgemeine Betrachtung« eine »Moral«. Im 17. Jh. hingegen hielt man moralische und politische Sentenzen auseinander und sammelte sie in getrennten Florilegien. Ihre moralischen Einsichten entnahmen die barocken Neustoiker mit Vorliebe den philosophischen Schriften Senecas. Die Theoretiker der Macht im Gefolge Machiavellis bezogen die Regeln politischen Taktierens vor allem aus den Werken des Geschichtsschreibers Tacitus.

6. Von Sentenzensammlungen abgesehen, bestimmt sich die Wirkung der Sentenz aus ihrer Verwendung in einer konkreten Situation bzw. einem entsprechenden Text. Als sogenanntes Epiphonem (Stieler, V. 4103 nennt es »Schlußspruch«, ebenso Gottsched, S. 338) eine Szene, einen Akt oder auch einen andersartigen Text abschließend (vgl. Schöne, S. 150–153; Lausberg, § 879) oder als Kommentar den Text begleitend, zieht die Sentenz aus konkretem Geschehen eine allgemeine Folgerung, die meist einer kollektiv gültigen Meinung entspricht. Dann hat die Sentenz eher allgemeinen Erkenntnis- als konkreten Gebrauchswert. Höchsten Gebrauchswert entwickelt sie dagegen in umgekehrter Verwendung als tragendes Argument eines Beweisgangs. Deshalb ist sie seit eh und je Gegenstand der Rhetorik. Im Barockdrama prallen die Argumente oft in Form stichomythischer Sentenzenduelle aufeinander (z. B. in den Versen I 529–576 von Lohensteins »Epicharis«). Wer ein sentenziöses Argument entkräftet, bezweifelt weniger die allgemeine Geltung der jeweiligen Sentenz als ihre Anwendbarkeit auf den konkreten Fall. Zu den barocken Sentenzengefechten bemerkt Schöne, S. 146: »Nicht eigentlich widerlegt und außer Kraft gesetzt werden dabei die Sentenzen, sondern gleichsam gegeneinander aufgerechnet.«

7. An sich sind die Sentenzen, wie erwähnt, allgemein oder, wie

Lausberg sagt, infinit. Ihre Verwendung in konkretem (finitem)
Zusammenhang macht es indes »verständlich, daß der finite Bereich im konkreten Falle in die Formulierung der *sententia* ein-
dringen kann« (Lausberg, § 874). Emilia Galotti bekommt zum
Beispiel von ihrem Vater zu hören: »Auch du hast nur Ein Leben
zu verlieren« (V 7). Was für alle Menschen gilt, wird hier auf einen bezogen. Der Satz läßt sich auch als ein Enthymem (verkürz-
ter Syllogismus) begreifen, dessen Prämissen (Der Mensch hat nur
ein Leben zu verlieren; auch du bist ein Mensch) nicht explizit
formuliert sind.

8. Des Gedankens Blässe und der häufige Mangel an inhaltlicher
   Originalität werden durch pointierte Formulierung aufgewogen.
   Sentenzen, die ihren allgemeinen Sinn hinter einer bildkräftigen
   Analogie verbergen, erscheinen geradezu anschaulich (»Wo geho-
   belt wird, da fliegen Späne«). Auch der erwähnte kollektive Singular hat zuspitzende Wirkung (»Die Katze läßt das Mausen
   nicht«).

9. Rhythmische Regulierung macht viele Sentenzen auch phonetisch
   einprägsam. Meist folgen dann unbetonte und betonte Silben in
   regelmäßiger Alternation aufeinander. In ihrer Länge entsprechen
   diese Sentenzen meist einem durchschnittlichen Vers. Vor allem
   Sprichwörter sind Versen vergleichbar.

10. Viele Sentenzen – auch dies betrifft besonders die zu Sprichwör-
    tern aufgestiegenen – sind zweiteilig. Schon Quintilian (Inst. or.
    8, 5, 4) hat das bemerkt. Sie stiften dann oft auf überraschende,
    paradoxe Weise einen Zusammenhang zwischen Bedingung und
    Folgeerscheinung (»Wer andern eine Grube gräbt, fällt selbst hin-
    ein«).

11. Scaliger unterscheidet die einfache, kurze Sentenz (»sententia sim-
    plex ac praecisa«) und die ausgemalte, erweiterte (»genus pictum
    ac fusum«). Scaligers zweite Art läßt sich als Vorstufe zu jener
    satzübergreifenden »Reflexionen« oder »Betrachtungen« begrei-
    fen, die man später im Zusammenhang der Sentenz mitzubespre-
    chen pflegte. Gottsched (S. 337) z. B. sagt über die »Denk- und
    Lehrsprüche«, die er übrigens in der Reihe der rhetorischen Ge-
    dankenfiguren vorstellt: »Dieses sind allgemeine Sätze, die bey
    Gelegenheit besonderer Fälle angebracht werden, und nützliche
    Regeln, kluge Sittenlehren, oder sonst sinnreiche und kurzgefaßte
    Aussprüche in sich halten. Zuweilen sind sie etwas weitläuftiger
    und könnten Betrachtungen heißen.«
    Der Reflexion, wie sie in Anlehnung an französischen Wortge-
    brauch heißt, fehlt indes nicht nur die Knappheit, sondern weit-
    gehend auch die Gültigkeit der Sentenz. Sie dient weniger einem
    partnerbezogenen Überredungshandeln als dem eigenen Erkennen.
    Anders als die zielsichere, zukunftsgerichtete Argumentation is(t)
    die Reflexion ein eher suchendes, den Ereignissen weniger voraus-
    gehendes als ihnen echoartig folgendes »Nachdenken«. Nach He-

gel wird in der Reflexion das Ich »sich seiner Subjektivität in der
gegenübergesetzten Objektivität bewußt« (Brockhaus Enzyklopädie).

Die Sentenz wird seit der Antike als rhetorisches und poeti-
sches Wirkungsmittel benutzt und erörtert (vgl. z. B. Quintilian, Inst. or. 8, 5). Euripides (vgl. Lessing, Hamburg. Dramaturgie, 49. Stück) und Seneca sind als sentenzenreiche Tragiker
bekannt. Den Höhepunkt ihrer Beliebtheit erreichte die Sentenz jedoch in der Renaissance- und Barockzeit.

Für den speziellen Sentenzenreichtum damaliger Tragödien sind
neben Scaligers Hinweis auf die Säulen-Funktion die rhetorisch-argu-
mentative Verwendbarkeit der Sentenz und das Vorbild Senecas verantwortlich. Im übrigen entspricht die Neigung zur Sentenz dem allgemeinen Zeitgeschmack. Im 16. Jh. kam das Epigramm mit seinen
versifizierten Weisheiten neu in Mode. Die romanischen Moralisten
(Guicciardini, Montaigne) verhalfen auch dem Prosa-Aphorismus zu
hoher Geltung. Im 17. Jh. setzten der Spanier Gracián (»Oraculo
manual«) und der Herzog von La Rochefoucauld (»Réflexions ou
sentences et maximes morales«) diese Tradition fort. Florilegien
machten den politischen und moralischen Sentenzenschatz der Antike
bequem und in dichter Form zugänglich. Der vielfach mitgenannte
Name des Autors gab der Sentenz neben dem inhaltlichen auch per-
sönliches Gewicht. Eine Hauptursache des damaligen Sentenzenfie-
bers war die – bis zum Manierismus führende – Liebe zu geistrei-
chen oder, wie man damals sagte, »sinnreichen« Formulierungen
(Böckmann spricht, allerdings erst für die frühe Aufklärung, vom
»Formprinzip des Witzes«). Die andere, noch wesentlichere Hauptursache waren die didaktischen Bestrebungen der Epoche.

Scaliger (S. 1 b) nennt als oberstes Ziel der Dichtung das des
Belehrens mit Unterhaltung (»docendi cum delectatione«), stuft
also von den beiden von Horaz für gleichrangig erklärten Zielen (Ars poetica 333: »Aut prodesse volunt aut delectare poe-
tae«) die Unterhaltung zum Mittel der Belehrung herab. Wenn
Luther das Drama schätzte, dann nicht wegen der – seinerzeit
oft eher als anstößig empfundenen – szenischen Qualität, sondern wegen seiner belehrenden Sentenzen (George, S. 55 f.); »für
ihn war die Tragödie nur eine in Szene gesetzte Predigt« (George, S. 57), ähnlich wie schon für die Humanisten des späten
Mittelalters (George, S. 33). Die Moralitäten des ausgehenden
Mittelalters, religiöse Schauspiele, wie sie vor allem in England
und Frankreich beliebt waren, und die – besonders im 16. Jh.
aufgeführten – Sinnspiele (Spelen van sinne) der niederländischen Rederijker waren vielfach nichts weiter als allegorisch-

szenische Illustration eines vorgegebenen sentenziösen Mottos. Ähnlich stellt sich noch Gottsched (S. 611) die Herstellung einer Tragödie vor: »Der Poet wählet sich einen moralischen Lehrsatz, den er seinen Zuschauern auf eine sinnliche Art einprägen will. Dazu ersinnt er sich eine allgemeine Fabel, daraus die Wahrheit eines Satzes erhellet.« Auch für Lessing ist es kein Fehler, »wenn der dramatische Dichter seine Fabel so einrichtet, daß sie zur Erläuterung oder Bestätigung irgend einer großen moralischen Wahrheit dienen kann«. Er fügt allerdings hinzu, »daß es sehr lehrreiche vollkommene Stücke geben kann, die auf keine solche einzelne Maxime abzwecken« (Hamburg. Dramaturgie, 12. Stück). Alles in allem wurde von der Frührenaissance bis zum Ende des 18. Jh.s das Theater, besonders die Tragödie, »als pädagogisches Mittel und als Schule der Moral benutzt« (George, S. 41). Noch Schiller schrieb einen Aufsatz über »Die Schaubühne als eine moralische Anstalt betrachtet«. Dieser Ideendichter war zugleich der letzte deutsche Dramatiker, der der Sentenz noch einmal zu ihrem alten Glanz verhalf. Statt alte Sprüche weiterzugeben, formulierte er allerdings neue. Dank ihnen ist er in Georg Büchmanns Zitatensammlung »Geflügelte Worte« stärker vertreten als Goethe.

Insgesamt gesehen, ebbte die Lust an Sentenzen aber schon ab, als das didaktische Verständnis des Theaters noch anhielt. Sentenzenhäufungen waren für die aufklärerischen Kunstrichter des 18. Jh.s ein Hauptangriffspunkt bei ihrer Verurteilung des barocken Stils. Alte Bedenken, wie sie schon Quintilian (Inst. or. 8, 5) und im 17. Jh. Corneille bei Behandlung der Sentenzen angemeldet hatten, lebten nun wieder auf.

Quintilian hielt diese Redelichter (»lumina orationis«) als Augen der Beredsamkeit (»oculos [...] eloquentiae«) für wichtig, wünschte sich allerdings nicht den ganzen Körper voller Augen (8, 5, 34). Er warnte vor einer zu großen Häufigkeit (8, 5, 7: »ne crebrae sint«) bzw. Dichte (8, 5, 26: »densitas«). Auch sollten die Sentenzen seiner Meinung nach nicht überall und von jedermann gebraucht werden, nur von angesehenen Menschen, deren Person das Gewicht der Sache verstärkt, nicht von jungen oder unbedeutenden (8, 5, 7 f.). Im Gefolge des Neustoizismus stellen sich für Corneille (Discours du poème dramatique) die Sentenzen als Bastionen ruhiger Vernunft dar, die mit dem Affekt, aber auch mit aufgeregter Aktion und damit beinahe schon mit dem Drama überhaupt unvereinbar erscheinen: »La seule règle qu'on y peut établir, c'est qu'il les faut placer judicieusement, et surtout les mettre en la bouche de gens qui ayent l'esprit sans embarras, et qui ne soient point emportés par la chaleur de l'action.« (»Die einzige hierzu mögliche Regel ist die, daß man sie [d. h. die

Sentenzen] richtig plazieren und daß man sie vor allem Leuten in den Mund legen muß, deren Geist nicht behindert ist und die von der Hitze des Geschehens nicht mitgerissen sind.«)

Wirkt hier noch die Sentenz vor dem Zugriff verwirrender Gefühle und Geschehnisse abgeschirmt, so nimmt umgekehrt das 18. Jh. eher die Gefühlswahrheit vor der – nun öfters bespöttelten – Sentenz in Schutz. Der Zürcher Literaturkritiker J. J. Bodmer bemängelte an Lohensteins barocken Trauerspielen, die Leidenschaft werde hier unter gelehrter Spitzfindigkeit erstickt, statt der Personen höre man stets den gelehrten Dichter reden.

Für Lessing sind Sentenzen nur noch zulässig, soweit sie der individuellen Psyche und Situation entsprechen. »Alle Moral muß aus der Fülle des Herzens kommen, von der der Mund übergehet; man muß eben so wenig lange darauf zu denken, als damit zu prahlen scheinen.« Die moralischen Stellen sollen »keine mühsame Auskramungen des Gedächtnisses, sondern unmittelbare Eingebungen der gegenwärtigen Lage der Sachen scheinen«. Lessing bemerkt dies anläßlich der Hamburger Aufführung von Cronegks »Olint und Sophronia« in einem Exkurs über den »Vortrag der moralischen Stellen« (Hamburg. Dramaturgie, 2. bis 4. Stück). Er lobt den Schauspieler Ekhof, »daß er Sittensprüche und allgemeine Betrachtungen, diese langweiligen [= langdauernden] Ausbeugungen eines verlegenen Dichters«, durch seine »individualisierenden Gestus« mit Leben zu füllen verstehe. Die den Sentenzen einzig angemessene Aktion ist für Lessing »die, welche ihre Allgemeinheit wieder auf das Besondere einschränkt«. In seinem Dramenfragment »Samuel Henzi« mokiert er sich durch den Mund des Verschwörers Dücret über Bühnenhelden, die »auf des Sittenspruchs geborgte Stelzen steigen, / Dem Volk die Tugenden im falschen Licht zu zeigen«. (Werke, Bd. 2, S. 382)

Daß sich die Sentenz im Drama und überhaupt in der Literatur seit dem 18. Jh. auf dem Rückzug befindet und daß sie der weniger allgemeingültigen Reflexion Platz macht, beruht auf den Bewußtseinsveränderungen jener Zeit. Descartes' Prinzip des Zweifels, die Entdeckung des Individuums und seiner Eigenrechte und die damit einhergehende Infragestellung überlieferter Verhaltensnormen und Herrschaftsformen haben dazu geführt, daß sich die neueren Autoren immer weniger auf ein generell verbindliches Meinungssystem berufen können. Die kritische Bewertung individuellen Tuns mittels etablierter Normen wird vielfach durch die Kritik des Normensystems selbst ersetzt. Die einheitliche *Sinn*-Gewißheit weicht einer Vielzahl

subjektiver *Ansichten.* Die Entwicklung hat also zu dem geführt, was das Wort *sententia* ursprünglich bedeutete. (Vgl.
S. 162.)

Generelle Äußerungen und Implikationen, ob sie nun mit dem
Anspruch allgemeiner Gültigkeit auftreten oder nur Meinungen
wiedergeben, sind bis heute die wichtigste Grundlage für die
Sinnanalyse eines Textes. Das Bewußtseinssystem, das sie zu erkennen geben, ist zwar nicht oder jedenfalls nicht ohne weiteres mit der Absicht des jeweiligen Stücks gleichzusetzen, aber
es bildet den ideologischen Hintergrund, vor dem die konkrete
Absicht erst Umriß gewinnt.

Eine umfassende Sinnanalyse erschöpft sich indes nicht in
der Untersuchung der generellen Aussagen. Es gibt auch andere
»Säulen«, auf die sich der komplexe Sinn eines Dramas stützt.
Von theoriegeschichtlich jüngerer Tradition und sprachlich ge-
ringerer Komplikation, seien sie im folgenden jeweils kürzer
vorgestellt.

Wertungen und Werte

Die Personen und ihr Tun, aber auch manche Dinge werden
im Laufe eines Dramas positiv oder negativ bewertet, gewöhnlich durch Adjektive oder deren Substantivierungen. Die Be-
wertungen der Personen und ihres Verhaltens steuern Sympa-
thieempfinden und Identifikationsbereitschaft der Zuschauer.
Sie geben der Handlung jenes affektive Profil, das eine Anteilnahme überhaupt erst ermöglicht. (Vgl. schon S. 94–96.)

Weiterreichender als die Bewertung einzelner Personen und
Sachen sind typisierende Beurteilungen ganzer Personengruppen (z. B. Frauen, Adlige) oder Lebensbereiche (z. B. Hof,
Landleben). Aus den wertenden Attributen (z. B. »eine kluge
Frau«) werden dann grammatische Hauptsachen (z. B. »mit
weiblicher Klugheit«). Solche Bemerkungen enthalten oft Vor-
urteile, liefern also Hinweise auf die Ideologie des Autors oder
seiner Zeit.

Die singulären wie auch die typisierenden Wertungen schreiben einer Person oder Sache jeweils einen Wert zu. Tiefgreifen-
der als die Frage nach diesen Zuordnungsverfahren ist die nach
den zugrunde liegenden Werten selbst.

Ein Wert ist die Qualität, die der Mensch aufgrund einer angenehmen Empfindung einem Gegenstand – dies kann auch eine Person

oder ihr Verhalten sein – beimißt. Der Wert ist also die gegenständliche Entsprechung zum Wertempfinden. Er ist gewissermaßen das objektivierte Glücksgefühl. Umgangssprachlich wird oft auch der wertvolle Gegenstand selber (z. B. Schmuck) als Wert bezeichnet, werden also Güter (Wertsachen) und Werte verwechselt.

Die Empfindung und damit auch der Wert sind grundsätzlich subjektiv und augenblicksverhaftet, doch garantieren Identität des Empfindenden und sozialer Konsens eine längerfristig und intersubjektiv einigermaßen konstante Wertgeltung, ohne die das menschliche Zusammenleben kaum möglich wäre.

Berücksichtigt man neben dem Glücksempfinden auch das ungestillte Bedürfnis und bezieht man außerdem die negativen Entsprechungen ein, so ergibt sich eine erweiterte Palette von grundlegenden Wertgefühlen in der Art der vier stoischen Grundaffekte Freude (Lust), Hoffnung, Ärger (Schmerz) und Furcht. Allerdings führen die futurischen und die negativen Gefühle über den engeren Sinn des Wortes Wert hinaus.

Der Definition des Wertes als gegenständlicher Entsprechung zu einer angenehmen Empfindung gehorchen in erster Linie diejenigen Werte, die ohne Anstrengung Gefallen wecken. Ökonomische und ästhetische Güter zeichnen sich durch solche Werte aus, z. B. das Geld durch seinen Kaufwert, ein Kunstwerk oder auch ein Lebewesen durch Schönheit. Wichtiger diese attraktiven oder Lustwerte sind in unserem Zusammenhang aber die verpflichtenden oder Leistungswerte. Diese »Tugenden« und die ihnen entsprechenden »Laster« haften dem Menschen nicht als statische, konkrete Merkmale an; sie sind Prinzipien bzw. Abstraktionen seines Verhaltens. Ihre Hochschätzung beruht nicht auf unmittelbarem Gefallen, sondern auf Einsicht und sozialer Rücksicht, die dem Genuß Grenzen setzen, ihn kanalisieren. Diese Werte wecken kein spontanes Interesse, sie entsprechen moralischen Normen. Ihr imperativer Charakter tritt am deutlichsten in fordernden Sentenzen zutage (»Üb immer Treu und Redlichkeit!«). Die moralische Leistung schließt allerdings nicht aus, daß der »Held« oder jemand anders sich darüber freut. Ohne solchen Lohn wäre die Tugend kein wirklicher Wert. Nur sind »die Freuden der Pflicht« – so das Aufsatzthema in Siegfried Lenz' »Deutschstunde« – durchaus nachträglicher Art. (Umgekehrt wird unmittelbar attraktiven Werten oft zusätzlich ein verpflichtender Charakter zugeschrieben, im Grundgesetz der Bundesrepublik Deutschland z. B. dem Eigentum.)

Wer die in einem Drama wirksamen Werte untersucht, muß die diesbezüglichen Äußerungen sammeln und ordnen. Noch mehr Interesse als die einzelnen Werte selber verdienen die Koalitionen, die sie miteinander und die sie mit an sich wertfreien Gegebenheiten eingehen.

Im Rahmen des seit der antiken Philosophie lange vorherrschenden Intellektualismus verband man Weisheit und Moral, traute man dem Wissenden keine Bosheit zu. Niemand tut freiwillig Böses, lautet ein berühmter Satz des Griechen Sokrates. Umgekehrt sahen die bürgerlichen Empfindsamen des 18. Jh.s moralische Integrität durch Gefühl und Einfachheit verbürgt. »Herz« und Gewissen waren damals beinahe gleichbedeutend, das Landleben galt als Inbegriff der Unschuld. Die Trauung der Emilia Galotti mit Graf Appiani soll »in der Stille auf dem Landgute des Vaters bei Sabionetta« stattfinden (I 6), danach wollen Appiani und seine Braut »nach seinen Tälern von Piemont« (I 6), »wohin Unschuld und Ruhe sie rufen« (II 4). Aufmerksamkeit verdienen im vorliegenden Zusammenhang auch zeit- bzw. gesellschaftsbedingte Geltungsunterschiede. Treue und Gehorsam hatten in der feudalistischen Gesellschaft, Glaube und Frömmigkeit hatten im Zeitalter der Staatsreligionen einen Grad von moralischer Geltung, wie man sie ihnen heute nicht mehr bescheinigen kann. Als fromme und gehorsame Tochter verkörpert Emilia Galotti Tugenden von heute eher fragwürdigem Glanz. Vgl. auch S. 98.

Symbole, vielsagende Metaphern und anderes Mehrdeutige

Sentenzen und Wertaussagen bringen ihren Sinn ausdrücklich zur Sprache. Gerade dichterische Werke enthalten aber auch Sinnträger, die ihren Sinn eher verheimlichen, ihn nur indirekt zu erkennen geben, die also der Interpretation, der Auslegung oder Deutung, bedürfen. Auf diese unausdrücklichen Sinnträger ist das Drama wegen der Abwesenheit des Autors mehr angewiesen als andere Literaturformen. Der bekannteste Sinnträger dieser Art ist das Symbol.

Symbol im weitesten Sinn ist jedes sinnliche Zeichen. Dazu gehören die formalen oder Bezeichnungssymbole der Mathematik (+ −), der Musik (Noten), der Sprache (Wörter), der mimisch-gestischen Verständigung. Dazu gehören auch die attributiven oder Erkennungssymbole, die vorhandene Merkmale, besonders solche sozialer Gruppen, ergänzen und unterstreichen und so die Zugehörigkeit zur jeweiligen Gruppe signalisieren, z. B. geschlechtsspezifische Kleidung und Kosmetik, Uniformen aller Art, Vereinsabzeichen usw.

Im folgenden geht es um das Symbol in einem anderen, engeren Sinn, wie es im kultischen, künstlerischen und speziell auch im literarischen Bereich vorkommt. Ein Beispiel für dieses Verweisungssymbol, wie man es nennen kann, ist die Rose, die Emilia Galotti bei ihrer ersten Begegnung mit ihrem Bräutigam Appiani getragen hat und die sie auch zur Hochzeit tragen will. Appiani sagt anläßlich der Hochzeitsvorbereitungen: »Ich sehe Sie in Gedanken nie anders, als so; und sehe Sie so, auch wenn ich Sie nicht so sehe.« (II 7) Kurz vor ihrem Tod nimmt Emilia die Rose aus dem Haar: »Du noch hier? – Herunter mit dir! Du gehörest nicht in das Haar einer, – wie mein Vater will, daß ich werden soll!« Einige Sätze später kommentiert die Sterbende ihren Tod: »Eine Rose gebrochen, ehe der Sturm sie entblättert« (V 7), und ihr Vater Odoardo wiederholt das wörtlich (V 8). Die – vermutlich rote – Rose ist nicht irgendeine schmückende Blume, sondern Sinnbild der Liebe und des blutigen Todes.

Die »Königin der Blumen« hat von alters her derartige und andere symbolische Vorstellungen auf sich gezogen. »Bei den Griechen und Römern war die R. der Aphrodite (Venus) geweiht und diente zur Bekränzung des Dionysos (Bacchus). Sie soll aus dem Blut des Adonis (nach islam. Überlieferung aus dem Schweiß Mohammeds) entstanden sein und galt als Symbol der Liebe und Verehrung (auch gegenüber Toten) sowie als Zeichen der Fruchtbarkeit. [...] In der christl. Symbolik war die R., bes. als R. ohne Dorn, Sinnbild Marias. [...] Vielfältig und nicht immer geklärt ist die Bedeutung von R. und R.-Garten in Sage und Legende. Im Lied ist die R. Metapher für glückliche oder unglückliche Liebe, auch für den Liebesgenuß.« (Brockhaus Enzyklopädie).

Von den oben angesprochenen außerliterarischen Symbolen unterscheidet sich das Verweisungssymbol in folgender Weise:

1. Der Symbolträger ist eine selbständige, unabhängig von seiner Symbolfunktion existierende Sache, die nur zusätzlich symbolisch aufgeladen wird. Er wird also nicht erst zum Zweck der Symbolik geschaffen.

2. Die genaue Bedeutung des Verweisungssymbols, jedenfalls in dessen literarischer oder sonstwie künstlerischer Verwendung, ist kollektiv meist nicht fest vereinbart, sondern wird vom Autor mehr oder weniger privat geregelt. Der symbolische Sinn ist deshalb oft nicht eindeutig zu erkennen. Schon daß überhaupt ein solcher Sinn in Frage kommt, ist manchmal schwer festzustellen. Mehrfache oder auffällige Erwähnung bzw. Vorführung einer Sache, die keine Gebrauchsfunktion hat, läßt symbolische Absicht vermuten.

3. Das Verweisungssymbol hat meist keine sinnlich-konkrete, sondern eine geistig-abstrakte Bedeutung. Dieses Symbolverständnis hat vor allem Goethe vertreten. Ihm zufolge ist das Symbol ein Besonderes, das ein Allgemeineres durchscheinen läßt. »Alles ist ja nur symbolisch zu nehmen, und überall steckt noch etwas anderes dahinter«, meinte er und: »Alles Vergängliche ist nur ein Gleichnis.«

Obwohl die symbolischen Gegenstände meist der Handlung angehören, wird ihre Bedeutung oder doch deren volles Aus-

maß von den handelnden Personen selten erkannt. Selbst das
Publikum bemerkt die Art oder gar die Tatsache eines symbolischen Sinns oft erst gegen Ende. Die Rätselhaftigkeit macht das
Verweisungssymbol zu einem beliebten Mittel der Vorausdeutung, besonders im Hinblick auf schlimme Ereignisse (vgl.
S. 115 ff.). Bei häufigerem Vorkommen gewinnt der symbolische
Gegenstand strukturierende, leitmotivische Funktion. Als symbolisch von vornherein erkennbar ist eine Sache am ehesten
dann, wenn sie ungewöhnlich dargestellt ist. Dies gilt etwa für
den roten Mond in Brechts »Trommeln in der Nacht«, der die
Revolution symbolisiert und zugleich die empfindsam-roman-
tische Vorstellung vom silbernen Mond verfremdet.

Träger symbolischer Bedeutung sind im Drama neben kleineren Gegenständen, wie der Rose oder auch den Perlen, von denen Emilia träumt (vgl. S. 118 ff.), vor allem die durch das Bühnenbild dargestellten Räume und die in die Handlung hinein-
ragenden Naturereignisse. Durch sie werden gegenwärtige oder
zukünftige menschliche Zustände und Empfindungen bedeutsam untermalt. In Schillers »Wilhelm Tell« symbolisieren z. B.
die Schweizer Berge die von den Eidgenossen erstrebte Freiheit; das Gewitter zu Beginn des Stücks verweist auf die bevorstehenden kriegerischen Auseinandersetzungen.

Alle angesprochenen Verweisungssymbole beruhen auf einer Ähn-
lichkeitsbeziehung zwischen bedeutender und bedeuteter Sache. Beschränkt man das Verweisungssymbol nicht auf diesen vorherrschenden Sinn, so kann man auch Dinge dazu rechnen, die als Teil ein
größeres Ganzes vertreten. Den Ähnlichkeitssymbolen lassen sich
dann die »repräsentativen Symbole« (J. Link, Literaturwissenschaftliche Grundbegriffe, ²1979, S. 188 ff.) gegenüberstellen. Deren Sinnträger sind anders als die der Ähnlichkeitssymbole nicht bloße Zutaten,
auf die das Drama zur Not verzichten könnte. Die Handlung insgesamt und viele Personen haben oft eine solche stellvertretende Bedeutung. Lessings höfischer Intrigant Marinelli steht z. B. für viele »Marinellis« (II 4). Auch die »Zeichen« oder »Kennzeichen«, wie sie Brecht
für das Theater forderte (Schriften zum Theater 3, Frankfurt/M.
1963, S. 242–246), lassen sich als repräsentative Symbole auffassen.
Sie sollen ein realistisches Ganzes durch realistische Teile vertreten,
z. B. ein Zimmer durch Fensterrahmen, Möbel, Türstock. Für Brecht
selber waren dies allerdings keine Symbole. Er lehnte das Symbol –
im Sinne des Ähnlichkeitssymbols – für sich ab. Sein roter Mond
zeigt, daß er es trotzdem gelegentlich verwendet hat. Jedenfalls ist
der Mond mehr als bloß realistisches Teil einer nächtlichen Szenerie.

Die besprochenen Symbolträger werden dem Zuschauer vorgeführt oder als handlungszugehörig berichtet. Das Ausgangsbei-

spiel von der Rose der Emilia verbleibt allerdings nicht in diesem Rahmen. Die Galotti-Tochter trägt nicht nur eine Rose, sie wird am Ende selber als Rose bezeichnet. An die Stelle des Symbols tritt also die Metapher.

Dabei gerät die symbolische Qualität der Rose nicht ganz in Vergessenheit. Zwar sind Metapher und Symbol grundsätzlich verschieden, ist die Metapher als solche also kein Symbol (vgl. Asmuth/Berg-Ehlers, Stilistik, ³1978, S. 140 und 143 f.); eine Symbolik des metaphorischen Bildspenders, in diesem Falle der Rose, ist damit aber nicht ausgeschlossen. Solche Symbolik gewinnen die Metaphernspender, wenn die Metapher über den Charakter eines singulären Redeschmucks hinauswächst.

Das Vielsagende der Rosen-Metapher ist durch die Betonung der Haar-Rose vorbereitet. In anderen Fällen deutet wiederholte Verwendung der Metapher die zusätzliche Bedeutung des Bildspenders an. Derartige Metaphernketten können einen Schlüssel zu verborgenen, die Handlung übersteigenden Sinnaspekten liefern.

Oft verweist die Zusatzbedeutung der sich wiederholenden Metaphern nicht symbolisch auf anderes, sondern ruft den wörtlichen Ursprungssinn des Metaphernspenders selber wach. Der Seesturm in der Eröffnungsszene von Shakespeares Komödie »Der Sturm« »löst gleichsam eine Kette von Sturm- und Meeresbildern der Verwandlung und der Bedrohung und Rettung aus, die die Schicksale der einzelnen Figuren und die Dialektik von Schuld und Vergebung metaphorisch kommentieren« (Pfister, S. 218). Noch häufiger sind die wiederkehrenden oder sonstwie auffälligen Metaphern vorausdeutende Signale von dramatischer Ironie, die sich erst später als unfreiwillig wörtlich gemeint erweisen (vgl. Klotz, S. 106–108; Pütz, S. 144–147; Pfister, S. 216–220). Die metaphorische Aufforderung des verliebten Prinzen an Marinelli »stoß mir den Dolch ins Herz!« (I 6) bewahrheitet sich z. B. später, wenn auch in veränderter Richtung: Der dem Prinzen von der Gräfin Orsina zugedachte Dolch tötet am Ende Emilia Galotti. Andere Verwundungsmetaphern (I 7, II 4) gehen in die gleiche Richtung. Insgesamt gesehen, ist Lessings »Emilia Galotti« allerdings metaphernärmer – dafür handlungsreicher – als sein erstes bürgerliches Trauerspiel »Miß Sara Sampson« (vgl. H. Göbel, Bild und Sprache bei Lessing, 1971).

Verweisungssymbole und vielsagende Metaphern gehören in den größeren Zusammenhang jener Ambiguität (Mehrdeutig-

keit), in der Theoretiker unserer Zeit gern eine Hauptstütze
des Poetischen sehen.

Begriffsgeschichtliche Grundlage dieser von Sinnfülle ebenso wie
von Deutungsschwierigkeiten bestimmten Erscheinung ist das doppelsinnige Wortspiel, das man in der klassischen Rhetorik nach griechi-
schem Muster als Amphibolie und nach lateinischem gleichbedeutend
als Ambiguität bezeichnet findet (vgl. Quintilian, Inst. or. 7, 9;
Lausberg, §§ 222 und 1070). Erst in neuerer Zeit werden die beiden
Wörter z. T. unterschiedlich gehandhabt. Von dem offenkundigen,
pointierten Doppelsinn der wortspielerischen Amphibolie hebt man
nun die Ambiguität als eher orakelhaft dunkle, in der Schwebe blei-
bende Mehrdeutigkeit ab. »Im Unterschied von der Amphibolie beruht
das Stilmittel der Ambiguität mehr auf den feinsten Bedeutungs-
schwankungen der Wörter«, meint die Brockhaus Enzyklopädie.

Die – vor allem für die Lyrik erwogene – Mehrdeutigkeit
reduziert sich im Drama meist zum Doppelsinn. Die Tendenz
zum Doppelsinn ebenso wie die speziellere zur dramatischen
Ironie ist dem Drama durch das Nebeneinander von Figuren-
und Publikumsperspektive gewissermaßen in die Wiege gelegt.
Dieser dramenspezifische Doppelsinn verlangt keine wort-
spielerische Pointiertheit, schließt sie allerdings auch nicht aus,
wie etwa die Komödien von Shakespeare oder Nestroy zeigen.

Der »Eigen-Sinn« poetischer Form

Hauptmerkmal ästhetischer Texte ist für U. Eco (Einführung in
die Semiotik, 1972, S. 145 f.) neben der Ambiguität die »Autoreflexi-
vität«: »Die Botschaft hat eine ästhetische Funktion, wenn sie sich
als zweideutig strukturiert darstellt und wenn sie als sich auf sich
selbst beziehend (autoreflexiv) erscheint, d. h. wenn sie die Aufmerksamkeit des Empfängers vor allem auf ihre eigene Form lenken will.«
Die Formelemente, mit denen der Dichter arbeitet, liegen als solche
oder zumindest in der Art ihrer Verwendung jenseits normalen Sprechens und Schreibens. Sie deuten, obwohl sie sprachlich realisiert
werden, auf einen »grundsätzlich translinguistischen Status des poetischen Textes« (M. Hardt, Poetik und Semiotik, 1976, S. 33). Wörter
sind normalerweise willkürlich vereinbarte Zeichen, deren sinnliche
Form keine Ähnlichkeit mit den durch sie bezeichneten Dingen aufweist; demgegenüber gilt, wie J. Lotman (Die Struktur literarischer
Texte, 1972, S. 40) betont hat, »daß die Zeichen in der Kunst nicht
auf willkürlicher Konvention beruhen, sondern iconischen, abbilden-
den Charakter haben«. Das betrifft auch die sprachkünstlerischen
Formelemente. Klangmalerei (Onomatopöie) und Rhythmusmalerei
(z. B. die Wiedergabe von Pferdegalopp durch Daktylen, etwa in

Goethes »Erlkönig«) imitieren die phonetische, das Figurengedicht die optische Qualität des Gegenstandes. Öfter schaffen die Dichter formale *Beziehungen*, die homologe Beziehungen inhaltlicher Art abbilden, heben sie z. B. durch den Reim magische Zusammenhänge ins Bewußtsein, unterstreichen sie eine inhaltliche Steigerung durch syntaktischen Parallelismus mit wachsenden Gliedern. »Das Zeichen ist hier das Modell seines Inhalts. So wird verständlich, daß unter diesen Umständen im literarischen Text eine Semantisierung der außersemantischen (syntaktischen) Elemente der natürlichen Sprache stattfindet.« (Lotman, wie oben, S. 40.)

Die ikonischen Zeichen der Dichtung sind allerdings von willkürlichen Zügen nicht ganz frei. Das Abbild bleibt notwendigerweise hinter dem gemeinten Original zurück. Die vom Dichter vorgenommene Nachahmung wird nicht immer in seinem Sinne begriffen oder überhaupt als solche akzeptiert. So kommt es, daß die poetischen Kunstmittel oft weniger auf den Gegenstand als auf den Dichter selber oder – bei konventionellem Gebrauch – auf andere Dichter verweisen. Versmaße werden vielfach weniger aufgrund ihres natürlichen Ausdruckswertes als wegen ihrer früheren Benutzer verwendet, der Blankvers im deutschen Drama z. B. vor allem Shakespeare zuliebe.

Ikonischen Charakter hat im Drama am ehesten die Bauform der Akte und Szenen. Anfang-Schluß-Entsprechung des ganzen Stücks, einer Szene oder, wie oft bei Lessing, eines Aktes (z. B. des ersten Aktes der »Emilia Galotti«) und symmetrische Strukturierung der Akte mit dem Mittelakt als Höhepunkt deuten mit Einschränkung auf ein entsprechend geordnetes Weltbild und Kunstverständnis. Allerdings spielt auch hier die Ausrichtung an historischen Mustern mit, speziell am Formtyp des geschlossenen Dramas (vgl. S. 48 ff.).

Die konventionell geforderte Einheit von Inhalt und Form beruht nach Eco (S. 151) darauf, daß »dasselbe strukturale Schema die verschiedenen Organisationsebenen beherrscht«. Die Form kann sich von dem primären Inhalt jedoch auch entfernen, um einen hintergründigen, möglicherweise entgegengesetzten Zweitinhalt auszudrücken. Letzteres geschieht etwa bei der Parodie.

Historisches Kollektivbewußtsein und literarische Einflüsse

Zum Verständnis eines Dramas und überhaupt eines literarischen Werkes sind auch Faktoren heranzuziehen, deren Sinnanteil so unausdrücklich ist wie der der Symbole und Formele-

mente, die darüber hinaus aber dem Text nicht einmal als
Sinnträger angehören, vielmehr nur eine Sinnkulisse abgeben
und in den Text selbst bloß rudimentär hineinragen. Dazu
zählt alles, was der Autor bei dem ins Auge gefaßten Publikum
als bekannt und gültig voraussetzt, was den Nachgeborenen
oder Angehörigen eines anderen Kulturkreises aber großenteils
nicht geläufig ist, also der ganze Gegenstandsbereich des Kollektivbewußtseins oder Zeitgeistes, soweit er von dem Werk
abgerufen wird, der historisch-soziale Kontext, wie man auch
sagt. (In einer anderen, älteren Bedeutung bezeichnet *Kontext*
auch Teile des Textes selbst, die das Verständnis einer Textstel-
le beeinflussen.) Zu Lessings »Minna von Barnhelm«, der anläßlich des Siebenjährigen Krieges verfaßten Soldatenkomödie,
bemerkte Christian Felix Weiße schon nach zwei Jahrzehnten:
»und wieviel verliert selbst die vortreffliche Minna, wenn man
nicht mit den Umständen des damaligen Krieges bekannt ist«
(Lustspiele, 1783, Vorrede; zitiert nach Barner u. a., S. 241).

Im einzelnen gehören zum Kontext Personen, Institutionen und
Ereignisse der Zeitgeschichte, auf die das jeweilige Drama anspielt,
Gegenstände der zeitspezifischen Schul- und überhaupt Bildungswis-
sens einschließlich literarischer Kenntnisse, aber auch ästhetische, moralische und ideologische Normen, die sich im Reden und Handeln
der Figuren auswirken. Bestandteil des Kollektivbewußtseins ist nicht
zuletzt auch die Sprache. Viele Wörter haben heute nicht mehr den
Sinn, der ihnen noch im 18. Jh. zukam – z. B. bedeutet »Vorsicht«
heute nicht mehr Vorsehung, wie in »Emilia Galotti« (IV 3) –, oder
sie sind sogar ausgestorben, wie »Schilderei« (= Gemälde) (I 4).
Manche haben auch durch Veränderungen ihrer Oppositionsbegriffe
im Sprachsystem einen anderen Stellenwert erhalten, z. B. wurde, wie
erwähnt (S. 30 f.), die binäre Opposition von Trauer- und Lustspiel
am Ende des 18. Jh.s und im 19. Jh. durch die Zwischenschaltung von
Schauspiel aufgebrochen.

Zu manchen Werken gibt es wissenschaftliche Kommentare, die die
nötigen Kontext-Informationen bereithalten, sich allerdings meist auf
Wort- und Sacherklärungen beschränken, zeittypische Meinungskon-
ventionen und Denkgewohnheiten also kaum vermerken. Auch Interpretationen lassen einen in dieser Hinsicht oft im Stich. Wort- und
Sacherklärungen zur »Emilia Galotti« bietet Müller, S. 3–26. Zum
Bewußtseinskontext von Lessings Gesamtwerk vgl. Barner. (Vgl. auch
J. Schulte-Sasse, Literarische Struktur und historisch-sozialer Kontext. Zum Beispiel Lessings »Emilia Galotti«, 1975.) Wenn Hilfsmit-
tel dieser Art fehlen oder nicht ausreichen, gilt es den Kontext auf
eigene Faust zu rekonstruieren, am besten durch Heranziehung lite-
rarhistorischer und allgemeinhistorischer Darstellungen zur jeweiligen Epoche. Nützlich sind hierfür auch die Handbücher philologi-

scher Hilfswissenschaften bzw. Spezialbereiche (Geschichte, Mythologie, Philosophie, Theologie, Rechtswissenschaft usw.), wie sie etwa P. Raabe (Einführung in die Bücherkunde zur deutschen Literaturwissenschaft, [11]1994) verzeichnet. Zu veralteten Wörtern und Wortbedeutungen informiert am besten Jakob und Wilhelm Grimms »Deutsches Wörterbuch« (32 Bände, 1854–1961).

Zum besseren Verstehen eines Dramas trägt auch die Kenntnis der für den Autor bestimmenden literarischen Einflüsse bei. Sie bilden zwar keine notwendige Verständnisvoraussetzung wie die erwähnten Elemente des Zeitgeistes, gehören weniger dem kollektiven Rezeptions- als dem individuellen Produktionskontext an, dafür sind sie jedoch leichter zugänglich. Dies gilt vor allem für die konkreten Quellen, aus denen viele Dramatiker ihre Stoffe schöpfen. Lessing knüpft mit seiner »Emilia Galotti« z. B. an die Virginia-Episode des lateinischen Geschichtsschreibers Livius an (Ab urbe condita III 44 ff., deutsch bei Müller, S. 27–33). Er schreibt in einem Brief an den Herzog von Braunschweig-Wolfenbüttel, daß sein Stück »weiter nichts als die alte Römische Geschichte der Virginia in einer modernen Einkleidung seyn soll«. (Müller, S. 51) Eine vergleichende Auswertung der Quelle läßt das Profil des Dramentextes schärfer hervortreten. Die besondere Rolle der Orsina (vgl. S. 101) wird z. B. dadurch erklärlich, daß die Gräfin als einzige der wichtigeren Figuren bei Livius keine Entsprechung hat.

Einen ähnlichen Erkenntniswert als Kontrastfolie haben, soweit vorhanden, alternative Fassungen des Dramas. Zur »Emilia Galotti« ist ein dreiaktiger Entwurf von 1757/58 bekannt, aber nicht überliefert. Auch darin war, wie Friedrich Nicolai berichtet, »die Rolle der Orsina nicht vorhanden« (nach Müller, S. 45).
Alternativfassungen und Quellen findet man gewöhnlich in wissenschaftlichen Werkausgaben bzw. in der autorspezifischen Sekundärliteratur abgedruckt oder zumindest erwähnt. Hinweise zur Tradition häufiger ausgeschöpfter Quellen bietet das schon erwähnte Lexikon »Stoffe der Weltliteratur« von E. Frenzel (vgl. S. 146).

Der leitende Sinn bzw. Zweck

Wer allen in diesem Kapitel angesprochenen Gesichtspunkten nachgeht, dem könnte das jeweils untersuchte Drama als eine ungeordnete Vielzahl von Sinnelementen erscheinen. Wer genauer zusieht, dem fügen sich die Elemente indes zu einer hierarchischen Ordnung. Meist schält sich ein beherrschender oberster Sinn heraus, wie er schon in den Ausführungen über die *sententia* anklang. Er verbürgt die gedankliche und künstlerische Einheit des Stückes. Dieser zentrale Sinn fällt in jedem Drama anders aus. Allgemeineres läßt sich nur über die Richtungen sagen, in denen er zu suchen ist.

Am ehesten halten die Interpreten, der Tradition des didaktischen Dramas und der Sententia-Theorie verpflichtet, nach einer Lehre, einer Aussage, einem Gehalt, einer Idee Ausschau. Das sogenannte Ideendrama in der Art und im Gefolge Schillers und unter dem Einfluß der idealistischen deutschen Philosophie hat diese Ausrichtung verstärkt und zugleich verengt. »Nur wo ein *Problem* vorliegt, hat eure Kunst etwas zu schaffen«, rief Hebbel den Dramatiker-Kollegen zu. Das Drama soll, wie er meint, das »Geistige verleiblichen«. Die Kunst, speziell die dramatische, ist für ihn »die *realisierte Philosophie*, wie die Welt die *realisierte Idee*« (Vorwort zu »Maria Magdalene«).

So gesehen, reduziert sich die mögliche Lehre zur bloß noch philosophisch verstandenen Idee, erscheinen Dramen mit weniger hehren Zielen leicht als minderwertig. »Die reine Kunst, der das Theater angeblich ausschließlich zu dienen berufen ist, soll das Recht haben, Ideen zu gestalten, keineswegs aber eine Tendenz zu propagieren«. Dies kritisierte Erwin Piscator 1928. Er selber redete dem Tendenzdrama das Wort, das dem Publikum nicht nur zur Erkenntnis verhelfen, sondern es zum Handeln bringen will. Für ihn

> »war das Theater nicht nur stets Ausdruck seiner Zeit, sondern in entscheidenden Situationen auch ihr Motor und Former. [...] Das feudale Theater des Hofes, das bürgerliche Theater des liberalen Individualismus – waren sie unpolitisch? Oder vielleicht gar das Theater der Griechen, das für die Massen eine Stätte des Götterkults und der Heldenverehrung war, ebenso ›unpolitisch‹ wie die Festspiele zu Ehren katholischer Heiliger und von Gott auserwählter Monarchen? Tendenzlos war das Theater nie, aber es gibt Epochen, in denen es die Interessen der herrschenden Klassen verlangen, daß die Tendenz mehr oder minder kaschiert werde [...] Ein Drama [...] bezieht seine Wirkung und Bedeutung [...] aus der Gestaltung des Kampfes von Ideenträgern, dessen Ausgang die Tendenz des Dramas bildet.« (Nach Geiger/Haarmann, S. 158 f.)

Den Tendenzcharakter des Dramas berücksichtigen und befürworten vor allem marxistische Dramatiker und Interpreten. Auch Brechts Werke sind größtenteils Tendenzdramen, besonders seine »Lehrstücke«. Eine Zwischenstellung zwischen reinem Ideendrama und Tendenzdrama nehmen Werke wie Lessings »Nathan der Weise« ein, die keinem tagespolitischen Ziel, sondern einer allgemeinen moralischen Forderung dienen, in diesem Fall der Toleranz»idee«.

Die Unterscheidung von Ideen- und Tendenzdrama ebnet auch den Weg zu den kontroversen Deutungen unseres Hauptbeispiels. Bis heute »gehört ›Emilia Galotti‹ zu den umstrittensten Dramen des 18. Jahrhunderts« (Guthke, Lessing, S. 60). Die Interpreten stehen sich in zwei Lagern gegenüber. Die eine Gruppe besteht auf einer politischen Tendenz des Stücks, die andere macht sie ihm streitig.

Einen politischen Sinn notierten schon manche Zeitgenossen. Friedrich Nicolai fand in einem Brief vom 7. 4. 1772 an Lessing in dem Stück »die lebhafteste Schilderung des Charakters schlechter Prinzen, und zugleich eine treffende Satire auf dieselben« (Müller, S. 61). Ähnlich äußerten sich später Herder und Goethe. Etliche neuere, insbesondere marxistische, Interpreten sehen in dem Affront gegen die Fürstenwillkür die zentrale Aussage des Dramas. Einige andere, die Odoardos Verhalten tadelnswert finden, suchen die politische Tendenz in entgegengesetzter Richtung und begreifen das Stück als »eine Anklage der als Tugend mißverstandenen bürgerlichen Passivität« (nach Guthke, Trauerspiel, S. 68).

Diejenigen, die den politischen Sinn für nebensächlich halten, rücken vor allem den theologischen Ideengehalt in den Vordergrund. Anlaß dafür bieten die öftere Gleichsetzung Marinellis mit dem Teufel, die Bezeichnung des Hauses Grimaldi, in dem Emilia verführt zu werden fürchtet, als »Haus der Freude« (V 7) nach dem alttestamentlichen Buch Ecclesiastes (7, 4) und vor allem Odoardos Berufung auf Gott als obersten Richter in der Schlußszene. Mit der theologischen Deutung berührt sich die Auffassung, das Drama sei als Tugendprobe und moralische Bewährung der Emilia zu verstehen, die, um ihre Anfälligkeit wissend, der drohenden Verführung »wie eine Heilige« (Herder, nach Müller, S. 69) den Tod vorzieht. Ideologische Grundlage wäre dann ein biblisch-protestantisches Mißtrauen des Pfarrersohnes Lessing gegen die »Freuden der Welt«. (Näheres zu den verschiedenen Deutungen bei Guthke, Lessing, S. 60 f.; Guthke, Trauerspiel, S. 65–69; vgl. auch Barner u. a., S. 174–185.)

Lessing selber entzieht in zwei brieflichen Äußerungen jeder primär politischen, jedenfalls umstürzlerischen Tendenz den Boden. Er schreibt von seinem Trauerspiel, »daß es weiter nichts, als eine modernisirte, von allem Staatsinteresse befreyete Virginia seyn soll« (Müller, S. 50).

»Er hat nehmlich die Geschichte der römischen Virginia von allem dem abgesondert, was sie für den ganzen Staat interessant machte; er hat geglaubt, daß das Schicksal einer Tochter, die von ihrem Vater umgebracht wird, dem ihre Tugend werther ist, als ihr Leben, für sich schon tragisch genug, und fähig genug sey, die ganze Seele zu erschüttern, wenn auch gleich kein Umsturz der ganzen Staatsverfassung [wie bei Livius] darauf folgte.« (Lessing über sich, nach Müller, S. 45.)

Damit sind allerdings nicht ohne weiteres die angesprochenen unpolitischen Deutungen gerechtfertigt. Lessings letzte Äußerung deutet vielmehr an, daß es ihm selber in erster Linie gar nicht um eine Lehre ging, sei diese nun tendenzieller oder ideeller Art, sondern um die erschütternde Wirkung auf den Zuschauer.

Überhaupt sollte die Konkurrenz von Ideen- und Tendenzdrama nicht den Blick dafür verstellen, daß es auch nichtlehrhafte Arten eines leitenden Sinns oder, wie man nun wohl besser sagt, Zwecks gibt. Aristoteles hat die Tragödie nicht vor den Karren dieser oder jener Lehre gespannt, sondern einer Affekttherapie, der besagten Reinigung von Jammer und Schaudern bzw. Mitleid und Furcht, dienstbar gemacht (vgl. S. 30). Lessing zielt mit seiner Mitleid-Theorie (vgl. Martino, S. 188–238) in die gleiche Richtung. Erst recht ist für die meisten Komödien der Weltliteratur, so satirisch einzelne von ihnen sein mögen, der lehrhafte Sinn sekundär. Sie zielen hauptsächlich auf wirksame Unterhaltung. Nicht primär lehrhafter Art sind auch die ästhetischen Konzeptionen, denen die Dramatiker in ihren Werken Ausdruck verleihen. Seit der Ästhetik des 18. Jh.s wird die Bühnensinnlichkeit, die lange nur als Veranschaulichungsmittel für Lehren hingenommen wurde, mehr und mehr in ihrem Eigenwert gerechtfertigt.

Im übrigen ging es in den vorstehenden Ausführungen um den *leitenden* Sinn. Daß Lessings Stück politische *Seiten*hiebe austeilt, sollte ebensowenig bestritten werden wie sein theologischer *Neben*sinn.

Die Handlung unter dem Gesichtspunkt der Sinnerfüllung

Der Sinn des Dramas, wie er bis jetzt dargestellt wurde, ist achronisch, also anders geartet als die – diachronische –

Handlung. So gesehen, stehen Handlung und Sinn dauernd in Gefahr, unverträglich zu wirken. Ein Mißverhältnis von Stoff und Idee wird in Drameninterpretationen denn auch öfters registriert. Andererseits erlaubt das Wort *Sinn,* insofern auch Forderungen, Wünsche und Zwecke in seinen Einzugsbereich gehören, auch ein dynamischeres, handlungsspezifischeres Verständnis. Im Grunde weist jede »Moral«, weil wert- und wunschbestimmt, in diese Richtung. Das Drama läßt sich nicht nur als Sinnaussage, sondern auch und viel wesentlicher als – begrenzte – Sinnerfüllung begreifen. *Sinn* wird hierbei allerdings anders als vorher verstanden, nämlich moralisch und final – als wünschenswertes Handlungsende.

Maßstab der Sinnerfüllung ist das Verhältnis von realem und idealem, d. h. moralisch optimalem, Handlungsverlauf bzw. -ausgang. Danach lassen sich folgende Arten der Sinnerfüllung unterscheiden:

1. Die sympathischen Helden unterliegen vorübergehend. Am Ende aber siegt das Gute. Dies ist das Handlungsschema der meisten Komödien, übrigens auch der meisten Romane. Das »happy end« deutet sich für das Publikum oft schon an, während die Akteure noch in größter Gefahr schweben. Die Gefahr ist hier also nur Vorstufe eines letztlich um so glücklicheren Ausgangs. Die Forderung nach »poetischer Gerechtigkeit« bestimmt in der Zeit des aufklärerischen Optimismus weitgehend auch das ernstere Drama. Wo ein ganz glückliches Ende nicht möglich erscheint, werden oft zumindest die Übeltäter bestraft. (Vgl. auch S. 34.)

2. Der moralische Ausgleich erfolgt nicht auf Erden, sondern wird ins Jenseits vertagt. Der leidende Held findet Trost in der Hoffnung auf eine höhere Gerechtigkeit nach dem Tode bzw. nach dem Schluß des Dramas. Das Ertragen von Leid bis hin zu stoischer Empfindungslosigkeit gegenüber Foltern wird als moralische Bewährungsprobe verstanden. Auch so bleibt das Werk des Dramatikers als »ein Schattenriß von dem Ganzen des ewigen Schöpfers« begreifbar (Lessing, Hamburg. Dramaturgie, 79. Stück).

3. Schwierigkeiten der Guten und ungerechte Macht werden im Verlauf der Handlung nicht überwunden. Mit ihrer Darstellung verbindet sich jedoch die Aufforderung an das Publikum, die zugrunde liegenden Verhältnisse zu ändern.

4. Die moralische Korrektur der Wirklichkeit kommt weder durch die Handlung zustande noch durch die Hoffnung auf eine übersinnliche Gerechtigkeit oder auf eine Verände-

rung der gesellschaftlichen Verhältnisse zum Ausdruck. Sie
erschöpft sich in Worten und in einem Gefühl der Ohn-
macht. Der Untergang des Helden gegenüber einer feindli-
chen Umwelt spiegelt ein nur noch sittlich-heroisches oder
vollends tragisch-pessimistisches Weltbild.

Lessings »Emilia Galotti« läßt sich der zweiten oder auch
der dritten Möglichkeit zuordnen, je nachdem, ob man das
Stück mehr als Ideen- oder als Tendenzdrama versteht.

Die Erfüllung bzw. Nichterfüllung des finalen Handlungs-
sinns ist die Hauptgrundlage für den lehrhaften Sinn, für die
Idee oder die Tendenz des jeweils untersuchten Dramas.

Die Wichtigkeit der Aufführung

Mit seiner Aufführung wächst das Drama über den Charakter eines rein literarischen Werkes hinaus, wird es zu einer Mischform von Literatur und darstellender Kunst, unter Berücksichtigung von Bühnenbild und musikalischen Elementen möglicherweise sogar zu jenem »Gesamtkunstwerk«, von dem Künstler und Theoretiker nicht erst seit dessen Benennung durch Richard Wagner träumen.

Gelegentlich werden Text und Aufführung als einander fremd empfunden. Aristoteles schreibt am Ende des Kapitels 6 seiner »Poetik«:

> »die Bühnenkunst kann zwar den Zuschauer ergreifen; sie ist aber das Kunstloseste und steht der Dichtkunst selbst am fernsten. Denn die Wirkung der Tragödie zeigt sich auch ohne Aufführung und Schauspieler. Außerdem trägt zur Anfertigung des Bühnenbildes der Bühnenbildner mehr bei als der Dichter.«

Lessing erinnert daran in einem Brief an Moses Mendelssohn vom 18. 12. 1756: »vergessen Sie ja nicht, daß die ganze Lehre von der Illusion eigentlich den dramatischen Dichter nichts angeht, und die Vorstellung seines Stücks das Werk einer andern Kunst, als der Dichtkunst, ist.« (Lessing/Schulte-Sasse, S. 85) – Schiller beginnt die Vorrede zu seinem dramatischen Erstlingswerk »Die Räuber« mit der Bemerkung, daß dieses Schauspiel

> »die Vorteile der dramatischen Methode, die Seele gleichsam bei ihren geheimsten Operationen zu ertappen, benutzt, ohne sich übrigens in die Schranken eines Theaterstücks einzuzäunen, oder nach dem so zweifelhaften Gewinn bei theatralischer Verkörperung zu geizen.«

Im allgemeinen überwiegt jedoch, jedenfalls in neuerer Zeit, der Eindruck, die Aufführung sei für das Drama notwendig, erst in der szenischen Realisierung vollende es sich. Das wissen gerade auch die Dramatiker selber. Lessing notiert in der Vorrede zu der von ihm mit herausgegebenen Zeitschrift »Beiträge zur Historie und Aufnahme des Theaters«:

> »Wer weiß nicht, daß die dramatische Poesie nur durch die Vorstellung in dasjenige Licht gesetzt werde, worinne ihre wahre Schönheit am deutlichsten in die Augen fällt? Sie reizet, wenn man sie lie-

set, allein sie reizet ungleich mehr, wenn man sie hört und sieht. [...]
Wer sieht also nicht, daß die Vorstellung ein notwendiges Teil der
dramatischen Poesie sei?« (Werke, Band 3, S. 360)

In seinem »Laokoon« nennt Lessing das Drama »für die lebendige Malerei des Schauspielers bestimmt« (Werke, Band 6,
S. 30). Schiller sagte anläßlich der Uraufführung seiner »Pic-
colomini«: »Durch eine solche Aufführung lernt man erst
sein eigenes Stück kennen; es erscheint veredelt durch die Darstellung, es ist, so ausgesprochen, besser als ich es schrieb.« Hebbel schreibt im Vorwort seiner »Maria Magdalene«: »die mi-
mische Darstellbarkeit ist das allein untrügliche Kriterium der
poetischen Darstellung, darum darf der Dichter sie nie aus den
Augen verlieren.« Hofmannsthal (Aufzeichnungen, 1959, S. 328)
meint:

»der dramatische Text ist etwas Inkomplettes, und zwar um so in-
kompletter, je größer der dramatische Dichter ist. Schiller, auf der
Höhe seines Lebens, schreibt einmal hin: er sehe ein, daß der wahre
Dramatiker sehr viel arbeiten, aber immer nur Skizzen verfertigen
sollte, – aber er traue sich nicht genug Talent zu, um in dieser Weise zu arbeiten. Nichts ist wunderbarer als, mit etwas gereiftem Blick,
bei den größten Dramatikern der neueren Welt, bei Shakespeare und
bei Calderon, zu erkennen, wie sehr alles, was sie gearbeitet haben,
bei aller magischen Komplettheit doch den Charakter der Skizze bei-
behält, wie sehr sie es verstanden haben, frei zu lassen, das Letzte, ja
auch das Vorletzte *nicht zu geben*. Hierin liegt der entschiedenste
Unterschied zwischen dem dramatischen und dem epischen Schaffen.« (Vgl. dazu Beimdick, S. 36 ff.)

Angesichts derartiger Einschätzungen besagt der Begriff des
Buch- oder Lesedramas weniger dichterische Reinheit als man-
gelnde Theatertauglichkeit. Vielfach dient er nur als Verlegen-
heitsbezeichnung für Stücke, für die Aufführungen nicht bekannt sind oder lange nicht bekannt waren (Seneca, Lohenstein).
Die Wichtigkeit der Aufführung wird durch die Wirkungsgeschichte der meisten Dramen bestätigt. Für den Erfolg eines
Stückes ist die Inszenierung meist entscheidender als der
Druck. Dramenrezensenten sind eher Theater- als Buchkritiker.
Sieht man von der Behandlung in Schule und Hochschule einmal ab, so wird die Nachfrage nach Dramendrucken meist erst
durch Aufführungen ausgelöst.

Die doppelte Rezeption – im Theater und auf dem Buchmarkt –
ergibt im übrigen ein komplizierteres Bild als bei anderer Literatur.

Produktionsabschluß und doppelter Rezeptionsbeginn (Uraufführung, Erstdruck) setzen drei Eckdaten, deren Reihenfolge und zeitlicher Abstand schon einen einigermaßen differenzierten Einblick in die Wirkungsgeschichte erlauben. In bezug auf Lessings »Emilia Galotti« liegen die drei Zeitpunkte eng beieinander. Das Stück wurde schon vor Abschluß der Niederschrift einstudiert. Der zuständige Theaterdirektor Döbbelin drohte sogar, die noch fehlenden Szenen »aus seinem Kopfe hinzuzufügen« (Lessing, Werke, Bd. 2, S. 702). Am 1. März 1772 konnte Lessing seinem Bruder Karl den Schluß zuschicken. Schon zwölf Tage später fand die Uraufführung statt. Noch im gleichen Jahr erschienen mehrere Druckausgaben. In anderen Fällen ist – aus privaten, verlegerischen oder politischen Gründen – die Veröffentlichung erst Jahre oder Jahrzehnte nach Abschluß der Niederschrift erfolgt, z. B. bei Dramen von Grillparzer und Brecht. Auch zwischen Uraufführung und Erstdruck gibt es oft beträchtliche Spannen.

Die Arbeitsteilung zwischen Dramatiker, Regisseur und Schauspielern

Manche Dramatiker studieren ihre Stücke selber ein oder spielen gar in ihnen mit. Shakespeare, Molière und Nestroy sind bekannte Beispiele. Normalerweise sind für die Aufführung aber andere, reproduzierende Künstler zuständig: die Schauspieler und ihre Hintermänner, unter letzteren vor allem der Regisseur. »Im Theater ist es dieser Aspekt der Verbindung eines fixierten Elements (des Textes) mit einem variablen (den Schauspielern), der jede einzelne Vorstellung zu einem völlig singulären Kunstwerk macht« (Esslin, S. 86).

Die Arbeitsteilung zwischen Autor und Darstellern ergibt »eine dialektische Spannung, die den eigenartigen Reiz, die Magie des Theaters hervorbringt« (Esslin, S. 88), bei den Proben aber oft auch zu Konflikten führt. Zwar sind die Fronten im großen und ganzen klar abgesteckt – der Dramatiker liefert den Dialogtext, die Theatertruppe besorgt die szenische Realisierung –, die enge Verflechtung von Wort und Bühnenspiel bringt es aber mit sich, daß sich jede Seite auch für die Aufgaben der anderen interessiert. Der Autor schreibt Bühnenanweisungen, die von den Darstellern dann oft nicht befolgt werden. Die Schauspieler bzw. Regisseure ihrerseits greifen kürzend, umstellend, sachlich und sprachlich aktualisierend oder gar tendenzverändernd in den Dialogtext ein, ein Verfahren, gegen das Autoren oder ihre Erben gelegentlich unter dem

Schutz des Urheberrechts Protest anmelden. Bis ins 18. Jh., als es einen derartigen Schutz geistigen Eigentums noch nicht gab, hielten sich die Darsteller im allgemeinen noch weniger an den Text des Autors als heute. Die italienische Stegreifkomödie (Commedia dell'arte) ermunterte den Schauspieler sogar dazu, sich extemporierend zu einem zweiten Autor zu profilieren. Personen und Handlungsgang waren hier nur umrißhaft – in einem sogenannten Szenarium oder Kanevas – festgelegt.

Die verschiedenen Aufgaben von Autor und Darstellern verlangen vom Theaterkritiker eine getrennte Beurteilung.

»Die größte Feinheit eines dramatischen Richters zeiget sich darin, wenn er in jedem Falle des Vergnügens und Mißvergnügens, unfehlbar zu unterscheiden weiß, was und wie viel davon auf die Rechnung des Dichters, oder des Schauspielers, zu setzen sei. Den einen um etwas tadeln, was der andere versehen hat, heißt beide verderben.« (Lessing, Hamburg. Dramaturgie, Ankündigung)

Das moderne Theater verlangt noch eine weitere Differenzierung. »Mit Beginn des 20. Jahrhunderts bricht der Regisseur die bis dahin unbestrittene Vormachtstellung der Darsteller« (Beimdick, S. 89). Er entwirft die Regiekonzeption, »die Grundidee also, auf der eine Inszenierung basiert. Sie ergibt sich aus der Wechselbeziehung von Dramentext und Absicht des Regisseurs, der als Mensch der Gegenwart etwas über seine Zeit aussagen und dem Zuschauer nahebringen will« (Beimdick, S. 93). Dazu genügt kein bloß technisch perfektes Arrangement. »Inszenierung verlangt eine geistige Mitte, eine unkonventionelle, vielleicht überraschende Art der Realisation des Textes, die selbständige künstlerische Tat in dem Bereich des Inkompletten« (Beimdick, S. 94).

Die Faktoren, von denen die Regiekonzeption hauptsächlich abhängt und an denen sie zugleich gemessen wird, sind das Werk des Autors, die bisherige Aufführungspraxis, die Interessenlage des Publikums und die eigenen Ansichten des Regisseurs. Setzt man jeweils einen dieser Faktoren dominant, so lassen sich folgende Regietypen unterscheiden:

1. werkgetreue Komplettierung des Textes durch szenische Mittel (besonders bei Uraufführungen),
2. Opposition gegen die bisherige Aufführungspraxis unter Betonung eines bislang vernachlässigten, aber im Werk enthaltenen Elements (besonders bei häufiger inszenierten Stücken),
3. Umsetzung in Sprache und Bühnenmittel der eigenen Zeit bzw. des eigenen Kulturkreises (besonders bei älteren und fremdartigen Stücken),

4. Bearbeitung, die im Grunde auf ein neues Werk hinausläuft, das zugrunde liegende Drama also nur als Vorlage benutzt. Meinungsverschiedenheiten zwischen Regisseur und Kritikern und im Kreise der Kritiker beruhen meist auf Unterschieden hinsichtlich der dominanten Zielvorstellung.

Die Regiekonzeption ist das entscheidende Bindeglied zwischen Text und Aufführung. Sie ist noch nicht die Aufführung selbst. Wie jedes Drama verschiedene Regiekonzeptionen ermöglicht, so erlaubt eine Regiekonzeption unterschiedliche Mittel der Realisierung. Die Regiekonzeption ist also nicht nur nach ihrem Verhältnis zum Text, sondern auch in bezug auf ihre szenische Verwirklichung zu untersuchen. Die dafür in Frage kommenden schauspielerischen und bühnentechnischen Mittel seien im folgenden knapp umrissen.

Die schauspielerischen Mittel

Der Schauspieler ist der eigentliche Träger der Aufführung. Platon nannte ihn das Mittelglied einer Kette, die Dichter und Publikum verbindet (nach Nießen, wie S. 53, S. 345). Von seiner ziemlich unveränderlichen körperlichen Statur abgesehen, die vor allem bei der Rollenvergabe ins Gewicht fällt, stehen ihm folgende Mittel zu Gebote: 1. Stimme, 2. Mienenspiel (Mimik), 3. Gestik, besonders die der Hände, 4. körperliche Positionen (z. B. Stehen) und Fortbewegungsarten (Gehen), 5. Kleidung (Kostüme) und andere Körperzutaten (Masken, Perücken, Schminke). Die Stimme richtet sich an das Ohr, die übrigen Mittel wenden sich an das Auge des Zuschauers.

Ihre neuzeitliche Praxis und theoretische Begründung verdanken die schauspielerischen Mittel, jedenfalls die drei erstgenannten, bis heute im Vordergrund stehenden, der Anlehnung an das – differenzierter ausgeprägte und besser überlieferte – rhetorische Denksystem. In der Renaissance- und Barockzeit begriff man, wie schon einmal erwähnt (S. 9), die Bühne, insbesondere die des Jesuiten- und des protestantischen Schultheaters, als eine Art Rednerpodium (vgl. Barner, Barockrhetorik, 1970, S. 302–321, 344–352), umgekehrt die »Rhetorik als theatralische Verhaltensweise« (ebenda, S. 89). Die führenden Jesuitendramatiker (Bidermann, Masen, Avancini) waren Professoren der Rhetorik. Lessings oft zitierte Bemerkung von der Wirkung seines »Nathan« »auf meiner alten Kanzel, auf dem Theater« (an Elise Reimarus 6. 9. 1778) ist insofern weniger weit hergeholt, als es scheint.

Tatsächlich haben Schauspiel- und Redekunst vieles gemeinsam. In den rhetorischen Schriften der Antike und der an sie anknüpfenden neuzeitlichen Redelehrer suchte und fand man Anweisungen auch zum Gebrauch der schauspielerischen Mittel. Die angehenden Redner lernten ja nicht nur das Sammeln (inventio), Ordnen (dispositio) und Formulieren (elocutio) ihrer Gedanken, sie übten sich auch im Auswendiglernen (memoria) und im Vortragen (pronuntiatio bzw. actio). Besonders die Lehre vom Vortrag oder – mit den Worten Ciceros (De oratore 3, 59, 222) und Quintilians (Inst. or. 11, 3, 1) – von der körperlichen Beredsamkeit (»sermo corporis« bzw. »eloquentia corporis«) strahlte auf die Bühnenkunst aus. Die ausführlichsten, noch heute lesenswerten Informationen hierzu aus alter Zeit bietet das Kapitel 11, 3 in der »Institutio oratoria« des römischen Redelehrers Quintilian. Lessings Entwurf zu einem »Werk, worin die Grundsätze der ganzen körperlichen Beredsamkeit entwickelt werden« (Werke, Bd. 4, S. 724–733), ist kaum mehr als eine Wiederholung von Quintilians Systematisierung der körpersprachlichen Mittel.

Quintilian beschreibt eine Vielzahl körperlicher Äußerungsformen einschließlich ihres Ausdruckswertes. Er lobt, was er gut, tadelt, was er fehlerhaft findet. Er knüpft auch öfters Beziehungen zwischen Redner und Schauspieler, indem er etwa dem – gewöhnlich an einem Platz verharrenden – Redner weniger Bewegungsfreiheit zubilligt als dem Schauspieler.

Für die Stimme des Redners bzw. für die entsprechenden Deklamationsübungen fordert er Deutlichkeit, Vermeidung monotonen Singsangs und andere Dinge, die noch heute für die Bühnenaussprache als verbindlich gelten, macht er Vorschläge zur Atemtechnik, empfiehlt er im übrigen eine einfache Lebensführung mit Spaziergängen, Salben, Enthaltung von Geschlechtsverkehr und leicht verdaulichen Speisen. Hinsichtlich des Mienenspiels betont er die Ausdruckskraft der Augen einschließlich ihrer Tränen, während er Nasenmimik unfein findet. Am ausführlichsten bespricht er das Bewegungsspiel der Hände (11, 3, 85–124), dessen Reichtum nach seinen Worten beinahe die Fülle des Redens selber erreicht und das ihm – anders als heutigen Semiotikern (vgl. U. Eco, Einführung in die Semiotik, 1972, S. 254) – als gemeinsame Sprache der Menschheit (»omnium hominum communis sermo«) erscheint. Die Gebärden sollen, wie Quintilian meint, die Worte unterstreichen, nicht die Dinge, um die es geht, malend nachbilden, wie eine Pantomime das tut. Wenn Lessing die Menschen der Antike preist, daß sie die »Chironomie« oder »Händesprache zu einer Vollkommenheit gebracht, von der sich aus dem was unsere Redner darin zu leisten im Stande sind, kaum die Möglichkeit sollte begreifen lassen« (Hamburg. Dramaturgie, 4.

Stück), dann verdankt er dieses Wissen letztlich vor allem Quintilian. Mit Quintilian stimmt er auch in dem Gedanken überein, daß man »den Pantomimen nicht mit dem Schauspieler vermengen muß« (ebenda).

Während der Schauspieler die stimmlichen, mimischen und gestischen Mittel im wesentlichen mit dem Redner teilt, läßt sich für seine Körperhaltung bzw. -bewegung sowie für seine Kleidung aus der Rhetorik kaum Gewinn ziehen. Quintilian gibt dem Redner zwar auch hierzu Hinweise, doch lassen sich diese nicht auf die Bühne übertragen. Der Schauspieler verharrt ja nicht stehend an seinem Platz wie gewöhnlich der Redner, und von dessen Berufskleidung ist die schauspielerische Verkleidung grundsätzlich verschieden. Der Mangel diesbezüglicher Gemeinsamkeit dürfte mit dafür verantwortlich sein, daß sich die Schauspielertheorie mit Körperverhalten und Kostümfragen weniger und später befaßt hat als mit Stimme, Mimik und Gestik. Für den Zeichencharakter körperlicher Äußerungen außerhalb von Gesicht und Händen beginnt man sich erst in letzter Zeit, angeregt von der Verhaltensforschung bei Tieren, genauer zu interessieren. Ein Untersuchungsgesichtspunkt ist etwa die Bedeutung des räumlichen Abstandes, den die Menschen untereinander einhalten. Näheres zu derartiger »Kinesik« und »Proxemik« bei U. Eco, Einführung in die Semiotik, 1972, S. 21 f. und 344–349.

Im Vordergrund der modernen Schauspielertheorie stehen weniger die genannten Mittel stimmlicher, mimischer und gestischer Art als die innere Einstellung des Schauspielers zu seiner Rolle. Bekannt wurden in dieser Hinsicht besonders die Vorschläge des russischen Theaterleiters Konstantin Stanislawskij (1863–1938) und die von Brecht. Stanislawskij propagierte die sogenannte Methode der physischen Handlungen: »Meine Methode beruht darauf, die *inneren* und *äußeren* Vorgänge miteinander zu verbinden und das Gefühl für die Rolle durch das *physische Leben des menschlichen Körpers* hervorzurufen.« (Stanislawskij, Theater, Regie und Schauspieler, 1958, S. 37) Der Schauspieler soll vom außersprachlichen Handeln der gespielten Figur ausgehen und sich dadurch so in die Rolle hineinfinden, daß er sie als wahr erlebt. Demgegenüber forderte Brecht im Zusammenhang der Verfremdungen seines epischen Theaters (vgl. S. 54 ff.) Distanz gegenüber der Rolle. Ihm zufolge soll der Schauspieler die dargestellte Figur gewissermaßen vorzeigen.

Die Bühnenmittel und ihr Zusammenwirken im Bühnenbild

Neben den schauspielerischen Leistungen bietet das Theater dem Zuschauer eine – oft sehr aufwendige – Bühnenausstattung. Diese fällt durch ihre Statik weniger, durch ihre räumliche Ausdehnung mehr ins Auge als das Spiel der Akteure.

Das neuzeitliche Bühnenbild setzt sich, soweit es nicht gegenstandslose, bloß expressive Räume darstellt, aus gemalten und realistischen Teilen zusammen. Gemalt sind Prospekt (Rückwand), Kulissen (unten auf Rollen verschiebbare Seitenwände) und Soffitten (von oben herabhängende Teile). Entsprechende Wirkung erzielen seit dem 20. Jahrhundert auch von Bildwerfern erzeugte Projektionen. Realistische Teile sind die auf dem Bühnenboden postierten Versatz-, Setz- oder Versetzstücke (z. B. Treppen, Geländer, Büsche, Brunnen), die in den Pausen aufgestellt bzw. weggeräumt werden. Dazu kommen die Requisiten im Sinne kleinerer, nicht zur feststehenden Dekoration gehörender Gebrauchsgegenstände (Gläser, Vasen, Schirme usw.). Ungegenständliche akustische und – im Zeitalter des elektrischen Lichts – insbesondere optische Effekte vervollständigen das Angebot an die Sinne.

Hinter allem, was das Publikum wahrnimmt, verbirgt sich die weitgehend unsichtbare Maschinerie des Bühnenraums, bestehend aus Untermaschinerie (z. B. Versenkungen), Bühnenboden (mit Führungen für Schiebebühnen und Anschlüssen für Scheinwerfer, Mikrophone, Lautsprecher) und Obermaschinerie (besonders Schnürböden zur Bewegung von Soffitten, Vorhängen, Flugvorrichtungen). Für die vielfältigen sicht- und unsichtbaren Bühnenmittel ist teils das technische Personal zuständig (Requisiteur, Beleuchter, Tonmeister). Die Hauptverantwortung trägt indes der Bühnenbildner als künstlerischer Mitarbeiter des Regisseurs.

Wer sich mit den Bühnenmitteln einer Aufführung auseinandersetzt, sollte unterscheiden 1. den Bühnenapparat als Summe bzw. System aller potentiell verfügbaren Bühnenmittel (dazu gehört z. B. ein Beleuchtungskörper), 2. die konkrete Vorführung, wie sie der Zuschauer wahrnimmt, insbesondere also das Bühnenbild als Summe der sichtbaren, längerfristig gleichbleibenden Bühnenmittel (dazu gehört z. B. spärliches Licht), 3. die dadurch abgebildete fiktionale Situation (z. B. Nacht), 4. deren handlungsspezifische oder symbolische Bedeutung (z. B. Schlafenszeit oder unheimliche Atmosphäre). Diese Unterscheidung läßt sich grundsätzlich auch auf die schauspielerischen Mittel anwenden.

Bei aller Vielseitigkeit ihrer Mittel hat die Bühne keinen Selbstzweck, ist und bleibt sie Podium und verlängerter Arm des Schauspielers. Je besser der Schauspieler ist, um so weniger Bühnenmittel braucht er. »Vor jedem Brettergerüste möchte ich dem wahrhaft theatralischen Genie sagen: *hic Rhodus, hic salta!* Auf jedem Jahrmarkt getraue ich mir, auf Bohlen über

Fässer geschichtet, mit Calderons Stücken, *mutatis mutandis,* der gebildeten und ungebildeten Masse das höchste Vergnügen zu machen«, schrieb Goethe am 1. 2. 1808 an Kleist.

Bühnenformen in ihrem Verhältnis zum Zuschauerraum

Grundlegender als die von Aufführung zu Aufführung anders ausfallenden Bühnenmittel ist die Bühnenform, die für ein Theater im wesentlichen mit seiner Erbauung gegeben ist. Bestimmt wird sie – vor dem Hintergrund klimatischer Voraussetzungen und architektonischer Möglichkeiten – hauptsächlich durch die geplante Publikumsmenge und die Erfordernisse der Hör- und Sichtbarkeit. Von diesen Bedürfnissen hängt nicht nur die Gestaltung des Zuschauerraums ab, sondern auch die Position der Bühne im Verhältnis zum Zuschauerraum und damit die Illusionswirkung der gespielten Handlung.

Die für unseren Kulturraum historisch wichtigsten Bühnenformen scharen das Publikum in jeweils anderer Weise um sich. Gemeint sind die antike Orchestrabühne, die mittelalterliche Simultanbühne, die Shakespeare-Bühne und die seit der Renaissance vorherrschende Guckkastenbühne. (Abbildungen etwa bei Geiger/Haarmann, S. 72–79. Vgl. die Artikel »Simultanbühne« und »Shakespeare-Bühne« mit zugehörigen Abbildungen in der Brockhaus Enzyklopädie.)

Im altgriechischen Freilichttheater umgaben die – nach außen treppenförmig ansteigenden – Tribünen die Orchestrabühne in einem Halbkreis, so daß viele Besucher Platz fanden. Das Theater in Epidaurus faßte 14 000 Zuschauer, das in Ephesus 24 000 (Pfister, S. 42). Die Simultanbühne der mittelalterlichen Mysterienspiele reihte die nacheinander benutzten Schauplätze auf den Straßen oder rund um den Marktplatz der Stadt räumlich nebeneinander. Auch sie war von mehreren Seiten und teilweise – aus den Fenstern der anliegenden Häuser – auch von oben einsehbar. Die im England Shakespeares um 1600 übliche Bühne war überdacht. Sie sprang, jedenfalls mit der hauptsächlich bespielten Vorderbühne, weit in einen nicht überdachten Zuschauerbereich vor, der als Innenhof seinerseits von mehrstöckigen, überdachten Zuschauerrängen ringförmig umschlossen war.

Erst das neuzeitliche Theaterhaus mit alles überwölbender Dachkonstruktion nimmt die Bühne ganz hinter den Zuschauerraum zurück. Erst seine Guckkastenbühne bietet dem Streben nach größtmöglicher Illusion die architektonischen Voraussetzungen. Der Verzicht auf Zuschauer seitlich der Bühne wurde dadurch möglich, daß man – wie schon bei der Shakespeare-Bühne – das Publikum in mehreren Geschossen übereinanderstapelte.

Daß die spezifischen Möglichkeiten des Theaters nicht so sehr in der Illusionsbildung wie im Wechsel von Illusion und Illusionsdurchbrechung liegen, erkannte man eigentlich erst im 20. Jahrhundert. Angesichts der Konkurrenz zum Film wurde den Theaterleuten bewußt, daß nur die Bühne einen unmittelbaren Kontakt mit dem Publikum ermöglicht, und dieser ergibt sich weniger im Rahmen als durch Unterbrechung der Illusion. Das Hineinragen der Bühne in den Zuschauerraum, in alter Zeit ein eher ökonomisches Erfordernis, ist bei Brecht und anderen Theoretikern des 20. Jahrhunderts zu einem ästhetisch-didaktischen Programmpunkt geworden. Wo die Bühne selbst räumlich kaum zu verändern ist, behilft man sich durch Sichtbarmachung der Lichtquellen und anderer Illusionsmittel, oder die Schauspieler gehen in den Zuschauerraum und machen diesen mit zur Bühne.

Der beschränkende Einfluß der Aufführungsbedingungen auf Ort und Zeit der Handlung

Die Bühnenform prägt die Handlungsorte. Das gilt auch und gerade dann, wenn die Aufführung illusionistische Wirkungen anstrebt. Im antiken Freilichttheater spielt auch die Handlung meist außer Haus, vornehmlich im Hof von Königsburgen. Im neuzeitlichen Theaterhaus herrschen dagegen Zimmer- und Saalszenen vor. Die Phantasie des Zuschauers bleibt also an die begrenzten Möglichkeiten der Bühne gebunden. Pegasus findet im Theater kaum Platz zum Fliegen. Das Wunderbare, Unwahrscheinliche nimmt hier schwerer Gestalt an als in der Vorstellungskraft eines Romanlesers. Lügengeschichten gar lassen sich überhaupt nicht inszenieren. Schon Aristoteles (Kap. 24) bescheinigte weniger dem Drama als dem Epos »das Erstaunliche, weil man den Handelnden nicht vor Augen hat«.

Auch die sogenannte Einheit des Ortes hat wohl nicht zuletzt bühnentechnische Gründe. Für ihre Einhaltung im antiken Drama mag, wie Lessing (Hamburg. Dramaturgie, 46. Stück) und Herder (Sämmtliche Werke, hrsg. B. Suphan, Bd. 5, S. 210) betonen, der durchgängig anwesende Chor hauptverantwortlich sein. Einen Schauplatzwechsel ließ die Orchestrabühne aber auch technisch nicht gut zu. Zur ausdrücklichen

Norm geriet die Ortseinheit erst in der Renaissance, als man sie der neu aufkommenden, an sich viel flexibleren Guckkastenbühne verordnete. Allerdings wurde sie von vornherein nicht so streng gehandhabt wie die beiden anderen Einheiten (Handlung, Zeit). Viele Autoren begnügten sich damit, das Geschehen in einer Stadt anzusiedeln, und wechselten in diesem Rahmen bedenkenlos die Plätze. Die Doppelbedeutung von *Ort* (Schauplatz, Ortschaft) legte diesen Kompromiß nahe. Andere behalfen sich so: »Anstatt eines einzigen Ortes, führten sie einen unbestimmten Ort ein, unter dem man sich bald den, bald jenen, einbilden könne; genug, wenn diese Orte zusammen nur nicht gar zu weit aus einander lägen« (Lessing, Hamburg. Dramat., 46. Stück).

Auch zeitlich unterliegt die Dramenaufführung Beschränkungen. Sie ergeben sich allerdings weniger aus der Bühnenform als aus der begrenzten Belastbarkeit der Zuschauer.

Das Epos verfügt, wie Aristoteles (Kap. 5) bemerkt, über unbegrenzte Zeit. Der Leser kann sein Buch zur Seite legen und die Lektüre später fortsetzen. Der Dramatiker muß sich kürzer fassen. Der Aufwand einer Aufführung ist nicht beliebig vermehrbar. Die Lust zuzuschauen reicht allenfalls bis zum nächsten Hungergefühl, und zu Fortsetzungen findet sich ein einmal zerstreutes Publikum nicht leicht wieder zusammen. Corneille ging von einer Spieldauer von zwei Stunden aus. Ihr entsprachen rund 1500 Alexandrinerverse. Für das elisabethanische Theater rechnet man heute mit einer durchschnittlichen Spielzeit von etwa drei Stunden bei etwa einer Minute für je zwanzig Verse (Pfister, S. 419, Anm. 81.) Gottsched bezog auch die Aktstruktur in derartige Überlegungen ein. Er hielt die fünf Akte der klassischen Tragödie für »sehr bequem, damit dem Zuschauer nicht die Zeit gar zu lang werde. Denn wenn jeder Aufzug ohngefähr eine Viertelstunde daurete, so dann aber der Chor sein Lied darzwischen sang: so konnte das Spiel nicht viel länger als zwo bis dritthalb Stunden dauren; welches eben die rechte Zeit ist, die sich ohne Ueberdruß einem Schauspiele widmen läßt.« (Critische Dichtkunst, ⁴1751, S. 610) Die genannten Zeitspannen dürften die durchschnittliche Dauer auch des heutigen Theaterabends nicht wesentlich unterschreiten. Aufführungen von mehr als drei Stunden reiner Spielzeit jedenfalls sind auch heute Ausnahmen.

An der Zeitdauer bemißt sich die Stoffmenge. Der Dramatiker kann nicht gut ein ganzes Epos, wie die »Ilias« Homers, als Vorlage wählen. Er soll sich, wie Aristoteles (Kap. 18) meint, auf einen Teil davon beschränken. Epische Breite bleibt ihm auch im Detail eher versagt. Aristoteles empfand die Kürze nicht als beengend, sondern als heilsamen Zwang. Er meinte, »das Konzentrierte ist schöner als das, was auf eine lange Zeit hin verteilt ist«, und zog deshalb die

Tragödie dem Epos vor (Kap. 26). Das Epos selber gefiele ihm, wie
er sagt, besser, wenn es ebenfalls »auf ein einziges Zuhören berechnet« wäre (Kap. 24).

Die Spieldauer färbt auch auf die Handlungsdauer ab. Aristoteles schreibt (Kap. 5), »die Tragödie versucht so weit als
möglich sich in einem einzigen Sonnenumlauf oder doch nur
wenig darüber hinaus abzuwickeln«. Der Jesuit Jacobus Ponta-
nus präzisierte dies 1594 auf höchstens zwei Tage (George,
S. 80). Harsdörffer notiert, die meisten erlaubten für jeden Akt
einen Tag, also zusammen fünf Tage (Poetischer Trichter,
1648–53, Nachdruck 1969, Teil 2, S. 83). Corneille gestattete
bis zu 30 Stunden und empfahl im übrigen, die Handlungszeit
der rund zweistündigen Spielzeit möglichst ganz anzugleichen.
In seinem »Discours des trois unités« schreibt er: »La repré-
sentation dure deux heures et ressemblerait parfaitement, si l'action qu'elle représente n'en demandait pas davantage pour sa
réalité.« (»Die Aufführung dauert zwei Stunden und erschiene
vollkommen, wenn das Geschehen, das sie darstellt, für seine
Wirklichkeit nicht *mehr* brauchte.«)

Seit dem 18. Jh. ist der Protest gegen diese sogenannte Einheit der
Zeit nicht abgerissen. Lessing war nur einer der vielen, die »den tyrannischen Regeln« der Zeit- wie auch der Ortseinheit den Kampf
ansagten (Hamburg. Dramaturgie, 46. Stück). Als allgemeine Norm
zu eng, hat die Zeitregel dennoch überhistorische Bedeutung. Sie ist
Ausdruck der dramenspezifischen Tendenz zu kurzer Handlungsdauer. Stücke wie Brechts »Mutter Courage« oder »Galilei«, deren
Handlungen sich jeweils über mehr als ein Jahrzehnt erstrecken, müssen sich bezeichnenderweise epischer Mittel bedienen, um die Inter-
valle dem Publikum bewußt zu machen. Der Dramatiker kann auch
die Worte der handelnden Personen zu Hilfe nehmen oder, sofern er
die Zeitspannen nicht bloß verbal überbrücken will, ihre räumlichen
Spuren illustrieren, z. B. durch Alterung der Personen oder geogra-
phisch weit voneinander entfernte Handlungsorte. Die Zeit an sich
aber hat – anders als der Raum – keine szenische Qualität. Dem
eigentlichen dramatischen Spiel sind Veränderungen, die über die der
Spiel- bzw. Wahrnehmungszeit hinausgehen, eher fremd. Das gilt für
tageszeitliche Fortschritte, die sich im Rahmen der Einheitsregel halten, übrigens ebenso wie für Jahressprünge. Kennzeichnend für das
Drama ist, genau genommen, weniger die »Einheit« als die Unwe-
sentlichkeit der Handlungszeit. »Die Bedeutungslosigkeit der Zeit-
quantität und der Primat der reinen Folge« dienen Pütz (S. 54) zur
Abgrenzung des Dramas gegenüber der Epik: »Dem Erzähler bedeutet
zeitliche Quantität fast alles, dem Dramatiker fast nichts.«
Auch hinsichtlich der zeitlichen Reihenfolge ist der Dramatiker ge-

bundener als der Epiker. Meist entspricht die Darstellungs- der Ereignisfolge. Chronologische Umstellungen finden sich nur selten. Nach Aristoteles (Kap. 24) ist es dem Dramatiker auch verwehrt, mehrere gleichzeitige Ereignisse darzustellen, während dies in der Epik, allerdings meist nacheinander, durchaus üblich ist. Die neuere Dramaturgie gibt sich elastischer. Gelegentlich wird mit doppelten, neben- oder übereinander gelegenen Bühnenräumen experimentiert. Epische Kommentare und das Muster des Films haben sogar Rückblenden ermöglicht. Brecht zeigt in seinem »Kaukasischen Kreidekreis« nach einem Vorspiel in den ersten drei der fünf Akte, was die Magd Grusche im Laufe von zwei Jahren erlebt, im vierten Akt, was der Richter Azdak während des gleichen Zeitraums unternimmt. Erst im letzten Akt treten die beiden zusammen auf, und Azdak erklärt Grusche zur Mutter des von ihr aufgenommenen Kindes.

Alles in allem macht die Geschichte des Theaters deutlich, daß die Dramenhandlung hinsichtlich ihrer raumzeitlichen Ausprägung immer irgendwelchen Beschränkungen unterworfen war. Andererseits haben gerade diese Grenzen immer wieder das dramatische Rollenspiel provoziert. Im illusionistischen Spiel lassen sie sich nicht ganz, aber doch teilweise überwinden.

Exkurs zur Bedeutungsgeschichte und zu drei Arten der Illusion

In den Ausführungen dieses Kapitels war beiläufig öfters von Illusion die Rede, von dem Eindruck des Zuschauers also, das auf der Bühne gespielte Geschehen sei unmittelbar wirklich. Diese nicht nur für das Drama, sondern für die Literatur- und Kunsttheorie überhaupt bedeutsame Erscheinung sei abschließend genauer umrissen. Um sie gruppieren sich einige Probleme, die seit dem 18. Jh. die ästhetische Diskussion maßgeblich bestimmt haben und die bis heute immer wieder Anlaß zur Verwirrung stiften.

Illusion ist seit der Zeit Lessings ein ebenso zentraler wie zweischneidiger Begriff. Sie ist unterschiedlich bewertet worden, je nachdem, ob man das Angenehme des Vorgestellten bzw. der Vorstellungskraft oder das Trügerische des illusionären Scheins als wichtiger ansah.

Das lateinische Wort *illusio*, abgeleitet von dem Verb *illúdere* (sein Spiel treiben, verspotten, vortäuschen), war in der klassischen Rhetorik eine Bezeichnung für *Ironie* (Quintilian, Institutio oratoria 8, 6, 54), wobei man besonders an die Sonderform der verspottenden Ironie (griech. diasyrmós) dachte. Ironie selber bedeutet ursprünglich

Verstellung. Bis ins 18. Jh. bezeichnete *Illusion* demgemäß zunächst eine Tätigkeit des Autors, die man auch Illudieren nannte. Erst dann hat sich der Sinn ganz auf die erfolgreiche Auswirkung der Verstellung in der Psyche des Getäuschten verlagert, also vom Täuschen zum Getäuschtwerden verschoben. Heute läßt sich sagen: Illusion »bezeichnet einen psychologischen [richtiger: psychischen] Vorgang im Betrachtenden, der durch die Wahrnehmung eines Kunstwerkes eingeleitet wird« (H. S. Daemmrich, Illusion, in: Lessing Yearbook 1, 1969, S. 88).

Ausgangspunkt der Illusionstheorie war nicht die Dichtung, sondern die Malerei. Vor Erfindung der Fotografie galt ein Gemälde vielfach dann als besonders gelungen, wenn es die Gegenstände so realistisch abbildete, daß man sie für echt halten konnte. In der Antike pries man die von dem Griechen Zeuxis gemalten Kirschen, weil die Spatzen herbeiflogen, um sie zu fressen. Dem entspricht die Auffassung des Aristoteles, Kunst sei Nachahmung (mimesis) der Wirklichkeit.

Eine ähnlich illusionistische Wirkung wird, wie schon angedeutet, der seit der Renaissance üblichen Guckkastenbühne zugeschrieben. Diese Illusionsbühne, wie man sie kurzerhand auch nennt, stellt meist einen geschlossenen Raum dar, dessen vierte Wand zum Zuschauerraum hin offen ist. Die in der Renaissance entdeckte Technik der Zentralperspektive erlaubte es, durch das Bühnenbild auch größere Räume mit Tiefenwirkung, z. B. Landschaften, zu simulieren.

Wer ein illusionistisches Drama wünscht, darf seine Aufmerksamkeit indes nicht auf das statische Bühnenbild beschränken. Er muß darauf achten, daß neben dem räumlichen Nebeneinander auch das zeitliche Nacheinander »stimmt«. Tatsächlich haben die neuzeitlichen Theoretiker des Illusionstheaters vor allem auf diesen Gesichtspunkt geachtet. Die Wahrscheinlichkeit, die Aristoteles (Kap. 9) dem Drama abverlangt hatte (vgl. S. 149), bezog man im 17. und 18. Jh. nicht nur auf die kausale Verflechtung zeitlich auseinanderliegender Handlungsteile, sondern auch auf die Kontinuität der Darstellung von Szene zu Szene. Corneille forderte eine streng geregelte Verbindung benachbarter Szenen (»liaison des scènes«). Unter Hinweis auf die nötige Wahrscheinlichkeit verbot er ein unmotiviertes Auf- und besonders Abtreten der Personen sowie das Leerstehen der Bühne zwischen zwei Szenen. Auch die seinerzeit geltende Norm der drei Einheiten (Handlung, Zeit, Ort) ordnete er diesem Zusammenhang ein, besonders durch seine Empfehlung, die Handlungszeit der Spielzeit anzugleichen. (Vgl. S. 194.)

Die Illusion mag noch so groß sein, früher oder später wird sie doch als solche erkannt. Zur Illusion gesellt sich das Illusionsbewußtsein. Die Illusion kann von darstellerischen Eingriffen durchkreuzt werden. Sie läßt sich aber auch aufgrund der Art des dargestellten Gegenstandes sozusagen von innen her aufbrechen.

Der Gegenstand selber gibt sich am ehesten dann als illusionär zu erkennen, wenn er unangenehm ist oder wird und die Schwelle des Erträglichen überschreitet. Diesen Mechanismus eines seelischen Selbstschutzes hatte schon Aristoteles im Auge, wenn er bemerkte, Schreckensgemälde seien nicht so schlimm wie echt Schreckenerregendes. »Was wir nämlich in der Wirklichkeit nur mit Unbehagen anschauen, das betrachten wir mit Vergnügen, wenn wir möglichst getreue Abbildungen vor uns haben, wie etwa die Gestalten von abstoßenden Tieren oder von Leichnamen.« (Kap. 4) Die gemalten Schlangen, die man in diesen Tieren später sah (vgl. Lessing/Schulte-Sasse, S. 61, 100 f., 161), beißen eben nicht. Gestützt auf den Satz des Aristoteles, entwickelte Lessings Freund Moses Mendelssohn seine Theorie der vermischten Empfindungen oder gemischten Gefühle, wie wir heute sagen. (Vgl. Martino, S. 93 ff.; Lessing/Schulte-Sasse, S. 143 ff., 164 f.) Er ordnete die Illusion den unteren, irrationalen Seelenkräften, der intuitiven oder »anschauenden« Erkenntnis, zu, das »heimliche Bewußtsein« von ihr (Lessing/Schulte-Sasse, S. 197) dagegen der höheren, rationalen Erkenntnis. Dem entsprach sein Wunsch, daß »nach geendigter Illusion die Vernunft wieder das Steuer ergreift« (Lessing/Schulte-Sasse, S. 72). Literarische Bedeutung gewann diese psychologische Einsicht durch ihren Einfluß auf die Tragödientheorie Lessings und Schillers. (Vgl. Schillers Aufsatz »Über den Grund des Vergnügens an tragischen Gegenständen«, der ebenfalls »die gemischte Empfindung des Leidens und der Lust an dem Leiden« behandelt. Allerdings führt Schiller diese Lust nicht auf den Spielcharakter der Tragödie zurück, sondern darauf, »daß das höchste moralische Vergnügen jederzeit von Schmerz begleitet sein wird.« Er deutet also die ästhetische Lust in eine moralische um.)

Die zentrale Stellung und die positive Bewertung, die man der Illusion in der Kunsttheorie des 18. Jh.s beimaß, brachten es mit sich, daß sie auch ohne die Kontrolle des begleitenden Bewußtseins ihr Recht forderte. Dies wiederum führte zu Gegenreaktionen. Die Dichter des frühen 19. Jh.s, dem humoristischen Roman und der romantischen Ironie verpflichtet (vgl. Behler), gefielen sich in der Technik abrupter Desillusionierung, so Tieck in seinem Lustspiel »Der gestiefelte Kater«, so auch Heine in seiner Lyrik. Nicht der Schrecken des Gegenstandes, sondern Eingriffe des Autors durchbrechen bei ihnen die Illusion. Derlei spöttische Manöver brachten die Illusion ins Zwielicht. Die eigentliche Umkehrung vom positiven zu einem negativen Begriff besorgten indes eher die gesellschaftlichen Veränderungen des aufkommenden Industriezeitalters. Die schöne Illusion zu begrüßen und sich vor dem illusionären Schrecken in das Bewußtsein dieses Schreckens zu retten, mochte dem Optimismus der Aufklärungszeit anstehen, die mit Leibniz die vorhandene Welt für die beste aller möglichen hielt. Aus der stärker gesellschaftskritischen Sicht moderner Dramatiker und Regisseure dagegen täuscht die Illusion über die nun als schlimm begriffene Wirklichkeit hinweg. Die ästhetische Illusion ist zum Symbol politischer Fehleinschätzung geworden.

Wenn z. B. Brecht seine Stücke als antiillusionistisch konzipierte, dann nicht aus primär ästhetischen Gründen wie Tieck, sondern weil er zu kritischer Distanz gegenüber dem dargestellten Geschehen und letztlich zur Änderung der gesellschaftlichen Verhältnisse erziehen wollte. Er wollte also mit den Mitteln eines von Hause aus illusionistischen Mediums außerliterarische Illusionen zerstören. Allerdings konnte auch er sich dem Spielcharakter des Theaters nicht völlig entziehen. In den Anmerkungen zur Aufführung seiner »Mutter Courage« von 1949 plädiert er weniger für eine Ausmerzung als für eine Einschränkung der Illusion: »Die Illusion des Theaters muß eine teilweise sein, so daß sie immer als Illusion erkannt werden kann.« (Materialien zu Brechts »Mutter Courage und ihre Kinder«, ⁷1971, S. 15) Das könnte auch ein Aufklärer des 18. Jh.s geschrieben haben.

Das bisher Gesagte bezog sich im wesentlichen auf jene Art der Illusion, die Malerei und Drama zu wecken vermögen. Die Theoretiker des 18. Jh.s beschränkten sich indes nicht auf diese Bereiche. Sie verstanden die Dichtung, ja die Kunst schlechthin als illusionistisch, ohne allerdings die Begriffsverschiebung, die mit dieser Ausweitung des Geltungsbereichs einherging, deutlich zu markieren. Diese Grenzziehung gilt es nachzuholen.

Gemälde und Dramenaufführungen können den Eindruck erzeugen, das Dargestellte sei echt, was heißen soll, die darstellenden Dinge bzw. Personen seien mit den dargestellten identisch. Die Illusion, welche die nichtdramatische, insbesondere die erzählende Literatur an »spannenden« Stellen weckt, ist ganz anderer Art: Dem Leser scheint es, die geschilderten Begebenheiten stünden ihm vor Augen, sie seien für ihn wahrnehmbar. Die aus Rhetorik und Dichtung bekannten Mittel der Vergegenwärtigung (evidentia), z. B. das historische Präsens, wollen diesen Eindruck bewußt provozieren.

Moses Mendelssohn, »der Vater der Illusionstheorie« (Martino, S. 168), genauer gesagt, der allgemeindichterischen Illusionstheorie, geht einerseits noch von der Identitätsillusion aus, wie sie ein Gemälde oder Drama vermittelt, beansprucht andererseits aber schon die Illusion für die gesamte Dichtung, wenn er schreibt: »Wenn eine Nachahmung so viel ähnliches mit dem Urbilde hat, daß sich unsre Sinne wenigstens einen Augenblick bereden können, das Urbild selbst zu sehen; so nenne ich diesen Betrug eine ästhetische Illusion. Der Dichter muß vollkommen sinnlich reden; daher müssen uns alle seine Reden ästhetisch illudiren.« (Lessing/Schulte-Sasse, S. 99) Bei dem für Schiller bedeutsamen Henry Home, »der aus der Illusion eine zentrale Kategorie seiner Poetik macht« (Martino, S. 175), ist die Illusion dann schon ganz Wahrnehmungsillusion. In dieser Weise lebt sie auch in der neueren Erzähltheorie fort. Flaubert und Henry James suchten den Lesern ihrer Romane die »intensive Illusion« realistischen Dabeiseins zu vermitteln, indem sie kommentierende Eingriffe vermieden und das Geschehen möglichst »objektiv« darstellten. (Vgl. W. C. Booth, Die Rhetorik der Erzählkunst, 1974, Bd. 1, bes. S. 47 ff.) F. K. Stanzel (Typische Formen des Romans, ⁵1970, S. 17, 39 ff.) hat dies als »personales Erzählen« bezeichnet.

Daß Mendelssohn von der malerisch-dramatischen Illusion ausging, es im Grunde aber schon ganz auf das dichterisch vermittelte innere Vorstellungsbild abgesehen hatte, ist Symptom eines allgemeineren Theoriewechsels, der sich in seiner Zeit vollzog. Hatte bis dahin die von Aristoteles vertretene Auffassung gegolten, Kunst sei Nachahmung (mimesis) der Wirklichkeit, hatte also die Beziehung zwischen Natur und abbildendem Kunstwerk im Vordergrund gestanden, so verlagerte sich die Aufmerksamkeit nun zunehmend auf die Beziehung des Kunstwerks zu dem von ihm ausgelösten inneren Vorstellungsbild, ganz im Sinne der empfindsamen Psychologisierung jener Epoche. Ließ sich die Identitätsillusion noch als Ausdruck des Mimesisdenkens erklären, so kehrt sich die Wahrnehmungsillusion deutlich davon ab.

Den Unterschied zwischen malerisch-dramatischer Identitäts- oder Echtheitsillusion und epischer bzw. allgemeindichterischer Wahrnehmungsillusion habe ich weder in Werken des 18. Jh.s noch in der neueren Forschungsliteratur formuliert gefunden. Das liegt wohl an der traditionellen Gegenüberstellung von Malerei und Dichtung, die eine Zuordnung des Dramas zur Malerei eher ausschließt. Um so energischer gilt es zu betonen: In bezug auf die Illusion ist das Drama nicht sprachlich vermittelnde *poesis*, sondern *pictura* im Sinne sinnlicher Darbietung. Von narrativen Passagen, wie Mauerschau und Botenbericht (vgl. S. 109 f.), abgesehen, spielt die Wahrnehmungsillusion in ihm keine Rolle. Die eigentliche dramatische Illusion ist ausschließlich Identitätsillusion.

Neben den beiden genannten Illusionsarten gibt es noch eine dritte. Sie liegt vor, wenn Theaterzuschauer oder Romanleser glauben, das dargestellte Geschehen sei wahr, also historisch verbürgt.

Die Wahrheitsillusion ist ganz anders geartet als Identitäts- und Wahrnehmungsillusion. Während die beiden besprochenen Arten sich nach der affektiven Erlebnis- bzw. Vorstellungsfähigkeit des Rezipienten bemessen und im übrigen vom Bewußtsein der Illusion begleitet werden, setzt die Wahrheitsillusion wirkliche Unwissenheit voraus. Diese Voraussetzung ist jedoch meist nicht gegeben. Zumindest bauen die Autoren in der Regel nicht darauf auf. Vielmehr geben sie ihre Stoffe, sofern sie erfunden sind, meist auch von vornherein als solche zu erkennen, etwa durch die Bezeichnung *Roman*. Im Vordergrund des theoretischen Interesses steht deshalb hier weniger die Illusion des Publikums als vielmehr die Phantasietätigkeit des Autors bzw. deren als nichthistorisch erkennbares Ergebnis. Statt von Illusion spricht man hier eher von Fiktion (von lat. fingere = gestalten, erfinden; vortäuschen). Dieser Begriff ist allerdings nicht minder verwirrend, weil er neben der Bedeutung ›Erfindung‹ ebenfalls die von ›Vortäuschung‹ zuläßt.

Beschränkt man ihn – und dies entspricht seiner vorherrschenden, allgemein akzeptierten Bedeutung – auf die Erfindung nichthistorischer Fakten oder auch darauf, daß er diese als wahr vortäuscht, so erscheint keine literarische Gattung notwendigerweise fiktional. Die Lyrik wurde von K. Hamburger schlechthin als nichtfiktional eingestuft, was so pauschal allerdings auch nicht angeht. Die Erzählliteratur hat weitgehend erfundene Stoffe, aber wer sie darauf beschränkt, beschneidet ihre Eigenart durch Definition, statt sie zu erklären. Er mißachtet die lange Tradition der rhetorisch-poetischen Unterscheidung zwischen wahrer (historia) und erfundener Erzählung (fabula). Daß schließlich auch der Dramatiker die geschichtliche Realität sehr genau kopieren kann, mußte nicht erst das neuere Dokumentartheater beweisen.

Indes bezeichnet das Wort *Fiktion* nicht nur Erfundenes. Aufgrund seiner Täuschungsbedeutung wird es gelegentlich auch auf die Identitätsillusion ausgedehnt, wie sie sich aus dem Rollenspielcharakter des Dramas ergibt. In diesem Fall müßte man zwischen Wahrheits- und Identitätsfiktion unterscheiden. Das Drama wäre auf dieser erweiterten Basis, d. h. in Anbetracht seines Rollenspielcharakters, eine grundsätzlich fiktionale Literaturgattung, aber es wäre zugleich die einzige. Ein Drama mit erfundener Handlung wäre in doppelter Weise fiktional, insofern es historische Wirklichkeit und zugleich die Identität von Darstellern und Dargestellten fingiert.

Ob man nun von der engeren (Erfindung) oder weiteren Bedeutung (auch Vortäuschung) von Fiktion ausgeht, die verbreitete Einschätzung aller schöngeistigen Literatur oder auch nur der handlungsbezogenen (Epik/Drama) als fiktional ist in jedem Fall zu pauschal. Selbst wenn man die Bedeutung von Fiktion noch weiter fassen und auch auf die epische Wahrnehmungsillusion ausdehnen würde, könnte dies eine generelle Kennzeichnung der ästhetischen Literatur als fiktional nicht rechtfertigen.

Für das Drama bleibt festzuhalten: Erfundenes, nur scheinbar wahres Geschehen herrscht in ihm vor, ohne ihm wesensnotwendig zu sein. Sozusagen angeboren ist ihm – aufgrund seines Rollenspielcharakters – nur die Identitätsillusion bzw. -fiktion. Als eher unerheblich erweist sich in seinem Bereich die Wahrnehmungsillusion, da der Zuschauer ja wirklich sieht.

Postdramatisches und dramatisches Theater

Wichtigster Beitrag zur Bühnenentwicklung der letzten Jahrzehnte ist Hans-Thies Lehmanns Buch »Postdramatisches Theater«. Dieses Werk, zuerst 1999 erschienen, stellt die Bedeutung des Dramas fürs Theater grundsätzlich in Frage. Deshalb ist eine ergänzende Situationsbestimmung erforderlich, am besten in Verbindung mit einem zusammenfassenden Rückblick.

Die Geschichte des neuzeitlichen Dramas begann als Nachahmung antiker Tragödien und Komödien, wurde durch die »Poetik« des Aristoteles theoretisch geprägt und durch Italiener und Franzosen des 16. und 17. Jh.s zu einem System formaler Regeln ergänzt, dessen Ausprägung heute als geschlossenes Drama bezeichnet wird. Seit dem 18. Jh. ist eine zunehmende Abkehr von diesem Modell zu beobachten, womit sich im 20. Jh. eine Akzentverlagerung vom Drama zum Theater, vom Text zur Aufführung verbindet. Das Drama selber wird heute als »plurimediale Darstellungsform« verstanden (Pfister, S. 24).

Die Demontage des klassischen Dramas vollzog sich, genauer betrachtet, in drei Schritten, und zwar jeweils gegen Ende der letzten drei Jahrhunderte. Erster Schritt ist das sogenannte offene Drama, wie es in der Nachfolge Shakespeares im Sturm und Drang der 1770er Jahre aufkam, besonders bei J. M. R. Lenz. Es stellt die geschlossene Form und die sie begründenden drei Einheiten (Handlung, Ort, Zeit) in Frage. Vgl. oben S. 48-50. Eine zweite, weitergehende Öffnung erwuchs aus der von Peter Szondi (S. 17) diagnostizierten »Krise des Dramas« im späten 19. Jh. Ihre Folge war die Episierung des Dramas, vor allem durch Brechts episches Theater. Vgl. oben S. 53-57. Im ausgehenden 20. Jh., besonders in dessen letzten beiden Jahrzehnten, ist als dritte, grundsätzlichere Problematisierung das postdramatische Theater zu beobachten, das Lehmann auch »Theater jenseits des Dramas« (S. 29 und 56) bzw. »Theater ohne Drama« (S. 44) nennt. Er erhebt seinen Titelbegriff zu einem die neuere Entwicklung überhaupt kennzeichnenden »Paradigma« (S. 25), dessen Geltung besonders dem Einfluß der neuen Medien zu verdanken sei.

Die diesbezügliche internationale Vielfalt erläutert er in einem kenntnisreichen Rundblick (verdichtet in einem »namedropping« auf S. 24 f.), wenn auch ohne umfassende »Zusammenschau« (S. 17), vorwiegend anhand von Heiner Müller und Robert Wilson. Paradebeispiel ist Müllers »Hamletmaschine«. Sie entstand 1977 mit nur neun Seiten Umfang als Variation zu dem vom Autor damals übersetzten »Hamlet« Shakespeares. In der DDR, wo

Müller zu Hause war, galt sie als unspielbar. Die Aufführung durch Wilson 1986 in New York und Hamburg fand Müller gut. 1990 inszenierte er sein Stück auch selber zusammen mit Shakespeares »Hamlet« am Deutschen Theater in Berlin.

Geht man von den vier Komponenten aus, die das Drama als *Handlungssprechschauspiel* begründen (vgl. oben S. 14), so bleibt im postdramatischen Theater nur die im Wort *Theater* zum Ausdruck kommende Schau bzw. Zurschaustellung als wesentliches Element erhalten, also die von Aristoteles so genannte Opsis, die übrigens auch für sportliche Wettkämpfe und zirzensisch-artistische Darbietungen kennzeichnend ist. Die drei anderen Komponenten des Dramas (Handlung, Figurenrede, Rollenspiel) entfallen ganz oder teilweise. So gesehen definiert sich postdramatisches Theater überwiegend durch Negation.

Als vorrangiges Merkmal nennt Lehmann (S. 20, 30, 48, 54 f., 95, 113-116, 130 f., 133 und öfter) das Fehlen der Handlung bzw. der Fabel oder *story* im Sinne einer logisch-kausalen Folge von Begebenheiten, wie sie in Brechts epischem Theater noch vorkam. Damit verschwindet auch die der Handlung innewohnende Spannung (S. 50 f.). Zugleich entfällt »die Komplizenschaft von Drama und Logik« (S. 63), erscheint ein Sinn der Bühnendarstellung kaum mehr greifbar.

Als zweitwichtigste Besonderheit postdramatischen Theaters erweist sich die Abkehr vom Rollenspiel bzw. Rollentext (vgl. S. 21, 54 f. und öfter), das Zurücktreten von Mimesis (Nachahmung) und Illusion (S. 185-193). Bedeutsamer als die »Repräsentation« fiktionaler Figuren bzw. ihres Handelns findet Lehmann die »Präsentation«, also die sinnliche Darbietung als solche. Er betont besonders die »neuartige Präsenz der ›Performer‹, zu denen die ›Actors‹ mutieren« (S. 93, vgl. auch 197 und öfter), speziell die Zurschaustellung ihrer eigenen »Körperlichkeit« (S. 162 ff. und 361 ff.) bis hin zu realen Schmerzbekundungen (S. 392 ff.). Hier offenbart sich die Prägung des postdramatischen Theaters durch Happening, Performance und Körperkunst (*body art*), die nach 1950 außerhalb des traditionellen Theaterbetriebs aufkamen, diesen beeinflußten und von Lehmann der Postdramatik zugerechnet werden. Richard Schechner bezeichnete schon 1988 das Happening beiläufig als »postdramatic theatre« (Lehmann, S. 28).

Im Bereich der Lexis, also der sprachlichen Äußerungen im Sinne der Figurenrede, registriert Lehmann wie im Grunde schon Szondi (vgl. dort S. 30-33, 62 und 73) die »Zersetzung des Dialogs« (Lehmann, S. 45), die »Entfernung des Theaters von der dramatisch-dialogischen Gestaltung« (S. 47, vgl. auch 384). »Es besteht keine Substanz für einen Dialog mehr, weil es keine Geschichte mehr gibt«, schrieb Müller über seine »Hamletmaschine« (Gesammelte Irrtümer 1, 1978, S. 54). Lehmann erkennt die Tendenz, statt des Dialogs Monolog und Chor, letzteren z. B. bei Einar Schleef (vgl. S. 236 f.), »ins Zentrum des Theaters zu rücken« (S. 234). Von Dialog spricht er nur noch metaphorisch im Hinblick auf die Beziehung »zwischen Menschen und Objekten« (S. 123) oder »zwischen Klang und Klangraum« (S. 128). Im übrigen rechnet er auch sprachlose Darstellungen wie das Tanztheater von Pina Bausch oder die Darbietungen der Wiener Aktionisten (Otto Muehl, Hermann Nitsch) dem postdramatischen Theater zu.

Alles in allem erweist sich »postdramatisches Theater« als ein ebenso repräsentativer wie unscharfer Sammelbegriff für die Vielfalt der Bühnenexperimente in den letzten Jahrzehnten. Problematisch bleibt das begriffliche und historische Verhältnis zum Drama. Lehmann selber bestreitet nicht, daß »das dramatische Theater weiter existiert« (S. 4). Im postmodernen Theater jedoch »tritt an die Stelle der vom Text regulierten eine visuelle Dramaturgie, die besonders im Theater der späten 70er und der 80er Jahre die absolute Herrschaft erreicht zu haben schien, bis sich in den 90er Jahren eine gewisse ›Wiederkehr des Textes‹, der freilich nie ganz verschwunden war, abzeichnete« (S. 159). Was die Zukunft bringt, läßt Lehmann offen: »Vielleicht wird postdramatisches Theater nur ein Moment gewesen sein, in dem die Erkundung des Jenseits der Repräsentation auf allen Ebenen erfolgen konnte. Vielleicht eröffnet das postdramatische ein neues Theater, in dem sich dramatische Figurationen, nachdem Drama und Theater so weit auseinandertrieben, wieder zusammenfinden.« (S. 260)

Birgit Haas hat als Buch ein »Plädoyer für ein dramatisches Drama« (2007) vorgelegt. Dies will zwar keine »Brandrede für eine Abschaffung der Postdramatik (dies wäre nachgerade absurd)« sein, ist aber immerhin »als Gegenrede zu Lehmanns ›postdramatischem Theater‹ gedacht« (S. 11), ergänzt also dessen Konzept und schränkt es zugleich ein. Auch Haas kann »auf die zunehmende Bedeutung verweisen, die der dramatische Text im Laufe der Neunzigerjahre gewinnt« (S. 14). Sie untersucht dies aber genauer als Lehmann und gewichtet es stärker. Sie beobachtet insgesamt »eine Aufwertung des dramatischen Gegenwartstheaters« (S. 22). Ihr zufolge zeichnet sich jedenfalls »unter der jungen Generation der Dramatiker eine Tendenz zu Stücken ab, die sich von der postdramatischen Ästhetik abwenden und den handelnden Menschen unter die Lupe nehmen« (S. 21). Dieser »Trend zu einem Drama, das sich mit der konkreten Lebenswelt der Menschen auseinandersetzt, tritt seit der Saison 2002/03 noch deutlicher zu Tage« (S. 215). An anderer Stelle benennt Haas »2003 als Jahr der Trendwende« (S. 180). Gegen die »[p]ostdramatische Entmenschlichung« (S. 31) zu Felde ziehend, bei der der »Kampf der Körper [...] an die Stelle des Dialogs« tritt (S. 32), erkennt sie in den neuen Bühnenstücken »eine Rückkehr zur [!] einer Dramatik, die sich auf das handlungs- und interaktionsorientierte Sprechtheater konzentriert« (S. 22), nennt sie als leitende Parameter »Individuum, Sprache und Interaktion« (S. 73), schwört sie auf die »altbewährte Methode« der Mimesis im Sinne »einer dramatischen Ästhetik, die den Menschen als Subjekt im Gesamtgefüge seiner Beziehungen zu ihrem Mittelpunkt erwählt hat« (S. 49).

Im einzelnen unterscheidet sie für die deutsche Gegenwartsdramatik »zwei grundlegende Strömungen: erstens eine, die sich auf den Spuren Brechts und Sartres bewegt (Dea Loher, Oliver Bukowski, Roland Schimmelpfennig, Andres Veiel, Ulrike Syha); zweitens eine, die sich auf das psychologische Drama im Anschluss an Ibsen und Strindberg zurückbesinnt (Lutz Hübner, Anja Hilling, Lukas Bärfuss, Händl Klaus)« (S. 182). Verlorenen Boden, schreibt sie, habe das »dramatische Drama« zunächst »hauptsächlich über das Kinder- und Jugendtheater« zurückgewonnen (S. 18).

Sie beläßt es indes nicht dabei, eine neue Epoche einzuläuten. Aus Zahlen von Besuchern und Uraufführungen, die der Deutsche Bühnenverein für die 80er und 90er Jahre registriert hat und die z. B. ein immer noch rund zehnmal größeres Interesse für Brecht als für Heiner Müller erkennen lassen, schließt Haas, auch vor Einsatz der besagten Trendwende könne »von einem Paradigma der Postdramatik keine Rede sein« (S. 14, ähnlich 11, 18 und 49). Im Unterschied zu der bislang überwiegend wohlwollenden Rezeption von Lehmanns Buch ist ihre Entgegnung polemisch zugespitzt, versteht sie sich »als Verteidigungsrede für das in Verruf geratene dramatische Drama, das sich erst seit den Neunzigerjahren langsam von der postmodernen Zerrüttung zu erholen beginnt« (Klappentext).

Einige eher nebensächliche Feststellungen wirken allerdings nicht stichhaltig, bieten ihrerseits Angriffsflächen. Das betrifft etwa den Vorwurf, »[i]nsgesamt« sei »das postdramatische Theater apolitisch« (S. 41). Das mag auf Wilson zutreffen, gilt aber kaum für Heiner Müller. Ebenso pauschal erscheint die gegenteilige Behauptung, durch seine »Absolutsetzung von Nicht-Handeln« sei das postdramatische Theater »nachgerade affirmativ gegenüber der spätkapitalistischen Herrschaft des Kapitals« (S. 32).

Wenig hilfreich bezeichnet Haas die neue »Tendenz zu Psychologie und Realismus« als »Trendwende hin zu einem Theater der
Innerlichkeit«, das »die Innerlichkeit der Charaktere« zum Gegenstand habe (S. 180). Das Wort »Innerlichkeit« ist historisch belastet, also unbefangen und unkommentiert heute kaum mehr verwendbar. Durch seinen mittelhochdeutschen Vorläufer *innecheit*
in der Mystik verwurzelt, war es anfangs religiös geprägt. Hegel
charakterisiert in Teil 3 seiner »Ästhetik« (S. 212) Lyrik dadurch,
daß in ihr »sich der Mensch in seiner subjektiven Innerlichkeit selber zum Kunstwerk« wird. Diese säkularisierte Hochschätzung lebt
noch in der werkimmanenten Literaturwissenschaft nach 1945
weiter (vgl. Staiger, S. 59). Seit dem letzten Drittel des 20. Jh.s
wird »Innerlichkeit« dagegen eher abschätzig gebraucht, bezeichnet das Wort besonders »die irrationale Flucht in eine weltfremde
Idylle« (Metzler Lexikon Literatur, [3]2007, S. 350).

Irritierend wirkt auch der von Haas angesichts seiner »scheinbar
tautologischen« Art provokant gewählte Titelbegriff »dramatisches
Drama« als Bezeichnung »für das in Verruf geratene Drama« (S.
11). Er spielt mit dem Bedeutungsunterschied von Substantiv
und Adjektiv, ohne den Gattungsbegriff »Drama« genauer zu re-
flektieren, ohne auch die spezifische Differenz, die die Qualität
»dramatisch« von der Gattung abhebt, zu definieren. Als Gegenteil impliziert er ein undramatisches Drama, ein Unding, von dem
ebenfalls Lehmanns Buch »Postdramatisches Theater« gar nicht
spricht. Der Titel von Haas hieße wohl besser »Plädoyer für das
dramatische Theater«.

BIBLIOGRAPHIE

Einführungen und Überblicke

Lyrik, Epik und Drama, Goethes »Naturformen der Poesie«, werden seit Wolfgang Kaysers »Sprachlichem Kunstwerk« von 1948 in Einführungsbüchern zur Literaturwissenschaft meist mitbehandelt, gewöhnlich in Form eigener Kapitel. Separate Einführungen zu jeder dieser literarischen Hauptgattungen sind seit den 1970er Jahren erschienen.

Einführungswerke zur Theorie und mehr noch zur Analyse speziell des Dramas gibt es mittlerweile nahezu ein Dutzend mit unterschiedlicher Ausrichtung aus verschiedenen Verlagen. Die Verfasser dieser Werke, geordnet nach deren erstem Erscheinen, heißen Pfister (1977), Platz-Waury (1978), Geiger/Haarmann (1978) und Asmuth (1980), in der zweiten Generation Jahn (2009), Scherer (2010), Fielitz (2010), Schößler (2012), Hofmann (2013) und Jeßing (2015). Die genannten Autoren sind überwiegend Germanisten, einige Anglisten (Pfister, Platz-Waury, Fielitz). Von romanistischer Seite fehlt Entsprechendes. Hier gibt es nur, nicht fehlerfrei, aber als Synopse interessant, einen Zusammenschnitt aus den Ergebnissen von Pfister, Platz-Waury und Asmuth, den die Grazer Hispanistin Erna Pfeiffer unter der Überschrift »Dramentheorie« vor Jahren ins Internet gestellt hat. Er umfaßt 48, in einer späteren Kurzfassung 8 Seiten. Die Eigenart der erwähnten Bücher sei genauer skizziert, um deren eventuelle Mitbenutzung zu erleichtern.

Manfred Pfisters UTB-Band über »Das Drama« (1977, ¹²2001), bis heute als gründliches Standardwerk auch von seinen Kritikern respektiert, wendet sich laut eigenem Bekunden »als Einführung in die Analyse dramatischer Texte primär an den literaturwissenschaftlichen Anfänger« (S. 13). Das Buch hat, im Ansatz nicht grundsätzlich anders als das vorliegende, »die Intention eines über-individuellen und über-historischen, eines systematischen Beschreibungsmodells, das auf kommunikationstheoretischer Grundlage Strukturen und Vertextungsverfahren des Dramas aufzählen, relationieren und typologisch klassifizieren will« (S. 382). Das Korpus der ausgewerteten Primärtexte zielt allerdings im Unterschied zu meinem Buch »auf eine übernationale und historisch möglichst weitgespannte typologische Vielfalt ab – von der antiken griechischen Tragödie bis zu den Experimenten der zeitgenössischen Avantgarde« (S. 15).

Die genauere Ausrichtung erläutert Pfister im ersten von insgesamt sieben Kapiteln. Er verzichtet auf »essentialistische Wesensbestimmungen des Dramas« und damit auf eine Definition. Stattdessen begnügt er sich im Hinblick auf »die notwendige Offenheit gegenüber innovativen Neuerungen in der Entwicklung der Gattung« mit vier Kriterien. »Es sind dies die [...] Differenzkriterien der unvermittelten Überlagerung von innerem und äußerem Kommunikationssystem, der performativen Kommunikation, der Plurimedialität und der Kollektivität von Produktion und Rezeption« (S. 33). Diese Kriterien sind nicht leicht zu fassen und trennscharf schwer auseinanderzuhalten. Auf das zweite und vierte läßt sich wohl sogar ohne Not verzichten. Das erste ist als Konsequenz oder Variante des dritten verstehbar. Als Plurimedialität erscheint die Eigenart des Dramas insofern hinreichend treffend bezeichnet. Bei der Rezeption von Pfisters Buch steht dieses Kriterium jedenfalls im Vordergrund. Letztlich geht es auf Aristoteles zurück, der Sprache (Lexis) und sinnliche Darbietung (Opsis) als Elemente des Dramas, speziell der Tragödie, benannte und noch die – neuzeitlich in der Oper separat verkörperte – Musik (Melopoiía) hinzufügte.

In den anschließenden Kapiteln behandelt Pfister (2) das Verhältnis von Dramentext und theatralischer Umsetzung, (3) Informationsvergabe bzw. »diskrepante Informiertheit« (S. 80, im Anschluß an die »discrepant awareness« von Bertrand Evans), (4) sprachliche Kommunikation, (5) Personal und Figur, (6) Geschichte und Handlung sowie (7) Raum- und Zeitstruktur. Vor allem das letzte Kapitel führt über das hier vorliegende Buch hinaus. Aber auch die anderen bilden eine sinnvolle Ergänzung. Nur ist in den Kapiteln 5 und 6 der Begriffsgebrauch, wie oben (S. 7 f., 90 f. 96 f.) erläutert, teilweise eher eigenwillig, weshalb er sich so nicht durchgesetzt hat. Der Gesamtertrag des Werks, auf rund 450 Seiten ausgebreitet und gegenüber der Erstauflage später nur bibliographisch geringfügig angereichert, ist beeindruckend. Angesichts der dichten Verarbeitung und der mitunter abstrakten Diktion ist das Buch aber nicht leicht lesbar. Es eignet sich weniger zur fortlaufenden Lektüre als zum Nachschlagen bzw. zur Teilnutzung zwecks Vertiefung von anderswo Gelesenem. Als Ausgangspunkt dafür bietet sich mangels Sachregister das Inhaltsverzeichnis an.

Die Einführung zu »Drama und Theater« der Anglistin Elke Platz-Waury (1978. [5]1999), halb so umfangreich wie das Buch ihres Fachkollegen und didaktisch zugänglicher, erörtert mit Bauelementen (medialer Ort, Kommunikationssituation, Figur, Handlung, Sprache) und Gattungen (Tragödie, Komödie, absurdes und

pisches Theater) insgesamt neun »Problemfelder«, die sie mit je-
veils einigen »Groblernzielen« eröffnet und mit dem Hauptziel,
ürs Grundstudium »das Bestehende zu sichten und zusammenzu-
tellen« (S. 9), klar gegliedert und aspekt- und zitatreich erschließt.
n einigen Punkten, z. B. bei der Unterscheidung von Handlung
ınd Geschehen (S. 98), verweist sie auf Pfister, ohne dessen Begrif-
e in allen Einzelheiten zu übernehmen.

Die »Aspekte des Dramas« (1978, [4]1996) von Heinz Geiger
ınd Hermann Haarmann aus der germanistischen Reihe »Grund-
tudium Literaturwissenschaft«, ganz oder kapitelweise auch
ıls E-Book erhältlich, sind auf Schwerpunkte ausgerichtet und
erhältnismäßig knapp gehalten, eignen sich deshalb zu erstem,
chnellem Kennenlernen des dramatischen Formenreichtums. Zu-
ıächst skizzieren die Verfasser drei historische Gattungen, nämlich
ie altgriechische Tragödie, das bürgerliche Trauerspiel Lessings
ınd das epische Theater Brechts. In einem zweiten Kapitel behan-
eln sie verschiedenartige »Bauformen« bzw. Formtypen, darunter
en Gegensatz von Konflikt- und Entdeckungsdrama und den von
;eschlossenem und offenem Drama, aber auch Bühnenformen.
.etztere werden durch Bildmaterial veranschaulicht. Die anschlie-
Sende Dokumentation dramentheoretischer Textauszüge beginnt
nit Aristoteles und Horaz und präsentiert dann einige deutsche
\utoren von Opitz bis Brecht.

Die vorliegende »Einführung in die Dramenanalyse«, die erste
nit diesem Titel, seit der Eröffnungsauflage von 1980 unter Bei-
ehaltung der ursprünglichen Seitenzählung mehrfach behutsam
ktualisiert, mit ihrer ukrainischen Übersetzung von 2014 auch
n einer dritten Fremdsprache zugänglich, gilt neben Pfisters Buch
ls zweites Standardwerk zu diesem Thema. Allkemper und Eke
n dem Einführungsband »Literaturwissenschaft« (2004, [4]2014)
nachen sie zur Basis ihrer Ausführungen über die Gattung »Dra-
natik«. Im Internet kursieren mehrere Exzerpte bzw. Inhaltsanga-
en. Stärker als andere Einführungen gründet sich das Buch auf
ie »Poetik« des Aristoteles. Von den übrigen unterscheidet es sich
uch durch die Konzentration auf ein einziges Textbeispiel, Les-
ings »Emilia Galotti«. Dies geschieht in der Erwartung, daß sich
ie hieran verdeutlichten Gesichtspunkte überwiegend auch auf
edes andere Drama anwenden lassen.

Die Ausführungen über die Individualisierung der Charaktere
vie auch des Charakterbegriffs im 18. Jahrhundert fanden Ein-
ang in die germanistische Fachliteratur, ebenso die Unterschei-
ung von Parteien- und Urteilskonflikt sowie von historischen
Konflikttypen und die Erörterung von Intrige und Illusion. Den

neuen Begriff der mantischen Vorausdeutung übernahmen Anglisten (Baumann, Pannen) im Hinblick auf Shakespeares Tragödien
Mit der Definition des Dramas als Handlungssprechschauspiel
welche drei der sechs Tragödienelemente des Aristoteles aufgreif
und um das Rollenspiel als viertes ergänzt, unterscheidet sich dies«
Einführung von Pfister, der, wie gesagt, eine Definition meidet
So verstanden ist das Drama ungeachtet aller Unterschiede seine»
historischen Ausprägung von stabilerer Verfassung als Epik und
Lyrik. Theologen (Utzschneider, Nitsche) haben die vier Elemen
te herangezogen, um »dramatisch« erscheinende Prophetenbücher
des Alten Testaments zu analysieren. Mehrfach übernommen wur
den die Grafiken der Seiten 12 und 97.

Die Serie der jüngeren Einführungen beginnt mit dem im
Schulbuchverlag Klett in der Reihe Uni-Wissen erschienenen
entsprechend didaktisch ausgerichteten, inzwischen vergriffener
»Grundkurs Drama« (2009) von Bernhard Jahn. Nach allgemei
nen Überlegungen über die Schwierigkeiten der Definition von
Drama, über Institutionen, Gattungen und Dramentheorien erör
tert er die gängigen Analysekriterien Raum, Zeit, Handlung, Spra
che und Figuren bzw. Figurenkonstellation, angereichert durch
den offenbar von Wolfgang Braungart inspirierten Aspekt des Ri
tuals. Danach erläutert er episches und postdramatisches Theater
Den Abschluß bilden ein Fragenkatalog mit einer Beispielanalyse
von Kleists »Zerbrochnem Krug« und ein Anhang mit ausgewähl
ter Dramen-, Theorie- und Sekundärliteratur sowie einem Glossa
wichtiger Fachbegriffe zu Drama und Theater.

Stefan Scherer in seiner von der Wissenschaftlichen Buchge
sellschaft in Darmstadt verlegten »Einführung in die Dramen
Analyse« (2010, [2]2013) problematisiert eingangs den Gattungsbe
griff »Drama«. Nach einem kurzen Forschungsbericht erläutert e
Grundbegriffe der Dramenanalyse und wichtige Dramentheorien
ausgehend von der »Poetik« des Aristoteles als Basistext. In de
zweiten Hälfte skizziert er die Geschichte des Dramas in sech
Schritten von der Antike bis zum postdramatischen Theater. E
folgen fünf Einzelanalysen zu Schillers »Kabale und Liebe«, Büch
ners »Danton's Tod«, Hauptmanns »Vor Sonnenaufgang«, den
»Aufstieg und Fall der Stadt Mahagonny« von Brecht und Weil
und Thomas Bernhards »Der Theatermacher«, 2013 zusätzlic
eine zu Lessings »Minna von Barnhelm«. Das Buch bietet als
mehr historisches Material als das hier vorliegende. Hilfreich ist e
speziell im Hinblick auf die genannten Dramen.

Die »Einführung in die anglistisch-amerikanistische Dramen
analyse« von Sonja Fielitz, im selben Jahr und beim selben Verla

erschienen wie Scherers Buch, ist eine leicht überarbeitete und mit neuem Titel versehene Neuauflage des im Literaturverzeichnis erwähnten, andernorts publizierten Dramenbuchs derselben Autorin von 1999. Das Ergebnis ist von fragwürdiger Qualität. Einerseits erscheint das Werk gut lesbar. Es erweitert mit dem Schlußkapitel über Filmanalyse auch das Blickfeld. Andererseits zehrt es großenteils von fremdem Gedankengut. Das gilt vor allem für das Buch von Pfister, das die Verfasserin »als das unverzichtbare Standardwerk« lobt und »trotz der nicht ganz leicht verständlichen Terminologie [...] sehr zum eigenen Durcharbeiten« empfiehlt (S. 11). Von dort übernimmt sie die Binnengliederung ganzer Kapitel sowie zahlreiche Formulierungen fast wörtlich, ohne dies hinreichend nachzuweisen. Neu ist eigentlich nur, daß sie Pfisters Textbeispiele regelmäßig durch eigene ersetzt. Auch aus dem vorliegenden Buch stammen einige Sätze.

Die »Einführung in die Dramenanalyse« (2012) von Franziska Schößler, titelgleich und im selben Verlag erschienen wie die vorliegende, kann diese nicht ersetzen, ergänzt sie aber. Daß es sich um »Konkurrenz im eigenen Haus« handele, hat Peter Berger in seiner Rezension deshalb mit einem Fragezeichen versehen. Mit modernerem Layout und gutem Bildmaterial ausgestattet, beginnt das Buch mit zwei allgemeinen Kapiteln zum Verhältnis von Drama und Theater sowie zu Tragödie und Komödie, wobei auch die »Poetik« des Aristoteles zur Geltung kommt. Die Kapitel 3 bis 7 behandeln, ähnlich sortiert wie bei Pfister, traditionell die Strukturelemente Handlung, Figur, Sprache, Raum (einschließlich Bühnenräumen) und Zeit. Im Unterschied zu meinem Buch rückt Schößler »die Dramatik des 20. Jahrhunderts bis hin zur Gegenwartsdramatik verstärkt« in den Vordergrund (S. IX). Sie betont auch mehr die Ausrichtung aufs Theater. Letzteres geschieht besonders in den theaterwissenschaftlichen und theatergeschichtlichen Kapiteln 8 und 9. Kapitel 10 lenkt den Blick zusätzlich auf »Dramatik im Schulunterricht« und auf »Kinder- und Jugendtheater«. Alles in allem ein lehrreiches Buch, wenn auch mit mancherlei Wiederholungen und hinsichtlich der älteren Tradition nicht ganz ohne Fehler. Daß laut Scaliger die dramatische Exposition »den 1. Akt nicht überschreiten dürfe« (S. 59), stimmt jedenfalls nicht (vgl. oben, S. 106). Ausführlicher berichten die Online-Rezensionen von Berger und Langemeyer.

Der UTB-Band »Drama« (2013) von Michael Hofmann ist die Einführung mit dem international bzw. interdisziplinär weitesten Horizont. Nach drei Basismodulen über Grundzüge der Gattung, der Dramenanalyse und der Dramentheorie, die vor allem dem

vorliegenden Buch mit zahlreichen Nachweisen verpflichtet sind,
folgen sechs historisch ausgerichtete Aufbaumodule mit einem
Textkorpus von 21 Dramen, gegliedert in antike Tragödie (Sophokles' »Antigone« und »König Ödipus«) und Klassizismus (Racine,
Goethe, Kleist), Shakespeare (»Romeo und Julia«, »Hamlet«, »Ein
Sommernachtstraum«), Komödie (Aristophanes, Molière, Kleist),
bürgerliches Trauerspiel und soziales Drama (Lessing, Schiller,
Büchner), Geschichtsdrama (Schiller, Büchner, Brecht, Müller)
und das Drama der Moderne (Brecht, Beckett, Weiss). Zwei Er-
weiterungsmodule »Vom Drama zur Aufführung« und, erinnernd
an einen Titel von Christopher Balme, »Das Drama des Anderen«
(Medea-Dramen von Euripides bis Jahnn, Shakespeare postkolo-
nial) runden den Band ab. Das letztgenannte Modul durchbricht
programmatisch die sonst vorherrschende eurozentrische Perspektive. Es gibt aber auch Unstimmigkeiten. Gustav Freytag spricht
zwar von einem »einleitenden Akkord« des Dramas, noch nicht
aber, wie Hofmann angibt, »von einem dramatischen Auftakt« (S.
34). Nicht richtig ist auch die Behauptung, ein konstitutives Element des Dramas sei schon für Aristoteles das Rollenspiel (S. 15).

Benedikt Jeßing, bekannt als Mitautor einer Einführung in die
Literaturwissenschaft, ist in seiner »Dramenanalyse« (2015) um
eine ähnliche historische Vielfalt bemüht wie Scherer und Hofmann, konkretisiert sie aber didaktisch eindringlicher. Im ersten
von zwei Teilen erläutert er zunächst konventionelle Grundbegriffe
der Dramenanalyse, nämlich Gattungen bzw. Formtypen (Tragödie, Komödie; tektonisch, atektonisch), Handlung, Figuren, Figurenrede, Raum und Zeit, um dann in »Modellanalysen« am Beispiel
von Gryphius' barockem Trauerspiel »Carolus Stuardus« drei Analy-
severfahren vorzustellen. Darunter versteht er das Exzerpieren von
Akten und Szenen, quantitative Verfahren mit einem eigens dafür
entwickelten »Begegnungsschema« und schließlich qualitative, wie
er sie in Form einer ausführlichen Expositionsanalyse entfaltet.

Der umfangreichere Teil II vermittelt in acht Kapiteln einen
Zugang zur Gesamtgeschichte des Dramas. Dazu dienen Modellanalysen zu 13 weiteren Stücken. Deren bunter Reigen erstreckt
sich von der Antike (Aischylos) über ein spätmittelalterliches
Osterspiel, ein frühneuzeitliches geistliches Spiel Paul Rebhuhns
und die bekannteren Epochen ab dem Barock bis hin zum postdramatischen Theater. Die neueren Dramen stammen von Johann
Elias Schlegel (»Der Triumph des Guten«), Goethe (»Götz«, »Egmont«, »Faust«), Schiller (»Die Braut von Messina«), Büchner
(»Woyzeck«), Hauptmann (»Die Weber«). Brecht (»Furcht und
Elend des dritten Reiches«), Peter Weiss (»Die Ermittlung«) und

.ainald Goetz (»Festung«). Im Zusammenhang der Stücke vor
800 wird jeweils auch die zugehörige »Dramenpoetik« zum The-
1a. Mit zahlreichen Teilaspekten und Fragenkatalogen ermuntert
·ßing zu einer gründlichen Erschließung des jeweiligen Dramas.
)amit knüpft er zum Teil, etwa mit »Lokalisierungstechniken«
S. 57-60), an Pfister an, vereinzelt, so mit »differenzierenden
ragestellungen« zur Intrige (S. 49), auch an das hier vorliegen-
·e Buch. Alles in allem ergibt sich so ein brauchbares, fast über-
·iches, jedenfalls arbeitsaufwendiges Lernpensum. Nicht falsch,
·ber etwas problematisch ist die Deutung von Lessings Dramen-
1eorie als »Beginn des Einfühlungstheaters« (S.180). Der von
·essing noch nicht benutzte, auf Herder fußende und heute vor
·llem durch Brechts Ablehnung bekannte Begriff »Einfühlung«
·ezeichnet nämlich primär die emotionale Anteilnahme an einem
·ühnen- oder sonstigen Kunstwerk, allenfalls nachrangig so wie
Mitleid auch die zwischenmenschliche Empathie.

Einführenden Charakter im weiteren Sinn haben Überblicks-
arstellungen wie zwei Handbücher von Hinck und Marx und
ine Monographie von Eke. Sie führen zwar nicht in die Analyse
ines oder mehrerer Dramen ein, ergänzen derartige Einführungen
·ber durch ihre historische Bandbreite Das von Walter Hinck her-
·usgegebene, immer noch lesenswerte »Handbuch des deutschen
)ramas« (1980) beschränkt sich, wie der Titel sagt, auf die deut-
·he Literatur. Nur der eröffnende Aufsatz über »Grundbegriffe
·er Interpretation von Dramen« von Peter Pütz holt mit dem
·lick auf Aristoteles' »Poetik« und deren Rezeption weiter aus.
)ie übrigen 37 Beiträge, von anerkannten Fachgelehrten verfaßt,
·kizzieren epochen-, mehr noch autorenspezifisch detailliert die
·ntwicklung von den mittelalterlichen Spielen bis hin zu Frisch
·nd Dürrenmatt. Am Ende berühren sie auch die Adaption von
)ramen im Fernsehen und im Schulunterricht.

Das aktuellere, von dem Theaterwissenschaftler Peter W. Marx
·erausgegebene »Handbuch Drama« (2012) mit seinen insgesamt
·0 Beiträgen (darunter ein längerer und sechs kurze vom Heraus-
·eber selber, der große Rest von 27 anderen Experten) ist interna-
·ional angelegt. Marx versteht sein Sammelwerk als Gegenentwurf
·egen die »traditionelle Gattungsbestimmung« des Dramas, wie er
·ie in dem vorliegenden Buch repräsentiert sieht, genauer gesagt,
·egen dessen überhistorischen Ansatz (S. 1). In dem Handbuch
·ird »ein anderer Weg beschritten«. Es möchte »verschiedene Zu-
·angsweisen in einem nicht-homogenisierbaren Diskurs aufzeigen«
·ebd.). Marx und seine Mitarbeiter entfalten dieses Vorhaben in
·wei theoretischen Kapiteln und in einem längeren historischen.

Das erste Kapitel über »Begriffe und Konzepte« spiegelt auf gut 100 Seiten anhand herausragender Problempunkte zuverlässig, wenn auch kaum innovativ den aktuellen Diskussionsstand zur Dramentheorie, eignet sich insofern vor allem zum Kennenlernen. Zunächst geht es um das Tragische, Komische und, ursprünglich eher erzähl- als dramentypisch, das Wunderbare, dann um die Gattungstrias Dramatik/Lyrik/Epik und schließlich um interkulturelle und intermediale Dramaturgie. Leitgedanke ist die Veränderung von der textzentrierten »Poetik« des Aristoteles, speziell von der dortigen Erwähnung und zugleich Mißachtung der Bühnendarstellung (Opsis), zum gegenläufigen, inzwischen allseits bekannten *performative turn* der letzten Jahrzehnte in Form des postdramatischen Theaters.

Das zweite Kapitel macht einen zwiespältigen Eindruck. Einerseits bleibt es der eingeschlagenen Linie treu, jedenfalls am Ende mit Marx' kurzem Beitrag über »Drama und Performativität« und dem anschließenden von Miriam Drewes über »Dramenanalyse nach dem Ende der Gattungskonvention«. Vorher und hauptsächlich geht es aber, so die entgegenkommend formulierte, wohl eigenen Vorbehalten abgerungene Überschrift des Kapitels, um eine »Annäherung an das Drama in analytischer Perspektive«, also um Gedankengut der traditionellen Dramenanalyse, das eher zu der vorher abgelehnten Gattungsbestimmung paßt. Kein Wunder, daß der Spagat nur mit Einschränkung gelingt. Inhaltliche Komponenten wie Handlung und Figur, formale wie Exposition, Regieanweisung, Intermezzo oder auch der Typus des analytischen Dramas werden zwar korrekt behandelt, überflüssigerweise und überschneidungsbedingt zum Teil sogar mehrfach. Ihre Darstellung erreicht aber selten die Präzision entsprechender Artikel des – leider nicht berücksichtigten - »Reallexikons der deutschen Literaturwissenschaft«. Andere, nicht minder substanzielle Dramenelemente wie Vorausdeutung und Intrige bleiben außer acht. Selbst das zentrale Moment der Spannung fehlt im Sachregister, wird in den Beiträgen nur flüchtig gestreift (S. 114, 135 und 166). Alles in allem ist dieses mit gut 60 Seiten kürzeste Kapitel auch das am wenigsten ertragreiche.

Den angekündigten »anderen Weg« realisiert eigentlich nur, nun aber durchaus attraktiv, das dritte und umfangreichste Kapitel, das die ganze zweite Hälfte des Buches ausmacht. Hier wird die historische, internationale und intermediale Vielfalt von Drama und Theater repräsentativ verdeutlicht. Neben einigen auf die deutschen Verhältnisse zugeschnittenen Epochen-Kapiteln, am ausführlichsten über Barock, Aufklärung und die Zeit nach 1945, geht es um das englische Drama der frühen Neuzeit im Umkreis von Shakespeare, ebenso um die französische Klassik mit Corneille, Racine und Molière, nicht allerdings um die vergleichbare Dramenproduktion aus Italien und Spanien. Auch das nichteuropäische Drama und Theater aus Japan und China, ja sogar das altindische Sanskrit-Drama finden Beachtung, ebenso mediale Sonderformen wie das Puppentheater, das Maskenspiel des 16. bis 18. Jahrhunderts, das sogenannte Lesedrama und moderne Kurzformen des Dramas. Wer nach dem geistigen Umfeld von Lessings »Emilia Galotti« sucht, findet einiges dazu in dem Artikel »Aufklärung« von Beate Hochholdinger-Reiterer. Besonders Lessings Trauer- und Lustspielauffassung mit Mitleid und Lachen als Erkenntnisinstrumenten, seine Anlehnung an Gellert und Diderot und seine Differenz zu Gottsched sind dort schlüssig erläutert (S. 254-257). Vgl. auch die Online-Rezension von Langemeyer über neue Einführungen.

Weniger aufwendig als die beiden genannten Handbücher, dafür in der Darstellung geschlossener ist »Das deutsche Drama im Überblick« (2015) aus der Feder des Paderborner Neugermanisten Norbert Otto Eke. Nach einem »Vorspiel« über Drama und Theater in Antike und Mittelalter informiert er in sechs weiteren Kapiteln zuverlässig, zügig und gedankenreich über die Epochen von der frühen Neuzeit bis zu den »offenen Enden« im Drama nach 1945. Über letzteres hatte er auch in dem Handbuch von Marx geschrieben. Den meisten Platz beanspruchen das Kapitel über die Aufklärung mit vier Seiten zu »Emilia Galotti« und das anschließende über Klassik und Romantik mit allein zehn über Goethes »Faust«. Vor allem das jeweils Neue der besprochenen Stücke und deren geistes- und sozialgeschichtlicher Hintergrund sind gut herausgearbeitet, durch Stichworte am Rand auch drucktechnisch verdeutlicht. Zu »Emilia Galotti« heißen die Randnotizen »Selbstopfer«, »Trennung von Körper und Geist« und »Der Fürst als Mensch«.

Nützliche Überblicke in anderer Weise verschaffen zwei schon auf S. 18f. erwähnte Anthologien des Reclam-Verlags. Beide versammeln, jeweils kurz eingeleitet, Texte zur Geschichte der Dramenpoetik. Das schmale, in der Reihe »Arbeitstexte für den Unterricht« erschienene, immer wieder nachgedruckte Heft von Ulrich Staehle (Theorie des Dramas, 1973, zuletzt 2010) liefert Äußerungen von Aristoteles und 24 deutsche von Opitz bis Peter Handke. Am stärksten vertreten sind mit je 9 Beiträgen das 18. und 20. Jahrhundert.

Der aktuellere, über 600 Seiten starke Band von Peter Langemeyer (Dramentheorie, 2011) umfaßt 104 deutschsprachige

Quellen von Opitz bis Christoph Menke, darunter 40 aus dem
20. Jahrhundert. Dazu zählen auch der Schluß des Eröffnungs-
kapitels von Pfisters Einführung und Auszüge aus dem Anfangs-
kapitel des vorliegenden Buchs mit seinen das Drama definieren-
den Passagen. Wenn in dem stattlichen Aufgebot etwas fehlt, ist
es am ehesten die »kurze Erörterung der Grundbegriffe des Dramatischen« aus der ersten von August Wilhelm Schlegels »Vorlesungen über dramatische Kunst und Litteratur«. Dort formuliert
Schlegel seine oben auf S. 14 zitierte Dramendefinition, ebenso
die berühmte »Spannung auf den Ausgang«, welcher Brecht dann
die »Spannung auf den Gang« entgegensetzte. Langemeyer druckt
stattdessen Passagen aus drei späteren von Schlegels Vorlesungen.
Er bescheinigt diesen insgesamt »epochale« Bedeutung (S. 263).

Zusätzliche Erwähnung verdienen einige für die schulische
Sekundarstufe bis hin zum Abituraufsatz konzipierte Titel. Für
die Vorbereitung von Klassenaufsätzen empfiehlt sich Wolfgang
Pasches Arbeitsbuch »Dramen analysieren und interpretieren«
(2006). Aus der Unterrichtspraxis erwachsen, verzichtet es auf wis-
senschaftliches Beiwerk, leitet Schüler aber, ohne sie zu gängeln,
gut zu eigenständiger Untersuchung an, vorzugsweise anhand einer
Szene bzw. eines vergleichbaren Textauszugs. Weniger der Aufsatz-
vorbereitung als dem sonstigen Unterrichtsverlauf dient ein von
Melanie Prenting erarbeiteter, im Schulbuch-Verlag Schöningh
erschienener Band mit dem Titel »Dramentheorie. Von den Anfängen bis zur Gegenwart« (2009). In fünf »Bausteinen« beginnt
er allgemein mit Elementen des Dramas, behandelt dann in historischer Folge das antike Theater, das des 18. Jahrhunderts und die
neuere Entwicklung offener Dramenformen, im letzten Baustein
schließlich Entwicklungstendenzen des heutigen Theaters. In allen
Teilen wechselt die Präsentation dramatischer oder auch dramentheoretischer Textauszüge mit deren Erläuterung und diesbezüglichen Aufgabenstellungen in Form von »Arbeitsblättern«.

Ebenfalls auf Hilfestellung für Oberstufenschüler bedacht,
aber dem beruflichen Hintergrund des Verfassers gemäß eher für
Studierende geeignet ist ein Reclam-Band des Anglistikprofessors
Hans-Dieter Gelfert »Wie interpretiert man ein Drama?« (1992).
Ein allgemeiner, gut strukturierter erster Teil kreist um die Frage,
was ein Drama ist, und erörtert dessen Grundformen und Elemente. Der zweite, praktische Teil nimmt 15 Werke von Sophokles bis
Samuel Beckett ins Visier. Schul- und wissenschaftsorientiert ist
auch eine »Einführung in die strukturale Dramenanalyse« (1977)
von Helmut Nobis. Sie entwirft eine Unterrichtsreihe mit Hilfe
der von Jürgen Link entwickelten Konfigurationsanalyse.

Literaturverzeichnis

Die Literaturliste wurde für die 8. Auflage aktualisiert und erweitert. Genannt ist jeweils die benutzte Ausgabe. Hinweise auf andere Auflagen stehen – ohne Anspruch auf Vollständigkeit – in Klammern. Ein ausführlicheres Literaturverzeichnis bietet Pfister (¹¹2001). Er nennt rund 740 Titel, darunter gut 300 fremdsprachige.

Ahrens, Rüdiger / Maria Eisenmann / Matthias Merkl (Hrsg.): Moderne Dramendidaktik für den Englischunterricht. Heidelberg 2008.

Albrecht, Wolfgang: Gotthold Ephraim Lessing. Stuttgart 1997.

Alewyn, Richard: Das große Welttheater. Die Epoche der höfischen Feste. München ²1985 (zuerst Hamburg 1959). Nachdruck 1989.

Alexander, Robert J.: Das deutsche Barockdrama. Stuttgart 1984.

Allkemper, Alo / Norbert Otto Eke: Literaturwissenschaft. Paderborn 2004 (⁴2014). S. 111-124 (»Dramatik«).

– / – (Hrsg.): Deutsche Dramatiker des 20. Jahrhunderts. Berlin 2000. ²2002.

Alt, Peter-André: Tragödie der Aufklärung. Eine Einführung. Tübingen, Basel 1994.

–: Aufklärung. Lehrbuch Germanistik. Stuttgart, Weimar 1996 (³2007). S. 167-246 (Drama und Theater).

–: Schiller. Leben, Werk, Zeit. 2 Bde. München 2000 (³2009, Taschenbuch 2013).

–: Klassische Endspiele. Das Theater Goethes und Schillers. München 2008.

Andronikashvili, Zaal: Die Erzeugung des dramatischen Textes. Ein Beitrag zur Theorie des Sujets. Berlin 2008.

Anz, Thomas: Spannung – eine exemplarische Herausforderung der Emotionsforschung. Aus Anlass einiger Neuerscheinungen zu einem wissenschaftlich lange ignorierten Phänomen. In: literaturkritik.de 2010, Heft 5, S. 16-45.

Aristoteles: Dichtkunst, ins Deutsche übersetzet, mit Anmerkungen, und besondern Abhandlungen, versehen, von Michael Conrad Curtius. Hannover 1753. Nachdruck Hildesheim, New York 1973.

–: Poetik. Übersetzung, Einleitung und Anmerkungen von Olof Gigon. Stuttgart 1961. (Zitat: Aristoteles, Poetik.)

–: Poetik. Griechisch/deutsch. Übersetzt und hrsg. von Manfred Fuhrmann. Stuttgart 1982. Bibliographisch ergänzte Ausgabe 1996. Nachdruck 2002.

–: Poetik. Übersetzt und erläutert von Arbogast Schmitt (= Werke in deutscher Übersetzung. Bd. 5). Berlin 2008.

Asmuth, Bernhard: Lohenstein und Tacitus. Eine quellenkritische Interpretation der Nero-Tragödien und des »Arminius«-Romans. Stuttgart 1971. Besonders S. 69-71 (über die Umgehung der Ständeklausel in Lohensteins Revolutionsdrama »Epicharis«).

–: Die niederländische Literatur. In: Eckard Lefèvre (Hrsg.): Der Einfluß Senecas auf das europäische Drama. Darmstadt 1978. S. 235–275.

–: Edle Liebe und arge Komik. Gryphius' Scherzspiel »Horribilicribrifax Teutsch«. In: Winfried Freund (Hrsg.): Deutsche Komödien. München 1988 (²1995). S. 16-31.

–: Seit wann gilt die Metapher als Bild? Zur Geschichte der Begriffe »Bild« und »Bildlichkeit« und ihrer gattungspoetischen Verwendung. In: Gert Ueding (Hrsg.): Rhetorik zwischen den Wissenschaften. Tübingen 1991. S. 299-309.

–: Dramentheorie. In: Walther Killy (Hrsg.): Literaturlexikon. Bd. 13. Gütersloh, München 1992. S. 186-192. Auch in: Volker Meid (Hrsg.): Sachlexikon Literatur. Gütersloh, München 2000. S. 186-192.

–: Lust- und Trauerspiele. Ihre Unterschiede bei Gryphius. In: Andreas Gryphius. Weltgeschick und Lebenszeit. Ein schlesischer Barockdichter aus deutscher und polnischer Sicht. Hrsg. von der Stiftung Gerhart-Hauptmann-Haus Düsseldorf 1993. S. 69-93.

–: Charaktere und Charakteristik. Literarische Voraussetzungen und schulische Entwicklung einer Aufsatzart. In: Ortwin Beisbart / Helga Bleckwenn (Hrsg.): Deutschunterricht und Lebenswelt in der Fachgeschichte. Frankfurt/M. 1993. S. 161-192. Besonders S. 162-169.

–: Drama. In: Historisches Wörterbuch der Rhetorik. Hrsg. von Gert Ueding. Bd. 2. Tübingen 1994. Sp. 906-921.

–: Armer Tellheim: Lessings *Minna von Barnhelm oder Das Soldatenglück* im Essener Grillo-Theater. In: Günter Ahrends u. a. (Hrsg.): Theater im Revier. Kritische Dokumentation. Spielzeit 1994/95. Trier 1995. S. 159-178.

–: Akt. Charakter. Exposition. Handlung. Monolog. Rahmenhandlung. Szene. Tableau. In: Reallexikon der deutschen Literaturwissenschaft. Hrsg. von Klaus Weimar (Bd. 1), Harald Fricke (Bd. 2), Jan-Dirk Müller (Bd. 3). Berlin 1997-2003.

–: »Bewegung« in der deutschen Poetik des 18. Jahrhunderts. In: Rhetorik 19 (2000 [ersch. 2001]). S. 40-67.

–: Monolog, monologisch. In: Historisches Wörterbuch der Rhetorik. Hrsg. von Gert Ueding. Bd. 5. Tübingen 2001. Sp. 1458-1476.

–: Anschaulichkeit. Varianten eines Stilprinzips im Spannungsfeld zwischen Rhetorik und Erzähltheorie. In: Gert Ueding/Gregor Kalivoda (Hrsg.): Wege moderner Rhetorikforschung. Berlin/Boston 2014, S. 147-184. Besonders S. 174-176 (»Variante 8: Nichtimaginäre Anschaulichkeit«).

–: Strenge Aufmerksamkeit im 18. Jahrhundert. Ihre Ausdehnung von der Rhetorik zur Ästhetik. In: Rhetorik 33 (2014), S. 1-16. Besonders S. 11-14 (»Von der momentanen Aufmerksamkeit zur futurischen Spannung«).

Asper, Helmut G.: Hanswurst. Studien zum Lustigmacher auf der Berufsschauspielerbühne in Deutschland im 17. und 18. Jahrhundert. Emsdetten 1980.

Aust, Hugo / Peter Haida / Jürgen Hein: Volksstück. Vom Hanswurstspiel zum sozialen Drama der Gegenwart. München 1989. Nachdruck 1996.

Aye, Thomas: Praxis Schauspiel. Arbeitsheft für den Einstieg in die »klassische« Schauspielpädagogik. Hilfen für die Probenarbeit, Stückempfehlungen und Improvisationstechniken. Milow/Uckerland 2003. [3]2007.

Bachmaier, Helmut: Texte zur Theorie der Komik. Stuttgart 2005.

Badenhausen, Rolf / Harald Zielke (Hrsg.): Bühnenformen, Bühnenräume, Bühnendekorationen. Beiträge zur Entwicklung des Spielorts. Herbert A. Frenzel zum 65. Geburtstag. Berlin 1974.

Balme, Christopher (Hrsg.): Das Theater der Anderen. Alterität und Theater zwischen Antike und Gegenwart. Tübingen/Basel 2001.

Balme, Christopher: Einführung in die Theaterwissenschaft. Berlin 1999 ([5]2014).

– / *Erika Fischer-Lichte / Stephan Grätzel (Hrsg.):* Theater als Paradigma der Moderne? Positionen zwischen historischer Avantgarde und Medienzeitalter. Tübingen u. a. 2003.

Barner, Wilfried: Barockrhetorik. Tübingen 1970 ([2]2002). S. 86-131, 289-318, 344-352.

Barner, Wilfried und andere: Lessing. Epoche, Werk, Wirkung. München 1975 ([6]1998). (Zitat: Barner.)

Barton, Brian: Das Dokumentartheater. Stuttgart 1987.

Baumann, Uwe: Vorausdeutung und Tod im englischen Römerdrama der Renaissance (1564–1642). Tübingen und Basel 1996.

Baumbach, Sibylle/Ansgar Nünning: An Introduction to the Study of Plays and Drama. Stuttgart 2009.

Baur, Detlev: Der Chor im Theater des 20. Jahrhunderts. Typologie des theatralen Mittels Chor. Tübingen 1999.

Bausinger, Hermann: Formen der »Volkspoesie«. Berlin ²1980 (¹1968). S. 238-262.

Bayerdörfer, Hans-Peter: Überbrettl und Überdrama. Zum Verhältnis von literarischem Kabarett und Experimentierbühne. In: H.-P. B. / Karl Otto Conrady / Helmut Schanze (Hrsg.): Literatur und Theater im Wilhelminischen Zeitalter. Tübingen 1978. S. 292-325.

–: »Le partenaire«. Form- und problemgeschichtliche Beobachtungen zu Monolog und Monodrama im 20. Jahrhundert. In: Literaturwissenschaft und Geistesgeschichte. Festschrift für Richard Brinkmann. Tübingen 1981. S. 529-563.

– (Hrsg.): Vom Drama zum Theatertext? Zur Situation der Dramatik in Ländern Mitteleuropas. Tübingen 2007.

Beck, Wolfgang: Chronik des europäischen Theaters. Von der Antike bis zur Gegenwart. Stuttgart, Weimar 2008.

Behler, Ernst: Klassische Ironie, romantische Ironie, tragische Ironie. Zum Ursprung dieser Begriffe. Darmstadt 1972 (²1981).

Behrens, Irene: Die Lehre von der Einteilung der Dichtkunst vornehmlich vom 16. bis 19. Jahrhundert. Halle 1940.

Beilhardt, Karl / Otto Kübler / Dietrich Steinbach: Formen des Gesprächs im Drama. Ein Kurs im Deutschunterricht auf der Oberstufe. Begleitmaterial zu einer Sendereihe des Süddeutschen Rundfunks. Stuttgart 1979.

Beimdick, Walter: Theater und Schule. Grundzüge einer Theaterpädagogik. München 1975 (²1980).

Bekes, Peter: Poetologie des Titels. Rezeptionsästhetische Überlegungen zu einigen Dramentiteln in der ersten Hälfte des 18. Jahrhunderts (1730-1755). In: Poetica 11 (1979). S. 394-426.

Bender, Wolfgang (Hrsg.): Schauspielkunst im 18. Jahrhundert. Grundlagen, Praxis, Autoren. Stuttgart 1992.

Benjamin, Walter: Ursprung des deutschen Trauerspiels. Frankfurt/M. 1972 (zuerst 1928, ¹⁰2007).

Bentley, Eric: Das lebendige Drama. Deutsch von Walter Hasenclever. Velber 1967.

Berger, Peter: Konkurrenz im eigenen Haus? Zu Franziska Schößlers »Einführung in die Dramenanalyse«. In: Kritische Ausgabe Plus (Online), 8. April 2013.

Berthold, Margot: Weltgeschichte des Theaters. Stuttgart 1968.

Besch, Werner: Duzen, Siezen, Titulieren. Zur Anrede im Deutschen heute und gestern. Göttingen 1996 (²1998).

Betten, Anne: Sprachrealismus im deutschen Drama der siebziger Jahre. Heidelberg 1985.

Bickert, Hans Günther: Studien zum Problem der Exposition im Drama der tektonischen Bauform. Terminologie, Funktionen, Gestaltung. Marburg 1969.

Bierl, Anton/Peter von Möllendorff (Hrsg.): Orchestra. Drama, Mythos, Bühne. Festschrift für Hellmut Flashar anläßlich seines 65. Geburtstages. Stuttgart/ Leipzig 1994. Reprint (auch als E-Book) Wiesbaden 2014.

Binder, Gerhard/Bernd Effe (Hrsg.): Das antike Theater. Aspekte seiner Geschichte, Rezeption und Aktualität. Trier 1998.

Birgfeld, Johannes/Claude Conter (Hrsg.): Das Unterhaltungsstück um 1800. Literaturhistorische Konfigurationen – Signaturen der Moderne. Zur Geschichte des Theaters als Reflexionsmedium von Gesellschaft, Politik und Ästhetik. Hannover 2007.

Birkner, Nina: Vom Genius zum Medienästheten. Modelle des Künstlerdramas im 20. Jahrhundert. Tübingen 2009.

Birus, Hendrik: Poetische Namengebung. Zur Bedeutung der Namen in Lessings »Nathan der Weise«. Göttingen 1978. Besonders S. 31-89.

Blankenburg, Friedrich von: Litterarische Zusätze zu Johann George Sulzers allgemeiner Theorie der schönen Künste. 3 Bde. Leipzig 1796-1798. Nachdruck Frankfurt/M. 1972. Artikel zu den meisten der unter Sulzer genannten Stichwörter.

Blinn, Hansjürgen (Hrsg.): Shakespeare-Rezeption. Die Diskussion um Shakespeare in Deutschland. 2 Bde. Ausgewählte Texte von 1741 bis 1788 / von 1793 bis 1827. Berlin 1982/88.

Bogdal, Klaus-Michael/Clemens Kammler: Dramendidaktik. In: Klaus-Michael Bogdal, Hermann Korte (Hrsg.): Grundzüge der Literaturdidaktik. München 2002 (⁶2012), S. 177-189.

Borchmeyer, Dieter: Tragödie und Öffentlichkeit. Schillers Dramaturgie im Zusammenhang seiner ästhetisch-politischen Theorie und die rhetorische Tradition. München 1973.

Braun, Karlheinz (Hrsg.): MiniDramen. Frankfurt/M. 1987 und öfter.

Brauneck, Manfred: Theater im 20. Jahrhundert. Programmschriften, Stilperioden, Reformmodelle. Reinbek 1982. Neuausgabe 2009.

–: Klassiker der Schauspielregie. Positionen und Kommentare zum Theater im 20. Jahrhundert. Reinbek 1988.

–: Die Welt als Bühne. Geschichte des europäischen Theaters. 6 Bde. Stuttgart 1993-2007.

Brauneck, Manfred / Gérard Schneilin (Hrsg.): Theaterlexikon 1: Begriffe und Epochen, Bühnen und Ensembles. Reinbek ⁵2007.

Brauneck, Manfred / Wolfgang Beck (Hrsg.): Theaterlexikon 2: Schauspieler und Regisseure, Bühnenleiter, Dramaturgen und Bühnenbildner. Reinbek 2007.

Braungart, Wolfgang: Ritual und Literatur. Tübingen 1996. Reprint Berlin 2012.

Bray, René: La Formation de la Doctrine Classique en France. Paris 1963 und 1978 (zuerst 1927). Besonders S. 191-335.

Brecht, Bertolt: Schriften zum Theater. Über eine nicht-aristotelische Dramatik. Frankfurt/M. 2000.

Brinckcn, Jörg von/Andreas Englhart: Einführung in die moderne Theaterwissenschaft. Darmstadt 2008.

Brunner, Horst / Rainer Moritz (Hrsg.): Literaturwissenschaftliches Lexikon. Grundbegriffe der Germanistik. Berlin 1997. ²2006. Artikel über bürgerliches Trauerspiel, Drama, episches Theater, Hörspiel, Komödie, Medien, Theater, Theaterwissenschaft, Tragödie, Volksstück.

Buchwaldt, Martin: Ästhetische Radikalisierung. Theorie und Lektüre deutschsprachiger Theatertexte der achtziger Jahre. Frankfurt/M. 2007.

Buddecke, Wolfram / Helmut Fuhrmann: Das deutschsprachige Drama seit 1945. Schweiz, Bundesrepublik, Österreich, DDR. München 1981.

Catholy, Eckehard: Fastnachtspiel. Stuttgart 1966.

Clemen, Wolfgang: Kommentar zu Shakespeares Richard III. Göttingen 1957. ²1969.

–: Shakespeares Monologe. Göttingen 1964. Neufassung München 1985.

Creizenach, Wilhelm: Geschichte des neueren Dramas. 5 Bde. Halle 1893-1915. [2]1911-23 (ohne Bd. 4).

Daniel, Ute: Hoftheater. Zur Geschichte des Theaters und der Höfe im 18. und 19. Jahrhundert. Stuttgart 1995.

Deiters, Franz-Josef: Drama im Augenblick seines Sturzes. Zur Allegorisierung des Dramas in der Moderne. Versuch zu einer Konstitutionstheorie. Berlin 1999.

Denk, Rudolf / Thomas Möbius: Dramen- und Theaterdidaktik. Eine Einführung. Berlin 2008, [2]2010.

Detken, Anke: Im Nebenraum des Textes. Regiebemerkungen in Dramen des 18. Jahrhunderts. Tübingen 2009.

Devrient, Eduard: Geschichte der deutschen Schauspielkunst. Neuausgabe in 2 Bden. Berlin 1905.

Diderot, Denis: Das Theater des Herrn Diderot. Aus dem Französischen übersetzt von Gotthold Ephraim Lessing. Anmerkungen und Nachwort von Klaus-Detlef Müller. Stuttgart 1986.

Diekmann, Stefanie/Gabriele Brandstetter/Christopher Wild (Hrsg.): Theaterfeindlichkeit. München 2012.

Dieterle, Arnulf: Die Strukturelemente der Intrige in der griechisch-römischen Komödie. Amsterdam 1980.

Dietrich, Margret: Europäische Dramaturgie. Der Wandel ihres Menschenbildes von der Antike bis zur Goethezeit. Wien 1952. Graz [2]1967.

–: Europäische Dramaturgie im 19. Jahrhundert. Graz 1961.

–: Das moderne Drama. Stuttgart 1961. [3]1974.

Dietrich, Margret / Paul Stefanek: Deutsche Dramaturgie von Gryphius bis Brecht. München 1965.

Dosenheimer, Elise: Das deutsche soziale Drama von Lessing bis Sternheim. Darmstadt 1974.

Dramentheorie, Handlungstheorie. Bochumer Diskussion. In: Poetica 8 (1976). S. 320-450.

Düffel, John von/Klaus Siblewski: Wie Dramen entstehen. München 2012.

Düsel, Friedrich: Der dramatische Monolog in der Poetik des 17. und 18. Jahrhunderts und in den Dramen Lessings. Hamburg und Leipzig 1897. Nachdruck Nendeln/Liechtenstein 1977.

Eckhardt, Juliane: Das epische Theater. Darmstadt 1983.

Eder, Jens: Die Figur im Film. Grundlagen der Figurenanalyse. Marburg 2008.

Egri, Lajos: Dramatisches Schreiben. Theater – Film – Roman. Aus dem Amerikanischen von Kerstin Winter. Berlin 2003.

Ehrlich, Karoline: Stimme – Sprechen – Spielen. Praxishandbuch Schauspiel. Stimmbildung und Sprecherziehung des Schauspielers. Ein Lehr- und Übungsbuch. Frankfurt/M. u. a. 2006.

Eke, Norbert Otto: Das deutsche Drama im Überblick. Darmstadt 2015.

Eke, Norbert Otto/Ulrike Haß/Irina Kaldrack (Hrsg.): Bühne. Raumbildende Prozesse im Theater. Paderborn 2014.

Elm, Theo: Das soziale Drama. Von Lenz bis Kroetz. Stuttgart 2004.

Englhart, Andreas: Das Theater der Gegenwart. München 2013.

Eschbach, Achim: Pragmasemiotik und Theater. Tübingen 1979.

Esslin, Martin: Was ist ein Drama? Eine Einführung. Aus dem Englischen von Renate Esslin. München 1978.

–: Die Zeichen des Dramas. Theater, Film, Fernsehen. Aus dem Englischen von Cornelia Schramm. Reinbek 1989.

Ette, Wolfram: Kritik der Tragödie. Über dramatische Entschleunigung. Weilers-wist 2011.

Fick, Monika: Lessing-Handbuch. Stuttgart, Weimar 2000. ³2016.

Fiebach, Joachim: Manifeste europäischen Theaters. Grotowski bis Schleef. Berlin 2003.

Fielitz, Sonja: Drama. Text & Theater. Berlin 1999.

–: Einführung in die anglistisch-amerikanistische Dramenanalyse. Darmstadt 2010.

Fischer, Ludwig: Gebundene Rede. Dichtung und Rhetorik in der literarischen Theorie des Barock in Deutschland. Tübingen 1968. S. 99-103, 124-144, 147-176 (über Tragödie/Komödie).

Fischer-Lichte, Erika: Semiotik des Theaters. 3 Bde. Tübingen 1983 (Bde. 1/2: ⁵2007; Bd. 3: ⁴1999).

–: Geschichte des Dramas. 2 Bde. Tübingen 1990 (³2010).

–: Kurze Geschichte des deutschen Theaters. Stuttgart 1999.

–: Ästhetik des Performativen. Frankfurt/M. 2004 und öfter.

–: Performativität. Eine Einführung. Bielefeld 2012 (²2013).

Fischer-Lichte, Erika / Wolfgang Greisenegger / Hans-Thies Lehmann (Hrsg.): Arbeitsfelder der Theaterwissenschaft. Eine Bestandsaufnahme. Tübingen 1994.

Fischer-Lichte, Erika / Doris Kolesch / Matthias Warstat: Metzler Lexikon Theatertheorie. Stuttgart 2005, ²2014.

Flashar, Hellmut: Inszenierung der Antike. Das griechische Drama auf der Bühne. Von der frühen Neuzeit bis zur Gegenwart. München ²2009 (¹1991 mit anderem Untertitel).

–: Tragödie. Idee und Transformation. Stuttgart, Leipzig 1997.

–: Aristoteles. Lehrer des Abendlandes. München ³2014 (¹2013), S. 154-183 (»Poetik – Handeln im Drama«).

Flemming, Willi: Epik und Dramatik. Versuch ihrer Wesensdeutung. Bern 1955.

Floeck, Wilfried (Hrsg.): Texte zur französischen Dramentheorie des 17. Jahrhunderts. Tübingen 1973.

– (Hrsg.): Tendenzen des Gegenwartstheaters. Tübingen 1988.

Frantz, Pierre: L'esthétique du tableau dans le théâtre du XVIIIᵉ siècle. Paris 1998.

Franzen, Erich: Formen des modernen Dramas. München 1961. ³1974.

Frei, Nikolaus: Die Rückkehr der Helden. Deutsches Drama der Jahrhundertwende (1994-2001). Tübingen 2006.

Frenzel, Elisabeth: Stoffe der Weltliteratur. Ein Lexikon dichtungsgeschichtlicher Längsschnitte. Stuttgart 1962 (¹⁰2005).

–: Motive der Weltliteratur. Ein Lexikon dichtungsgeschichtlicher Längsschnitte. Stuttgart 1976 (⁶2008).

Frenzel, Herbert A.: Geschichte des Theaters. Daten und Dokumente 1470-1890. München ²1984.

Freytag, Gustav: Die Technik des Dramas. Leipzig ¹³1922. Nachdruck Darmstadt 2005. Vgl. auch die Reclam-Ausgabe (1993 und 2000).

Frick, Werner (Hrsg.): Die Tragödie. Eine Leitgattung der europäischen Literatur. Göttingen 2003.

Fritz, Horst (Hrsg.): Montage in Theater und Film. Tübingen und Basel 1993.

Fritz, Kurt von: Tragische Schuld und poetische Gerechtigkeit in der griechischen Tragödie. In: K. v. F.: Antike und moderne Tragödie. Berlin 1962. S. 1-112.

Fuhrmann, Manfred: Einführung in die antike Dichtungstheorie. Darmstadt 1973 (²1992 unter dem Titel: Die Dichtungstheorie der Antike).

Galle, Roland: Tragödie und Aufklärung. Zum Funktionswandel des Tragischen zwischen Racine und Büchner. Stuttgart 1976.

Gascoigne, Bamber: Illustrierte Weltgeschichte des Theaters. Aus dem Englischen übertragen von Helmut Winter. München, Wien 1971.

Geiger, Heinz / Hermann Haarmann: Aspekte des Dramas. Opladen 1978 (⁴1996).

Geitner, Ursula: Die Sprache der Verstellung. Studien zum rhetorischen und anthropologischen Wissen im 17. und 18. Jahrhundert. Tübingen 1992. Besonders S. 284-332 (»Menschen als Schauspieler und Schauspieler als Menschen«).

Gelfert, Hans-Dieter: Wie interpretiert man ein Drama? Für die Sekundarstufe. Stuttgart 1992. Bibliographisch ergänzte Ausgabe 1998. Nachdruck 2002.

–: Die Tragödie. Theorie und Geschichte. Göttingen 1995.

George, David E.R.: Deutsche Tragödientheorien vom Mittelalter bis zu Lessing. Texte und Kommentare. München 1972.

Ghyselinck, Zoë: Form und Formauflösung der Tragödie. Die Poetik des Tragischen und der Tragödie als religiöses Erneuerungsmuster in den Schriften Paul Ernsts (1866-1933). Berlin/Boston 2015.

Gier, Albert: Das Libretto. Theorie und Geschichte einer musikalischen Gattung. Frankfurt/M. 2000. Sonderausgabe Darmstadt 2010.

Glei, Reinhold F. / Robert Seidel (Hrsg.): Das lateinische Drama der frühen Neuzeit. Exemplarische Einsichten in Praxis und Theorie. Tübingen 2008.

Göbel, Klaus (Hrsg.): Das Drama in der Sekundarstufe. Kronberg/Ts. 1977.

Goetsch, Paul: Bauformen des modernen englischen und amerikanischen Dramas. Darmstadt 1977. ²1992.

Gottsched, Johann Christoph: Versuch einer Critischen Dichtkunst. Leipzig ⁴1751. Nachdruck Darmstadt 1962 und 1982.

Grabes, Herbert: Das amerikanische Drama des 20. Jahrhunderts. Stuttgart 1998. ³2007.

Graff, Bernd: Grundlagen szenischer Texte. In: Heinz-Ludwig Arnold / Heinrich Detering (Hrsg.): Grundzüge der Literaturwissenschaft. München 1999. ⁸2008. S. 308-322.

Greiner, Bernhard: Die Komödie. Stuttgart ²2006.

–: Die Tragödie. Eine Literaturgeschichte des aufrechten Ganges. Grundlagen und Interpretationen. Stuttgart 2012.

Greiner, Norbert / Jörg Hasler / Hajo Kurzenberger / Lothar Pikulik: Einführung ins Drama. Handlung, Figur, Szene, Zuschauer. 2 Bde. München 1982.

Grimm, Reinhold (Hrsg.): Deutsche Dramentheorien. Beiträge zu einer historischen Poetik des Dramas in Deutschland. 2 Bde. Frankfurt/M. 1973 (³1980/81).

Guthke, Karl S.: Geschichte und Poetik der deutschen Tragikomödie. Göttingen 1961.

–: Die moderne Tragikomödie. Theorie und Gestalt. Göttingen 1968.

–: Das deutsche bürgerliche Trauerspiel. Stuttgart 1972 (⁶2006).

–: Gotthold Ephraim Lessing. Stuttgart ²1973 (³1979).

Haas, Birgit: Plädoyer für ein dramatisches Drama. Wien 2007. (Zitat: Haas.)

– (Hrsg.): »Dramenpoetik 2007«. Einblicke in die Herstellung des Theatertextes. Hildesheim u. a. 2008.

Haas, Claude/Andrea Polaschegg (Hrsg.): Der Einsatz des Dramas. Dramenanfänge, Wissenschaftspoetik und Gattungspolitik. Freiburg i. Br. 2012.

Habicht, Werner / Ina Schabert (Hrsg.): Sympathielenkung in den Dramen Shakespeares. Studien zur publikumsbezogenen Dramaturgie. München 1978.

Habig, Hubert: Schauspielen. Gestalten des Selbst zwischen Sollen und Sein. Heidelberg 2010.

Hachigian, Margarete: Teichoskopie im deutschen Drama von Klopstock bis Hauptmann. Diss. University of Massachusetts 1969.

Hamacher, Bernd: Aspekte der Dramenanalyse. In: Thomas Eicher/Volker Wiemann (Hrsg.): Arbeitsbuch: Literaturwissenschaft. Paderborn u. a. [3]2001 ([1]1996), S. 133-170.

Hamburger, Käte: Die Logik der Dichtung. Stuttgart [2]1968 ([4]1994). S. 154-176 (»Die dramatische Fiktion«).

Harweg, Roland: Situation und Text im Drama. Eine textlinguistisch-fiktionsanalytische Studie am Beispiel von Friedrich Dürrenmatts tragischer Komödie *Der Besuch der alten Dame.* Heidelberg 2001.

Hauenherm, Eckhard: Pragmalinguistische Aspekte des dramatischen Dialogs. Dialoganalytische Untersuchungen zu Gottscheds »Sterbender Cato«, Lessings »Emilia Galotti« und Schillers »Die Räuber«. Frankfurt/M. 2002.

Hegel, Georg Wilhelm Friedrich: Vorlesungen über die Ästhetik. Dritter Teil: Die Poesie. Hrsg. von Rüdiger Bubner. Stuttgart 1971. Nachdruck 2003. Besonders Kapitel C III (»Die dramatische Poesie«).

Heidsieck, Arnold: Das Groteske und das Absurde im modernen Drama. Stuttgart 1969.

Heimböckel, Dieter: Kein neues Theater mit alter Theorie. Stationen der Dramentheorie von Aristoteles bis Heiner Müller. Bielefeld 2010.

Hein, Jürgen: Die deutsche Komödie im Überblick. In: Winfried Freund (Hrsg.): Deutsche Komödien. München 1988. [2]1995. S. 295-307.

Helmers, Hermann (Hrsg.): Verfremdung in der Literatur. Darmstadt 1984.

Henne, Helmut / Helmut Rehbock: Einführung in die Gesprächsanalyse. Berlin 1979 ([4]2001).

Hensel, Georg: Spielplan. Schauspielführer von der Antike bis zur Gegenwart. 2 Bde. Berlin 1966. (Frankfurt/M. [3]1993).

Herget, Winfried / Brigitte Schultze (Hrsg.): Kurzformen des Dramas. Gattungspoetische, epochenspezifische und funktionale Horizonte. Tübingen, Basel 1996.

Hermes, Eberhard: Abiturwissen Drama. Stuttgart 1989. [7]1999.

Hertel, Ralf: Dramentextanalyse. In: Thomas Anz (Hrsg.): Handbuch Literaturwissenschaft, Bd. 2: Methoden und Theorien. Stuttgart/Weimar 2007, S. 121-139.

Hess-Lüttich, Ernest W. B.: Soziale Interaktion und literarischer Dialog. 2 Bde. Berlin 1981/85. Besonders Bd. 2, S. 13-20, 41-60, 406-427.

Hickethier, Knut: Film- und Fernsehanalyse. Stuttgart, Weimar [5]2012.

Hinck, Walter: Das deutsche Lustspiel des 17. und 18. Jahrhunderts und die italienische Komödie. Stuttgart 1965. (Zitat: Hinck.)

–: Einführung in die Theorie des Komischen und der Komödie. In: W. H. (Hrsg.): Die deutsche Komödie. Düsseldorf 1977. S. 11-31.

–: Vom Ausgang der Komödie. Exemplarische Lustspielschlüsse in der europäischen Literatur. Opladen 1977.

– (Hrsg.): Handbuch des deutschen Dramas. Düsseldorf 1980.

Hirt, Ernst: Das Formgesetz der epischen, dramatischen und lyrischen Dichtung. Leipzig, Berlin 1923.

Hiß, Guido: Der theatralische Blick. Einführung in die Aufführungsanalyse. Berlin 1993.

Historisches Wörterbuch der Rhetorik. Hrsg. von Gert Ueding. Bde. 1-9: Tübingen 1992-2009; Bd. 10 (Nachträge A-Z): Berlin/Boston 2012. Artikel über Actio, Actus, Affektenlehre, Agonistik, Anrede, Chironomie, Deklamation, Dialog, Drama, Exposition, Gebärde, Gesamtkunstwerk, Gespräch, Gestik, Hörspiel, Illusion, Jesuiten-Rhetorik, Lustspiel, Mimik, Monolog, Pathos, Prolog, Rederijker, Sentenz, Theater, Tragödie; Argumentum, Kabarett, Pantomime, Senecanismus, Tragikomödie.

Hochgreve, Wilhelm: Die Technik der Aktschlüsse im deutschen Drama. Leipzig, Hamburg 1914. Neudruck Nendeln/Liechtenstein 1978.

Hochholdinger-Reiterer, Beate: Kostümierung der Geschlechter. Schauspielkunst als Erfindung der Aufklärung. Göttingen 2014.

Höfele, Andreas: Drama und Theater. Einige Anmerkungen zur Geschichte und gegenwärtigen Diskussion eines umstrittenen Verhältnisses. In: Forum modernes Theater 6 (1991). S. 3-23.

Hoefert, Sigfrid: Das Drama des Naturalismus. Stuttgart [4]1993.

Hofmann, Michael: Drama. Grundlagen – Gattungsgeschichte – Perspektiven. Unter Mitarbeit von Miriam Esau und Julian Kanning. Paderborn 2013.

Hogrebe, Wolfram (Hrsg.): Mantik. Profile prognostischen Wissens in Wissenschaft und Kultur. Würzburg 2005.

Hollmer, Heide / Albert Meier: Dramenlexikon des 18. Jahrhunderts. München 2001.

Holtus, Günter (Hrsg.): Theaterwesen und dramatische Literatur. Beiträge zur Geschichte des Theaters. Tübingen 1987.

Horaz (Quintus Horatius Flaccus): Ars poetica. Lateinisch und deutsch. Übersetzt und hrsg. von Eckart Schäfer. Stuttgart 1972. Bibliographisch ergänzte Ausgabe 1997. Nachdruck 2002.

Horn, András: Theorie des Dramas. In: Ders.: Theorie der literarischen Gattungen. Ein Handbuch für Studierende der Literaturwissenschaft. Würzburg 1998, S. 150-191.

Hübler, Axel: Drama in der Vermittlung von Handlung, Sprache und Szene. Bonn 1973.

Hürlimann, Martin (Hrsg.): Das Atlantisbuch des Theaters. Zürich 1966.

Huyssen, Andreas: Drama des Sturm und Drang. München 1980.

Ilsemann, Hartmut: Shakespeare Disassembled. Eine quantitative Analyse der Dramen Shakespeares. Frankfurt/M. 1998.

Ingarden, Roman: Von den Funktionen der Sprache im Theaterschauspiel. In: R. I.: Das literarische Kunstwerk. Tübingen [2]1960 ([4]1972). S. 403-425.

Irmscher, Hans Dietrich / Werner Keller (Hrsg.): Drama und Theater im 20. Jahrhundert. Festschrift für Walter Hinck. Göttingen 1983.

Jahn, Bernhard: Die Sinne und die Oper. Sinnlichkeit und das Problem ihrer Versprachlichung im Musiktheater des nord- und mitteldeutschen Raumes (1680-1730). Tübingen 2005.

–: Grundkurs Drama. Stuttgart 2009.

Jens, Walter (Hrsg.): Die Bauformen der griechischen Tragödie. München 1971.

Jeßing, Benedikt: Dramenanalyse. Eine Einführung. Unter Mitarbeit von Thomas Ulrich. Berlin 2015.

–: / *Ralph Köhnen:* Einführung in die Neuere deutsche Literaturwissenschaft. Stuttgart, Weimar [2]2007 ([3]2012). S. 158-182 (»Drama«).

Johnstone, Keith: Improvisation und Theater. Aus dem Englischen von Petra Schreyer. Berlin 1993 und öfter.

Kaemmerling, Ekkehard: Theaterbezogene Lektüre und pragma-semantische Dramenanalyse. In: Sprache im technischen Zeitalter 1979. S. 171-187.

Kafitz, Dieter: Grundzüge einer Geschichte des deutschen Dramas von Lessing bis zum Naturalismus. 2 Bde. Kronberg/Ts. 1982. (²1989 in 1 Bd.).

Kannicht, Richard: Handlung als Grundbegriff der Aristotelischen Theorie des Dramas. In: Dramentheorie, Handlungstheorie. Bochumer Diskussion. In: Poetica 8 (1976). S. 326-336.

Kayser, Wolfgang: Das sprachliche Kunstwerk. Eine Einführung in die Literaturwissenschaft. Bern ⁴1956 (¹1948, Tübingen und Basel ²⁰1992). Besonders S. 170-176, 196-200, 366-387.

Keller, Werner (Hrsg.): Beiträge zur Poetik des Dramas. Darmstadt 1976.

Kesteren, Aloysius van / Herta Schmid (Hrsg.): Moderne Dramentheorie. Kronberg/Ts. 1975.

Kesting, Marianne: Das epische Theater. Zur Struktur des modernen Dramas. Stuttgart 1959 (⁸1989).

Ketelsen, Uwe-Karsten: Heroisches Theater. Untersuchungen zur Dramentheorie des Dritten Reichs. Bonn 1968.

–: Ein Theater und seine Stadt. Die Geschichte des Bochumer Schauspielhauses. Köln 1999.

–: Theater – Hörspiel – Thingspiel. Versuch eines medialen *crossing over* im Theater der frühen dreißiger Jahre. In: Wolf Gerhard Schmidt/Thorsten Valk (Hrsg.): Literatur intermedial. Paradigmenbildung zwischen 1918 und 1968. Berlin 2009, S. 247-264.

Kiel, Ewald: Dialog und Handlung im Drama. Untersuchungen zu Theorie und Praxis einer sprachwissenschaftlichen Analyse literarischer Texte. Frankfurt/M. 1992.

Killy, Walter (Hrsg.): Literaturlexikon. Bde. 13/14: Begriffe, Realien, Methoden. Hrsg. von Volker Meid. Gütersloh, München 1992/93. Nachdruck in 1 Bd.: Volker Meid (Hrsg.): Sachlexikon Literatur. Gütersloh, München 2000. Im selben Jahr erschien eine CD-ROM (Digitale Bibliothek, Bd. 9) mit allen Bänden des Literaturlexikons. Artikel über Dramentheorie, episches Theater, Fastnachtspiel, Fernsehspiel, geistliches Spiel, Hörspiel, Jesuitendrama, Komödie, Libretto, Literatur und Film, Literaturkritik/Theaterkritik, Rührstück, Schuldrama, Singspiel, Theater/Theatergeschichte, Totentanz, Tragödie, Volksstück.

Kim, Jeong-Yong: Das Groteske in den Stücken Ödön von Horváths. Frankfurt/M. 1995.

Kindermann, Heinz: Theatergeschichte Europas. 10 Bde. Salzburg 1957-74.

Klessinger, Hanna: Postdramatik. Transformationen des epischen Theaters bei Peter Handke, Heiner Müller, Elfriede Jelinek und Rainald Goetz. Berlin/Boston 2015.

Klinkert, Thomas: Dramatische Texte. In: Ders.: Einführung in die französische Literaturwissenschaft. Berlin ²2002 (¹2000, ⁴2008), S. 149-180.

Klotz, Volker: Geschlossene und offene Form im Drama. München ²1962 (¹1960, ¹⁴1999). (Zitat: Klotz.)

–: Etwas über den Brief auf der Bühne. In: V. K.: Bühnen-Briefe. Frankfurt/M. 1972. S. 1-87.

–: Dramaturgie des Publikums. Wie Bühne und Publikum aufeinander eingehen, insbesondere bei Raimund, Büchner, Wedekind, Horváth, Gatti und im politischen Agitationstheater. München 1976. ²1998.

Kluckhohn, Paul: Die Arten des Dramas. In: Deutsche Vierteljahrsschrift für Literaturwissenschaft und Geistesgeschichte 19 (1941). S. 241-268 (Unterscheidung nach Handlungstypen).

Knopf, Jan: Brecht-Handbuch. Theater. Eine Ästhetik der Widersprüche. Stuttgart 1980 (ungekürzte Sonderausgaben 1986 und 1996). Vgl. Jan Knopf: Brecht-Handbuch. 5 Bde. Stuttgart 2001-03. Bd. 1: Stücke.

Knorr, Heinz: Wesen und Funktionen des Intriganten im deutschen Drama von Gryphius bis zum Sturm und Drang. Diss. (Masch.) Erlangen 1951.

Koch, Gerd / Marianne Streisand (Hrsg.): Wörterbuch der Theaterpädagogik. Berlin 2003. ³2009.

Kommerell, Max: Lessing und Aristoteles. Untersuchung über die Theorie der Tragödie. Frankfurt/M. ⁴1970.

Koopmann, Helmut (Hrsg.): Bürgerlichkeit im Umbruch. Studien zum deutschsprachigen Drama 1750-1800. Mit einer Bibliographie der Dramen der Oettingen-Wallersteinschen Bibliothek zwischen 1750 und 1800. Tübingen 1993.

Korte, Hermann/Hans-Joachim Jakob (Hrsg.): »Das Theater glich einem Irrenhause«. Das Publikum im Theater des 18. und 19. Jahrhunderts. Heidelberg 2012.

Korthals, Holger: Zwischen Drama und Erzählung. Ein Beitrag zur Theorie geschehensdarstellender Literatur. Berlin 2003.

Kotte, Andreas: Theaterwissenschaft. Eine Einführung. Köln 2005.

Krämer, Jörg: Deutschsprachiges Musiktheater im späten 18. Jahrhundert. Typologie, Dramaturgie und Anthropologie einer populären Gattung. 2 Bde. Tübingen 1998.

Küster, Ulrike: Das Melodrama. Zum ästhetikgeschichtlichen Zusammenhang von Dichtung und Musik im 18. Jahrhundert. Frankfurt/M. 1994.

Lämmert, Eberhard: Bauformen des Erzählens. Stuttgart ²1967 (¹1955, ⁸1990).

Lämmle, Rebecca: Poetik des Satyrspiels. Heidelberg 2013.

Lang, Franciscus: Dissertatio de actione scenica (1727). Abhandlung über die Schauspielkunst. Übersetzt und hrsg. von Alexander Rudin. Bern, München 1975.

Langemeyer, Peter (Hrsg.): Dramentheorie. Texte vom Barock bis zur Gegenwart. Stuttgart 2011.

–: Nach dem ‚performative turn‘. Neue Einführungen in die Dramenanalyse. In: literaturkritik.de Nr. 7 (Juli 2014).

Langen, August: Attitüde und Tableau in der Goethezeit. In: Jahrbuch der deutschen Schillergesellschaft 12 (1968). S. 194-258.

Lausberg, Heinrich: Handbuch der literarischen Rhetorik. München ²1973 (Stuttgart ⁴2008).

Lazarowicz, Klaus / Christopher Balme (Hrsg.): Texte zur Theorie des Theaters. Stuttgart 1991 und öfter.

Lefèvre, Eckard: Die Expositionstechnik in den Komödien des Terenz. Darmstadt 1969.

– (Hrsg.): Der Einfluß Senecas auf das europäische Drama. Darmstadt 1978.

Lehmann, Hans-Thies: Postdramatisches Theater. Frankfurt/M. ³2005 (¹1999, ⁶2015).

–: Tragödie und dramatisches Theater. Berlin 2015.

Lehmann, Jakob (Hrsg.): Kleines deutsches Dramenlexikon. Königstein/Ts. 1983 (Artikel über 88 Dramen deutscher Sprache).

Leo, Friedrich: Der Monolog im Drama. Ein Beitrag zur griechisch-römischen Poetik. Berlin 1908.

Lesky, Albin: Die griechische Tragödie. Stuttgart ⁵1984.

Lessing, Gotthold Ephraim: Werke. Hrsg. von Herbert G. Göpfert. 8 Bde. München 1970-79. (In Bd. 4: Hamburgische Dramaturgie.)

Lessing, Gotthold Ephraim / Moses Mendelssohn / Friedrich Nicolai: Briefwechsel über das Trauerspiel. Hrsg. und kommentiert von Jochen Schulte-Sasse. München 1972. (Zitat: Lessing/Schulte-Sasse.)

Link, Franz H.: Dramaturgie der Zeit. Freiburg 1977.

Link, Franz H. / Günter Niggl (Hrsg.): Theatrum mundi. Gott, Götter und Spielleiter im Drama von der Antike bis zur Gegenwart. Berlin 1981.

Link, Jürgen: Dramatische Texte. In: Ders.: Literaturwissenschaftliche Grundbegriffe. München [2]1979 ([1]1974, [6]1997), S. 311-333.

Lipinski, Birte: Romane auf der Bühne. Form und Funktion von Dramatisierungen im deutschsprachigen Gegenwartstheater. Tübingen 2014.

Lösel, Gunter: Das Spiel mit dem Chaos. Zur Performativität des Improvisationstheaters. Bielefeld 2013

Lösener, Hans: Dramendidaktik. In: Günter Lange/Swantje Weinhold (Hrsg.): Grundlagen der Deutschdidaktik. Baltmannsweiler [5]2012 ([1]2005), S. 297-318.

Lurje, Michael: Die Suche nach der Schuld. Sophokles' *Oedipus Rex*, Aristoteles' *Poetik* und das Tragödienverständnis der Neuzeit. München, Leipzig 2004.

Mack, Gerhard: Die Farce. Studien zur Begriffsbestimmung und Gattungsgeschichte in der neueren deutschen Literatur. München 1989.

Mamet, David: Vom dreifachen Gebrauch des Messers. Über Wesen und Zweck des Dramas. Aus dem Amerikanischen von Bernd Samland. Berlin 2001 und öfter.

Marcus, Solomon: Ein mathematisch-linguistisches Dramenmodell. In: Zeitschrift für Literaturwissenschaft und Linguistik I/II (1971). S. 139-152.

Martin, Ariane: Die revolutionierte Ständeklausel. Komödie, Tragödie und soziale Realität in Büchners Dramen. In: Carsten Jakobi/Christine Waldschmidt (Hrsg.): Witz und Wirklichkeit. Komik als Form ästhetischer Weltaneignung. Bielefeld 2015, S. 449-468.

Martini, Fritz: Lustspiele und das Lustspiel. Stuttgart 1974. [2]1979.

Martino, Alberto: Geschichte der dramatischen Theorien in Deutschland im 18. Jahrhundert. Bd. 1: Die Dramaturgie der Aufklärung (1730-1780). Aus dem Italienischen von Wolfgang Proß. Tübingen 1972.

Martus, Steffen: Aufklärung. Das deutsche 18. Jahrhundert. Ein Epochenbild. Berlin 2015.

Marx, Peter W. (Hrsg.): Handbuch Drama. Theorie, Analyse, Geschichte. Stuttgart/Weimar 2012.

Matt, Peter von: Die Intrige. Theorie und Praxis der Hinterlist. München 2006.

Mattenklott, Gert: Melancholie in der Dramatik des Sturm und Drang. Stuttgart 1968.

Matzat, Wolfgang: Dramenstruktur und Zuschauerrolle. Theater in der französischen Klassik. München 1982.

Maurer-Schmoock, Sybille: Deutsches Theater im 18. Jahrhundert. Tübingen 1982.

Mehnert, Henning: Commedia dell'arte. Stuttgart 2003.

Meid, Christopher: Die griechische Tragödie im Drama der Aufklärung. »Bei den Alten in die Schule gehen«. Tübingen 2008.

Meid, Volker: Metzler Literatur Chronik. Werke deutschsprachiger Autoren. Stuttgart 1993 (mehr als 1100 kurze Werkporträts in chronologischer Folge vom 8. Jahrhundert bis 1980, davon rund 220 über Dramen). [2]1998 (um 80 Werke aus der Zeit von 1980 bis 1995 ergänzt). [3]2006.

— (Hrsg.): Sachlexikon Literatur. Göttingen, München 2000. Vgl. Killy.

Meier, Albert: Dramaturgie der Bewunderung. Untersuchungen zur politisch-klassizistischen Tragödie des 18. Jahrhunderts. Frankfurt/M. 1993.

Memmolo, Pasquale: Strategien der Subjektivität. Intriganten in Dramen der Neuzeit. Würzburg 1995.

Menke, Bettine: Das Trauerspiel-Buch [Walter Benjamins]. Der Souverän – das Trauerspiel – Konstellationen – Ruinen. Bielefeld 2010.

Menke, Christoph: Die Gegenwart der Tragödie. Versuch über Urteil und Spiel. Frankfurt/M. 2005.

Meyer, Reinhart: Bibliographia Dramatica et Dramaticorum. Kommentierte Bibliographie der im ehemaligen Reichsgebiet gedruckten und gespielten Dramen des 18. Jahrhunderts nebst deren Bearbeitungen und Übersetzungen und ihrer Rezeption bis in die Gegenwart. Abt. 1: Werkausgaben, Sammlungen, Reihen. 3 Bde. Tübingen 1986. – Abt. 2: Einzeltitel. Bde. 1 ff. Tübingen 1993 ff.

Michael, Wolfgang F.: Das deutsche Drama des Mittelalters. Berlin 1971.

–: Das deutsche Drama der Reformationszeit. Bern 1984.

–: Das Drama des Mittelalters. Ein Forschungsbericht. In: Deutsche Vierteljahrsschrift für Literaturwissenschaft und Geistesgeschichte 62 (1988). S. 148-195.

–: Ein Forschungsbericht. Das deutsche Drama der Reformationszeit. Bern 1989.

Moraitis, Anastasia: Dramapädagogik – Dramagrammatik. Dramatische Arbeit in allen Fächern. Online-Forschungsbericht (8 Seiten) der Universität Duisburg-Essen 2011.

Müller, Jan-Dirk (Hrsg.): Erläuterungen und Dokumente. Gotthold Ephraim Lessing, Emilia Galotti. Stuttgart 1971. (Zitat: Müller). Bibliographisch ergänzte Ausgabe 1993. Durchgesehene Ausgabe 2001.

Müller, Wolfgang G.: Die politische Rede bei Shakespeare. Tübingen 1979.

–: Das Ich im Dialog mit sich selbst. Bemerkungen zur Struktur des dramatischen Monologs von Shakespeare bis zu Samuel Beckett. In: Deutsche Vierteljahrsschrift für Literaturwissenschaft und Geistesgeschichte 56 (1982). S. 314-333.

Müller(-Michaels), Harro: Dramatische Werke im Deutschunterricht. Stuttgart 1971 (²1975).

Müller-Seidel, Walter: Episches im Theater der deutschen Klassik. Eine Betrachtung über Schillers »Wallenstein«. In: Jahrbuch der deutschen Schillergesellschaft 20 (1976). S. 338-386.

Müller-Wood, Anja: Drama. In: Dieter Lamping (Hrsg.): Handbuch der literarischen Gattungen. Stuttgart 2009, S. 143-157.

Muny, Elke: Erzählperspektive im Drama. Ein Beitrag zur transgenerischen Narratologie. München 2008.

Nagel, Ivan: Drama und Theater. Von Shakespeare bis Jelinek. München, Wien 2006.

Neuber, Wolfgang/Thomas Rahn (Hrsg.): Theatralische Rhetorik (= Rhetorik. Ein internationales Jahrbuch, Bd. 27). Tübingen 2008.

Neumann, Gerhard: Einakter. In: Reallexikon der deutschen Literaturwissenschaft, Bd. 1, hrsg. von Klaus Weimar. Berlin/New York 1997, S. 419-422.

Neuß, Raimund: Tugend und Toleranz. Zur Krise der Gattung Märtyrerdrama im 18. Jahrhundert. Bonn 1989.

Nickisch, Reinhart M.G.: Brief. Stuttgart 1991. S. 167-170 (»Briefe als Einlagen in dramatischer Literatur«).

Niemeyer, Paul: Die Sentenz als poetische Ausdrucksform vorzüglich im dramatischen Stil. Untersuchungen an Hand der Sentenz in Schillers Dramen. Berlin 1934.

Nischik, Reingard M.: Körpersprache im Drama. Ein Beitrag zur Semiotik des Dramas. In: Germanisch-Romanische Monatsschrift 41 (1991). S. 257-269.

Nitsche, Stefan A.: Prophetische Texte als dramatische Texte lesen. Zur Frage nach den Textgestaltungsprinzipien in der prophetischen Literatur des Alten Testaments. In: Helmut Utzschneider/Erhard Blum (Hrsg.): Lesarten der Bibel. Untersuchungen zu einer Theorie der Exegese des Alten Testaments. Stuttgart 2006, S. 155-182.

Nobis, Helmut: Einführung in die strukturale Dramenanalyse. Ein praxisorientierter Beitrag zum wissenschaftspropädeutischen Deutschunterricht in der Sekundarstufe II. Limburg 1977.

Pailer, Gaby/Franziska Schößler (Hrsg.): GeschlechterSpielRäume. Dramatik, Theater, Performance und Gender. Amsterdam/New York 2011.

Pannen, Imke: When the bad bleeds. Mantic Elements in English Renaissance Revenge Tragedy. Bonn 2010.

Pasche, Wolfgang: Dramen analysieren und interpretieren. Abitur-Training Deutsch. Freising 2015 ([1]2006).

Pavis, Patrice: Dictionnaire du théâtre. Termes et concepts de l'analyse théâtrale. Paris 1980, 1987 und 1996.

–: Semiotik der Theaterrezeption. Tübingen 1988.

–: L'analyse des spectacles. Paris 1996.

–: Dictionnaire de la performation et du théâtre contemporain. Paris 2014.

Payrhuber, Franz-Josef: Das Drama im Unterricht. Aspekte einer Didaktik des Dramas. Rheinbreitbach 1991.

Perger, Arnulf: Grundlagen der Dramaturgie. Graz 1952.

Pestalozzi, Karl: Der Traum im deutschen Drama. In: Therese Wagner-Simon / Gaetano Benedetti (Hrsg.): Traum und Träumen. Traumanalysen in Wissenschaft, Religion und Kunst. Göttingen 1984. S. 81-101.

Petersen, Jürgen H.: Das Drama. In: Dieter Gutzen/Norbert Oellers/J.H. Petersen: Einführung in die neuere deutsche Literaturwissenschaft. Berlin [4]1981 ([1]1976; [8]2009 verfaßt von J. H. Petersen und Martina Wagner-Egelhaaf), S. 55-67.

Petersen, Julius: Schiller und die Bühne. Berlin 1904. Nachdruck New York 1967.

Petrović-Ziemer, Ljubinka: Mit Leib und Körper. Zur Korporalität in der deutschsprachigen Gegenwartsdramatik. Bielefeld 2011.

Petsch, Robert: Wesen und Formen des Dramas. Halle 1945.

Pfister, Manfred: Das Drama. Theorie und Analyse. München 1977 ([11]2001). (Zitat: Pfister.)

–: »Eloquence is action«. Shakespeare und die Sprechakttheorie. In: Kodikas/Code. Ars semeiotica. An International Journal of Semiotics 8 (1985). S. 195-216.

Picot, Émile: Le Monologue dramatique dans l'ancien théâtre français. In: Romania 15 (1886), S. 358-422; 16 (1887), S. 438-542; 17 (1888), S. 207-262.

Platz-Waury, Elke: Drama und Theater. Eine Einführung. Tübingen [2]1980 ([1]1978, [5]1999).

Polheim, Karl Konrad (Hrsg.): Die dramatische Konfiguration. Paderborn 1997.

Poschmann, Gerda: Der nicht mehr dramatische Theatertext. Aktuelle Bühnenstücke und ihre dramaturgische Analyse. Tübingen 1997.

Preisendanz, Wolfgang / Rainer Warning (Hrsg.): Das Komische. München 1976.

Prenting, Melanie: Dramentheorie. Von den Anfängen bis zur Gegenwart. EinFach Deutsch Unterrichtsmodell. Paderborn 2009.

Profitlich, Ulrich: Der Zufall als Problem der Dramaturgie. In: Keller (siehe dort). S. 158-181.

– (Hrsg.): Komödientheorie. Reinbek 1998.

– (Hrsg.): Tragödientheorie. Reinbek 1999.

Pütz, Peter: Die Zeit im Drama. Zur Technik dramatischer Spannung. Göttingen 1970 ([2]1977).

Quintilianus, Marcus Fabius: Ausbildung des Redners. Zwölf Bücher (Institutionis oratoriae libri XII). Hrsg. und übersetzt von Helmut Rahn. 2 Bde. Darmstadt 1972/75 ([3]1995, Nachdruck 2006). Besonders Buch 11.

Radecke, Thomas: Theatermusik – Musiktheater. Shakespeare-Dramen auf deutschen Bühnen um 1800. Sinzig 2007.

Radke-Stegh, Marlis: Der Theatervorhang. Ursprung, Geschichte, Funktion. Meisenheim am Glan 1978.

Rath, Christiane: Das zeitgenössische Kurzdrama in Frankreich. Frankfurt/M. 1997.

Reallexikon der deutschen Literaturgeschichte. Begründet von Paul Merker und Wolfgang Stammler. 2. Aufl. neu bearbeitet und hrsg. von Werner Kohlschmidt und Wolfgang Mohr (Bde. 1-3), Klaus Kanzog und Achim Masser (Bde. 4-5). Berlin 1958-88. (Zitat: Reallexikon.)

Reallexikon der deutschen Literaturwissenschaft. Neubearbeitung des Reallexikons der deutschen Literaturgeschichte. Hrsg. von Klaus Weimar (Bd. 1), Harald Fricke (Bd. 2), Jan-Dirk Müller (Bd. 3). Berlin 1997-2003. Wichtigstes Literaturlexikon mit ca. 100 Artikeln zum Drama.

Riemer, Peter / Bernhard Zimmermann (Hrsg.): Der Chor im antiken und modernen Drama. Stuttgart 1999.

Rochow, Christian Erich: Das bürgerliche Trauerspiel. Stuttgart 1999.

Roelcke, Thorsten: Dramatische Kommunikation. Modell und Reflexion bei Dürrenmatt, Handke, Weiss. Berlin 1994.

Roselt, Jens: Phänomenologie des Theaters. München 2008.

– (Hrsg.): Seelen mit Methode. Schauspieltheorien vom Barock bis zum postdramatischen Theater. Berlin 2005. [2]2009.

Rotth, Albrecht Christian: Vollständige Deutsche Poesie (1688). Auszug (»Von den Comödien«. »Von der Tragödie«). In: Marian Szyrocki (Hrsg.): Poetik des Barock. Stuttgart 1977. S. 164-204. Vgl. den Nachdruck der Ausgabe 1688, hrsg. von Rosmarie Zeller, 2 Bde., Tübingen 2000.

Scaliger, Iulius Caesar: Poetices libri septem. Lyon 1561. Faksimile-Neudruck Stuttgart-Bad Cannstatt 1964 und 1987. (Zitat: Scaliger.)

–: Poetices libri septem. Sieben Bücher über die Dichtkunst. Unter Mitwirkung von Manfred Fuhrmann hrsg., übersetzt, eingeleitet und erläutert von Luc Deitz und Gregor Vogt-Spira. 6 Bde. Stuttgart-Bad Cannstatt 1994-2011.

Schabert, Ina (Hrsg.): Shakespeare-Handbuch. Die Zeit. Der Mensch. Das Werk. Die Nachwelt. Stuttgart [4]2009.

Schadewaldt, Wolfgang: Furcht und Mitleid? Zu Lessings Deutung des Aristotelischen Tragödiensatzes... In: Hermes 83 (1955). S. 129-171. (Auch in: W. Sch.: Hellas und Hesperien. Zürich 1960. S. 346-388.- W. Sch.: Hellas und Hesperien. Zürich [2]1970. Bd. 1. S. 194-236.- Resümee in: Deutsche Vierteljahrsschrift für Literaturwissenschaft und Geistesgeschichte 30 (1956). S. 137-140.)

Schalk, Axel: Das moderne Drama. Stuttgart 2004.

Schanze, Helmut: Medienkunde für Literaturwissenschaftler. Einführung und Bibliographie. München 1974.

–: Drama und Theater. In: Ulfert Ricklefs (Hrsg.): Das Fischer Lexikon Literatur. Bd. 1 (A–F). Frankfurt/M. 1996, S. 421-456.

Schau, Albrecht (Hrsg.): Szenisches Interpretieren im Unterricht. Stuttgart 1991. [2]2001.

Schechner, Richard: Theater-Anthropologie. Spiel und Ritual im Kulturvergleich. Aus dem Amerikanischen von Susanne Winnacker. Reinbek 1990.

Scheller, Ingo: Szenisches Spiel. Handbuch für die pädagogische Praxis. Berlin 1998. [3]2002.

–: Szenische Interpretation. Theorie und Praxis eines handlungs- und erfahrungsbezogenen Literaturunterrichts in Sekundarstufe I und II. Seelze 2004.

–: Szenische Interpretation von Dramentexten. Materialien für die Einfühlung in Rollen und Szenen. Hohengehren 2008.

Scherer, Stefan: Einführung in die Dramen-Analyse. Darmstadt 2010 ([2]2013).

Scherpe, Klaus R.: Gattungspoetik im 18. Jahrhundert. Historische Entwicklung von Gottsched bis Herder. Stuttgart 1968.

Schiller, Friedrich: Vom Pathetischen und Erhabenen. Ausgewählte Schriften zur Dramentheorie. Hrsg. und mit einem Nachwort von Klaus L. Berghahn. Stuttgart 1970.

Schimpf, Wolfgang: Lyrisches Theater. Das Melodrama des 18. Jahrhunderts. Göttingen 1996.

Schings, Hans-Jürgen: Consolatio Tragoediae. Zur Theorie des barocken Trauerspiels. In: Grimm (siehe dort). Bd. 1. S. 1-44. (Zitat: Schings.)

–: »Der mitleidigste Mensch ist der beste Mensch«. Poetik des Mitleids von Lessing bis Büchner. München 1980.

Schlaffer, Hannelore: Dramenform und Klassenstruktur. Eine Analyse der dramatis persona »Volk«. Stuttgart 1972.

Schlag, Hermann: Das Drama. Wesen, Theorie und Technik des Dramas. Essen 1909. [2]1917.

Schmachtenberg, Reinhard: Sprechakttheorie und dramatischer Dialog. Tübingen 1982.

Schmeling, Manfred: Das Spiel im Spiel. Ein Beitrag zur Vergleichenden Literaturkritik. Rheinfelden 1977.

Schmid, Herta / Jurij Striedter (Hrsg.): Dramatische und theatralische Kommunikation. Beiträge zur Geschichte und Theorie des Dramas und Theaters im 20. Jahrhundert. Tübingen 1992.

Schmidt, Henry J.: How Dramas End. Essays on the German Sturm und Drang, Büchner, Hauptmann, and Fleisser. Ann Arbor 1992.

Schmidt, Jochen: Die Geschichte des Genie-Gedankens in der deutschen Literatur, Philosophie und Politik 1750-1945. 2 Bde. Darmstadt 1985. Besonders Bd. 1, S. 69-95 (Lessing), 150-178 (Shakespeare-Rezeption), 309 ff. (Dramen Goethes).

Schmitt, Peter: Schauspieler und Theaterbetrieb. Studien zur Sozialgeschichte des Schauspielerstandes im deutschsprachigen Raum 1700-1900. Tübingen 1990.

Schmitz, Thomas: Das Volksstück. Stuttgart 1990.

Schöne, Albrecht: Emblematik und Drama im Zeitalter des Barock. München 1964 ([3]1993). (Zitat: Schöne.)

Schöne, Lothar: Neuigkeiten vom Mittelpunkt der Welt. Der Kampf ums Theater in der Weimarer Republik. Darmstadt 1995.

Schöpflin, Karin: Theater im Theater. Formen und Funktionen eines dramatischen Phänomens im Wandel. Frankfurt/M. 1993.

Schößler, Franziska: Einführung in das bürgerliche Trauerspiel und das soziale Drama. Darmstadt 2003. ⁴2015.

–: Einführung in die Dramenanalyse. Unter Mitarbeit von Christine Bähr und Nico Theisen. Stuttgart/Weimar 2012.

Schreckenberg, Heinz: ΔΡΑΜΑ [Drama]. Vom Werden der griechischen Tragödie aus dem Tanz. Würzburg 1960.

Schrimpf, Hans Joachim: Lessing und Brecht. Von der Aufklärung auf dem Theater. Pfullingen 1965.

–: Komödie und Lustspiel. Zur terminologischen Problematik einer geschichtlich orientierten Gattungstypologie. In: Zeitschrift für deutsche Philologie 97 (1978). Sonderheft: Studien zur deutschen Literaturgeschichte und Gattungspoetik. Festgabe für Benno von Wiese. S. 152-182. (Zitat: Schrimpf.)

Schröder, Jürgen: Gotthold Ephraim Lessing. Sprache und Drama. München 1972.

Schulte, Michael: Die Tragödie im Sittlichen. Zur Dramentheorie Hegels. München 1992.

Schultheis, Werner: Dramatisierung von Vorgeschichte. Beitrag zur Dramaturgie des deutschen klassischen Dramas. Assen 1971.

Schulz, Georg-Michael: Tugend, Gewalt und Tod. Das Trauerspiel der Aufklärung und die Dramaturgie des Pathetischen und des Erhabenen. Tübingen 1988.

–: Einführung in die deutsche Komödie. Darmstadt 2007.

Schuster, Karl: Das Spiel und die dramatischen Formen im Deutschunterricht. Baltmannsweiler 1994. ²1996.

Schwarz, Hans-Günther: Das stumme Zeichen. Der symbolische Gebrauch von Requisiten. Bonn 1974.

Sengle, Friedrich: Biedermeierzeit. Bd. 2: Die Formenwelt. Stuttgart 1972 (Sonderausgabe 1999). S. 322-466 (»Das Drama«).

Simon, Eckehard: Die Anfänge des weltlichen deutschen Schauspiels 1370-1530. Tübingen 2004.

Smeed, J[ohn] W[illiam]: The Theophrastan ›Character‹. The history of a literary genre. Oxford, New York 1985. Besonders S. 199-224 (»The ›Character‹ and the Play«).

Söffing, Werner: Deskriptive und normative Bestimmungen in der Poetik des Aristoteles. Amsterdam 1981.

Souriau, Etienne: Les deux cent mille situations dramatiques. Paris 1950.

Spittler, Horst: Darstellungsperspektiven im Drama. Frankfurt/M. 1979.

–: Struktur dramatischer Texte. Bamberg 1989.

Staehle, Ulrich (Hrsg.): Theorie des Dramas. Arbeitstexte für den Unterricht. Stuttgart 1973.

Staiger, Emil: Grundbegriffe der Poetik. Zürich ³1956 (¹1946, ⁸1968). Besonders S. 143-201 (»Dramatischer Stil: Spannung«). Erschien 1971 mit anderer Seitenzählung als dtv-Ausgabe.

Steiner, Jacob: Die Bühnenanweisung. Göttingen 1969.

Steinmetz, Horst: Die Trilogie. Entstehung und Struktur einer Großform des deutschen Dramas nach 1800. Heidelberg 1968.

–: Die Komödie der Aufklärung. Stuttgart ²1971 (³1978). (Zitat: Steinmetz.)

–: Das deutsche Drama von Gottsched bis Lessing. Ein historischer Überblick. Stuttgart 1987.

Steltz, Christian: Zwischen Leinwand und Bühne. Intermedialität im Drama der Gegenwart und die Vermittlung von Medienkompetenz. Bielefeld 2010.

Stephan, Ulrike: Text und Szene. Probleme und Methoden aufführungsbezogener Dramenanalyse. München 1982.

Stieler, Kaspar: Die Dichtkunst des Spaten (1685). Hrsg. von Herbert Zeman. Wien 1975. Verse 837-1883.

Storr, Annette: Regieanweisungen. Beobachtungen zum allmählichen Verschwinden dramatischer Figuren. Berlin 2009.

Sträßner, Matthias: Analytisches Drama. München 1980.

Strohschneider-Kohrs, Ingrid: ›Unterschriften‹ als szenisch-dramatische Aktion. In: Aratro corona messoria. Festgabe für Günther Pflug. Bonn 1988. S. 223-243.

Stuber, Petra/Ulrich Beck (Hrsg.): Theater und 19. Jahrhundert. Hildesheim 2009.

Stutterheim, Kerstin/Silke Kaiser: Handbuch der Filmdramaturgie. Das Bauchgefühl und seine Ursachen. Frankfurt/M. 2009.

Suerbaum, Ulrich: Der Shakespeare-Führer. Stuttgart [3]2015.

Sulzer, Johann George: Allgemeine Theorie der Schönen Künste. 2 Teile in 4 Bänden. Leipzig 1773-75 ([2]1792-94 mit Registerband 1799. Nachdruck Hildesheim 1967 und 1994). Artikel über Ankündigung (= Exposition), Aristophanes, Aufführung, Auftritt, Aufzug, Ausdruk [!], Ausgang, Charakter, Chor, Comisch, Comödie, Drama, Einheiten, Episode, Euripides, Fabel, Für sich, Gebehrden, Handlung, Harlekin, Held, Knoten, Lächerlich, Leidenschaften, Liebhaber, Maschine, Masken, Mitleiden, Natürlich, Oper, Operetten, Pantomime, Plautus, politisches Trauerspiel, Prologus, Reden, satyrisches Drama, Scene, Schaubühne, Schauspiel, Schauspieler/Schauspielkunst, Schreken/Schreklich [!], Selbstgespräch, Seneca, Sitten, Sophokles, stummes Spiel, Terenz, Tragisch, Tragödie/Trauerspiel, Verwiklung [!], Vortrag, Wahrscheinlichkeit, Zwischenzeit.- Vgl. Blankenburg.

Szondi, Peter: Theorie des modernen Dramas. Frankfurt/M. 1956 (ab [7]1970 unter dem Titel: Theorie des modernen Dramas. 1880–1950). (Zitat: Szondi.)

–: Die Theorie des bürgerlichen Trauerspiels im 18. Jahrhundert. Der Kaufmann, der Hausvater, der Hofmeister. Hrsg. von Gert Mattenklott. Frankfurt/M. 1973.

Taube, Gerd: Puppenspiel als kulturhistorisches Phänomen. Vorstudien zu einer »Sozial- und Kulturgeschichte des Puppenspiels«. Tübingen 1995.

Ter-Nedden, Gisbert: Lessings Trauerspiele. Der Ursprung des modernen Dramas aus dem Geist der Kritik. Stuttgart 1986.

Thomsen, Christian W.: Studien zur Ästhetik des Gegenwartstheaters. Heidelberg 1985.

Tigges, Stefan (Hrsg.): Dramatische Transformationen. Zu gegenwärtigen Schreib- und Aufführungsstrategien im deutschsprachigen Theater. Bielefeld 2008.

Tschauder, Gerhard: Wer »erzählt« das Drama? Versuch einer Typologie des Nebentextes. In: Sprache und Literatur in Wissenschaft und Unterricht 22 (1991). 2. Halbjahr (= Heft 68). S. 50-67.

Turk, Horst (Hrsg.): Theater und Drama. Theoretische Konzepte von Corneille bis Dürrenmatt. Tübingen 1992.

Ubersfeld, Anne: Lire le théâtre. Paris 1977. [4]1982.

Unruh, Walther: Theatertechnik. Fachkunde und Vorschriftensammlung. Berlin, Bielefeld 1969.

Utzschneider, Helmut: Das Drama als literarisches Genre der Schriftprophetie. In: Ders.: Gottes Vorstellung. Untersuchungen zur literarischen Ästhetik und ästhetischen Theologie des Alten Testaments. Stuttgart 2007, S. 195-232.

Virant, Špela: Redramatisierter Eros. Zur Dramatik der 1990er Jahre. Berlin u. a. 2004.

Wagner, Hans: Ästhetik der Tragödie von Aristoteles bis Schiller. Würzburg 1987.

Wagner, Richard: Oper und Drama. Hrsg. und kommentiert von Klaus Kropfinger (Reclams Universalbibliothek). Stuttgart 1986. Bibliographisch ergänzte Ausgabe 2008.

Waldmann, Günter: Produktiver Umgang mit dem Drama. Eine systematische Einführung in das produktive Verstehen traditioneller und moderner Dramenformen und das Schreiben in ihnen. Für Schule (Sekundarstufe I und II) und Hochschule. Baltmannsweiler 1996. [7]2014.

Walzel, Oskar: Das bürgerliche Drama (1914). In: O. W.: Vom Geistesleben alter und neuer Zeit. Leipzig 1922. S. 142-231.

Weihe, Richard: Die Paradoxie der Maske. Geschichte einer Form. München 2004.

Weimar, Klaus: Regieanweisung. In: Reallexikon der deutschen Literaturwissenschaft. Bd. 3. Hrsg. von Jan-Dirk Müller. Berlin 2003. S. 251-253.

Wellek, René / Austin Warren: Theorie der Literatur. Aus dem Englischen übertragen von Edgar und Marlene Lohner. Neuauflagen Königstein/Ts. 1985 und Weinheim 1995. Besonders Kapitel 17 (»Die literarischen Gattungen«).

Werling, Susanne: Handlung im Drama. Frankfurt/M. 1989.

Wiegmann, Hermann: Geschichte der Poetik. Stuttgart 1977.

Wösthoff, Martina: 100 Ideen für die Arbeit mit Dramen. Dramen schreibend erkunden. Mülheim an der Ruhr 2010.

Wunderlich, Heidi: Dramatis persona: (Exit.) Die Auflösung der dramatischen Figur als produktive Überschreitung. Berlin 2001.

Zeißig, Gottfried: Die Ueberwindung der Rede im Drama. Vergleichende Untersuchung des dramatischen Sprachstils in der Tragödie Gottscheds, Lessings und der Stürmer und Dränger (1930). Hrsg. von Hans H. Hiebel. Mit einer wissenschaftlichen Studie des Herausgebers: Auktoriales und personales Drama. Bielefeld 1990.

Zelle, Carsten: Katharsis. In: Reallexikon der deutschen Literaturwissenschaft. Bd. 2. Hrsg. von Harald Fricke. Berlin 2000. S. 249-252.

Zeller, Rosmarie: Struktur und Wirkung. Zu Konstanz und Wandel literarischer Normen im Drama zwischen 1750 und 1810. Bern, Stuttgart 1988.

Ziegler, Klaus: Das deutsche Drama der Neuzeit. In: Deutsche Philologie im Aufriß. Hrsg. von Wolfgang Stammler. Bd. 2. Berlin [2]1960. Sp. 1997-2350.

Zimmer, Reinhold: Dramatischer Dialog und außersprachlicher Kontext. Dialogformen in deutschen Dramen des 17. bis 20. Jahrhunderts. Göttingen 1982.

Zimmermann, Bernhard (Hrsg.): Antike Dramentheorie und ihre Rezeption. Stuttgart 1992.

SACHREGISTER

Sammlung Metzler